전산세무 1급
에센스
기출문제집

김영철 지음

도서출판
어울림
www.aubook.co.kr

머리말

회계는 매우 논리적인 학문이고, 세법은 회계보다 상대적으로 비논리적이나, 세법이 달성하고자 목적이 있으므로 세법의 이면에 있는 법의 취지를 이해하셔야 합니다.

회계와 세법을 매우 잘하시려면
왜(WHY) 저렇게 처리할까? 계속 의문을 가지세요!!!
1. 회계는 이해하실려고 노력하세요.
    (처음 접한 회계와 세법의 용어는 매우 생소할 수 있습니다.
    생소한 단어에 대해서 네이버나 DAUM의 검색을 통해서 이해하셔야 합니다.)
2. 세법은 법의 제정 취지를 이해하십시오.
3. 이해가 안되시면 동료들과 전문가에게 계속 질문하십시오.

법인세는 회계이론의 정립된 상태에서 공부하셔야 합니다. 법인세는 세무회계의 핵심입니다. 법인세는 회계나 마찬가지입니다. 회계를 잘하시면 법인세도 잘합니다. 법인세는 세법의 꽃입니다. 법인세를 모르면 세법을 안다고 할 수 없을 정도로 우리나라의 가장 중요한 세법입니다.

법인세에 힘을 쓰십시요!! 법인세는 회계와 똑같습니다.

LOGIN전산세무1급(법인조정)과 LOGIN전산세무1급(회계,부가,소득)으로 이론과 실무를 심도 있게 공부하시고, **마지막 본인의 실력을 테스트하고, 시험시간의 안배연습, 그리고 최종적으로 본인의 부족한 점을 체크하시기 바랍니다.**

법인세에 힘을 쓰십시요!! 법인세는 회계와 똑같습니다. 원리를 이해하시고 공부하세요. 그리고 자신을 이기십시요!!!

2022년 7월
김 영 철

합격수기

"로그인 기출문제 문제집으로 전산세무 1급 합격했습니다."

김지인님

이번에 73점으로 61회 전산세무1급 합격했습니다.

저는 케이렙 되기 전에 아이플러스일 때 전산세무 2급도 로그인책 + 다른 책으로 공부해서 합격했었는데 그 때 로그인 책이 너무 많이 도움이 되서요.

그 다음에 1급을 준비하면서 별 책을 다 구경해봤지만 로그인책만의 특유의 구성이 있다는 사실을 알게 되었습니다.

원리를 일깨워 준다고 할까요? 표로 정리되어 있는 것도 그렇고... 요즘은 시험대비로만 공부하는 저서가 너무 많이 나와 있어서 솔직히 책의 접근이 올드하다고 생각하실 수도 있습니다.

저자는 수기로 하는걸 강조하기 때문인데요.

그런데 진짜 아 진짜!!!!!!!!!! 그게 정말 도움이 됩니다!!!!!!!!

왜냐하면 솔직히 전산세무2급까지는 스킬암기 정도로도 합격이 가능한 것 같은데 1급부터는 단순 스킬을 외우는게 아니라 세무조정의 원리랑, 원리의 이해? 같은게 필요합니다.

부가세도 그렇고 회계 쪽도 그렇고... 뭔가 2급이랑 깊이가 묘하게 다릅니다.

원래 회계나 세법이라는게 쌩판 처음 공부하면 차대변이 뭔지도 모르는 상태에서 단순 암기로부터 시작을 하는거긴 하지만 공부를 하다보면 분개하는 것도 그렇고 가산세 때리는 것도 그렇고 다 근거가 있고 이유가 있습니다.

심지어는 세법도 그 세법이 법으로 재정되게 된 이유가 다 담겨 있는건데 우리는 시간이 없으니 그냥 외울뿐, 로그인 책은 그런게 정말 잘 되어있습니다.

이유를 알려줍니다. 왜 그런지 원리를 깨우치게 해준다고 할까요?

<u>수학으로 치면 공식을 단순 암기하는게 아니라 그 공식이 왜 나오는지 유도가 가능하게 해서 시험 중에도 당황하거나 까먹지 않게 해주는 그런 내용으로 구성</u>되어 있습니다.

책만 실제로 구입하면 등업도 쉬운 편이고요!!

저는 원래 다른 저서로 공부를 시작했으나 직장인이라 그런지 시간이 너무 없어서 앞에 한 5장보다 포기하고 이패×에서 강의하는 인강도 신청해놨으나 재무회계의 기초만 보다가 끝나고... 아 큰일났으니 일단 법인세만이라도 어떻게 해보자 싶어서 (법인세부분을 한개도 몰라서) 로그인 법인세 부분 책을 구입한 다음 그걸 천천히 봤습니다.

그러다 결국 시험이 얼마 안남아서 마음이 급해 로그인 기출문제집을 추가 구입해서 공부했습니다.

실기는 기출문제 풀어보면서 카페에 공개된 동영상 강의로 모르는 부분 짚어 가면서 그렇게 공부했습니다.

실기는 왕도가 없었던 것 같습니다.

원리를 깨우친다 → 직접 풀어본다. 이게 진리인것 같아요..

수기로 풀 시간이 없으신 분들은 그냥 프로그램 켜놓고 이게 여기에 왜 들어가는지, 어떻게 계산이 도출되는지를 중점적으로 공부하는게 중요한 것 같습니다.

그 다음 이론 문제는 그냥 기출문제 한 6년치? 이론 부분만 따로 뽑아서 달달 외우다 싶이 공부를 했습니다. 시간이 있었으면 세법책이나 회계책이나 이론이 나와 있는 것들을 봤겠지만 개정된 세법 부분은 다 포기하고 그냥 기출문제집을 진짜 달달 외웠습니다.

제가 생각해도 어처구니가 없었는데 똑같은 문제가 나온다는 보장도 없었는데 미친척하고, 그럼에도 이번에 이론은 11개 정도 맞았던 것 같습니다. 의외로 기출이랑 정말 비슷하게 나오더라구요.

실기는 당연히 기출문제 테두리 안에서 비슷하게 나오고...

이론도 기출 테두리안에서 비슷하게 나옵니다.

특히 원가는 진짜.......... 똑같이 나옵니다.....

원가 다맞으면 10점 벌 수 있습니다!!!! 가장 범위도 적고 가장 똑같이 나옵니다!!!

그 다음 100점 맞을거 아니기 때문에 막 잘 안나오는 부분은 과감하게 버렸습니다. (이번에 나온 재활용 폐자원 같은 문제들)

그리고 로그인 기출문제집 앞부분 보면 이론도 요약이 다 되어있어서 기출문제집 한권을 스스로 다 풀수 있을 정도만 되면 누구나 저처럼 턱걸이 합격이 가능하다고 봅니다!

정말 이 책은 혁명입니다! 정말 제가 책팔이 같은데....

법인세책보다가 저자가 누구야 천재야? 하면서 책을 봤던 기억이 있습니다.

이제는 세무회계2급을 준비해봐야겠습니다.

[2022년 전산세무회계 자격시험(국가공인) 일정공고]

1. 시험일자

회차	종목 및 등급	원서접수	시험일자	합격자발표
103회		07.06~07.12	08.06(토)	08.25(목)
104회	전산세무1급	08.31~09.06	10.02(일)	10.20(목)
105회		11.02~11.08	12.03(토)	12.22(목)
106회	2023년 2월 시험 예정(2022년 세법기준으로 출제)			

2. 시험종목 및 평가범위

등급	평가범위	
전산세무 1급 (90분)	이론	재무회계(10%), 원가회계(10%), 세무회계(10%)
	실무	재무회계 및 원가회계(15%), 부가가치세(15%), 원천제세(10%), 법인조정(30%)

3. 시험방법 및 합격자 결정기준

1) 시험방법 : 이론(30%)은 객관식 4지 선다형 필기시험으로,
　　　　　　실무(70%)는 수험용 표준 프로그램 KcLep(케이 렙)을 이용한 실기시험으로 함.
2) 응시자격 : 제한없음(신분증 미소지자는 응시할 수 없음)
3) 합격자 결정기준 : 100점 만점에 70점 이상

4. 원서접수 및 합격자 발표

1) 접수기간 : 각 회별 원서접수기간내 접수
　　(수험원서 접수 첫날 00시부터 원서접수 마지막 날 18시까지)
2) 접수 및 합격자 발표 : 자격시험사이트(http://www.license.kacpta.or.kr)

차 례

I. 기출문제

〈2022년 시행 최신기출(100~102회) 3회분과 2018년 이후 합격률이 낮은 9회분 수록〉

II. 기출문제 답안 및 해설

[로그인 시리즈]				
전전기	전기	**당기**	차기	차차기
20yo	20x0	**20x1**	20x2	20x3
2020	2021	**2022**	2023	2024

2022년 출제 문제 중 해설 QR코드는 8월~9월 중에 올릴 예정입니다.

로그인 전산세무1급 기출문제 백데이터 다운로드 및 설치

1 도서출판 어울림 홈페이지(www.aubook.co.kr)에 접속한다.

2 홈페이지에 상단에 자료실 - 백데이타 자료실을 클릭한다.

3 자료실 - 백데이터 자료실 - **로그인 전산세무1급 에센스 기출문제** 백데이터를 선택하여 다운로드 한다.

4 데이터를 다운받은 후 실행을 하면, [내컴퓨터 ➡ C:₩KcLepDB ➡ KcLep] 폴더 안에 4자리 숫자폴더 저장된다.

5 회사등록메뉴 상단 F4(회사코드재생성)을 실행하면 실습회사코드가 생성된다.

> **이해가 안될 경우에는 도서출판 어울림 홈페이지에 공지사항(81번)**
> **"로그인 케이렙 실습데이타 다운로드 및 회사코드 재생성 관련 동영상"을 참고해주십시오.**

저자가 운영하는 다음(Daum)카페 **"로그인과 함께하는 전산회계/전산세무"**에
다음의 유용한 정보를 제공합니다.

1. 1분강의 동영상(PC로도 재생가능합니다.)
2. 오류수정표(세법개정으로 인한 추가 반영분 및 오류수정분)
3. 세법개정내용(출제자는 개정세법 문제를 자주 출제합니다. 시험 전에 반드시 숙지하시기 바랍니다.)
4. 실무데이터(도서출판 어울림 홈페이지에서도 다운로드가 가능합니다.)
5. Q/A게시판

LOGIN 전산세무1급 기출문제를 구입하신 독자 여러분께서는 많은 이용바라며, 교재의 오류사항과 추가
반영사항을 지적해주시면 고맙겠습니다.

1분강의
QR코드 활용방법

본서 안에 있는 QR코드를 통해 연결되는 유튜브 동영상이 수험생 여러분들의 학습에 도움이 되기를 바랍니다.

방법 1

❶ 스마트폰에서 다음(Daum)을 실행한 후 검색창의 오른쪽 아이콘 터치

❷ '코드검색'을 터치하면 카메라 앱이 실행됨

❸ 도서의 QR코드를 촬영하면 유튜브의 해당 동영상으로 자동 연결

방법 2

카메라 앱을 실행하고, QR코드를 촬영하면 해당 유튜브 영상으로 이동할 수 있습니다.

유튜브 자막설정(개정세법 반영)

1분강의 중 매년 개정된 세법에 대해서는 자막으로 표시하였습니다.

PC 설정 방법

스마트폰 설정 방법

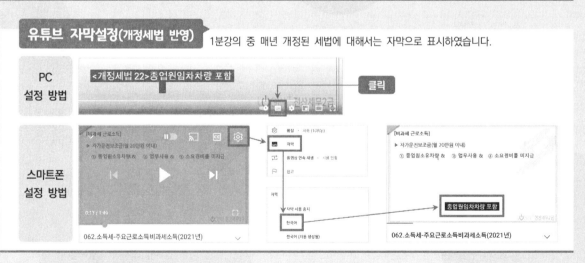

✔ 과도한 데이터 사용량이 발생할 수 있으므로, Wi-Fi가 있는 곳에서 실행하시기 바랍니다.
✔ QR코드 동영상 모음(링크 주소)은 다음(Daum)카페 "로그인과 함께하는 전산회계/전산세무"에도 있으니, PC로도 볼 수 있습니다.

I. 기출문제

〈전산세무 1급 출제내역〉

이론	1. 재무회계	10점	객관식 5문항
	2. 원가회계	10점	객관식 5문항
	3. 세무회계	10점	객관식 5문항(부가가치세, 소득세, 법인세)
실무	1. 전표입력	12점	일반전표 및 매입매출전표 입력
	2. 부가가치세	10점	**부가가치세 수정, 기한후 신고서(가산세)** **부가세 부속명세서**
	3. 결산자료입력	8점	수동결산 및 자동결산 **법인세 계산 및 입력**
	4. 원천징수	10점	**사원등록(인적공제)** / 급여자료입력/ **연말정산** 원천징수이행상황신고서 **기타소득, 사업소득, 금융소득자료 입력**
	5. 법인조정	30점	**수입금액 조정** **감가상각비 조정** **과목별 세무조정** **법인세과세표준및 세액조정계산서**
계		100점	

3교시 | A형

종목 및 등급 : **전산세무 1급**   – 제한시간 : 90분
                                          – 페이지수 : 18p

▶시험시작 전 문제를 풀지 말것◀

① USB 수령	· 감독관으로부터 시험에 필요한 응시종목별 기초백데이타 설치용 USB를 수령한다. · USB 꼬리표가 본인의 응시종목과 일치하는지 확인하고, 꼬리표 뒷면에 수험정보를 정확히 기재한다.
② USB 설치	· USB를 컴퓨터의 USB 포트에 삽입하여 인식된 해당 USB 드라이브로 이동한다. · USB드라이브에서 기초백데이타설치프로그램인 'Tax.exe' 파일을 실행한다. [주의] USB는 처음 설치이후, 시험 중 수험자 임의로 절대 재설치(초기화)하지 말 것.
③ 수험정보입력	· [수험번호(8자리)]와 [성명]을 정확히 입력한 후 [설치]버튼을 클릭한다. ※ 입력한 수험정보는 이후 절대 수정이 불가하니 정확히 입력할 것.
④ 시험지 수령	· 시험지와 본인의 응시종목(급수) 일치 여부 및 문제유형(A 또는 B)을 확인한다. · 문제유형(A 또는 B)을 프로그램에 입력한다. · 시험지의 총 페이지수를 확인한다. ※응시종목 및 급수와 파본 여부를 확인하지 않은 것에 대한 책임은 수험자에게 있음.
⑤ 시험 시작	· 감독관이 불러주는 '감독관확인번호'를 정확히 입력하고, 시험에 응시한다.
(시험을 마치면) ⑥ USB 저장	· 이론문제의 답은 메인화면에서 이론문제 답안작성 을 클릭하여 입력한다. · 실무문제의 답은 문항별 요구사항을 수험자가 파악하여 각 메뉴에 입력한다. · 이론과 실무문제의 답을 모두 입력한 후 답안저장(USB로 저장) 을 클릭하여 답안을 저장한다. · 저장완료 메시지를 확인한다.
⑦ USB 제출	· 답안이 수록된 USB 메모리를 빼서, 〈감독관〉에게 제출 후 조용히 퇴실한다.

▶ 본 자격시험은 전산프로그램을 이용한 자격시험입니다. 컴퓨터의 사양에 따라 전산프로그램이 원활히 작동하지 않을 수도 있으므로 전산프로그램의 진행속도를 고려하여 입력해주시기 바랍니다.

▶ 수험번호나 성명 등을 잘못 입력했거나, 답안을 USB에 저장하지 않음으로써 발생하는 일체의 불이익과 책임은 수험자 본인에게 있습니다.

▶ 타인의 답안을 자신의 답안으로 부정 복사한 경우 해당 관련자는 모두 불합격 처리됩니다.

▶ 타인 및 본인의 답안을 복사하거나 외부로 반출하는 행위는 모두 부정행위 처리됩니다.

▶ PC, 프로그램 등 조작미숙으로 시험이 불가능하다고 판단될 경우 불합격처리 될 수 있습니다.

▶ 시험 진행 중에는 자격검정(KcLep)프로그램을 제외한 일체의 다른 프로그램을 사용할 수 없습니다.
   (예시. 인터넷, 메모장, 윈도우 계산기 등)

 이론문제 답안작성 을 한번도 클릭하지 않으면 답안저장(USB로 저장) 을 클릭해도 답안이 저장되지 않습니다.

◈ 한 국 세 무 사 회

제102회 전산세무 1급

합격율	시험년월
4%	2022.06

다음 문제를 보고 알맞은 것을 골라 ▨▨▨ 이론문제 답안작성 ▨▨▨ 메뉴에 입력하시오.(객관식 문항당 2점)

─── 〈 기 본 전 제 〉 ───
문제에서 한국채택국제회계기준을 적용하도록 하는 전제조건이 없는 경우, 일반기업회계기준을 적용한다.

▨▨▨▨▨ **이 론**

01. 다음 중 회계변경으로 인정되는 구체적인 사례로 가장 적절하지 않은 것은?

① 과거에는 발생한 경우가 없는 새로운 사건이나 거래에 대한 회계정책을 선택하거나 회계추정을 하는 경우
② 기업환경의 중대한 변화에 의하여 종전의 회계정책을 적용하면 재무제표가 왜곡되는 경우
③ 동종산업에 속한 대부분의 기업이 채택한 회계정책 또는 추정방법으로 변경함에 있어서 새로운 회계정책 또는 추정방법이 종전보다 더 합리적이라고 판단되는 경우
④ 일반기업회계기준의 제·개정으로 인하여 새로운 해석에 따라 회계변경을 하는 경우

02. 다음의 자료를 참조하여 계산한 20x0년 대손상각비와 20x1년 대손상각비는 각각 얼마인가?

구분	20x0년 말	20x1년 말
외상매출금	550,000원	300,000원
대손충당금	40,000원	20,000원
장부가액	510,000원	280,000원

· 20x1년 기말 대손충당금 잔액은 기중에 외상매출금 50,000원이 대손 확정된 후의 잔액임.
· 20x1년 기중에 18,000원의 외상매출금이 대손 확정 후, 기말 대손충당금 잔액은 12,000원임.

	20×0년 대손상각비	20×1년 대손상각비
①	20,000원	12,000원
②	30,000원	12,000원
③	20,000원	10,000원
④	30,000원	10,000원

03. 다음은 ㈜세계의 20x1.12.31. 현재 고정자산명세서의 일부이다. 빈칸에 들어갈 금액으로 맞는 것은? 단, 해당 자산의 잔존가치는 없다.

				고정자산명세서			

(20x1.12.31. 현재)

㈜세계 (단위 : 원)

자산명	취득일자	기초가액	당기증감	기말잔액	감가상각누계액	내용연수	상각방법
비품	20x1.10.01.	(1)	0	2,375,000	(2)	5년	정액법

	(1)	(2)
①	3,000,000원	625,000원
②	2,500,000원	125,000원
③	2,750,000원	375,000원
④	2,666,667원	291,667원

04. 다음 중 일반기업회계기준에 따른 수익의 인식기준에 대한 설명으로 가장 틀린 것은?

① 상품권의 발행과 관련된 수익은 재화를 인도하거나 판매한 시점에 인식하여야 하므로 상품권을 판매한 시점에는 수익을 인식하지 아니하고 선수금으로 처리한다.

② 재고자산의 판매거래 이후에도 판매자가 관련 재화의 소유에 따른 위험의 대부분을 부담하는 경우에는 그 거래를 아직 판매로 보지 아니하며 수익을 인식하지 않는다.

③ 정기간행물은 구독신청에 의하여 판매하는 경우에는 구독신청시에 수익을 인식한다.

④ 광고제작수수료는 광고제작의 진행률에 따라 인식한다.

05. 다음 중 자본금과 자본총계의 변동이 없는 거래를 모두 고른 것은?

가. 이익잉여금 적립	나. 주식병합	다. 주식배당	라. 현금배당

① 가, 나, 다, 라

② 가, 나, 다

③ 가, 나

④ 가

06. 다음 중 원가에 대한 설명으로 맞는 것은 모두 몇 개인가?

> ㄱ. 매몰원가는 이미 발생한 과거의 원가로서 의사결정과정에 영향을 주지 못 하는 원가이다.
> ㄴ. 고정원가는 관련범위 내에서 조업도의 증감에 상관없이 단위당 원가는 동일하다.
> ㄷ. 종합원가계산은 제조원가를 직접재료비와 가공비로 구분하여 원가를 계산한다.
> ㄹ. 표준원가계산에서 유리한 차이란 실제원가가 표준원가보다 큰 것을 말한다.

① 1개   ② 2개   ③ 3개   ④ 4개

07. 아래의 제조원가명가명세서에 대한 설명으로 다음 중 틀린 것은?

제조원가명세서		
Ⅰ. 재료비		85,000,000원
기초원재료재고액	25,000,000원	
(　　　　　)	? 원	
기말원재료재고액	10,000,000원	
Ⅱ. 노무비		13,000,000원
Ⅲ. 제조경비		20,000,000원
Ⅳ. (　　　　　)		? 원
Ⅴ. 기초재공품재고액		? 원
Ⅵ. 합계		130,500,000원
Ⅶ. (　　　　　)		3,000,000원
Ⅷ. (　　　　　)		? 원

① 당기원재료매입액은 70,000,000원이다.
② 당기제품제조원가는 133,500,000원이다.
③ 기초재공품재고액은 12,500,000원이다.
④ 당기총제조원가는 118,000,000원이다.

08. ㈜세무는 선입선출법에 의한 종합원가제도를 채택하고 있다. 다음 자료를 참고하여 직접재료원가의 완성품환산량을 계산하면 얼마인가?

> · 직접재료는 공정초기에 40%가 투입되고, 나머지는 공정이 60% 진행된 시점에 투입된다.
> · 공손은 없는 것으로 가정한다.
> · 기초재공품은 2,000단위이며 완성도는 20%이다.
> · 당기착수량은 10,000단위이고 완성품 수량은 8,000단위이다
> · 기말재공품은 4,000단위이며 완성도는 50%이다.

① 8,800단위   ② 9,200단위

③ 10,800단위   ④ 12,000단위

09. 다음의 자료를 이용하여 계산한 직접재료원가의 가격차이와 수량차이로 올바른 것은?

> · 실제 구입량 : 22,000kg   · 표준수량 : 2kg
> · 실제 구입단가 : 30원/kg   · 표준가격 : 27.5원/kg
> · 제품생산량 : 10,000개   · 표준원가 : 55원

	가격차이	수량차이
①	55,000원 불리	55,000원 불리
②	55,000원 유리	55,000원 유리
③	550,000원 유리	550,000원 유리
④	550,000원 불리	550,000원 불리

10. 다음 자료를 이용하여 계산한 정상공손 수량과 비정상공손 수량은 각각 몇 개인가? 단, 정상공손은 완성품 수량의 2%라 가정한다.

> · 기초 재공품 수량 : 25,000개   · 기초 제품 수량 : 20,000개
> · 당기 착수량 : 90,000개   · 제품 판매 수량 : 90,000개
> · 기말 재공품 수량 : 12,500개   · 기말 제품 수량 : 30,000개

	정상공손	비정상공손
①	1,200개	1,300개
②	2,000개	500개
③	1,000개	1,000개
④	2,300개	200개

11. 다음 중 아래의 (㉠), (㉡)에 들어갈 숫자를 바르게 나열한 것은?

> 내국법인의 각 사업연도의 소득에 대한 법인세의 과세표준은 각 사업연도의 소득의 범위에서 각 사업연도의 개시일 전 (㉠)년 이내에 개시한 사업연도에서 발생한 결손금을 공제한 금액으로 한다. 다만, 결손금은 각 사업연도 소득의 100분의 (㉡)(중소기업과 회생계획을 이행 중인 기업 등 제외)을 한도로 한다.

	㉠	㉡
①	10	50
②	10	60
③	15	50
④	15	60

12. 다음 중 조세특례제한법상 중소기업특별세액감면에 대한 설명으로 틀린 것은?

① 복식부기의무자(개인)가 중소기업특별세액감면을 받기 위해서는 사업용계좌를 신고해야 한다.
② 전년 대비 고용인원이 감소하지 않은 경우 감면한도는 1억원이다.
③ 중소기업 지원을 목적으로 하는 중소기업특별세액감면은 최저한세 적용배제 대상이다.
④ 법인의 본점이 수도권에 있는 경우 본점을 기준으로 감면율을 적용한다.

13. 다음 중 해당 과세기간의 총급여액이 7천만원을 초과하는 경우 적용받을 수 없는 소득공제 및 세액공제는 어느 것인가?

> 가. 신용카드 등 사용금액에 대한 소득공제 중 도서·신문·공연비 등 지출분에 대한 추가공제액
> 나. 월세 세액공제
> 다. 특별소득공제 중 장기주택저당차입금의 이자상환액 소득공제
> 라. 의료비 세액공제 중 산후조리원에 지출한 비용(출산 1회당 200만원 이내의 금액)

① 가, 나, 다, 라   ② 나
③ 나, 라   ④ 가, 나, 라

14. 근로자인 백남봉 씨는 20x1년 귀속 연말정산 시 생계를 같이하는 부양가족에 대하여 인적공제(기본공제)를 적용하고자 한다. 다음 중 인적공제(기본공제) 대상이 아닌 것은? 단, 다른 소득은 없는 것으로 가정한다.

① 전업주부인 배우자는 로또(복권)에 당첨되어 1,000만원을 수령하였다.

② 구청에서 일용직으로 근무하시는 62세 어머니는 일용직 급여가 600만원이다.

③ 올해 초 퇴직하신 65세 아버지는 총급여가 300만원이고, 퇴직소득이 90만원이다.

④ 17세인 아들은 포스터 공모전에서 입상하여 시청으로부터 상금 500만원을 수령하였다.

15. 다음 중 부가가치세법상 과세기간에 대한 설명으로 틀린 것은?

① 신규사업자가 사업 개시 전 사업자등록을 하는 경우, 과세기간은 사업자등록일(등록신청일)로부터 해당 과세기간의 종료일까지이다.

② 간이과세자가 일반과세자로 변경되는 경우, 일반과세자로서 적용받게 되는 과세기간은 그 변경시점부터 12월 31일까지이다.

③ 폐업자의 과세기간은 해당 과세기간 개시일로부터 폐업일까지이다.

④ 간이과세자의 과세기간은 1월 1일부터 12월 31일까지이다.

▨▨▨▨▨▨ 실 무

㈜강진테크(1020)은 제조·도소매업을 영위하는 중소기업이며, 당기 회계기간은 20x1.1.1.~20x1.12.31.이다. 전산세무회계 수험용 프로그램을 이용하여 다음 물음에 답하시오.

─────── 〈 기 본 전 제 〉 ───────

· 문제에서 한국채택국제회계기준을 적용하도록 하는 전제조건이 없는 경우, 일반기업회계기준을 적용하여 회계처리 한다.

· 문제의 풀이와 답안작성은 제시된 문제의 순서대로 진행한다.

▩▩ 문제 1 ▩▩ 다음 거래에 대하여 적절한 회계처리를 하시오.(12점)

─────── 〈 입 력 시 유의사항 〉 ───────

· 일반적인 적요의 입력은 생략하지만, 타계정 대체거래는 적요 번호를 선택하여 입력한다.

· 세금계산서·계산서 수수 거래 및 채권·채무 관련 거래는 별도의 요구가 없는 한 반드시 기등록된 거래처코드를 선택하는 방법으로 거래처명을 입력한다.

· 제조경비는 500번대 계정코드를, 판매비와관리비는 800번대 계정코드를 사용한다.

· 회계처리 시 계정과목은 등록된 계정과목 중 가장 적절한 과목으로 한다.

· 매입매출전표를 입력하는 경우 입력화면 하단의 분개까지 처리하고, 세금계산서 및 계산서는 전자 여부를 입력하여 반영한다.

[1] 02월 15일 당사는 업무에 사용하기 위하여 중고자동차 매매상으로부터 레이(경차)를 매입하고 법인카드로 결제하였다. 별도의 세금계산서는 받지 않았다. (3점)

카드매출전표	
카드종류	: 국민카드
회원번호	: 2224-1222-****-1349
거래일시	: 20x1.02.15. 13:05:16
거래유형	: 신용승인
공급가액	: 3,500,000원
부가세액	: 350,000원
합계	: 3,850,000원
결제방법	: 일시불
승인번호	: 71999995
은행확인	: 국민은행

가맹점명 : ㈜생생자동차유통
사업자등록번호 : 130-86-23540
- 이 하 생 략 -

[2] 03월 10일 주주총회에서 아래와 같이 배당을 실시하기로 결의하였다. (3점)

· 현금배당 30,000,000원 · 주식배당 50,000,000원
· 이익준비금은 현금배당의 10%를 적립하기로 한다.

[3] 04월 10일 제일투자㈜에서 차입한 장기차입금 100,000,000원의 상환기일이 도래하여 30,000,000원은 보통예금으로 바로 상환하고, 40,000,000원은 이에 상당하는 시가의 주식으로 출자전환을 하기로 하였으며, 잔액 30,000,000원은 채무면제를 받았다. 동일자에 출자전환을 위하여 보통주 6,000주(액면가액 5,000원)을 발행하여 교부하고, 자본 증자등기를 마쳤다(하나의 전표로 입력할 것). (3점)

[4] 09월 30일 당사는 ㈜백운기업로부터 기계장치(공급가액 20,000,000원, 세액 2,000,000원)를 구입하고 전자세금계산서를 발급받았다. 대금 중 5,000,000원은 보통예금에서 지급하고, 나머지는 외상으로 하였다. 단, 기계장치는 면세사업에만 사용하기로 한다. (3점)

문제 2 다음 주어진 요구사항에 따라 부가가치세 신고서 및 부속서류를 작성 하시오.(10점)

[1] 다음의 자료를 이용하여 20x1년 제1기 확정신고 기간(4월 1일~6월 30일)의 [대손세액공제신고서]를 작성하시오. (4점)

거래일자[주1]	채권액 (부가가치세 포함)	거래처	채권의 종류	대손 사유
20x0년 8월 1일	5,500,000원	㈜태백	외상매출금	거래상대방의 실종이 입증됨. (실종선고일 : 20x1년 5월 10일)
20x0년 7월 1일	16,500,000원	백두공업	단기대여금	거래상대방의 파산이 입증됨. (파산선고일 : 20x1년 6월 1일)
20x0년 9월 1일	7,700,000원	㈜상성	받을어음	어음 부도 발생 (부도 발생일 : 20x0년 11월 1일)
2019년 5월 1일	11,000,000원	㈜한라	외상매출금	소멸시효의 완성 (소멸시효 완성일 : 20x1년 5월 1일)
20x1년 3월 7일	6,600,000원	㈜지구	받을어음	어음 부도 발생 (부도 발생일 : 20x1년 5월 1일)

주1) 세금계산서 작성일자를 의미함.

[2] 본 문제에 한하여 당사는 고등어 통조림 제조업을 영위하는 중소기업 법인으로 가정한다. 다음은 20x1 년 제1기 확정신고기간(20x1.4.1.~20x1.6.30.)에 매입한 면세품목에 관한 자료이다. 의제매입세액공제 와 관련한 거래만 **[매입매출전표]([의제류매입] 탭을 활용할 것)에 입력하고, [의제매입세액공제신고서(관리용)]를 작성하시오**(단, 수량은 모두 "1"로 기재하고, 고등어는 원재료 계정을 사용할 것). (4점)

1. 면세품목 매입내역

구분	일자	상호	사업자등록번호	매입가격	품명
전자계산서 매입분 (현금거래)	04.02.	㈜수상	108-81-49188	384,000원	수도요금
	05.08.	㈜한상	109-81-31809	7,080,000원	고등어
신용카드 매입분 (보람카드)	05.18.	㈜두상	107-81-69876	2,750,000원	고등어
	06.12.	㈜세상	208-81-61880	564,000원	방역비(면세)

2. 추가자료
 · 제1기 예정분 과세표준은 40,000,000원, 제1기 확정분 과세표준은 60,000,000원이며, 과세표준 은 의제매입세액공제신고서 상에 직접 입력한다.
 · 제1기 예정신고 시 의제매입세액을 240,000원(매입가액 6,240,000원) 공제받은 것으로 가정한다.
 · 관련 없는 다른 자료는 무시한다.

[3] 다음의 자료를 이용하여 20x1년 제2기 확정신고기간의 [부가가치세신고서]를 마감하고, 부가가치세신고 서와 관련 부속서류를 국세청 홈택스에 전자신고하시오. (2점)

1. 부속서류 및 부가가치세신고서는 입력된 자료를 조회하여 사용한다.
2. 마감 및 전자신고 시 오류는 발생하지 않아야 한다.
3. 신고서 마감 → [전자신고] → [국세청 홈택스 전자신고변환(교육용)] 순으로 진행한다.
4. 전자신고용 전자파일 제작 시 신고인 구분은 2.납세자 자진신고로 선택하고, 비밀번호는 "**12345678**"로 입 력한다.
5. 전자신고용 전자파일 저장경로는 로컬디스크(C:)이며, 파일명은 "**enc작성연월일.101.v8808612342**"이다.
6. 최종적으로 국세청 홈택스에서 [전자파일 제출하기]를 완료한다.

문제 3 다음의 결산정리사항에 대하여 결산정리분개를 하거나 입력을 하여 결산을 완료하시오.(8점)

[1] 다음의 사채할증발행차금 환입표를 참조하여 일반기업회계기준에 따라 당기 기말 이자비용에 대한 회계
처리를 하시오. 단, 표시이자는 보통예금으로 지급하였다. (2점)

〈환입표〉

(단위 : 원)

연도	사채이자비용		사채할증발행차금		장부금액
	표시이자	유효이자	당기환입액	미환입잔액	
20x0.01.01.				5,151	105,151
20x0.12.31.	10,000	8,412	1,588	3,563	103,563
20x1.12.31.	10,000	8,285	1,715	1,848	101,848
20x2.12.31	10,000	8,152	1,848	0	100,000

[2] 다음은 장기투자목적으로 보유하고 있는 매도가능증권(시장성 있는 주식)에 관한 자료이다. 기말 현재
필요한 회계처리를 하시오. (2점)

· 취득 수량 : 700주(보통주)
· 1주당 취득원가 : 18,000원
· 20x0년 12월 31일 1주당 시가 : 20,000원
· 20x1년 7월 1일 : 50% 매각(1주당 19,000원)
· 20x1년 12월 31일 1주당 시가 : 17,500원
· 위 매도가능증권에 대한 수정전 재무상태표상 기타포괄손익누계액은 700,000원이며, 다른 매도가능
증권은 없다.

[3] 결산일 현재 장기차입금에 관한 내용이다. 일반기업회계기준에 따라 회계처리를 하시오. 단, 이자계산은 월할계산으로 하되 1월 미만은 1월로 계산한다. (2점)

과목	거래처	발생일자	만기일자	금액(원)	이자율	이자지급일
장기 차입금	㈜우리 캐피탈	20x0.03.01	20x5.02.28	100,000,000	연 6%	· 매년 3월 1일과 9월 1일 · 후불로 6개월분씩 지급

[4] 재고자산 실지 조사 결과 기말재고자산 내역은 다음과 같고, 위수탁계약을 맺어 당기에 발송한 제품 중 수탁자가 아직 판매하지 않은 제품 3,000,000원은 실지재고조사 결과에 포함되어 있지 않다. (2점)

재고자산	기말재고액
원재료	35,000,000원
재공품	17,500,000원
제 품	55,000,000원

문제 4 원천징수와 관련된 다음 물음에 답하시오.(10점)

[1] 다음은 영업부 과장 김과장(사원코드 : 5, 주민등록번호 : 831013-1687411, 입사일 : 2018.03.02.)의 20x0년 연말정산 결과와 20x1년 2월 급여자료이다. 아래의 자료를 참고로 2월 귀속 급여자료를 입력하고, [원천징수이행상황신고서]를 작성하시오. 필요할 경우 수당 및 공제항목을 추가로 등록하되, 사용하지 않는 수당 및 공제항목은 사용 여부를 "부"로 반영하시오. (5점)

1. 김과장의 20x0년 귀속 총급여는 72,000,000원이며, 연말정산 결과는 다음과 같다.

구 분	소득세	지방소득세
결정세액	5,023,168원	502,316원
기납부세액	6,193,170원	619,320원
차가감징수세액	-1,170,000원	-117,000원

2. 20x1년 2월 급여명세서(급여지급일 : 매월 25일)

이름	김과장	지급일	20x1.02.25.
기본급여	5,000,000원	소 득 세	564,510원
직책수당	500,000원	지방소득세	56,450원
월차수당	270,000원	고용보험	48,560원
자가운전보조금	300,000원	국민연금	225,000원
식대	100,000원	건강보험	171,500원
귀하의 노고에 감사드립니다.		장기요양보험	21,040원

3. 특이사항
  - 본인 차량을 업무에 사용하고 시내출장 등에 소요된 실제 여비를 자가운전보조금과 별도로 정산받음.
  - 식대와 별도로 현물식사를 제공받지 않음.
  - 사회보험료와 소득세 및 지방소득세 공제액은 요율표를 무시하고 주어진 자료를 이용할 것.
  - 연말정산 결과는 2월분 급여에 전액 반영하기로 함.

[2] 다음의 자료를 바탕으로 배당소득자료를 입력하시오. (3점)

1. ㈜강진테크의 소득자별 배당소득 지급내역
   · ㈜강진테크의 주주는 다음과 같다.

소득자코드번호	주주	주민등록번호	거주자/비거주자 구분	지분율
00010	이사장	740102 - 1025122	거주자	100%

   · 제14기 배당금은 처분결의일에 지급할 예정이다.
   · 배당금을 결의한 이익잉여금처분계산서는 다음과 같다(전산에 입력된 자료는 무시할 것).
2. 20x0년 이익잉여금처분계산서

이익잉여금처분계산서	
처분결의일 20x1.03.25.　　제14기 20x0.01.01.~20x0.12.31.　　(단위 : 원)	
과목	**금액**
Ⅰ. 미처분이익잉여금	360,000,000
1. 전기이월 미처분이익잉여금	300,000,000
2. 당기순이익	60,000,000
Ⅱ. 이익잉여금처분액	44,000,000
1. 이익준비금	4,000,000
2. 배당금	
가. 현금배당	40,000,000
나. 주식배당	0
Ⅲ. 차기이월 미처분이익잉여금	316,000,000

[3] 다음 자료는 중도 퇴사한 영업부 과장 박철민(사번 : 302)에 관한 자료이다. 자료를 이용하여 필요한 [사원등록] 내용을 추가하고, [퇴직소득자료] 입력 및 [퇴직소득원천징수영수증]을 작성하시오. (2점)

· 입사일 : 2017년 11월 1일	· 퇴사일 : 20x1년 11월 30일
· 퇴직금 : 14,800,000원(전액 과세)	
· 퇴직사유 : 자발적 퇴직	· 퇴직금 지급일 : 20x1년 12월 5일

문제 5 장흥기업㈜(1021)은 전자부품을 생산하고 제조·도매업을 영위하는 중소기업이며, 당해 사업연도는 20x1.1.1.~20x1.12.31.이다. [법인조정] 메뉴를 이용하여 기장되어 있는 재무회계 장부 자료와 제시된 보충자료에 의하여 해당 사업연도의 세무조정을 하시오. (30점)
※ 회사 선택 시 유의하시오.

─────── 〈 작성대상서식 〉 ───────

1. 접대비조정명세서
2. 가지급금등의인정이자조정명세서
3. 업무용승용차관련비용명세서
4. 자본금과적립금조정명세서(을)
5. 세액공제조정명세서(3), 최저한세조정계산서, 법인세과세표준및세액조정계산서

[1] 다음의 자료를 이용하여 [접대비조정명세서(갑),(을)]를 작성하고 세무조정사항이 있는 경우 [소득금액조정합계표]를 작성하시오. (6점)

1. 당사는 중소기업이다.
2. 수입금액조정명세서 내역은 다음과 같다.
   (1) 상품매출액 : 200,000,000원(특수관계인에 대한 매출액 50,000,000원 포함)
   (2) 제품매출액 : 2,350,000,000원(특수관계인에 대한 매출액 20,000,000원 포함)
3. 손익계산서 및 제조원가명세서에 접대비로 회계처리된 금액은 다음과 같다. 단, 전액 건당 3만원 초과분에 해당한다.

계정과목	법인카드 사용액		현금 지출액	합계
	일반접대비	문화접대비	경조금	
접대비(판관비)	25,000,000원	2,300,000원[주1]	200,000원[주2]	27,500,000원
접대비(제조경비)	20,000,000원	3,500,000원	–	23,500,000원

주1) 문화접대비 사용액 중 300,000원은 대표자와 그 가족이 박물관 관람을 위하여 사용하였다.
주2) 주요 거래처에 현금으로 경조사비를 지출하고, 적격증빙서류를 받지 않았다.

[2] 다음 관련 자료를 이용하여 [가지급금등의인정이자조정명세서]를 작성하고, 관련된 세무조정사항을 [소득금액조정합계표및명세서]에 반영하시오. (6점)

1. 차입금과 지급이자 내역

이자율	지급이자	차입금	비고
15%	3,000,000원	20,000,000원	기업은행 차입금
10%	4,000,000원	40,000,000원	농협은행 차입금
8%	8,000,000원	100,000,000원	자회사인 ㈜일등으로부터 차입금
계	15,000,000원	160,000,000원	

2. 가지급금과 이자수익 내역

구분	일자	가지급금	받을 이자수익
대표이사 : 장홍도	20x1.05.01.	40,000,000원	1,600,000원
감사 : 이감사	20x1.07.15.	15,000,000원	1,575,000원

3. 기획재정부령으로 정하는 당좌대출이자율은 연간 4.6%이며, 당 회사는 금전대차거래에 대해 시가 적용방법을 신고한 바 없다고 가정한다.

[3] 20x0년 5월 3일 ㈜굿모닝캐피탈과 대표이사(장홍도) 전용 5인승 승용차 제네시스(14러4813)의 장기운용리스계약을 체결하였다. 아래의 자료를 이용하여 [업무용승용차등록]및 [업무용승용차관련비용명세서]를 작성하여 관련 세무조정을 [소득금액조정합계표 및 명세서]에 반영하시오. (6점)

구분	금액	비고
리스료	24,000,000원	· 매월 2,000,000원, 계산서 수령함 · 리스료에는 보험료 500,000원, 자동차세 350,000원, 수선유지비 1,620,500원이 포함됨.
유류비	4,100,000원	
리스계약기간	20x1.05.03.~20x3.05.02.	
보험기간 (업무전용자동차보험 가입)	20x1.05.03.~20x2.05.02. 20x2.05.03.~20x3.05.02.	
거리	1. 전기이월누적거리 21,000km 2. 출퇴근거리 6,400km 3. 출퇴근 외 비업무거리 1,600km 4. 당기 총주행거리 8,000km	
기타사항	· 코드 0003, 판매관리부의 차량으로 등록할 것 · 업무전용보험 가입하고, 운행기록부는 작성하였다고 가정함 · 전기 감가상각비(상당액) 한도 초과 이월액 18,000,000원 있음	

[4] 입력된 자료는 무시하고 다음의 자료만을 이용하여 2022년 말 [자본금과적립금조정명세서(을)]을 작성하시오. (6점)

1. 20x1년 말 [소득금액조정합계표]

익금산입 및 손금불산입		
과목	금액	비고
법인세비용	12,000,000원	당기 법인세비용 계상액
선급비용	500,000원	전기 선급비용 과대계상액
대손충당금	5,000,000원	당기 대손충당금 한도초과액
임차료	3,500,000원	렌트한 업무용승용차 관련 감가상각비상당액 한도초과금액
단기매매증권	2,000,000원	당기 단기매매증권평가손실금액

손금산입 및 익금불산입		
과목	금액	비고
선급비용	1,000,000원	당기 선급비용 과대계상액
대손충당금	4,000,000원	전기 대손충당금 한도초과액
감가상각비	800,000원	전기 비품상각부인액
제품	2,700,000원	전기 제품평가감금액

2. 20x0년 말 [자본금과적립금조정명세서(을)]

과목	기초	감소	증가	기말
선급비용	-800,000원	-800,000원	-500,000원	-500,000원
대손충당금	2,000,000원	2,000,000원	4,000,000원	4,000,000원
감가상각비			1,500,000원	1,500,000원
제품			2,700,000원	2,700,000원

[5] 다음의 자료를 참조하여 [세액공제조정명세서(3)] 중 [3.당기공제 및 이월액계산] 탭과 [최저한세조정계산서], [법인세과세표준및세액조정계산서]를 작성하시오(당사는 중소기업이며, 불러온 자료는 무시하고 아래의 자료만 참조한다). (6점)

1. 당기 표준손익계산서 일부

Ⅰ.매출액	01	5,330,600,000원
2.제품매출	05	5,330,600,000원
중략		
Ⅹ.당기순손익	219	272,385,400원

2. 당기 소득금액조정합계표및명세서 일부

익금산입 및 손금불산입				손금산입 및 익금불산입			
①과목	②금액	③소득처분		④과목	⑤금액	⑥소득처분	
		처분	코드			처분	코드
합계	12,400,200원			합계	17,326,000원		

3. 당기 공제감면세액및추가납부세액합계표(갑) 일부

1. 최저한세 적용제외 공제감면세액

① 구　　　　　　분	② 근 거 법 조 항	코드	③ 대상세액	④ 감면(공제)세액
⑫ 일반 연구·인력개발비세액공제	「조세특례제한법」 제10조제1항제3호	16B	5,500,000원	5,500,000원

2. 최저한세 적용대상 공제감면세액

① 구　　　　　　분	② 근 거 법 조 항	코드	③ 대상세액	④ 감면세액
⑭ 중소기업에 대한 특별세액감면	「조세특례제한법」 제7조	112	8,925,930원	8,925,930원

4. 선납세금 원장 일부

일자	적요	차변	대변	잔액
08 - 30	법인세 중간예납	1,360,000원		1,360,000원
[누 계]		1,360,000원		1,360,000원

5. 기타사항
 - 전기에 이월된 중소기업 등 투자세액공제 잔액 6,650,000원이 있다.
 - 최저한세에 따른 공제감면 배제는 납세자에게 유리한 방법으로 한다.
 - 분납가능한 금액은 분납하기로 한다.
 - 위 자료 외에 세무조정, 세액공제감면은 없는 것으로 한다.

제101회 전산세무 1급

합격율	시험년월
9%	2022.04

이 론

01. 다음 중 유가증권에 대한 설명으로 가장 틀린 것은?

① 만기까지 보유할 적극적인 의사와 능력이 있는 채무증권을 만기보유증권이라 한다.

② 단기매매증권을 취득하기 위하여 부담한 증권거래수수료 등은 취득원가에 포함하지 않는다.

③ 단기매매증권과 매도가능증권은 공정가치로 평가한다.

④ 공정가치로 평가한 매도가능증권의 평가손익은 당기손익으로 인식한다.

02. 다음 중 재고자산에 대한 설명으로 가장 옳지 않은 것은?

① 재고자산이란 정상적인 영업활동 과정에서 판매를 목적으로 보유하고 있는 상품 또는 제품, 생산과정에 있는 자산 또는 생산이나 용역 제공과정에 사용될 자산을 말한다.

② 재고자산의 매입원가는 매입가격에 수입관세, 매입운임 등 취득과정에서 정상적으로 발생한 부대원가를 가산한 금액이다.

③ 재고자산의 가격이 계속 상승하고 재고자산 매입 수량이 판매 수량보다 큰 경우에 재고자산을 가장 낮게 보수적으로 평가하는 방법은 선입선출법이다.

④ 기초재고 수량과 기말재고 수량이 같고 물가가 상승할 때 선입선출법은 현재의 수익에 과거의 원가가대응되므로 후입선출법보다 높은 이익을 계상하게 된다.

03. ㈜세무는 20x1년 새로 취득한 차량의 감가상각방법으로 정률법을 채택하였으나 회계부서의 실수로 정액법으로 감가상각비를 인식하였다. 이로 인해 20x1년 기말 재무제표에 미치는 영향으로 옳은 것은?

	감가상각비	당기순이익	차량의 장부가액
①	감소	증가	감소
②	감소	증가	증가
③	증가	감소	감소
④	증가	감소	증가

04. ㈜디엘은 20x0년 1월 1일부터 3년간 ㈜미래의 사옥을 신축하는 계약을 체결하고 공사를 진행하고 있으며 관련 자료는 다음과 같다. 해당 공사의 수익인식기준으로 진행기준을 적용할 경우 ㈜디엘이 인식할 20x1년의 공사손실은 얼마인가?

1. 계약금액 : 100,000,000원

2. 사옥 신축 관련 원가 자료는 다음과 같다.

구 분	20x0년	20x1년	20x2년
당기발생공사원가	38,000,000원	46,000,000원	21,000,000원
추가소요추정원가	57,000,000원	21,000,000원	
누적 진행률	40%	80%	100%

3. 20x0년에 인식한 공사이익은 2,000,000원이다.

① 5,000,000원　　　　　　　　② 6,000,000원
③ 7,000,000원　　　　　　　　④ 8,000,000원

05. 다음 중 퇴직연금제도에 대한 설명으로 가장 틀린 것은?

① 확정기여제도에서 기업은 납부하여야 할 부담금을 퇴직급여비용으로 계상한다.
② 확정기여제도에서 기업은 추가적인 출연의무가 발생한다.
③ 확정급여제도에서 종업원은 확정된 퇴직급여를 받게 된다.
④ 확정급여제도에서 보고기간말 현재 모든 종업원이 일시에 퇴직할 경우 지급하여야 할 퇴직금이 부채로 확정된다.

06. ㈜트리는 목재를 원재료로 하는 4가지 종류의 제품생산을 고려 중이다. 총 두 번의 공정을 거쳐 제품을 완성하는데 제2공정의 작업량에 따라 최종제품이 결정된다. ㈜트리가 완제품에 대한 최선안을 선택할 때 기회원가는 얼마인가?

구분	침대	책상	의자	연필
판매가격	200,000원	150,000원	100,000원	90,000원
제1공정 원가	50,000원	50,000원	50,000원	50,000원
제2공정 원가	110,000원	50,000원	15,000원	10,000원

① 30,000원　　　　　　　　② 35,000원
③ 40,000원　　　　　　　　④ 110,000원

07. 다음은 원가계산방법에 대한 설명으로 아래의 빈칸에 각각 들어갈 말로 옳은 것은?

동일한 제조공정에서 동일한 종류의 원재료를 투입하여 서로 다른 2종 이상의 제품이 생산되는 것을 연산품이라 한다. 이러한 연산품이 개별적으로 식별 가능한 시점을 (㉠)이라 하고, (㉠)에 도달하기 전까지 연산품을 제조하는 과정에서 발생한 원가를 (㉡)라 한다.

	(㉠)	(㉡)
①	식별가능점	결합원가
②	식별가능점	추가가공원가
③	분리점	추가가공원가
④	분리점	결합원가

08. ㈜한세는 보조부문의 제조간접원가를 이중배분율법에 의해 제조부문에 배분하고자 한다. 보조부문에서 발생한 변동제조간접원가는 3,000,000원, 고정제조간접원가는 4,200,000원이다. 이 경우 수선부문에 배분될 보조부문의 제조간접원가를 구하시오.

제조부문	실제기계시간	최대기계시간
조립부문	2,000시간	3,000시간
수선부문	1,000시간	2,000시간

① 2,600,000원 ② 2,680,000원
③ 3,080,000원 ④ 3,520,000원

09. 선입선출법에 의한 종합원가계산을 적용할 경우 아래의 자료를 참고하여 당기 가공원가 발생액을 구하면 얼마인가?

· 당기 가공원가에 대한 완성품 단위당원가는 12원이다.
· 기초재공품은 250단위 (완성도 20%)이다.
· 기말재공품은 450단위 (완성도 80%)이다.
· 당기착수 수량은 2,300단위이며, 당기완성품 수량은 2,100단위이다.

① 21,480원 ② 28,920원
③ 30,120원 ④ 36,120원

10. 표준원가계산을 채택하고 있는 ㈜세무의 직접노무원가 관련 자료는 다음과 같다. 직접노무원가의 능률차이는 얼마인가?

· 직접노무원가 임률차이 : 20,000원(불리)　　· 실제 직접노무원가 발생액 : 500,000원 · 실제 직접노동시간 : 4,800시간　　　　　　· 표준 직접노동시간 : 4,900시간

① 10,000원 유리　　　　　　　　　　② 10,000원 불리
③ 20,000원 불리　　　　　　　　　　④ 20,000원 유리

11. 다음은 법인세법상 가산세에 대한 설명이다. 올바른 항목을 모두 고른 것은?

가. 주식등변동상황명세서 제출 불성실 가산세는 산출세액이 없으면 적용하지 않는다. 나. 과세소득이 있는 내국법인이 복식부기 방식으로 장부로 기장을 하지 않으면 산출세액의 20% 　　와 수입금액의 0.07% 중 큰 금액을 가산세로 납부해야 한다. 다. 내국법인이 접대비를 지출하면서 적격증명서류를 받지 않아 손금불산입된 경우에도 증명서류 　　수취 불성실 가산세를 납부해야 한다. 라. 이자소득을 지급한 법인이 지급명세서를 제출기한이 지난 후 3개월 이내에 제출하는 경우 지 　　급금액의 0.5%를 가산세로 납부해야 한다.

① 가, 라　　　　　　　　　　　　　② 나, 다
③ 가, 다　　　　　　　　　　　　　④ 나, 라

12. 다음 중 빈칸에 들어갈 금액이 다른 것은?

① 일반과세자의 부가가치세 예정고지세액이 (　　　)원 미만인 경우에는 부가가치세를 징수하지 않는다.

② 직전 사업연도에 중소기업인 내국법인은 직전 사업연도의 산출세액을 기준으로 계산한 중간예납세액이 (　　　)원 미만인 경우 중간예납세액을 납부할 의무가 없다.

③ 간이과세자의 부가가치세 예정부과금액이 (　　　)원 미만인 경우에는 부가가치세를 징수하지 않는다.

④ 종합소득이 있는 거주자의 소득세 중간예납세액이 (　　　)원 미만인 경우 중간예납세액을 징수하지 않는다.

13. 다음 중 소득세법상 납세의무에 대한 설명으로 가장 틀린 것은?

① 비거주자는 국내 및 국외 원천소득에 대한 소득세 납부의무를 진다.

② 법인으로 보는 단체가 아닌 단체로서 구성원 간 이익의 분배비율이 정해져 있지 않고 사실상 구성원별로 이익이 분배되지 않은 경우 1거주자로 보아 소득세 납세의무를 진다.

③ 공동사업장의 경우 원칙상 공동사업자별로 납세의무를 진다.

④ 피상속인의 소득금액에 대해 과세하는 경우에는 그 상속인이 납세의무를 진다.

14. 다음 중 부가가치세법상 공통매입세액의 안분계산에 대한 설명으로 가장 틀린 것은?

① 해당 과세기간의 총공급가액 중 면세공급가액이 5% 미만인 경우의 공통매입세액은 예외 없이 공통매입세액 전부를 매출세액에서 공제한다.

② 공통매입세액 안분계산 시 과세사업과 면세사업의 공급가액이 없는 경우에는 원칙적으로 면세사업의 매입가액비율, 예정공급가액비율, 예정사용면적비율의 순으로 적용한다. 다만, 예정사용면적비율을 우선 적용하는 예외가 있다.

③ 공통매입세액을 ②의 경우와 같이 안분하여 계산한 경우 과세사업과 면세사업의 공급가액 또는 사용면적이 확정되는 과세기간에 대한 납부세액을 확정신고를 할 때에 정산한다.

④ 해당 과세기간 중의 공통매입세액이 5만원 미만인 경우 안분계산 없이 공통매입세액 전부를 매출세액에서 공제한다.

15. 다음 중 부가가치세법상 간이과세자에 대한 설명으로 가장 틀린 것은?

① 간이과세자는 의제매입세액공제를 적용하지 않는다.

② 해당 과세기간에 발급받은 세금계산서상 공급대가의 0.5%를 매입세액공제 한다.

③ 일반과세를 적용받으려는 자는 언제든지 간이과세 포기신고를 할 수 있다.

④ 해당 과세기간에 대한 공급대가의 합계액이 4,800만원 미만이면 납부의무를 면제한다.

실 무

㈜하나전자(1010)는 제조·도소매업을 영위하는 중소기업이며, 당기 회계기간은 20x1.1.1.~20x1.12.31. 이다. 전산세무회계 수험용 프로그램을 이용하여 다음 물음에 답하시오.

문제 1 다음 거래에 대하여 적절한 회계처리를 하시오.(12점)

[1] 02월 15일 ㈜한라기계로부터 기계장치(공급가액 60,000,000원, 부가가치세액 6,000,000원)를 취득하고 전자세금계산서를 발급받았으며, 대금은 보통예금으로 지급하였다. 당사는 설비자산 취득을 위해 1월 30일에 정부로부터 상환의무가 없는 국고보조금 50,000,000원을 보통예금 계좌로 수령하였다(단, 국고보조금 회계처리를 포함한 모든 입력은 매입매출전표에서 할 것). (3점)

[2] 07월 05일 개인 소비자에게 제품 10대(대당 공급가액 300,000원, 부가가치세 별도)를 판매하고 대금을 현금으로 수령하였다. 소비자가 현금영수증의 발급을 원하지 않은 관계로 동 금액에 대해 국세청 지정번호(010-0000-1234)로 현금영수증을 발급하였다(단, 거래처 입력은 생략할 것). (3점)

[3] 08월 10일 당사와 김부자 씨가 체결한 자본투자 계약의 약정에 따라 보통예금으로 자본납입을 받았다. (신주인수대금이 보통예금 계좌로 입금되었으며, 즉시 신주 교부와 증자등기를 완료하였다.) 다음은 투자계약서의 일부 내용이다. (3점)

제1조 (신주의 발행과 인수)
① 회사는 본 계약에 따라 다음과 같은 본 건 주식을 발행하여 증자등기를 하고, 투자자는 이를 인수한다.
  1. 발행할 주식의 총수(수권주식수) : 1,000,000주
  2. 금회의 신주발행 내역
    가. 신주의 종류와 수 : 기명식 (보통주) 10,000주
    나. 1주의 금액(액면가) : 금 500원
    다. 본건 주식의 1주당 발행가액 : 금 3,000원
    라. 본건 주식의 총 인수대금 : 금 30,000,000원
    마. 본건 주식의 납입기일(증자등기일) : 20x1년 08월 10일

[4] 12월 20일 당사가 보유하고 있던 매도가능증권을 다음과 같은 조건으로 처분하고 대금은 보통예금계좌로 입금되었다(단, 20x0.12.31. 기말평가는 일반기업회계기준에 따라 적절히 이루어졌다). (3점)

취득원가	20x0.12.31. 공정가액	20x1.12.20. 양도가액	비고
15,000,000원	19,000,000원	17,000,000원	시장성 있음

문제 2 다음 주어진 요구사항에 따라 부가가치세 신고서 및 부속서류를 작성 하시오.(10점)

[1] 다음 자료에 근거하여 20x1년 제1기(4월 1일~6월 30일)의 [신용카드매출전표등수령명세서(갑)(을)]을 작성하고, 매입세액공제가 불가능한 세금계산서 매입의 경우 [공제받지못할매입세액명세서]를 작성하시오. 단, 신용카드매출전표 수령분은 모두 법인 명의의 신한카드(1111-2222-3333-4444)를 사용하였다. (5점)

사용일자	상호	유형	사업자등록번호	공급대가	수취 증빙	비고
05월 01일	㈜문구사랑	일반	115-81-00451	220,000원	세금계산서	경리부 문구 구입
05월 07일	과일나라	면세	323-90-11890	55,000원	신용카드매출전표	직원 간식 구입
05월 11일	㈜착한마트	일반	551-87-33392	165,000원	신용카드매출전표	영업부 소모품 구입
05월 27일	㈜기프트	일반	505-87-22155	550,000원	세금계산서	거래처 접대물품 구입
06월 07일	구인천국㈜	일반	516-88-25450	330,000원	현금영수증	직원 채용 광고비
06월 16일	커피세상	간이[1)	165-77-15608	52,250원	현금영수증	직원 간식 구입
06월 27일	쎈수학학원	면세	245-90-67890	220,000원	신용카드매출전표	대표자 자녀 학원비

1) 세금계산서는 발급이 금지되어 있고, 영수증만을 발급해야 하는 자임.

[2] 당사는 20x1년 제2기 확정신고기간(10.1.~12.31.)의 부가가치세 신고를 기한 내에 하지 않아 20x2년 2월 10일에 기한후신고를 하고 납부를 하고자 한다. **다음 자료를 매입매출전표에 입력(분개는 생략)하고, [부가가치세신고서]를 작성하시오.** 단, 전자세금계산서는 모두 적정하게 작성 및 전송하였으며, 가산세는 미납일수를 16일로 하고, 일반무신고가산세를 적용한다. (5점)

· 11월 30일 : 원재료(공급가액 10,000,000원, 부가가치세액 1,000,000원)를 ㈜하나물산으로부터 매입하고 전자세금계산서를 발급받았다.
· 12월 15일 : 제품(공급가액 15,000,000원, 부가가치세액 1,500,000원)을 ㈜삼일전자에 판매하고 전자세금계산서를 발급하였다.

문제 3 다음의 결산정리사항에 대하여 결산정리분개를 하거나 입력을 하여 결산을 완료하시오.(8점)

[1] 제2기 부가가치세 확정신고기간의 부가가치세와 관련된 내용이 아래와 같다. 입력된 다른 데이터는 무시하고 12월 31일 현재 부가세예수금과 부가세대급금의 정리분개를 수행하시오(단, 납부세액일 경우 미지급세금, 환급세액일 경우에는 미수금으로 회계처리할 것). (2점)

· 부가세예수금 : 48,000,000원   · 부가세대급금 : 63,500,000원   · 전자신고세액공제 : 10,000원

[2] 당사는 ㈜금성이 20x1년 1월 1일 발행한 액면금액 2,000,000원인 채권(만기 3년, 표시 이자율 연 7%, 유효이자율 연 10%, 만기 3년)을 1,850,787원에 만기보유목적으로 현금을 지급하고 취득하였다. 20x1년 12월 31일 회계처리를 하시오(단, 표시이자는 매년 말 현금으로 수령하고, 기말 공정가치 측정은 고려하지 않으며, 소수점 미만은 절사한다). (2점)

[3] 다음은 대표이사가 당사로부터 차입한 금전소비대차 관련 자료이다. 20x1년 12월 31일 현재 가지급금 인정이자에 대한 회계처리를 하시오. (2점)

· 대여일 : 20x1.05.01.	· 대여금액 : 24,000,000원
· 적용이자율 : 당좌대출이자율 (연간 4.6%)	· 적수 계산은 편의상 월할 계산함

[4] 당사는 20x0년 7월 1일에 영업권을 취득하였다. 영업권의 내용연수는 5년이고, 상각방법은 정액법, 표시 방법은 직접법을 채택하고 있다. 20x0년 회계연도 결산 시 무형자산상각비는 월할상각하여 적절히 반영하였으며, 영업권의 20x0년 기말잔액은 45,000,000원이다. 영업권에 대한 결산분개를 하시오. (2점)

문제 4 원천징수와 관련된 다음 물음에 답하시오.(10점)

[1] 다음은 20x1년 4월 22일에 입사한 조지욱(사번:222번, 세대주)과 관련된 자료이다. [사원등록] 메뉴의 [부양가족명세] 탭을 수정하여 작성하고(기본공제 대상이 아닌 경우 반드시 기본공제를 "부"로 입력), [연말정산추가자료입력] 메뉴의 [소득명세], [부양가족] 및 [연말정산입력] 탭을 작성하시오(단, 소득세 부담 최소화를 가정한다). (8점)

1. 종전 근무지 관련 자료
 · 근무처명 : ㈜재무(106-87-42541)
 · 근무기간 : 20x1.01.01.~20x1.03.31.
 · 급여내역 : 급여 20,000,000원, 상여 2,000,000원
 · 사회보험 :

국민연금	건강보험	장기요양	고용보험
707,400원	768,900원	53,740원	198,000원

 · 세액명세 :

구분		소득세	지방소득세
결정세액	결정세액	630,530원	63,050원
	기납부세액	2,101,770원	210,170원
	차감징수세액	−1,471,240원	−147,120원

2. 부양가족

가족관계증명서				
등록기준지	서울특별시 성북구 장위동 324-4			

구분	성 명	출생연월일	주민등록번호	성별
본인	조지욱	1977년 04월 28일	770428-1072227	남

가족사항

구분	성 명	출생연월일	주민등록번호	성별
부	조유성	1947년 08월 02일	470802-1028226	남
모	우유순	1948년 01월 14일	480114-2033216	여
배우자	이미지	1979년 09월 01일	790901-2245303	여
자녀	조지예	2011년 03월 31일	110331-4274315	여
자녀	조지근	2022년 03월 15일	220315-3044219	남

 · 배우자는 프리랜서 사업소득자로 연간 사업소득금액이 15,000,000원이다.
 · 본인의 부모님은 소득이 없으며, 다른 가족의 기본공제 대상자가 아니다.

· 아버지(조유성)는 장애인복지법상 지체장애4급 장애인이다.
· 장인(이기진 520730-1052118)은 무직이나 20x1년 주택처분으로 인한 양도소득금액 10,000,000원이 발생하였고, 다른 가족의 기본공제 대상자가 아니다.
· 장모(유이자 531212-2033101)는 소득이 없으며, 다른 가족의 기본공제 대상자가 아니다.
· 그 외 부양가족은 소득이 없다.
· 주민등록번호는 모두 정상으로 가정한다.

3. 국세청 연말정산간소화서비스 자료

20x1년 귀속 소득·세액공제증명서류 : 기본(지출처별)내역 [보장성보험, 장애인전용보장성보험]

■ 계약자 인적사항

성명	조지욱	주민등록번호	770428-*******

■ 보장성보험(장애인전용보장성보험)납입내역 (단위 : 원)

종류	상호	보험종류			납입금액 계
	사업자번호	증권번호	주피보험자		
	종피보험자1	종피보험자2	종피보험자3		
보장성	현다화재	자동차보험			1,200,000
	101-82-*****	8282882	770428-*******	조지욱	
보장성	현다화재	보장성보험			500,000
	101-82-******	MM82882	110331-*******	조지예	
인별합계금액		1,700,000			

20x1년 귀속 소득·세액공제증명서류 : 기본(지출처별)내역 [의료비]

■ 환자 인적사항

성명	조지근	주민등록번호	220315-*******

■ 의료비 지출내역 (단위 : 원)

사업자번호	상호	종류	납입금액 계
0-90-14*	삼숭****	일반	3,600,000
의료비 인별합계금액	3,600,000		
안경구입비 인별합계금액			
인별합계금액	3,600,000		

20x1년 귀속 소득·세액공제증명서류 : 기본(지출처별)내역 [기부금]

■ 기부자 인적사항

성명	조지예	주민등록번호	110331-*******

■ 기부금 지출내역 (단위 : 원)

사업자번호	단체명	기부유형	기부금액 합계	공제대상 기부금액	기부장려금 신청금액
102-82-07606	(사)세프	종교단체외 지정기부금	800,000	800,000	
인별합계금액	800,000				

· 조지욱 본인과 가족들의 자료이며, 의료비는 조지욱이 전부 지출하였다.
· 위 자료 외의 다른 국세청 연말정산간소화서비스 자료는 없는 것으로 한다.

[2] 다음 자료를 이용하여 이미 작성된 [원천징수이행상황신고서]를 조회하여 마감하고, 국세청 홈택스에 전자신고하시오. (2점)

1. 전산에 입력되어 있는 기본자료

귀속월	지급월	소득구분	신고코드	인원	총지급액	소득세	비고
5월	5월	근로소득	A01	5명	20,000,000원	1,000,000원	매월신고, 정기신고

2. 유의사항
· 위 자료를 바탕으로 원천징수이행상황신고서가 작성되어 있다.
· [원천징수이행상황신고서] 마감→[전자신고]→[국세청 홈택스 전자신고 변환(교육용)] 순으로 진행한다.
· 전자신고용 전자파일 제작 시 신고인 구분은 2.납세자 자진신고를 선택하고, 비밀번호는 "12345678"을 입력한다.
· 전자신고용 전자파일 저장경로는 로컬디스크 (C:)이며, 파일명은 "작성연월일.01.t1258110126"이다.
· 최종적으로 국세청 홈택스에서 [전자파일 제출하기]를 완료하여야 한다.

문제 5 진주물산㈜(1011)은 제조업을 영위하는 중소기업으로 전자부품을 생산하며, 당해 사업연도)는 20x1.1.1.~20x1.12.31.이다. [법인조정] 메뉴를 이용하여 기장되어 있는 재무회계 장부 자료와 제시된 보충자료에 의하여 해당 사업연도의 세무조정을 하시오. (30점)
※ 회사 선택 시 유의하시오.

[1] 다음 자료를 참조하여 [수입금액조정명세서]와 [조정후수입금액명세서]를 작성하시오(단, 세무조정은 각 건별로 처리한다). (6점)

1. 재고 실사 반영 전 손익계산서 일부

Ⅰ. 매출액	3,730,810,900원
제품매출	3,730,810,900원

※ 제품매출액에는 수출액 582,809,400원이 포함되어 있다.

2. 20x1년 제1기 예정 부가가치세신고서 중 과세표준명세

④ 과세표준명세			
업태	종목	업종코드	금액
(27) 제조	그 외 기타 전자 부품 제조	321001	872,400,600원
(28)			
(29)			
(30) 수입금액제외	그 외 기타 전자 부품 제조	321001	12,000,000원
(31) 합 계			884,400,600원

※ 과세표준명세상 수입금액제외는 업무용승용차 처분에 따른 전자세금계산서 발급분이다.

3. 20x1년 귀속 부가가치세 신고 내역

기수	일반과표	영세율과표	면세수입금액	합계
제1기 예정	733,511,000원	150,889,600원	0	884,400,600원
제1기 확정	795,515,000원	138,591,200원	0	934,106,200원
제2기 예정	802,445,000원	147,600,500원	0	950,045,500원
제2기 확정	828,530,500원	145,728,100원	0	974,258,600원
계	3,160,001,500원	582,809,400원	0	3,742,810,900원

4. 재고 실사 보고서 일부

· 제품재고 중 15,200,000원(판매가 18,000,000원)은 시송품으로 거래처에 반출하였으며, 20x1.12.29. 국내 구매자가 해당 제품의 구입의사를 전달했으나 재무제표에 반영되지 않았다.

· 제품재고 중 8,500,000원(판매가 10,000,000원)은 위탁판매를 위해 수탁자에게 전달되었으며, 20x1.12.31. 국내 수탁자가 해당 제품이 판매되었다고 출고장을 보내왔으나 재무제표에 반영되지 않았다.

[2] 세금과공과금의 계정별원장을 조회하여 [세금과공과금명세서]를 작성하고 관련 세무조정을 [소득금액조정합계표및명세서]에 반영하시오(단, 아래의 항목 중 다른 세무조정명세서에 영향을 미치는 사항은 관련된 조정명세서에서 적정하게 처리되었다고 가정하고, 세무조정은 건별로 처리하도록 한다). (6점)

월 일	적 요	금 액
01월 12일	주민세(종업원분)	1,700,000원
02월 15일	산재보험료 연체금	300,000원
03월 12일	국민연금 회사부담분	3,200,000원
03월 24일	사업과 관련없는 불공제매입세액	1,200,000원
04월 30일	법인세분 법인지방소득세	3,500,000원
05월 08일	대표자 개인의 양도소득세 납부	5,000,000원
06월 25일	폐수 초과배출부담금	750,000원
07월 03일	지급명세서미제출가산세	1,500,000원
09월 15일	간주임대료에 대한 부가가치세	650,000원
10월 05일	업무상 교통위반 과태료	100,000원
12월 09일	법인분 종합부동산세	5,700,000원

[3] 아래 당기의 외화거래자료를 이용하여 [외화자산등평가차손익조정명세서](갑),(을)를 작성하고, 세무조정 사항이 있는 경우 [소득금액조정합계표및명세서]를 작성하시오. (6점)

계정과목	발생일자	외화금액(USD)	발생일 매매기준율	기말 매매기준율
외상매출금	2022.03.02.	$20,000	$1 = 1,150원	$1 = 1,250원
외상매입금	2022.05.05.	$12,000	$1 = 1,200원	$1 = 1,250원

· 당사는 외화자산 및 부채의 평가방법으로 사업연도 종료일 현재의 매매기준율을 관할 세무서장에게 신고하였지만, 실제 결산 시 1,200원/$의 환율을 적용하여 외화자산 및 부채를 평가하였다.
· 화폐성외화자산 및 부채는 위에 제시된 자료뿐이다.
· 세무조정 발생 시 세무조정은 각 자산 및 부채별로 하기로 한다.

[4] 다음의 자료를 이용하여 [소득금액조정합계표및명세서]를 추가로 작성하시오. (6점)

1. 손익계산서상 임원 상여금 5,000,000원, 제조원가명세서상 직원 상여금 25,000,000원이 계상되어 있다. 단, 당사는 임원 및 직원에 대한 상여금 지급 규정이 없다.

2. 업무용 화물트럭의 자동차세 과오납금에 대한 환급금 200,000원과 환부이자 10,000원을 모두 잡이익으로 회계처리 하였다.

3. 당기 손익계산서상 법인세등 12,000,000원이 계상되어 있다.

4. 회사가 계상한 감가상각비는 20,000,000원이며, 세법상 감가상각범위액은 25,000,000원이다. 단, 전기 감가상각부인액 8,000,000원이 있다.

5. 채권자가 불분명한 사채이자를 지급하면서 다음과 같이 회계처리하고, 예수금은 원천징수세액으로 납부하였다

· 이자 지급 시	: (차) 이자비용 2,000,000 원	(대) 보통예금 1,450,000 원
		예수금 550,000 원
· 원천징수세액 납부 시	: (차) 예수금 550,000 원	(대) 현금 550,000 원

[5] 다음 자료를 이용하여 [기부금조정명세서]의 [1.기부금입력] 탭과 [2.기부금조정] 탭을 작성하고 세무조
정을 하시오(단, 기부처의 사업자(주민)번호 입력은 생략하되, 기부금 입력 시 불러오기를 이용하고, 불러
온 자료를 수정하여 완성할 것). (6점)

1. 기부금 등 관련 내역

발생일	금액	지출처[주1)]	내용
03월 11일	5,000,000원	지정기부금단체	종교단체 기부금
05월 23일	20,000,000원	법정기부금단체	국립대학병원에 연구비로 지출한 기부금
07월 21일	?	법정기부금단체	이재민 구호물품 (시가 : 4,000,000원, 장부가액 : 5,000,000원)
09월 10일	?	비지정기부금단체	보유 중인 토지를 양도 (시가 : 100,000,000원, 양도가액 : 60,000,000원)[주2)]

※ 법정기부금은 법인세법 제24조 제2항 1호, 지정기부금은 법인세법 제24조 제3항 1호에 해당한다.
주1) 당사와 특수관계가 없는 단체이며, 사업과 직접적인 관계가 없는 지출이다.
주2) 토지는 정당한 사유 없이 저가 양도하였다.

2. 법인세과세표준 및 세액조정계산서상 차가감소득금액

결산서상 당기순손익		270,000,000원
소득조정 금액	익금산입	25,000,000원
	손금산입	10,000,000원

※ 기부금에 대한 세무조정 전 금액이다.

3. 세무상 미공제 이월결손금 및 이월기부금

구분	이월결손금	이월기부금(지정기부금)
2021년 발생분	15,000,000원	3,000,000원

제100회 전산세무 1급

합격율	시험년월
16%	2022.02

■■■■■■ 이 론

01. 다음 중 재무제표의 수정을 요하는 보고기간후사건으로 볼 수 있는 것은 모두 몇 개인가?

> 가. 보고기간말 현재 이미 자산의 가치가 하락되었음을 나타내는 정보를 보고기간말 이후에 입수
> 하는 경우
> 나. 보고기간말 이전에 존재하였던 소송사건의 결과가 보고기간 후에 확정되어 이미 인식한 손실
> 금액을 수정하여야 하는 경우
> 다. 유가증권의 시장가격이 보고기간말과 재무제표가 사실상 확정된 날 사이에 하락한 경우

① 0개   ② 1개   ③ 2개   ④ 3개

02. 다음 중 유형자산에 대한 설명으로 옳은 것은 모두 몇 개인지 고르시오.

> ㉠ 동종자산 간에 교환하는 경우에 취득하는 자산의 원가는 제공하는 자산의 장부금액으로 처리
> 한다.
> ㉡ 감가상각비는 다른 자산의 제조와 관련된 경우에는 관련 자산의 제조원가로 처리하고, 그 밖의
> 경우에는 영업외비용으로 처리한다.
> ㉢ 건물을 신축하기 위하여 사용 중인 기존 건물을 철거하는 경우, 기존 건물의 장부가액은 제거
> 하여 처분손실로 반영하고, 철거비용은 전액 당기비용으로 처리한다.
> ㉣ 정부보조금을 받아 취득하는 유형자산의 경우 취득원가는 취득일의 공정가액으로 한다.
> ㉤ 감가상각대상금액은 취득원가에서 취득부대비용을 차감한 금액을 말한다.

① 2개   ② 3개   ③ 4개   ④ 5개

03. ㈜성진의 당기 중 대손충당금의 변동내역은 아래와 같다. 당기 말 현재 매출채권 잔액의 1%를 대손충당금으로 설정한다고 가정할 때, 다음 중 옳지 않은 것은?

대손충당금			
매출채권	250,000원	기초잔액	270,000원
기말잔액	250,000원	현금	80,000원
		대손상각비	150,000원

① 당기 말 매출채권 잔액은 25,000,000원이다.
② 전기 말 매출채권 잔액은 27,000,000원이다.
③ 당기 중 대손발생액은 170,000원이다.
④ 당기 말 손익계산서상 대손상각비는 150,000원이다.

04. ㈜두인의 당기말 수정전시산표와 수정후시산표의 일부이다. 빈칸에 들어갈 금액으로 옳지 않은 것은?

계정과목	수정 전 시산표		수정 후 시산표	
	차변	대변	차변	대변
미수수익	50,000원		(가)	
선급보험료	0원		(나)	
미지급급여				1,000,000원
선수임대료				150,000원
이자수익		3,000원		13,000원
수입임대료		300,000원		(다)
보험료	120,000원		60,000원	
급여	1,000,000원		(라)	

① (가) 40,000원
② (나) 60,000원
③ (다) 150,000원
④ (라) 2,000,000원

05. 다음 중 정당한 회계변경의 사유가 아닌 것은?

① 합병, 대규모 투자 등 기업환경의 중대한 변화로 종전의 회계정책을 적용하면 재무제표가 왜곡되는 경우

② 주식회사의 외부감사에 관한 법률에 의해 최초로 회계감사를 받는 경우

③ 일반기업회계기준의 제정, 개정 또는 기존의 일반기업회계기준에 대한 새로운 해석에 따라 회계변경을 하는 경우

④ 동종산업에 속한 대부분의 기업이 채택한 회계정책 또는 추정방법으로 변경함에 있어서 새로운 회계정책 또는 추정방법이 종전보다 더 합리적이라고 판단되는 경우

06. 다음 중 원가에 관한 설명으로 틀린 것은?

① 표준원가는 정기적으로 검토하여야 하며, 필요한 경우 현재의 상황에 맞게 조정하여야 한다.

② 표준원가계산은 미리 표준으로 설정된 원가자료를 사용하여 원가를 계산하는 방법으로 원가관리에 유용하다.

③ 순실현가치법은 분리점에서 중간제품의 판매가치를 알 수 없는 경우에도 적용할 수 있다.

④ 전부원가계산은 변동제조원가만을 계산하며 고정제조원가를 포함하지 아니한다.

07. ㈜경기의 원가 관련 자료가 아래와 같을 때 당기제품제조원가는 얼마인가?

• 기초재공품 : 20,000원	• 기초원가 : 50,000원
• 기말재공품 : 30,000원	• 가공원가 : 70,000원
• 제조간접원가는 직접노무원가의 1.5배만큼 비례하여 발생한다.	

① 79,000원
② 80,000원
③ 81,000원
④ 82,000원

08. 다음 중 개별원가계산에 대한 설명으로 옳지 않은 것은?

① 개별원가계산은 조선업, 건설업 등 고객의 요구에 따라 소량으로 주문생산하는 기업의 원가계산에 적합한 원가계산 방식이다.

② 종합원가계산과는 달리 개별원가계산은 완성품환산량을 산정할 필요가 없다.

③ 개별원가계산은 제조원가가 각 작업별로 집계되며 그 작업에서 생산된 제품단위에 원가를 배분한다.

④ 개별원가계산은 상대적으로 원가계산과정이 부정확하다.

09. 다음은 선입선출법에 의한 종합원가계산을 적용하고 있는 ㈜한세의 당기 생산 관련 자료이다. 아래의 자료를 이용하여 기초재공품의 완성도를 계산하면 얼마인가? 단, 가공비는 균등하게 발생하고, 당기 발생 가공비는 200,000원, 완성품의 가공비 단위당 원가는 20원이다.

구분	수량	완성도
기초재공품	2,000개	?
당기착수	9,000개	
기말재공품	1,000개	80%

① 40%   ② 50%   ③ 60%   ④ 70%

10. 다음 중 관련 범위 내에서 단위당 변동원가와 총고정원가를 설명한 것으로 옳은 것은?

	단위당 변동원가	총고정원가
①	생산량이 증가함에 따라 감소한다.	각 생산수준에서 일정하다.
②	생산량이 증가함에 따라 증가한다.	생산량이 증가함에 따라 감소한다.
③	각 생산수준에서 일정하다.	생산량이 증가함에 따라 감소한다.
④	각 생산수준에서 일정하다.	각 생산수준에서 일정하다.

11. 다음 중 법인세법상 접대비에 대한 설명으로 가장 옳지 않은 것은?

① 접대비가 1만원(경조금 20만원)을 초과하는 경우에는 적격증명서류를 수취하여야 한다.

② 사업연도가 12개월인 중소기업 법인의 접대비 한도를 계산할 때 기본한도는 3천6백만원이다.

③ 금전 외의 자산으로 접대비를 제공한 경우 해당 자산의 가액은 제공한 때의 시가와 장부가액 중 큰 금액으로 산정한다.

④ 증빙을 누락하여 귀속이 불분명한 접대비는 손금불산입하고, 대표자 상여로 소득처분한다.

12. 다음 중 법인세법상 세무조정 및 소득처분으로 틀린 것은?

① 임원상여금 한도초과액 : 손금불산입 〈상여〉

② 접대비 한도초과액 : 손금불산입 〈기타사외유출〉

③ 감가상각비 부인액 : 손금불산입 〈유보〉

④ 임직원이 아닌 지배주주에 대한 여비교통비 지급액 : 손금불산입 〈상여〉

13. 다음 중 종합소득에 대한 설명으로 틀린 것은?

① 기타소득금액이 2,500,000원인 경우는 반드시 종합과세할 필요는 없다.

② 세무서에 사업자등록을 한 사업자의 사업소득은 금액과 관계없이 종합과세되는 소득이다.

③ 퇴직소득만 25,000,000원이 발생한 경우에는 종합소득세를 신고할 필요가 없다.

④ 종합소득금액에서 종합소득공제를 차감한 금액을 기준소득금액이라고 한다.

14. 다음 중 부가가치세법상 납세지에 대한 설명으로 틀린 것은?

① 원칙적으로 사업자는 각 사업장마다 부가가치세를 신고 및 납부하여야 한다.

② 사업자 단위 과세 사업자는 그 사업자의 본점 또는 주사무소에서 총괄하여 신고 및 납부할 수 있다.

③ 주사업장 총괄 납부제도는 주된 사업장에서 납부세액 또는 환급세액을 통산하여 납부 또는 환급 받을 수 있는 제도를 말한다.

④ 하치장 또한 사업장으로써 납세지의 기능을 할 수 있다.

15. 다음 중 부가가치세법상 대손세액공제와 관련된 설명으로 옳지 않은 것은?

① 대손세액공제는 일반과세자에게 적용되며, 간이과세자에게는 적용하지 아니한다.

② 재화·용역을 공급한 후 그 공급일로부터 5년이 지난 날이 속하는 과세기간에 대한 확정신고기한 까지 대손이 확정되어야 한다.

③ 예정신고시에는 대손세액공제를 적용할 수 없다.

④ 대손세액공제를 받은 사업자가 그 대손금액의 전부 또는 일부를 회수한 경우에는 회수한 대손금 액에 관련된 대손세액을 회수한 날이 속하는 과세기간의 매출세액에 더한다.

실 무

홍도전기㈜(1000)는 제조·도소매업을 영위하는 중소기업이며, 당기 회계기간은 20x1.1.1.~20x1.12.31. 이다. 전산세무회계 수험용 프로그램을 이용하여 다음 물음에 답하시오.

문제 1 다음 거래에 대하여 적절한 회계처리를 하시오.(12점)

[1] 01월 25일 당사가 개발 중인 신제품이 20x1년 9월 말에 개발이 완료될 것으로 예상하였으나 경쟁력 미비로 신제품 개발을 중단하기로 하였다. 해당 제품 개발과 관련하여 개발비 계정에 20,000,000원이 계상되어 있다. 개발비 계정의 잔액을 일반기업회계기준과 법인세법의 규정을 충족하도록 회계처리하시오. (3점)

[2] 06월 20일 원재료 운반용으로 사용하는 법인 명의 화물차에 주유하고 대금은 법인카드(비씨카드)로 결제하면서 아래의 증빙을 수취하였다(해당 주유소는 일반과세자에 해당한다). (3점)

회원번호	9430-0302-3927-1230									ⓑⒸ 비씨카드 매출표				
성명	㈜성동									품명	금액			
가맹점 번호	7 0 1 5 0 6 0 0 2								매출취소시 당초매출일		백	천		원
가맹점명	남대문주유소								매출일자	20x1.6.20.	경유	7 0 0 0 0		
사업자 등록번호	106-81-56311										부가세	7 0 0 0		
									매장명	취급자	봉사료			
대표자명	최준석								판매	☑ 일반	할부	합계	7 7 0 0 0	
주소	서울 용산 효창 5-86								구분	☐ 할부	기간	※할부거래는 회원매출표를 참조하십시오		
●ARS거래승인절차 1588-4500➡1번 선택➡가맹전번호 9자리 입력 ➡전화안내에 따라 진행									승인 번호	9 2 6 5 9 7 8 3	회원서명(CARDHOLDER SIGNATURE) 홍도전기 주식회사			
ⓑⒸ 비씨카드주식회사									종합상담1588-4000 거래승인1588-4500		www.bccard.com	B 가맹점용		

[3] 09월 08일 XYZ.Co에 직수출하는 제품의 선적을 완료하고, 당일에 $50,000을 보통예금 외화통장으로 받았다. 제품 수출금액은 $100,000으로서 잔액은 다음 달 20일에 받기로 하였다. 20x1년 9월 8일의 기준환율은 1,400원/$이다(단, 수출신고번호 입력은 생략한다). (3점)

[4] 09월 30일 다음은 20x0년 12월 31일 현재 자본구성을 표시한 것이다. 20x1년 9월 30일에 보유하던 자기주식 300주를 1,700,000원에 처분하고 대금은 보통예금으로 수령하였다. (3점)

부분 재무상태표		
20x0년 12월 31일 현재		
자본금(보통주 12,000주, @5,000원)		60,000,000원
자본잉여금		4,000,000원
주식발행초과금	3,000,000원	
자기주식처분이익	1,000,000원	
자본조정		(3,000,000원)
자기주식(500주, @6,000원)	3,000,000원	
기타포괄손익누계액		
이익잉여금		100,000,000원
자본총계		161,000,000원

문제 2 다음 주어진 요구사항에 따라 부가가치세 신고서 및 부속서류를 작성 하시오.(10점)

[1] 아래의 거래를 매입매출전표에 입력(서류번호는 생략)하고, 20x1년 1기 예정신고 기간의 [내국신용장·구매확인서전자발급명세서]를 작성하시오. (4점)

전자세금계산서						승인번호		20210328-31000013-44346631	
공급자	사업자등록번호	123-86-11105		종사업장번호		공급받는자	사업자등록번호	130-86-55834	종사업장번호
	상호(법인명)	홍도전기㈜		성명(대표자)	김은정		상호(법인명)	㈜두인테크	성명(대표자) 두나무
	사업장 주소	경기도 안양시 만안구 경수대로 995					사업장 주소	서울시 금천구 가산디지털1로	
	업태	도소매업		종목	가전		업태	도소매업	종목 가전
	이메일						이메일		

작성일자	공급가액	세액	수정사유
20x1-03-15	94,638,000원		해당 없음

비고								

월	일	품목	규격	수량	단가	공급가액	세액	비고
3	15	가전				94,638,000원		

합계금액	현금	수표	어음	외상미수금	이 금액을 청구 함
94,638,000원				94,638,000원	

외화획득용원료·기재구매확인서

※ 구매확인서번호 : PKT202103150011

(1) 구매자 　(상호) 　　　　　㈜두인테크
　　　　　　(주소) 　　　　　서울시 금천구 가산디지털1로
　　　　　　(성명) 　　　　　두나무
　　　　　　(사업자등록번호) 　130-86-55834
(2) 공급자 　(상호) 　　　　　홍도전기㈜
　　　　　　(주소) 　　　　　경기도 안양시 만안구 경수대로 995
　　　　　　(성명) 　　　　　김은정
　　　　　　(사업자등록번호) 　123-86-11105

1. 구매원료의 내용

(3) HS부호	(4) 품명 및 규격	(5) 단위수량	(6) 구매일	(7) 단가	(8) 금액	(9) 비고
5171230	USED SMART PHONE	10 BOX	20x1-03-15	KRW 9,463,800	94,638,000원	
TOTAL		10 BOX			94,638,000원	

2. 세금계산서(외화획득용 원료 · 기재를 구매한 자가 신청하는 경우에만 기재)

(10) 세금계산서번호	(11) 작성일자	(12) 공급가액	(13) 세액	(14) 품목	(15) 규격	(16) 수량

(17) 구매원료 · 기재의 용도명세 : 완제품

위의 사항을 대외무역법 제18조에 따라 확인합니다.

확인일자 　20x1년 03월 28일
확인기관 　한국무역정보통신
전자서명 　1208102920

제출자 : ㈜두인테크 (인)

[2] 아래의 자료를 이용하여 20x1년 제2기 확정신고 기간의 [부가가치세신고서]를 작성하시오. 다만, 모두 10월~12월에 발생한 거래로 가정하고, 전표입력 및 과세표준명세작성은 생략한다). (6점)

---

1. 수출내역(공급가액)
   · 직수출 : 500,000,000원
   · 국내거래 : 50,000,000원(구매확인서 발급일 : 20x2년 1월 20일)
2. 국내할부판매
   · 제품인도일 : 20x1년 10월 01일(원칙적인 재화의 공급시기에 세금계산서를 발급하기로 한다.)
   · 대금지급일

구분	1차 할부	2차 할부	3차 할부 (최종)
대금 지급 약정일	20x1.10.01.	20x2.06.30.	20x2.11.01.
공급가액	5,000,000원	5,000,000원	5,000,000원
세액	500,000원	500,000원	500,000원

3. 거래처에 무상 견본품 제공 : 원가 1,000,000원, 시가 2,000,000원(당초 매입세액공제를 받은 제품)
4. 자녀에게 사무실 무상 임대 : 월 임대료 적정 시가 1,000,000원, 무상임대기간 10월 1일~12월 31일
※국내할부판매분과 수출내역 중 국내거래분은 전자세금계산서를 모두 적법하게 발급하였다고 가정함

문제 3 다음의 결산정리사항에 대하여 결산정리분개를 하거나 입력을 하여 결산을 완료하시오.(8점)

[1] 공장건물의 화재보험료(보험기간 : 20x1.5.1.~20x2.4.30.) 2,400,000원을 지불하고 전액 선급비용으로 회계처리 하였다(단, 기간은 월할 계산한다). (2점)

[2] 장부의 외상매입금 계정에는 Biden사와의 거래로 인한 대금 $75,000(당시 기준환율 ₩1,100/$)이 포함되어 있다. 결산일 현재의 기준환율이 ₩1,080/$일 경우 필요한 회계처리를 하시오. (2점)

[3] 당사는 20x1년 7월 1일 영업 관리용 시설장치 1대를 40,000,000원에 신규 취득하였으며, 해당 시설장치 취득과 관련하여 국고보조금 20,000,000원을 수령하였다. 해당 시설장치에 대한 감가상각비를 계상하시오. 단, 시설장치의 감가상각방법은 정액법, 내용연수는 5년, 잔존가치는 없으며, 월할 상각한다(음수로 입력하지 말 것). (2점)

[4] 재고자산 실지조사 결과 기말재고 내역은 다음과 같으며, 한주상사와 위수탁판매계약을 맺고 당기에 발송한 제품 중 수탁자가 아직 판매하지 않은 제품 1,500,000원은 실지재고조사 결과에 포함되어 있지 않다. (2점)

| · 원재료 3,000,000원 | · 재공품 5,000,000원 | · 제품 4,800,000원 |

문제 4 원천징수와 관련된 다음 물음에 답하시오.(10점)

[1] 다음은 20x1년 7월분 사업소득 지급내역이다. 아래의 자료를 이용하여 [사업소득자등록] 및 [사업소득자료입력]을 하시오. 한편 사업소득자는 모두 내국인 및 거주자이며, 주어진 주민등록번호는 모두 옳은 것으로 가정한다. (3점)

코드	수령자	지급일	주민등록번호	세전지급액(원)	내역
101	김수연	20x1.07.31.	850505-2455744	2,500,000	1인 미디어콘텐츠 창작자
102	한소희	20x1.07.25.	890102-2415657	3,000,000	모델

[2] 다음 자료를 이용하여 종업원 금나라를 [사원등록](사번:102번)하고, 3월분 급여자료를 입력하시오. 다만, 사원등록 상의 부양가족명세를 금나라의 세부담이 최소화되도록 입력하고, 수당공제등록 시 사용하지 않는 항목은 '부'로 표시한다. (7점)

1. 3월분 급여자료(급여지급일 : 3월 31일)

급여항목			
기본급	식대	자가운전보조금	육아수당
2,000,000원	100,000원	200,000원	100,000원

2. 추가 자료
 · 홍도전기㈜는 근로자 5인 이상 10인 미만의 소규모 사업장이다.
 · 금나라는 여태까지 실업 상태였다가 홍도전기㈜에 생애 최초로 입사한 것으로 국민연금 등의 사회보험에 신규 가입하는 자이며, 본인 명의의 재산은 전혀 없다. 금나라의 20x1년 월평균급여는 위에서 제시된 급여와 정확히 같고, 위의 근로소득 외 어떤 다른 소득도 없다고 가정한다.
 · 두루누리사회보험여부 및 적용률(80%)을 반드시 표시한다.
 · 건강보험료경감은 부로 표시한다.
 · 회사는 구내식당에서 점심 식사(현물)를 지원한다.
 · 자가운전보조금은 직원 개인 소유의 차량을 업무 목적으로 사용하는 것에 대한 지원금으로 시내 출장 등에 소요된 실제 경비는 정산하여 지급하지 않는다.
 · 국민연금, 건강보험, 장기요양보험, 고용보험, 소득세, 지방소득세는 자동계산된 자료를 사용하고, 소득세 적용률은 100%를 적용한다.)

3. 부양가족 명세(인적공제 대상에 해당하지 않는 경우, 부양가족명세에 입력 자체를 하지 말 것)

관계	성명	비고
본인	금나라(900213-2234568)	· 입사일 20x1.1.1. · 세대주
배우자	김철수(941214-1457690)	· 20x1년 3월 부동산 양도소득금액 50,000,000원 발생 · 무직, 위 외의 어떠한 소득도 없음
자녀	김나철(200104-3511111)	

문제 5 ㈜우암(1001)은 제조 및 도매업을 영위하는 중소기업으로 전자부품 등을 생산하며, 당해 사업연도는 20x1.1.1.~20x1.12.31.이다. [법인조정] 메뉴를 이용하여 기장되어 있는 재무 회계 장부 자료와 제시된 보충 자료에 따라 당해 사업연도의 세무조정을 하시오. (30점) ※ 회사 선택 시 유의하시오.

[1] 다음 자료를 참조하여 [대손충당금및대손금조정명세서]를 작성하고 필요한 세무조정을 하시오. (6점)

---

1. 당기 대손충당금과 상계된 금액의 내역
   · 20x1.02.10. : ㈜종민이 발행한 약속어음(받을어음)으로 부도 발생일로부터 6개월이 경과한 부도 어음 15,000,000원(비망계정 1,000원을 공제하고 난 후의 금액으로 가정한다.)
   · 20x1.06.10. : ㈜상민의 파산으로 인해 회수불능으로 확정된 미수금 8,000,000원
2. 대손충당금 내역

대손충당금

미수금	8,000,000원	전기이월	35,000,000원
받을어음	15,000,000원	대손상각비	2,000,000원
차기이월	14,000,000원		
계	37,000,000원	계	37,000,000원

3. 기말 대손충당금 설정 대상 채권잔액
   · 외상매출금 : 500,000,000원(20x1.09.01. 소멸시효 완성분 3,000,000원 포함)
   · 받을어음 : 300,000,000원(할인어음 3,000,000원 포함)
4. 전기 자본금과적립금조정명세서(을) 기말잔액
   · 대손충당금 한도 초과 1,500,000원(유보)
5. 대손설정률은 1%로 가정한다.

---

[2] 다음의 자료를 이용하여 [선급비용명세서]를 작성하고 관련된 세무조정을 하시오(단, 세무조정은 건별로 각각 처리한다). (6점)

1. 자본금과적립금조정명세서 잔액

사업 연도	20x1.01.01. ~ 20x1.12.31.	자본금과적립금조정명세서(을)		법인명	㈜우암

세무조정유보소득계산					
① 과목 또는 사항	② 기초잔액	당기 중 증감		⑤ 기말잔액 (익기 초 현재)	비고
		③ 감소	④ 증가		
선급비용	560,000	?	?	?	

※ 전기에 기간미경과로 인해 유보로 처리한 보험료의 기간이 도래하였다.

2. 당기의 임차료 내역

구분	임차기간	선납 금액	임대인
평택 공장	20x1.05.01.~20x2.04.30.	84,000,000원	㈜성삼
제천 공장	20x1.08.01.~20x3.07.31.	120,000,000원	이근희

※ 임차료는 장부에 선급비용으로 계상된 금액은 없다.

[3] 다음 자료를 이용하여 [업무용승용차등록]과 [업무용승용차관련비용명세서]를 작성하고 관련 세무조정을 반영하시오. 다만, 아래의 업무용승용차는 모두 임직원전용보험에 가입하였으며, 출퇴근용으로 사용하였으나 당기 차량운행일지를 작성하지는 않았다. (6점)

1. 운용리스계약기간 및 보험가입기간(계약기간과 보험가입기간은 같다)

구분	계약기간 (보험가입기간)	보증금	자산코드
BMW	20x1.06.01.~20x4.06.01	20,500,000원	0101
PORSCHE	20x1.05.01.~20x3.05.01.	21,000,000원	0102

2.

차종	차량번호	운용리스금액	감가상각비상당액	유류비	차량 비용 총액
BMW	04소7777	10,106,750원	8,000,375원	1,293,421원	11,400,171원
PORSCHE	357우8888	17,204,410원	16,833,975원	1,041,282원	18,245,692원

[4] 다음 자료를 이용하여 [자본금과적립금조정명세서](갑), (을)을 작성하시오(단, 불러온 기존자료 및 다른 문제의 내용은 무시하고 아래 자료만을 이용하도록 하며, 세무조정은 생략한다). (6점)

> 1. 다음은 자본금과적립금조정명세서(갑) 상의 변동 내용이다.
>   (1) 전기 자본금 기말잔액 : 50,000,000원
>   (2) 당기 자본금 증가액 : 50,000,000원
>   (3) 전기 자본잉여금 기말잔액 : 4,000,000원(당기 중 자본잉여금의 변동은 없음)
>   (4) 전기 이익잉여금 기말잔액 : 65,000,000원
>   (5) 당기 이익잉여금 증가액 : 72,000,000원
> 2. 전기 말 자본금과적립금조정명세서(을) 잔액은 다음과 같다.
>   (1) 대손충당금 한도초과액 12,000,000원
>   (2) 선급비용 2,500,000원
>   (3) 재고자산평가감 1,000,000원
> 3. 당기 중 유보금액 변동내역은 다음과 같다.
>   (1) 당기 대손충당금한도초과액은 11,000,000원이다.
>   (2) 선급비용은 모두 20x1.1.1.~20x1.3.31. 분으로 전기 말에 손금불산입(유보)로 세무조정된 금액이다.
>   (3) 재고자산평가감된 재고자산은 모두 판매되었고, 당기말에는 재고자산평가감이 발생하지 않았다.
>   (4) 당기 기계장치에 대한 감가상각비 한도초과액이 4,000,000원 발생하였다.
> 4. 전기 이월 결손금은 없는 것으로 가정한다.

[5] 아래의 자료를 이용하여 [법인세과세표준및세액조정계산서]와 [최저한세조정계산서]를 작성하시오(단, 불러온 기존자료 및 다른 문제의 내용은 무시하고 아래의 자료만을 활용한다.) (6점)

> 1. 결산서상 당기순이익 : 162,000,000원
> 2. 세무조정사항
>   · 익금산입액(가산조정) : 130,000,000원
>   · 손금산입액(차감조정) : 100,000,000원
> 3. 기부금 관련 사항은 아래와 같다.
>
> | 지출연도 | 지정기부금지출액 | 지정기부금 한도액 |
> | --- | --- | --- |
> | 2019년도 | 10,000,000원 | 7,000,000원 |
> | 20x1년도(당기) | 18,000,000원 | 20,000,000원 |
>
> 4. 이월결손금 : 10,000,000원(전액 20x0년도 귀속분이다.)
> 5. 수도권 내 청년창업중소기업에 대한 세액감면(최저한세 적용대상) : 9,000,000원
> 6. 중간예납세액 : 3,000,000원
> 7. 원천납부세액 : 1,200,000원

제99회 전산세무 1급

합격율	시험년월
7%	2021.12

이 론

01. 다음 중 회계상 보수주의의 개념과 거리가 먼 사례는?

① 저가주의에 의한 재고자산의 평가
② 전기오류수정사항을 손익으로 인식하지 않고 이익잉여금에 반영
③ 물가상승 시 후입선출법에 따른 재고자산 평가
④ 발생 가능성이 높은 우발이익을 주석으로 보고

02. 다음 중 일반기업회계기준상 유가증권에 대한 설명으로 틀린 것은?

① 만기보유증권은 공정가치법으로 평가한다.
② 유가증권은 취득한 후에 단기매매증권, 매도가능증권, 만기보유증권, 지분법적용투자주식 중의 하나로 분류된다.
③ 매도가능증권의 평가손익은 미실현보유손익이므로 자본항목으로 처리하여야 한다.
④ 단기매매증권의 취득원가는 매입가액(최초 인식 시 공정가치)으로 한다. 단, 취득과 관련된 매입수수료, 이전비용 등의 지출금액은 당기 비용으로 처리한다.

03. 다음 중 기업회계기준상 무형자산에 관한 설명으로 틀린 것은?

① 프로젝트의 연구단계에서는 미래경제적효익을 창출할 무형자산이 존재한다는 것을 입증할 수 없기 때문에 연구단계에서 발생한 지출은 무형자산으로 인식할 수 없고 발생한 기간의 비용으로 인식한다.
② 새롭거나 개선된 재료, 장치, 제품, 공정, 시스템, 용역 등에 대한 여러 가지 대체안을 제안, 설계, 평가 및 최종 선택하는 활동은 연구단계에 속하는 활동이다.
③ 새롭거나 개선된 재료, 장치, 제품, 공정, 시스템 및 용역 등에 대하여 최종적으로 선정된 안을 설계, 제작 및 시험하는 활동은 개발단계에 속하는 활동이다.
④ 무형자산을 창출하기 위한 내부 프로젝트를 연구단계와 개발단계로 구분할 수 없는 경우에는 그 프로젝트에서 발생한 지출은 모두 개발단계에서 발생한 것으로 본다.

04. 다음은 ㈜신속의 자본 내역이다. ㈜신속이 보유하고 있는 자기주식(1주당 취득가액 50,000원) 100주를 주당 80,000원에 처분하고 회계처리 하는 경우 자기주식처분이익 계정과목의 금액은 얼마인가?

> · 보통주 자본금 : 50,000,000원(10,000주, 주당 5,000원)
> · 자기주식처분손실 : 2,000,000원   · 자기주식 : 5,000,000원
> · 감자차손 : 2,000,000원   · 처분전이익잉여금 : 25,800,000원

① 500,000원   ② 1,000,000원   ③ 2,000,000원   ④ 3,000,000원

05. 다음은 ㈜유민의 상품과 관련된 자료이다. 기말 결산분개로 올바른 회계처리는?

> · 장부상 수량 : 1,000개   · 실제 수량 : 900개
> · 장부상 단가 : 1,900원   · 단위당 판매가능금액 : 2,000원   · 단위당 판매비용 : 200원
> 단, 재고자산의 감모는 전액 비정상적으로 발생하였다고 가정한다.

① (차)	재고자산감모손실	190,000원	(대)	상품		190,000원
	매출원가	90,000원		재고자산평가충당금		90,000원
② (차)	재고자산감모손실	90,000원	(대)	상품		90,000원
③ (차)	재고자산감모손실	190,000원	(대)	재고자산평가충당금		190,000원
④ (차)	재고자산감모손실	90,000원	(대)	재고자산평가충당금		90,000원
	매출원가	190,000원		상품		190,000원

06. 다음 중 원가의 회계처리와 흐름에 대한 설명으로 옳은 것을 고르시오.

> 가. 원가계산의 절차는 원가요소별 계산 → 생산부문별 계산 → 제품별 계산의 순서로 이루어진다.
> 나. 다품종 소량생산시스템은 종합원가계산에 적합하다.
> 다. 전기 미지급된 노무비를 당기에 지급하면, 당기 노무비로 계상한다.
> 라. 제조간접비가 제조부문과 관리부문에 동시에 발생할 경우, 많은 비중을 차지하는 부문으로 처리한다.

① 가   ② 나   ③ 다   ④ 라

07. 다음 중 종합원가계산의 선입선출법 및 평균법에 대한 설명으로 틀린 것은?

① 기초재공품원가는 선입선출법 적용 시에 완성품환산량 단위당 원가계산에 영향을 미치지 않는다.
② 기초재공품의 완성도는 평균법에서 고려대상이 아니다.
③ 기말재공품의 완성도는 선입선출법에서만 고려대상이다.
④ 선입선출법과 평균법의 수량 차이는 기초재공품 완성품환산량의 차이이다.

08. 다음 중 원가배분에 대한 설명으로 옳지 않은 것은?

① 부문관리자의 성과 평가를 위해서는 이중배분율법이 단일배분율법보다 합리적일 수 있다.
② 직접배분법은 보조부문 상호 간에 용역수수관계를 전혀 인식하지 않는 방법이다.
③ 원가배분기준으로 선택된 원가동인이 원가 발생의 인과관계를 잘 반영하지 못하는 경우 제품원가
  계산이 왜곡될 수 있다.
④ 공장 전체 제조간접비 배부율을 이용할 경우에도 보조부문원가를 먼저 제조부문에 배분하는 절차
  가 필요하다.

09. ㈜미래는 제조간접비를 직접노무시간을 기준으로 배부하고 있다. 당해 연도 초의 제조간접비 예상액은
5,000,000원이고 예상 직접노무시간은 50,000시간이다. 당기말 현재 실제 제조간접비 발생액이
6,000,000원이고 실제 직접노무시간이 51,500시간일 경우 당기의 제조간접비 과소 또는 과대배부액은
얼마인가?

① 850,000원 과소배부   ② 850,000원 과대배부
③ 1,000,000원 과소배부   ④ 1,000,000원 과대배부

10. ㈜보람은 주산물 A와 부산물 B를 생산하고 있으며 부산물 B의 처분액을 전액 영업외수익으로 반영하고
있다. ㈜보람이 발생한 제조원가를 모두 주산물 A에만 부담시키는 회계처리를 하는 경우 이로 인하여
미치는 영향으로 옳지 않은 것은?

① 매출원가 과대계상   ② 매출총이익 과소계상
③ 영업이익 과소계상   ④ 당기순이익 과소계상

11. 다음 중 법인세법상 재고자산의 평가에 대한 설명으로 옳지 않은 것은?

① 재고자산의 평가방법을 변경하고자 하는 법인은 변경할 평가방법을 적용하고자 하는 사업연도의
  종료일 이전 3개월이 되는 날까지 신고하여야 한다.
② 신설하는 영리법인은 설립일이 속하는 사업연도의 말일까지 재고자산의 평가방법신고서를 납세
  지 관할세무서장에게 제출하여야 한다.
③ 재고자산의 평가방법을 임의변경한 경우에는 당초 신고한 평가방법에 의한 평가금액과 무신고
  시의 평가방법에 의한 평가금액 중 큰 금액으로 평가한다.
④ 법인이 재고자산을 평가함에 있어 영업장별 또는 재고자산의 종류별로 각각 다른 방법에 의하여
  평가할 수 있다.

12. 다음 중 법인세법상 결손금 공제제도에 관한 설명으로 틀린 것은?

① 내국법인의 각 사업연도의 소득에 대한 법인세 과세표준은 각 사업연도의 소득의 범위 안에서 이월결손금·비과세소득 및 소득공제액을 순차적으로 공제하여 계산한다.

② 예외적으로 중소기업의 경우 소급공제를 허용한다.

③ 과세표준 계산 시 공제되지 아니한 비과세소득 및 소득공제는 다음 사업연도부터 5년간 이월하여 공제받을 수 있다.

④ 이월결손금은 공제기한 내에 임의로 선택하여 공제받을 수 없으며, 공제 가능한 사업연도의 소득 금액 범위 안에서 각 사업연도 소득금액의 60%(중소기업은 100%)를 한도로 한다.

13. 다음 중 소득세법상 간편장부대상자(소규모사업자가 아님)에게 적용되지 않는 가산세는 어떤 것인가?

① 법정증명서류 수취불성실 가산세(증빙불비 가산세)

② 사업용계좌 미신고 및 미사용 가산세

③ 장부의 기록·보관 불성실가산세(무기장가산세)

④ 원천징수 등 납부지연가산세

14. 다음 중 소득세법상 종합소득공제에 대한 설명으로 틀린 것은?

① 기본공제대상자가 아닌 자는 추가공제대상자가 될 수 없다.

② 총급여액 5,000,000원 이하의 근로소득만 있는 57세의 배우자는 기본공제대상자에 해당한다.

③ 배우자가 일용근로소득이 아닌 근로소득금액 500,000원과 사업소득금액 550,000원이 있는 경우 기본공제대상자에 해당한다.

④ 종합소득이 있는 거주자와 생계를 같이 하면서 양도소득금액이 4,000,000원이 있는 51세의 장애인인 형제는 기본공제대상자에 해당하지 아니한다.

15. 다음 중 부가가치세법상 면세 재화 또는 용역에 해당하지 않는 것은?

① 등록된 자동차운전학원에서 지식 및 기술 등을 가르치는 교육용역

② 김치를 단순히 운반의 편의를 위하여 일시적으로 비닐포장 등을 하여 공급

③ 일반 시내버스 사업에서 제공하는 여객운송용역

④ 국민주택규모를 초과하는 주택에 대한 임대용역

■■■■ 실 무

신곡물산㈜(0990)은 제조 및 도·소매업을 영위하는 중소기업이며, 당 회계기간은 20x1.1.1. ~ 20x1.12.31.이다. 전산세무회계 수험용 프로그램을 이용하여 다음 물음에 답하시오.

문제 1 다음 거래에 대하여 적절한 회계처리를 하시오.(12점)

[1] 01월 30일 토지에 대한 전기분 재산세 납부액 중 870,000원에 대하여 과오납을 원인으로 용산구청으로부터 환급 통보를 받았으며, 환급금은 한 달 뒤에 입금될 예정이다. (거래처명을 입력하고 당기의 영업외수익으로 처리할 것) (3점)

[2] 07월 06일 김신희로부터 공장 신축을 위한 건물과 토지를 현물출자 받았으며, 즉시 그 토지에 있던 구건물을 철거하였다. 토지와 구건물 취득 관련 내역은 다음과 같다. (3점)

- · 현물출자로 보통주 7,000주(주당 액면가액 5,000원, 시가 6,000원)를 발행하였다.
- · 토지와 구건물의 취득 관련 비용, 구건물 철거비, 토지 정지비 등의 명목으로 3,000,000원을 보통예금 계좌에서 지급하였다.
- · 토지 및 구건물의 공정가치는 주식의 공정가치와 동일하다.

[3] 08월 01일 당사의 영업부서가 한강마트로부터 거래처에 증정할 선물을 아래와 같이 외상으로 구입하고 종이세금계산서를 수취하였다. (단, 전액 비용으로 회계처리할 것.) (3점)

(청 색)

세금계산서(공급받는자 보관용)

| 책 번 호 | | 권 | | 호 | |
| 일련번호 | | | - | | |

	등록번호	1 2 3 - 2 1 - 1 4 0 8 2			공급받는자	등록번호	1 1 0 - 8 1 - 2 1 4 1 3		
공급자	상호(법인명)	한강마트	성명	윤소희		상호(법인명)	신곡물산㈜	성명	한오성
	사업장주소	서울특별시 마포구 백범로 100				사업장주소	서울특별시 용산구 임정로 25		
	업태	도소매	종목	잡화		업태	제조,도소매	종목	자동차부품

작성			공 급 가 액			세 액		비고
년 월 일	공란수	십억천백십만천백십일				십억천백십만천백십일		
x1 08 01	3	2 0 0 0 0 0 0				2 0 0 0 0 0		

월 일	품목	규격	수량	단가	공급가액	세액	비고
08 01	선물세트		100	20,000	2,000,000	200,000	

합계금액	현금	수표	어음	외상미수금	이 금액을 **청구** 함
2,200,000				2,200,000	

[4] 08월 06일 당사는 ㈜안정과 2019년 8월 6일에 제품공급계약을 체결하고, 제품은 잔금 지급일인 2022년 8월 6일에 인도하기로 했다. 제품 공급가액은 300,000,000원이며 부가가치세는 30,000,000원이다. 대금은 지급 약정일에 보통예금으로 수령하였으며, 해당 제품의 공급과 관련하여 전자세금계산서는 부가가치세법에 따라 정상적으로 발급하였다. 2022년에 해당하는 전자세금계산서에 대한 회계처리를 하시오. (3점)

구분	지급약정일	지급액
계약금	2019.08.06.	33,000,000원
1차 중도금	2020.08.06.	88,000,000원
2차 중도금	2021.08.06.	88,000,000원
잔금	2022.08.06.	121,000,000원

문제 2 다음 주어진 요구사항에 따라 부가가치세 신고서 및 부속서류를 작성하시오.(10점)

[1] 다음과 같은 부동산 임대차계약서를 작성하고 이와 관련된 전자세금계산서를 모두 발급하였다. 이를 바탕으로 제1기 확정신고기간(20x1.4.1.~20x1.6.30.)의 부동산임대공급가액명세서 및 부가가치세신고서(과세표준명세 작성은 생략함)를 작성하시오. 단, 당사는 차입금 과다법인이 아니며, 간주임대료에 대한 정기예금이자율은 1.2%로 한다. (5점)

부 동 산 임 대 차 계 약 서							■ 임 대 인 용 □ 임 차 인 용 □ 사무소보관용	
부동산의 표시	소재지	서울시 용산구 임정로 25 상공빌딩 1층						
	구 조	철근콘크리트조	용도	상업용		면적	100 m² 평	
보 증 금		금 100,000,000원정			월세 2,200,000원정(VAT 별도)			
제 1 조 위 부동산의 임대인과 임차인의 합의하에 아래와 같이 계약함.								
제 2 조 위 부동산의 임대차에 있어 임차인은 보증금을 아래와 같이 지불키로 함.								
계 약 금		30,000,000 원정은 계약 시에 지불하고						
중 도 금		원정은 년 월 일 지불하며						
잔 금		70,000,000 원정은 20x1 년 4 월 30 일 중개업자 입회 하에 지불함.						

제 3 조 위 부동산의 명도는 20x1 년 5 월 1 일로 함.
제 4 조 임대차 기간은 20x1 년 5 월 1 일부터 20x3 년 4 월 30 일까지로 함.
제 5 조 월세액은 매 월(30)일에 지불키로 하되 만약 기일 내에 지불하지 못할 시에는 보증금에서 공제키로 함.
제 6 조 임차인은 임대인의 승인 하에 계약 대상물을 개축 또는 변조할 수 있으나 명도 시에는 임차인 이 비용 일체를 부담하여 원상복구 하여야 함.
제 7 조 임대인과 중개업자는 별첨 중개물건 확인설명서를 작성하여 서명·날인하고 임차인은 이를 확인 수령함. 다만, 임대인은 중개물건 확인설명에 필요한 자료를 중개업자에게 제공하거나 자료 수집에 따른 법령에 규정한 실비를 지급하고 대행케 하여야 함.
제 8 조 본 계약을 임대인이 위약 시는 계약금의 배액을 변상하며 임차인이 위약 시는 계약금은 무효 로 하고 반환을 청구할 수 없음.
제 9 조 부동산중개업법 제20조 규정에 의하여 중개료는 계약 당시 쌍방에서 법정수수료를 중개인에 게 지불하여야 함.

위 계약조건을 확실히 하고 후일에 증하기 위하여 본 계약서를 작성하고 각 1통씩 보관한다.
20x1 년 3 월 1 일

임 대 인	주 소	서울시 용산구 임정로 25 상공빌딩 1층				
	사업자등록번호	110-81-21413	전화번호	02-1234-1234	성명	신곡물산㈜ ㊞
임 차 인	주 소	서울시 용산구 임정로 25 상공빌딩 1층				
	사업자등록번호	101-41-12345	전화번호	02-1234-0001	성명	서울물산 ㊞
중개업자	주 소	서울시 용산구 임정로 127		허가번호	XX-XXX-XXX	
	상 호	중앙 공인중개사무소	전화번호	02-1234-6655	성명	홍동경 ㊞

[2] 다음 자료를 매입매출전표에 입력(분개는 생략)하고, 20x1년 제2기 확정신고기간(20x1.10.01.~ 20x1.12.31.) 부가가치세 신고 시 첨부서류인 내국신용장·구매확인서전자발급명세서 및 영세율매출명세서를 작성하시오. (5점)

· 20x1년 10월 10일 : ㈜신우무역에 제품 48,000,000원(부가가치세 별도)을 공급하고 구매확인서(발급일 : 20x1년 10월 15일, 서류번호 : 1111111)를 발급받아 제품공급일을 작성일자로 하여 20x1.10.15.에 영세율전자세금계산서를 작성하여 전송하였다.

· 20x1년 11월 13일 : ㈜주철기업으로부터 발급받은 내국신용장(발급일 : 20x1년 11월 10일, 서류번호 : 2222222)에 의하여 제품 16,000,000원(부가가치세 별도)을 공급하고 제품공급일을 작성일자로 하여 20x1.11.13.에 영세율전자세금계산서를 작성하여 전송하였다.

문제 3 다음의 결산정리사항에 대하여 결산정리분개를 하거나 입력을 하여 결산을 완료하시오.(8점)

[1] 20x1년 7월 25일에 취득하여 보유 중인 단기매매증권(150주, 취득가액 주당 10,000원)이 있다. 결산일 현재 공정가치가 주당 12,000원인 경우 필요한 회계처리를 하시오. (2점)

[2] 아래와 같이 발행된 사채에 대하여 결산일에 필요한 회계처리를 하시오. (2점)

발행일	사채 액면가액	사채 발행가액	액면이자율	유효이자율
20x1.01.01.	30,000,000원	28,000,000원	연 5%	연 7%

· 사채의 발행가액은 적정하고, 사채발행비와 중도에 상환된 내역은 없는 것으로 가정한다.
· 이자는 매년 말에 보통예금으로 이체한다.

[3] 회사는 기말에 퇴직금 추계액 전액을 퇴직급여충당부채로 설정하고 있다. 아래의 자료를 이용하여 당기 퇴직급여충당부채를 계상하시오. (2점)

구분	전기말 퇴직금 추계액	당해연도 퇴직금 지급액 (퇴직급여충당부채와 상계)	당기말 퇴직금 추계액
영업부서	30,000,000원	15,000,000원	40,000,000원
생산부서	64,000,000원	15,000,000원	65,000,000원

[4] 아래의 자료는 당사의 실제 당기 법인세과세표준및세액조정계산서의 일부 내용이다. 입력된 데이터는 무시하고, 주어진 세율 정보를 참고하여 법인세비용에 대한 회계처리를 하시오. (2점)

법인세 과세표준 및 세액 조정 계산서 일부 내용	과세표준 계산	⑩ 각사업연도소득금액 (⑩ = ⑩)		329,200,000원
		⑩ 이월결손금	07	49,520,000원
		⑩ 비과세소득	08	0원
		⑪ 소득공제	09	0원
		⑫ 과세표준 (⑩ – ⑩ – ⑪ – ⑪)	10	279,680,000원

| 세율 정보 | · 법인세율
　- 법인세 과세표준 2억원 이하 : 10%
　- 법인세 과세표준 2억원 초과 200억원 이하 : 20%
· 지방소득세율
　- 법인세 과세표준 2억원 이하 : 1%
　- 법인세 과세표준 2억원 초과 200억원 이하 : 2% |
| 기타 | · 위의 모든 자료는 법인세법상 적절하게 산출된 금액이다.
· 기한 내 납부한 법인세 중간예납세액은 9,500,000원, 예금이자에 대한 원천징수 법인세액은 920,000원, 지방소득세액은 92,000원이 있다. |

문제 4 원천징수와 관련된 다음 물음에 답하시오.(10점)

[1] 6월 30일에 지급한 사원 이창현(사번 : 104)의 6월분 급여내역은 다음과 같다. 6월분 급여자료를 입력하시오. (단, 필요한 수당 및 공제항목은 수정 및 등록하고 사용하지 않는 수당 및 공제항목은 '부'로 한다.) (4점)

> · 기본급 : 2,600,000원
> · 식대 : 100,000원 (식대와 별도로 현물식사를 중복으로 제공받고 있음)
> · 직책수당 : 200,000원
> · 자가운전보조금 : 200,000원 (본인 소유 차량을 업무에 이용하고 실비정산을 받지 않음)
> · 연구보조비 : 100,000원 (기업부설연구소 연구원으로 비과세요건 충족, 근로소득유형 코드는 H10으로 할 것)
> · 국민연금 : 110,000원
> · 건강보험료 : 89,000원
> · 장기요양보험료 : 10,250원
> · 고용보험료 : 23,200원
> ※ 건강보험료, 국민연금보험료, 고용보험료는 등급표 대신 제시된 자료를 기준으로 하고, 소득세 등은 자동계산 금액에 따른다.

[2] 다음은 제조공장 생산부서에 근무하는 김정훈(사번 : 121, 입사일 : 2016년 01월 01일, 주민등록번호 : 720614-1052364)에 대한 연말정산 관련 자료이다. 김정훈의 연말정산 관련 자료를 이용하여 의료비지급명세서와 연말정산추가자료를 입력하시오. 단, 세부담 최소화를 가정하며, 모든 자료는 국세청 자료로 가정한다. (6점)

1. 김정훈의 부양가족은 다음과 같다.
   (기본공제대상자가 아닌 경우에도 부양가족명세에 입력하고 '기본공제'에서 '부'로 표시한다.)
   (1) 배우자 : 신혜미, 761125-2078454, 총급여액 5,500,000원
   (2) 모친 : 이정자, 470213-2231641, 장애인, 소득 없음
   (3) 자녀 : 김이슬, 041220-4052135, 소득 없음

2. 이정자는 중증환자로서 취업이나 취학이 곤란한 상태이며, 의사가 발행한 장애인증명서를 제출하였다.

3. 김정훈이 납부한 손해보험료 내역은 다음과 같다.

계약자	피보험자	납부액
김정훈	신혜미	2,000,000원
김정훈	김이슬	900,000원

4. 김정훈이 지급한 의료비는 다음과 같다. 단, 김이슬의 의료비 외의 모든 의료비는 김정훈 본인의 신용카드로 지급하였다.

부양가족	금액	비고
김정훈	2,500,000원	안경구입비 80만원 포함
신혜미	1,000,000원	미용 목적이 아닌 치료목적의 성형수술비
이정자	2,400,000원	장애인 재활치료비
김이슬	400,000원	질병 치료비로 김이슬 명의의 현금영수증 240,000원 발급 실손보험금 160,000원 포함

5. 김정훈이 지급한 교육비는 다음과 같다.

부양가족	금액	비고
김정훈	5,000,000원	대학원 박사과정 등록금
김이슬	3,000,000원	고등학교 체험학습비 500,000원, 고등학교 교복구입비 600,000원 포함 고등학교 교복구입비는 김정훈 명의의 신용카드로 지급

문제 5 ㈜성동물산(0991)은 자동차부품 등의 제조 및 도매업을 영위하는 중소기업으로, 당해 사업연도는 20x1.1.1.~20x1.12.31.이다. 법인세무조정 메뉴를 이용하여 재무회계 기장자료와 제시된 보충자료에 의하여 당해 사업연도의 세무조정을 하시오. (30점)
※ 회사선택시 유의하시오.

[1] 아래의 내용을 바탕으로 당사의 접대비조정명세서를 작성하고, 필요한 세무조정을 하시오. (6점)

1. 손익계산서상 매출액과 영업외수익은 아래와 같다.

구분	매출액	특이사항
제품매출	1,890,000,000원	특수관계자에 대한 매출액 200,000,000원 포함
상품매출	1,500,000,000원	
영업외수익	100,000,000원	부산물 매출액
합계	3,490,000,000원	

2. 손익계산서상 접대비(판) 계정의 내역은 아래와 같다.

구분	금액	비고
대표이사 개인경비	5,000,000원	법인신용카드 사용분
법인신용카드 사용분	46,900,000원	전액 3만원 초과분
간이영수증 수취분 (경조사비가 아닌 일반 접대비)	4,650,000원	건당 3만원 초과분 : 4,000,000원 건당 3만원 이하분 : 650,000원
합계	56,550,000원	

3. 한편 당사는 자사 제품(원가 2,000,000원, 시가 3,000,000원)을 거래처에 사업상 증여하고 아래와 같이 회계처리 하였다.

(차) 복리후생비(제)   2,300,000원   (대) 제품   2,000,000원
                                                            부가세예수금   300,000원

[2] 다음 자료를 이용하여 감가상각비조정 메뉴에서 고정자산을 등록하고 미상각분감가상각조정명
감가상각비조정명세서합계표를 작성하고 세무조정을 하시오. (6점)

1. 감가상각 대상 자산
 · 계정과목 : 기계장치
 · 자산코드/자산명 : 001/기계
 · 취득한 기계장치가 사용 가능한 상태에 이르기까지의 운반비 1,000,000원을 지급하였다.

취득일	취득가액 (부대비용 제외한 금액)	전기감가상각누계액	기준 내용연수	경비구분 /업종	상각 방법
2019.09.18	40,000,000원	12,000,000원	5년	제조	정률법

2. 회사는 기계장치에 대하여 전기에 다음과 같이 세무조정을 하였다.
  〈손금불산입〉   감가상각비 상각부인액   1,477,493원   (유보발생)
3. 당기 제조원가명세서에 반영된 기계장치의 감가상각비 : 12,000,000원

[3] 다음 자료를 이용하여 가지급금등의인정이자조정명세서를 작성하고, 관련된 세무조정을 소득금액조정합계표에 반영하시오. (6점)

1. 차입금과 지급이자 내역

연 이자율	차입금	지급이자	거래처	차입기간
2.9%	40,000,000원	1,160,000원	새마을은행	20x0.07.06.~20x2.07.05.
2.1%	25,000,000원	525,000원	시민은행	20x1.03.01.~20x2.02.28.
2.3%	10,000,000원	230,000원	㈜동호물산	20x0.11.04.~20x2.11.03.

※ ㈜동호물산은 당사와 특수관계에 있는 회사이다.

2. 가지급금 내역

직책	성명	가지급금	발생일자	수령이자
대표이사	유현진	85,000,000원	20x1.03.02.	630,000원
사내이사	김강현	17,000,000원	20x1.05.17.	265,000원

※ 수령한 이자는 장부에 이자수익으로 계상되어 있다.

3. 제시된 자료 외의 차입금과 가지급금은 없다고 가정하고, 가중평균차입이자율을 적용하기로 한다.

[4] 다음 자료를 이용하여 퇴직연금부담금조정명세서를 작성하고, 이와 관련한 세무조정을 소득금액조정합계표에 반영하시오. (6점)

1. 기말 현재 임직원 전원 퇴직 시 퇴직금 추계액 : 280,000,000원

2. 퇴직급여충당금 내역
   · 기초퇴직급여충당금 : 25,000,000원
   · 전기말 현재 퇴직급여충당금부인액 : 4,000,000원

3. 당기 퇴직 현황
   · 20x1년 퇴직금지급액은 총 16,000,000원이며, 전액 퇴직급여충당금과 상계하였다.
   · 퇴직연금 수령액은 3,000,000원이다.

4. 퇴직연금 현황
   · 20x1년 기초 퇴직연금운용자산 금액은 200,000,000원이다.
   · 확정급여형 퇴직연금과 관련하여 신고조정으로 손금산입하고 있으며, 전기분까지 신고조정으로 손금산입된 금액은 200,000,000원이다.
   · 당기 회사의 퇴직연금불입액은 40,000,000원이다.

[5] 다른 문제 및 기존 자료 등의 내용은 무시하고 다음 자료만을 이용하여 기부금조정명세서 및 기부금 명세서를 작성한 후 필요한 세무조정을 하시오. 단, 당사는 세법상 중소기업에 해당한다. (6점)

1. 당기 기부금 내용은 다음과 같다. 기부처 입력은 생략한다.

일자	금액	지급내용
02월 20일	50,000,000원	코로나 극복을 위해 지방자치단체에 의료용품 기부
08월 10일	20,000,000원	태풍으로 인한 이재민 구호금품
09월 25일	100,000,000원	사립대학교에 장학금으로 지출한 기부금
12월 25일	3,000,000원	정당에 기부한 정치자금

2. 기부금 계산과 관련된 기타자료는 다음과 같다.
· 한도 초과로 이월된 기부금은 2020년 법정기부금 한도초과액 10,000,000원이다.
· 결산서상 당기순이익은 300,000,000원이며, 위에 나열된 기부금에 대한 세무조정 전 익금산입 및 손금불산입 금액은 30,000,000원, 손금산입 및 익금불산입금액은 4,500,000원이다.
· 당기로 이월된 결손금은 2018년 발생분 150,000,000원이다.

제97회 전산세무 1급

합격율	시험년월
2%	2021.08

이 론

01. 다음 중 자산과 부채의 유동성과 비유동성 구분에 대한 설명으로 옳지 않은 것은?

① 정상적인 영업주기 내에 판매되거나 사용되는 재고자산과 회수되는 매출채권 등은 보고기간종료 일로부터 1년 이내에 실현되지 않을 경우 비유동자산으로 분류하고, 1년 이내에 실현되지 않을 금액을 주석으로 기재한다.

② 장기미수금이나 투자자산에 속하는 매도가능증권 또는 만기보유증권 등의 비유동자산 중 1년 이내에 실현되는 부분은 유동자산으로 분류한다.

③ 비유동부채 중 보고기간종료일로부터 1년 이내에 자원의 유출이 예상되는 부분은 유동부채로 분류한다.

④ 보고기간종료일로부터 1년 이내에 상환기일이 도래하더라도 기존의 차입약정에 따라 보고기간종 료일로부터 1년을 초과하여 상환할 수 있고 기업이 그러한 의도가 있는 경우에는 비유동부채로 분류한다.

02. 다음 중 일반기업회계기준상 금융상품에 대한 설명으로 틀린 것은?

① 금융자산이나 금융부채는 최초인식시 공정가치로 측정한다.

② 최초인식시 금융상품의 공정가치는 일반적으로 거래가격이다.

③ 소멸하거나 제3자에게 양도한 금융부채의 장부금액과 지급한 대가의 차액은 당기손익으로 인식 한다.

④ 금융자산을 양도한 후에도 양도인이 해당 양도자산에 대한 권리를 행사할 수 있는 경우, 해당 금융자산을 제거하고 양도인의 권리를 주석으로 공시한다.

03. 다음 중 유형자산과 관련한 일반기업회계기준 내용으로 맞지 않는 것은?

① 정부보조 등에 의해 유형자산을 공정가치보다 낮은 대가로 취득한 경우 그 유형자산의 취득원가는 대가를 지급한 금액으로 한다.

② 자가건설 과정에서 원재료, 인력 등의 낭비로 인한 비정상적인 원가는 취득원가에 포함하지 않는다.

③ 다른 종류의 자산과의 교환을 위하여 제공한 자산의 공정가치가 불확실한 경우에는 교환으로 취득한 자산의 공정가치를 취득원가로 할 수 있다.

④ 새로운 상품과 서비스를 소개하는데 소요되는 원가는 유형자산의 원가로 포함하지 않는다.

04. 다음은 ㈜삼진이 발행한 사채와 관련한 자료이다. 사채발행과 관련한 설명으로 맞는 것은? (단, 단수차이로 인해 오차가 있다면 가장 근사치를 선택한다.)

○ 사채발행내역
  – 사채액면금액 : 2,000,000원
  – 표시이자율 : 10%, 시장이자율 8%
  – 사채발행일자 : 20x1년 01월 01일
  – 사채만기일자 : 20x3년 12월 31일

○ 현가계수표

기간 \ 할인율	단일금액 1원의 현재가치		정상연금 1원의 현재가치	
	8%	10%	8%	10%
3년	0.7938	0.7513	2.5771	2.4868

① 사채발행시 사채 계정으로 계상할 금액은 2,103,020원이다.

② 사채발행시 사채할증발행차금은 103,020원이다.

③ 20x1년말 사채할증발행차금 환입액은 39,951원이다.

④ 20x2년말 사채할증발행차금 환입액은 37,582원이다.

05. 자본에 대한 설명으로 틀린 것은?

① 주주로부터 현금을 수령하고 주식을 발행하는 경우에 주식의 발행금액이 액면금액보다 크다면 그 차액을 자본잉여금으로 회계처리한다.

② 기업이 주주에게 순자산을 반환하지 않고 주식의 액면금액을 감소시키거나 주식수를 감소시키는 경우에는 감소되는 액면금액을 이익잉여금으로 회계처리한다.

③ 기업이 매입 등을 통하여 취득하는 자기주식은 취득원가를 자본조정으로 회계처리한다

④ 주식으로 배당하는 경우에는 발행주식의 액면금액을 배당액으로 하여 자본금의 증가와 이익잉여금의 감소로 회계처리한다.

06. ㈜부강은 제조부문1과 제조부문2를 가지고 제품 A와 B를 생산하고 있다. 20x0년 제조부문별 예정제조 간접원가는 제조부문1은 992,000원, 제조부문2는 3,000,000원이며, 제품A의 생산량은 300개 제품B 의 생산량은 400개이며, 제조부문1의 제품 A와 B를 1단위 생산하는데 투입된 직접노동시간은 제품A는 4시간, 제품B는 5시간이다. 직접노동시간을 기준으로 제조간접원가를 예정배부시 제조부문1의 직접노 동시간당 예정배부율은 얼마인가?

① 280원   ② 310원   ③ 360원   ④ 400원

07. 다음 중 부문별 원가계산에 대한 설명 중 가장 옳지 않은 것은?
① 제조간접비를 정확하게 배부하기 위해 부문별로 분류, 집계하는 절차이며 배부방법에 따라 총이 익은 달라지지 않는다.
② 단계배부법은 보조부문 상호간의 용역수수 관계를 일부만 반영한다.
③ 보조부문이 하나인 경우 변동제조간접비와 고정제조간접비의 구분에 따라 단일배부율법과 이중 배부율법이 있다.
④ 상호배부법은 보조부문비의 배부가 배부순서에 의해 영향을 받지 않는다.

08. 다음 중 결합원가계산에 대한 설명으로 잘못된 것은?
① 결합원가계산은 동일한 종류의 원재료를 투입하여 동시에 생산되는 서로 다른 2종 이상의 제품을 생산할 때 필요한 원가계산 방법이다.
② 결합원가계산에서 부산물이란 주산품의 제조과정에서 부수적으로 생산되는 제품으로서 상대적으로 판매가치가 적은 제품을 말한다.
③ 결합원가계산에서 분리점이란 연산품이 개별적으로 식별 가능한 시점을 가리킨다.
④ 결합원가를 순실현가치법에 따라 배분할 때 순실현가치란 개별제품의 최종판매가격에서 분리점 이후의 추가적인 가공원가만 차감하고, 판매비와 관리비는 차감하기 전의 금액을 말한다.

09. 당사는 선입선출법에 의한 종합원가계산으로 제품원가를 계산한다. 다음 자료를 참조하여 계산한 기말재공품의 완성도는 얼마인가?

1. 재공품 완성도		
구 분	수 량	완성도
기초 재공품	550개	40%
당기 완성품	1,300개	100%
기말 재공품	600개	?

2. 기타
 - 당기 발생 가공비는 12,000,000원이다.
 - 가공비 완성품 단위당 원가는 10,000원이다.
 - 가공비는 공정 전반에 걸쳐 균등하게 발생한다고 가정한다.

① 10%   ② 20%   ③ 80%   ④ 90%

10. ㈜예인은 표준원가계산제도를 채택하여 화장품을 생산하고 있다. 다음의 자료에 따른 재료비의 가격차이와 수량차이는 얼마인가?

· 예상생산량 : 10,000단위	· 실제생산량 : 9,000단위
· 실제수량 : 100,000kg	· 실제단가 : 300원/kg
· 표준수량 : 12kg/단위	· 표준단가 : 320원/kg

	가격차이	수량차이
①	2,000,000원 유리	2,560,000원 유리
②	2,000,000원 유리	2,400,000원 유리
③	2,000,000원 불리	2,400,000원 불리
④	2,000,000원 불리	2,560,000원 불리

11. 다음 중 법인세법상 접대비와 관련된 내용으로 맞는 것은?
① 임원이 부담해야 할 성질의 접대비를 법인이 지출한 경우 접대비로 본다.
② 법정증명서류를 수취하지 않더라도 손금불산입이 되지 않는 기준금액은 경조사는 20만원 이하, 그 외의 경우에는 3만원이하이다.
③ 약정에 따라 채권의 전부 또는 일부를 포기하는 경우 해당금액을 대손금으로 처리한다.
④ 중소기업의 접대비 기본한도액은 2,400만원에 해당사업연도 개월수를 곱하여 계산한다.

12. 다음 중 법인세법상의 소득처분에 대한 설명으로 틀린 것은?

① 추계결정 시의 소득처분에서 천재지변이나 그 밖에 불가항력으로 장부나 그 밖의 증빙서류가 멸
실되어 추계결정된 과세표준은 기타사외유출로 소득처분한다.

② 사외유출된 것은 분명하나 소득처분에 따른 소득의 귀속자가 불분명한 경우 대표자에 대한 상여
로 소득처분한다.

③ 추계로 과세표준을 결정·경정할 때 대표자 상여처분에 따라 발생한 소득세를 법인이 대납하고
이를 손비로 계상한 경우 대표자 상여로 소득처분한다.

④ 소득처분에 따른 소득의 귀속자가 법인으로서, 그 분여된 이익이 내국법인의 각 사업연도소득을
구성하는 경우 기타사외유출로 소득처분한다.

13. 다음 중 부가가치세법상 재화의 공급에 대한 설명으로 틀린 것은?

① 차입금을 현금대신 건물 등으로 변제하는 대물변제는 건물의 공급에 해당하므로 재화의 공급으로
본다.

② 사업자간에 재화를 차용하여 사용·소비하고 동종 또는 이종의 재화를 반환하는 소비대차의 경우
에 해당 재화를 차용하거나 반환하는 것은 각각 재화의 공급에 해당한다.

③ 저당권의 목적으로 부동산 및 부동산상의 권리를 제공하는 경우에는 재화의 공급으로 본다.

④ 수용(법률에 따른 수용은 제외)에 따라 재화를 인도하거나 양도하는 것은 재화의 공급으로 본다.

14. 부가가치세법상 간이과세자(부동산임대업, 과세유흥장소 제외)에 대한 설명으로 올바른 것은?

> 가. 간이과세 적용범위 중 금액기준은 직전연도 공급대가 합계액이 8,000만원 미만인 개인사업자
> 이다.
> 나. 간이과세자에 대한 부가가치세 납부의무 면제 기준금액은 해당연도 공급대가 합계액이 4,800
> 만원 미만인 간이과세자이다.
> 다. 세금계산서를 발급한 간이과세자는 예정부과기간(1.1.~6.30.)의 부가가치세 신고를 7.25.까지
> 해야 한다.
> 라. 간이과세자는 면세농산물 등에 대한 의제매입세액공제를 적용받을 수 있다.

① 없음 　　　　　 ② 가, 나 　　　　　 ③ 가, 나, 다 　　　　　 ④ 가, 나, 다, 라

15. 소득세법상 기타소득 중 실제 소요된 필요경비가 없는 경우에도 수입금액의 60%를 필요경비로 공제하
는 것이 아닌 것은?

① 일시적 원고료 　　　　　 ② 종교인 소득
③ 일시적 강연료 　　　　　 ④ 산업재산권 대여소득

▨▨▨▨▨ 실 무

㈜홍도산업(0970)은 제조·도소매업을 영위하는 중소기업이며, 당기 회계기간은 20x1. 1. 1. ~ 20x1. 12. 31.이다. 전산세무회계 수험용 프로그램을 이용하여 다음 물음에 답하시오.

문제 1   다음 거래에 대하여 적절한 회계처리를 하시오.(12점)

[1] 3월 14일 제품을 미국 NICE 사에 직수출하고 대금은 2개월 후에 수령하기로 하였다. 선적일의 기준환율은 1$당 1,150원이고, 총신고가격(FOB)은 $40,000, 결제금액(CIF)은 $43,000이다.(단, 수출신고번호 입력은 생략할 것)(3점)

[2] 3월 30일 당사는 제품 제조공장을 짓기 위해 건물이 있는 토지를 매입하고 즉시 건물을 철거하기로 하였다. 같은 날짜에 철거비용으로 ㈜백두물산으로부터 전자세금계산서(공급가액 30,000,000원, 세액 3,000,000원)를 발급받고 대금은 5일 후 지급하기로 하였다.(3점)

[3] 4월 19일 당사가 5%의 지분을 소유한 ㈜연준으로부터 현금배당 8,000,000원과 주식배당 100주(주당 액면가액 10,000원)를 보통예금 및 주식으로 수령하였다. 배당에 관한 회계처리는 기업회계기준을 준수하였다.(단, 원천징수는 무시할 것)(3점)

[4] 12월 15일 당사는 공급가액 100,000,000원에 ㈜전동에 제품을 매출하고 전자세금계산서를 발급하였으며, 대금 중 50%는 보통예금으로 나머지 금액은 당좌예금으로 입금받았다. 매출거래처 ㈜전동은 수출업자와 수출재화임가공용역계약을 체결하여 영세율을 적용받고 있다.(3점)

문제 2 다음 주어진 요구사항에 따라 부가가치세 신고서 및 부속서류를 작성하시오.(10점)

[1] 다음 자료는 20x1년 2기 확정(10.1.~12.31.) 부가가치세신고에 대한 매입관련 전자세금계산서내역이다. 공제받지 못 할 매입세액명세서를 작성하시오. (단, 전표입력은 생략하고, 세금계산서는 작성일자에 발급함)(4점)

작성일자	거래내용	공급가액	부가가치세	매수
10.5.	업무무관자산을 관리함으로써 생기는 유지비용	3,500,000	350,000	1
10.20.	구매부서의 프린터 구입비용 (세금계산서 발급일자는 당기 12월 1일임)	400,000	40,000	1
10.26.	업무용승용차(배기량 990cc) 구입비용	12,000,000	1,200,000	1
11.14.	거래처에 무상제공하기 위한 난방기 구입비용	5,000,000	500,000	1
12.18.	출퇴근용 승합차(12인승)의 차량 수리비용	300,000	30,000	1
12.29.	공장용토지의 경계측량을 위한 측량비용	1,000,000	100,000	1

[2] 본 문제에 한하여 당사는 중소기업(음식점업)을 영위하는 법인이라고 가정하고, 20x1년 1기 확정(4.1.~6.30.) 부가가치세 신고시 의제매입세액공제신고서를 작성(전표입력은 생략)하시오.(단, 모든 원재료는 면세대상이며 모두 음식점업의 식자재로 사용된다.)(3점)

매입일자	공급자	사업자번호 (또는 주민등록번호)	물품명	매입가액(원)	증빙자료	수량
20x1.04.05	전봉준(어민)	650621-1036915	수산물	50,000,000	현금으로 지급 하고 증빙없음	1,000
20x1.06.09	㈜더케이푸드	123-81-77081	농산물	7,200,000	계산서	500

※ 제1기 과세기간의 의제매입과 관련된 제품매출액(과세표준)은 예정신고기간에 100,000,000원, 확정신고기간에 80,000,000원이 발생하였다. 제1기 예정 부가가치세신고시 의제매입세액 적용 매입가액은 52,000,000원이며 의제매입세액 공제액은 2,000,000원이다.

[3] 다음 주어진 자료를 보고 20x1년도 제1기 확정신고시 대손세액공제신고서를 작성하시오.(3점)

1. 매출채권의 대손 발생 내역

공급일	상호 및 사업자등록번호	계정과목	대손금액	비고
2017.10.1.	㈜미래상사 (105-81-62708)	외상매출금	7,700,000원	20x1.4.25.(소멸시효 완성)
2019.12.5.	㈜오늘무역 (636-81-11678)	외상매출금	2,200,000원	20x0.10.8.(부도발생일)
20x0.10.9.	장래교역 (311-03-59120)	받을어음	3,300,000원	20x1.5.10.(부도발생일)
20x0.11.3.	내일식품 (123-03-10160)	외상매출금	5,500,000원	20x1.6.15.(파산법에 의한 파산으로 회수불가)

2. 대손 처리된 매출채권 회수 내역

   전기에 대손세액공제를 받았던 ㈜태양에 대한 외상매출금(5,500,000원)을 20x1.3.15.에 회수하였다.

문제 3 다음의 결산정리사항에 대하여 결산정리분개를 하거나 입력을 하여 결산을 완료하시오.(8점)

[1] 다음은 제2기 부가가치세 확정신고와 관련된 자료이다. 입력된 데이터는 무시하고 다음의 자료를 이용하여 12월 31일 부가가치세 확정신고와 관련된 계정을 정리하는 회계처리를 하시오.(2점)

1. 20x1년 12월 31일 계정별 잔액

미수금	부가세대급금	부가세예수금
1,200,000원	32,300,000원	45,600,000원

2. 기타
· 미수금 잔액은 전액 제2기 부가가치세 예정신고 미환급세액이다.
· 부가가치세 가산세 100,000원이 발생하였다.
· 납부할 세액은 미지급세금 계정을 사용한다.

[2] 다음의 자료는 화폐성 외화자산(장기대여금) 및 외화부채(장기차입금)의 내역 및 환율이다. (단, 외화환산 이익과 외화환산손실을 각각 인식할 것)(2점)

계정과목	금액	거래처	발생일	발생일 환율	20x0.12.31 환율	20x1.12.31 환율
장기차입금	$12,000	㈜와플	20x0.05.26	1,380원	1,210원	1,110원
장기대여금	$28,000	㈜세무	20x0.08.08	1,320원		

[3] 회사는 연령분석법으로 매출채권에 대하여 대손을 추정하고 대손상각비를 계상하고 있다. 기존 입력된 데이터는 무시하고 다음의 자료를 이용하여 대손충당금을 설정하고 장부에 반영하시오. (2점)

(1) 매출채권잔액과 대손설정율

구분	당기말 채권잔액			대손설정율
	외상매출금	미수금	받을어음	
30일 이내	5,000,000원	–	–	5%
30일 초과 90일 이내	10,000,000원	3,000,000원	–	10%
90일 초과	2,000,000원	–	1,000,000원	15%
합계	17,000,000원	3,000,000원	1,000,000원	

(2) 전기말 대손충당금 잔액은 아래와 같고, 회사는 보충법에 따라 대손충당금을 설정하고 있다.

구분	외상매출금	미수금	받을어음
전기말 대손충당금 잔액	1,000,000원	300,000원	–

[4] 당기초 재무상태표의 선급비용 26,250,000원은 ㈜대영산업과 20x0년 10월 1일에 계약한 2년치 창고 임차료(판관비)에 대한 건이다. 당기 결산시 회계처리를 하시오.(단, 월할계산하고 부가가치세는 고려안함)(2점)

문제 4 원천징수와 관련된 다음 물음에 답하시오.(10점)

[1] 다음은 20x1년 8월 12일에 입사한 마세욱(사원코드 311번, 세대주)과 관련된 자료이다. 「사원등록 메뉴」의 「부양가족등록탭」을 작성하고(기본공제 대상이 아닌 경우 반드시 기본공제를 "부"로 하여 입력), 「연말정산추가자료입력 메뉴」의 「소득명세탭」, 「월세,주택임차탭」, 「연말정산입력탭」을 작성하시오.(단, 소득세 부담 최소화를 가정한다)(7점)

(1) 가족관계증명서

가족관계증명서				
등록기준지	서울특별시 강서구 화곡동 220			

구분	성 명	출생연월일	주민등록번호	성별
본인	마세욱	1983년 02월 22일	830222-1033260	남

가족사항

구분	성 명	출생연월일	주민등록번호	성별
부	마동탁 사망	1953년 04월 16일	530416-1033160	남
모	양지순	1957년 12월 01일	571201-2233014	여
배우자	유지운	1983년 06월 30일	830630-2054517	여
자녀	마연우	2011년 05월 20일	110520-3081253	남
자녀	마연지	2020년 03월 15일	200315-4032919	여

- 마세욱과 생계를 같이하는 부양가족은 위 가족관계증명서에 나오는 가족뿐이다.
- 자녀 중 마연우는 장애인 복지법에 따른 장애인이다.
- 부친인 마동탁은 20x1년 02월 28일에 사망하였으며, 소득은 없었다.
- 모친인 양지순은 무직으로 소득이 없으나, 20x1년 주택을 처분하여 양도소득금액 200만원이 발생하였다.
- 마세욱은 아래 제시된 근로소득만 있으며 배우자와 자녀는 소득이 없다.

(2) 종전 근무지 관련 자료

- 근무처 : ㈜삼강(110-86-32502)
- 근무기간 : 20x1.01.01.~20x1.07.31.
- 급여내역 : 급여(24,500,000원), 상여(4,000,000원)
- 4대보험 :

국민연금	건강보험	장기요양	고용보험
1,282,500원	1,034,550원	119,180원	228,000원

· 세액명세

세액명세	구분	소득세	지방소득세
결정세액	결정세액	603,300원	60,330원
	기납부세액	1,532,790원	153,270원
	차감징수세액	-929,490원	-92,940원

(3) 국세청 연말정산간소화 서비스 자료
  - 아래의 자료는 마세욱 본인과 가족들의 것이며, 다른 국세청 자료는 없는 것으로 한다.

20x1년 귀속 소득(세액)공제증명서류 : 기본(지출처별)내역 [보장성 보험, 장애인전용보장성보험]

■ 계약자 인적사항

성명	마세욱	주민등록번호	830222-*******

■ 보장성보험(장애인전용보장성보험)납입내역   (단위:원)

종류	상호	보험종류		납입금액 계
	사업자번호	증권번호	주피보험자	
	종피보험자1	종피보험자2	종피보험자3	
보장성	삼숭화재**	자동차보험		300,000
	103-85-*****	72727222	830222-******* 마세욱	
장애인전용 보장성	제일화재**	장애인전용보장성보험		1,000,000
	106-85-******	PPO34252	110520-******* 마연우	
인별합계금액		1,300,000		

20x1년 귀속 소득(세액)공제증명서류 : 기본(지출처별)내역 [의료비]

■ 환자 인적사항

성명	마연우	주민등록번호	110520-*******

■ 의료비 지출내역   (단위:원)

사업자번호	상호	종류	납입금액 계
5-90-32*	제일**병원	일반	2,040,000
의료비 인별합계금액			2,040,000
안경구입비 인별합계금액			
인별합계금액			2,040,000

20x1년 귀속 소득(세액)공제증명서류 : 기본(지출처별)내역 [교육비]

■ 학생 인적사항

성명	마연우	주민등록번호	110520-*******

■ 교육비 지출내역　　　　　　　　　　　　　　　　　　　　　　　　(단위:원)

교육비 종류	학교명	사업자번호	납입금액 계
초등학교	**초등학교	**8-81-*****	300,000
인별합계금액	300,000		

(4) 월세자료

- 다음은 무주택자인 마세욱과 그 가족이 거주하는 아파트의 월세계약서 일부이다.
- 주민등록상 주소지와 임대차계약서상의 주소지가 동일하다.
- 임대차계약서대로 월세는 지급되었다

부동산 월세 계약서

본 부동산에 대하여 임대인과 임차인 쌍방은 다음과 같이 합의하여 임대차계약을 체결한다.

1. 부동산의 표시

소재지	서울 강남구 도산대로 120, 1501-503						
건　물	구 조	철근콘크리트	용 도	아파트(주거용)	면 적		82　㎡
임　대 부　분	상동 소재지 전부						

2. 계약내용

제 1 조　위 부동산의 임대차계약에 있어 임차인은 보증금 및 차임을 아래와 같이 지불하기로 한다.

보증금	일금　이억　　원정　(₩200,000,000)
차 임	일금　일백만　원정　(₩1,000,000)은 매월 말일에 지불한다.

제 2 조　임대인은 위 부동산을 임대차 목적대로 사용 수익할 수 있는 상태로 하여 20x0년 06월 01
　　　　일까지 임차인에게 인도하며, 임대차기간은 인도일로부터 20x2년 05월 31일까지 24개월로
　　　　한다.

… 중략 …

임 대 인 : 나주인 (470404-2133121)　(인)
임 차 인 : 마세욱 (830222-1033260)　(인)

[2] 다음은 이자 및 배당소득에 대한 원천징수자료이다. 다음의 자료를 이용하여 [기타소득자등록] 및 [이자배당소득자료입력] 메뉴에 관련 자료를 입력하시오.(3점)

1. 소득지급내역						
소득자				소득금액	소득구분	소득지급일/영수일
구분	코드	상호(성명)	사업자(주민등록)번호			
법인	101	㈜더케이	113-86-32442	12,000,000원	이자소득	2022.4.15
개인	102	연예인	800207-1234567	15,000,000원	배당소득	2022.4.30

2. ㈜더케이에 지급한 이자소득은 단기차입금에 대한 것이며, ㈜더케이는 내국법인으로 금융업을 영위하지 않는다. (단, 이자지급대상 기간과 이자율 입력은 생략한다.)

3. 연예인(거주자, 내국인)은 당사의 주주로 20x0년도 이익잉여금 처분에 따라 배당금을 현금으로 지급하였다.

문제 5 ㈜선유물산(0971)은 금속을 생산하고 제조 · 도매업을 영위하는 중소기업이며, 당해 사업연도는 20x1.1.1.~20x1.12.31.이다. 법인세무조정메뉴를 이용하여 재무회계 기장자료와 제시된 보충자료에 의하여 당해 사업연도의 세무조정을 하시오.(30점) ※ 회사선택 시 유의하시오.

[1] 다음 자료는 당기에 도원2공장 신축을 위하여 신축자금을 교동은행에서 차입하였다. [건설자금이자조정명세서]를 작성하고 관련 세무조정을 하시오(원단위 미만은 절사함).(6점)

1. 도원2공장 신축공사관련 차입내역					
차입기관	차입기간	연이자율	차입금액(원)	비 고	
교동은행	x1.7.1~x2.10.31	3.5%	1,000,000,000	공장신축을 위한 특정차입금임	

* 당해 공사일수는 153일이며, 차입일수는 184일에 해당함(1년은 365일로 계산할 것)
* 차입금액 중 100,000,000원을 차입일부터 일시투자하여 연 5%의 투자수익이 발생함.

2. 공사관련 내용
- 도원2공장 신축관련공사로 공사기간은 20x1.8.1.~20x2.9.30.이며, 준공예정일은 20x2.9.30.이다.
- 신축공사관련 차입금에 대한 이자비용으로 17,643,835원, 일시이자수익은 2,520,547원을 손익계산서에 계상함.

[2] 당기 대손금 및 대손충당금 관련 자료는 다음과 같다. 당기 대손충당금 및 대손금조정명세서를 작성하고 세부담이 최소화 되도록 세무조정을 하시오.(단, 기존자료는 무시하고 다음의 자료만을 이용할 것)(6점)

1. 당기 대손충당금 변동내역은 다음과 같다.
   전기이월액에는 전기 대손충당금 한도초과액 5,000,000원이 포함되어 있다.

대손충당금

외상매출금 상계액	5,000,000원	전기이월액	20,000,000원
받을어음 상계액	5,000,000원	당기설정액	10,000,000원
차기이월액	20,000,000원		
	30,000,000원		30,000,000원

2. 당기 대손발생내역은 다음과 같고, 모두 대손충당금과 상계처리하였다.
   1) 3월 30일: 외상매출금 중 채무자가 연락되지 않아 회수가 불가능한 금액 5,000,000원을 대손처리 하였다.
   2) 5월 6일: 매출거래처가 부도처리되어 부도일부터 6개월이 지난 부도어음 5,000,000원을 대손처리 하였다.

3. 당기 대손충당금 설정대상 채권 내역은 다음과 같다.
   1) 외상매출금 250,000,000원   2) 받을어음   200,000,000원

4. 대손실적률은 2%로 가정한다.

[3] 입력된 자료는 무시하고 다음의 자료만을 이용하여 [법인세과세표준및세액조정계산서]와 [최저한세 조정 명세서]를 작성하시오.(단, 분납을 최대한 적용받기로 한다.)(6점)

- 결산서상 당기순이익 : 200,150,000원
- 익금산입액 : 28,150,000원
- 손금산입액 : 10,320,000원
- 기부금한도초과액 : 3,180,000원
- 이월결손금 : 35,000,000원(2008년 귀속분: 10,000,000원, 2020년 귀속분: 25,000,000원)
- 통합투자세액공제 : 7,000,000원(최저한세 적용 대상)
- 가산세액 : 1,500,000원
- 원천납부세액 : 1,400,000원

[4] 다음 자료를 참조하여 「수입배당금액명세서」에 내용을 추가하여 작성을 완료하고 필요한 세무조정을 하시오.(6점)

1. 배당금 수취 현항

일자	회사명	사업자등록번호	대표자	소재지	배당액
20x1.04.10.	㈜한다	106-85-32321	김서울	서울시 영등포구 국제금융로 8	5,000,000원
20x1.04.30.	㈜간다	108-86-00273	이인천	서울시 마포구 마포대로 3	750,000원

2. ㈜한다 주식내역

발행주식총수	당사보유내역	지분율	비고
60,000주	60,000주	100%	– 일반법인 – 2018.10.15. 100% 지분 취득 – 취득일 이후 지분변동 없음

3. ㈜간다 주식내역

발행주식총수	당사보유내역	지분율	비고
1,000,000주	5,000주	0.5%	– 주권상장법인 – 2019.03.15. 0.5% 지분 취득 – 취득일 이후 지분변동 없음

4. 기타내역
   – 당사는 유동화전문회사 및 지주회사가 아니다.
   – 당사는 지급이자가 없는 것으로 가정한다.
   – 이에 따라 익금불산입 배제금액은 없다.

[5] 다음의 자료를 이용하여 [임대보증금등의 간주익금조정명세서]를 작성하고 세무조정을 하시오.(단, 기존에 입력된 데이터는 무시하고 제시된 자료로 계산하며, 이 문제에 한정해서 부동산임대업을 주업으로 하는 영리내국법인으로서 차입금이 자기 자본의 2배를 초과하는 법인으로 가정한다)(6점)

1.임대보증금의 내역

구분	금액	임대면적	비고
전기이월	600,000,000원	20,000㎡	
4월 30일 보증금 감소	200,000,000원	6,000㎡	퇴실 면적 계산시 이용
6월 1일 보증금 증가	300,000,000원	6,000㎡	입실 면적 계산시 이용
기말잔액	700,000,000원	20,000㎡	

2. 건설비상당액은 전기 말 400,000,000원으로 건물의 총 연면적은 20,000㎡이다.
3. 손익계산서상 이자수익 13,500,000원 중 임대보증금 운용수입은 2,800,000원이다.(1년 만기 정기예금이자율은 1.2%로 가정함)

제95회 전산세무 1급

합격율	시험년월
5%	2021.04

이 론

01. 다음은 ㈜신흥의 20x1년 1월 1일부터 12월 31일까지 재고자산과 관련한 자료이다. 매출원가는 얼마인가?

항 목	금액(취득원가기준)	비 고
기초재고자산	50,000원	
당기매입액	250,000원	미착상품 포함금액
기말재고자산실사액	20,000원	창고보유분
미착상품(매입)	30,000원	선적지인도조건으로 현재 운송중
적송품	50,000원	70% 판매완료
저당상품	10,000원	차입금관련 담보제공자산이며, 기말재고실사시 포함하지않음.
반품가능판매	15,000원	반품액의 합리적 추정 불가함.

① 185,000원   ② 200,000원   ③ 210,000원   ④ 245,000원

02. 다음 중 유형자산의 인식요건에 해당하는 것을 모두 고른 것은?

> 가. 자산으로부터 발생하는 미래경제적효익이 기업에 유입될 가능성이 매우 높다.
> 나. 자산의 원가를 신뢰성 있게 측정할 수 있다.
> 다. 자산이 분리 가능하여야 한다.
> 라. 자산이 통제 가능하여야 한다.

① 가   ② 가, 나   ③ 가, 나, 다   ④ 가, 나, 다, 라

03. 다음 중 이연법인세에 대한 설명으로 옳지 않은 것은?

① 차감할 일시적 차이에 대하여 인식하는 이연법인세자산은 향후 과세소득의 발생가능성이 매우 높은 경우에 인식한다.

② 공정가치로 평가된 자산의 장부금액이 세무기준액보다 크면 이연법인세자산으로 인식하여야 한다.

③ 영업권의 상각이 과세소득을 계산할 때 손금으로 인정되지 않는 경우에는 이연법인세부채를 인식 하지 않는다.

④ 자산·부채의 장부금액과 세무기준액의 차이인 일시적 차이에 대하여 원칙적으로 이연법인세를 인식하여야 한다.

04. 다음 중 자본에 대한 설명으로 가장 옳지 않은 것은?

① 자본잉여금 또는 이익잉여금을 자본금에 전입하여 기존의 주주에게 무상으로 신주를 발행하는 경우에는 주식의 액면금액을 주식의 발행금액으로 한다.

② 자본잉여금에는 주식발행초과금, 자기주식처분이익, 감자차익 등이 포함된다.

③ 매입 등을 통하여 취득하는 자기주식은 액면금액을 자기주식의 과목으로 하여 자본조정으로 회계 처리한다.

④ 현물을 제공받고 주식을 발행한 경우에는 제공받은 현물의 공정가치를 주식의 발행금액으로 한다.

05. 현금흐름표에 대한 설명으로 올바른 것은?

> 가. 현금흐름표는 영업활동으로 인한 현금흐름, 투자활동으로 인한 현금흐름, 재무활동으로 인한 현 금흐름으로 구분하여 표시한다.
>
> 나. 영업활동으로 인한 현금흐름은 현금의 대여와 회수활동, 유가증권·투자자산·유형자산 등의 취 득과 처분활동 등을 말한다.
>
> 다. 재무활동으로 인한 현금흐름은 현금의 차입 및 상환활동, 신주발행이나 배당금의 지급활동 등 과 같이 부채 및 자본계정에 영향을 미치는 거래를 말한다.
>
> 라. 영업활동으로 인한 현금흐름은 직접법으로만 표시한다.

① 가, 다   ② 가, 다, 라   ③ 가, 나, 다, 라   ④ 나, 라

06. 다음 중 원가에 대한 설명으로 틀린 것을 모두 고른 것은?

> ㄱ. 고정원가란 관련 범위 내에서 조업도의 증감에 따라 단위당 원가가 증감하는 원가이다.
> ㄴ. 종합원가계산은 항공기 제작업, 건설업 등에 적합한 원가계산 방식이다.
> ㄷ. 특정 제품에 직접 추적할 수 있는 원가 요소를 직접원가라고 한다.
> ㄹ. 공통원가 또는 간접원가를 배분하는 가장 이상적인 배분 기준은 수혜기준이다.

① ㄱ   ② ㄱ, ㄷ   ③ ㄹ   ④ ㄴ, ㄹ

07. 다음 자료를 참조하여 당기총제조원가를 구하면 얼마인가?

구 분	금 액
직접재료원가	250,000원
직접노무원가	? 원
제조간접원가	직접노무원가의 200%
가 공 원 가	직접재료원가의 150%

① 625,000원   ② 750,000원   ③ 375,000원   ④ 1,000,000원

08. 다음 중 보조부문의 원가배분에서 배분기준으로 적합하지 않은 것은?

① 전력부분 : 사용한 전력량   ② 수선유지부 : 면적
③ 구매부분 : 주문횟수   ④ 인사관리부 : 종업원수

09. 다음 자료를 이용하여 ㈜원일의 직접재료비의 완성품 환산량을 구하면 얼마인가?

> · 당사는 선입선출법에 의한 종합원가제도를 채택하고 있다.
> · 직접재료는 공정 초기에 40%가 투입되고, 나머지는 공정이 70% 진행된 시점에 전부 투입된다.
> · 공손은 없는 것으로 가정한다.
> · 기초재공품은 300단위이며 완성도는 90%이다.
> · 당기착수량은 6,000단위이고 완성품수량은 5,500단위이다.
> · 기말재공품의 완성도는 50%이다.

① 5,200단위   ② 5,520단위
③ 5,700단위   ④ 5,820단위

10. 표준원가계산제도를 채택하고 있는 ㈜운주의 직접노무비 관련자료는 다음과 같다. ㈜운주의 직접작업시간은 얼마인가?

· 표준임률 : 직접작업시간당 5,000원	· 실제임률 : 직접작업시간당 6,000원
· 표준직접작업시간 : 2,000시간	· 능률차이(유리) : 1,000,000원

① 1,800시간   ② 2,000시간   ③ 2,200시간   ④ 2,250시간

11. 다음은 부가가치세법상 가산세에 대한 내용으로 맞는 것은?

① 사업자가 법정신고기한까지 예정신고를 하지 않는 경우에는 일반적인 무신고는 무신고납부세액의 20%(영세율무신고시에는 영세율과세표준의 0.5%)를 적용한다.

② 사업자는 법정신고기한까지 확정신고를 한 경우로서 납부할 세액을 신고하여야할 세액보다 적게 신고한 경우에는 일반과소신고납부세액의 20%를 적용한다.

③ 간이과세자가 납부의무가 면제되는 경우에는 과소신고시 10%의 가산세를 적용한다.

④ 사업자가 법정납부기한까지 납부를 하지 않는 경우에는 미납세액에 미납기간을 적용한 금액에 3/10,000을 납부지연가산세로 적용한다.

12. 다음은 부가가치세법상 예정신고와 납부에 관한 설명이다. 빈칸에 들어갈 금액은 얼마인가?

납세지 관할 세무서장은 직전 과세기간 공급가액의 합계액이 (㉠) 미만인 법인사업자에 대해서는 각 예정신고기간마다 직전 과세기간에 대한 납부세액의 50%로 결정하여 해당 예정신고기간이 끝난 후 25일까지 징수한다. 다만, 징수하여야 할 금액이 (㉡) 미만인 경우에는 징수하지 아니한다.

① ㉠: 48,000,000원 ㉡: 200,000원   ② ㉠: 100,000,000원 ㉡: 200,000원
③ ㉠: 50,000,000원 ㉡: 300,000원   ④ ㉠: 150,000,000원 ㉡: 300,000원

13. 다음 중 법인세법상 납세의무자별 과세대상 소득의 범위에 대한 구분으로 틀린 것은?

번호	법인 구분		각사업연도 소득의 범위	토지 등 양도소득	청산소득
	내국/외국	영리/비영리			
①	내국	영리	국내외 원천의 모든 소득	과세 ○	과세 ○
②	내국	비영리	국내외 원천소득 중 일정한 수익사업에서 생기는 소득	과세 ○	과세 ○
③	외국	영리	국내 원천 소득	과세 ○	과세 ×
④	외국	비영리	국내 원천 소득 중 일정한 수익사업에서 생기는 소득	과세 ○	과세 ×

14. 법인세법상 업무무관경비에 대한 설명으로 올바른 것은?

> 가. 법인이 직접 사용하지 아니하고 타인이 주로 사용하고 있는 장소·건물·물건 등의 유지·관리비 등은 업무무관경비에 해당한다.
>
> 나. 법인의 대주주가 사용하는 사택에 대한 경비는 업무무관경비에 해당한다.
>
> 다. 법인의 임원이나 대주주가 아닌 종업원에게 제공한 사택의 임차료는 업무무관경비에 해당한다.
>
> 라. 법인이 종업원의 사기진작 및 복리후생 측면에서 노사합의에 의하여 콘도미니엄회원권을 취득한 후 전종업원의 복리후생 목적으로 사용하는 경우에는 업무무관자산으로 보지 않는다.

① 가, 라   ② 가, 나   ③ 가, 나, 다   ④ 가, 나, 라

15. 소득세법상 원천징수와 관련한 설명으로 틀린 것은?

① 도소매업을 영위하는 ㈜하루는 제조업을 영위하는 ㈜내일로부터 일시적으로 자금을 차입하고 이자를 지급하려 한다. 이자를 지급할 때 지급이자의 25%(지방소득세는 별도)를 원천징수해야 한다.

② 거주자인 이상해씨는 복권 및 복권기금법에 따른 복권 2억원 당첨되었다. 이 때 20%(지방소득세는 별도) 원천징수로 분리과세 된다.

③ ㈜삼진은 주주총회에서 주주들에게 총 1억원을 배당하기로 했다. 그러나 코로나로 인한 자금조달의 문제로 배당금을 지급하지 못하였다. 이 경우 배당소득세를 원천징수하지 않아도 된다.

④ 헬스장을 운영하는 개인사업자인 나건강씨는 홍보를 위해 홍보 전단을 나누어 줄 일용직을 하루 동안 고용하고 일당 10만원을 지급하였다. 이 경우 일당을 지급할 때 원천징수할 원천세는 없다.

▰▰▰▰ 실 무

안곡물산㈜(0950)은 제조·도소매업을 영위하는 중소기업이며, 당기 회계기간은 20x1. 1. 1. ~ 20x1. 12. 31.이다. 전산세무회계 수험용 프로그램을 이용하여 다음 물음에 답하시오.

문제 1 다음 거래에 대하여 적절한 회계처리를 하시오.(12점)

[1] 2월 15일 영업부서 이미란과장의 생일선물로 당사가 생산한 제품(시가:300,000원 원가:200,000원)을 사용하였다.(단, 시가와 원가는 부가가치세 제외금액이며, 모든 입력은 매입매출전표에서 할 것)(3점)

[2] 3월 31일 당사의 영업부서는 업무 수행을 위해서 ㈜예인렌트카로부터 승용차(3,300CC, 5인승)를 임차하고 월 이용료는 익월 10일에 통장에서 자동이체되며 전자세금계산서는 다음과 같이 발급받았다.(임차료 계정을 사용할 것)(3점)

전자세금계산서					승인번호		20210331-31000013-44346631	
공급자	사업자등록번호	137-86-11216	종사업장번호		공급받는자	사업자등록번호	308-81-12340	종사업장번호	
	상호(법인명)	㈜예인렌트카	성명(대표자)	연예인		상호(법인명)	안곡물산㈜	성명(대표자)	박세영
	사업장주소	서울 영등포구 여의도동 34				사업장주소	경기도 화성시 꽃내음4길 28-9		
	업 태	자동차렌터	종 목	자동차		업 태	제조,도매업 외	종 목	전자부품 외
	이메일					이메일			

작성일자	공급가액	세액	수정사유
20x1-03-31	1,500,000원	150,000원	해당없음
비고			

월	일	품 목	규 격	수 량	단 가	공 급 가 액	세 액	비 고
3	31	팬텀 렌트비				1,500,000원	150,000원	

합 계 금 액	현 금	수 표	어 음	외 상 미 수 금	이 금액을 청구함
1,650,000원				1,650,000원	

[3] 5월 30일 당사는 저명한 학자 스미스씨(미국거주)를 국내로 초빙하여 임직원을 위한 강의를 개최하였다. 강의 당일 강의료 \$3,300에 대하여 원천징수한 후 해외로 송금하였으며 송금수수료 15,000원을 포함하여 보통예금에서 인출하였다. 미국과의 조세조약을 살펴보니 강의료가 \$3,000가 넘으면 국내에서 지방세 포함하여 22%를 원천징수해야 한다고 한다. (용역비 계정을 사용하고 하나의 전표로 처리할 것, 예수금 거래처는 국세의 경우 화성세무서, 지방세의 경우 화성시청으로 처리하며, 5월 30일 기준환율은 \$1당 1,110원이다.) (3점)

[4] 7월 1일 액면상 발행일이 20x1년 1월 1일인 액면가액 1,000,000원의 사채를 회사사정상 20x1년 7월 1일에 발행하였다. 액면상 발행일(1월 1일)의 발행가액은 927,880원이다. 7월 1일 현재 시장이자율은 12%이고 액면이자율은 10%이며 만기는 5년이다.(단, 이자는 월할계산하며, 단수는 절사한다.)(3점)

문제 2 다음 주어진 요구사항에 따라 부가가치세 신고서 및 부속서류를 작성 하시오.(10점)

[1] 다음의 수출신고필증 및 환율정보를 이용하여 매입매출전표입력메뉴에 입력하고 수출실적명세서를 작성 하시오.(4점)

---

1. 수출신고필증의 정보

UNI-PASS

수 출 신 고 필 증

(갑지)
※ 처리기간 : 즉시

제출번호 99999-99-9999999	⑤신고번호 41757-17-050611X	⑥신고일자 20x1/03/20	⑦신고구분 일반P/L신고	⑧C/S구분 A
①신 고 자 강남 관세사				

②수출대행자 (주)예인	⑨거래구분 11 일반형태	⑩종류 A 일반수출	⑪결제방법 TT 단순송금방식
(통관고유부호) (주)예인 1-23-4-56-7			

수출자구분 (C)

수 출 화 주 안곡물산(주)	⑫목적국 US USA	⑬적재항 ICN 인천항	⑭선박회사(항공사)
(통관고유부호) (주)동한 1-23-4-56-7	⑮선박명(항공편명)	⑯출항예정일자	⑰적재예정보세구역
(주소)	⑱운송형태 10 ETC		⑲검사희망일 20x1/3/21
(대표자)			
(사업자등록번호) 308-81-12340	⑳물품소재지		

③제 조 자 (주)더케이	㉑L/C번호		㉒물품상태
(통관고유부호) (주)더케이 1-23-4-56-7	㉓사전임시개청통보여부		㉔반송 사유
제조장소 산업단지부호 999			

④구 매 자 NICE.Co.Ltd.	㉕환급신청인(1:수출/위탁자, 2:제조자) 간이환급
(구매자부호)	

· 품명·규격 (란번호/총란수: 999/999)

㉖품 명	㉘상표명
㉗거래품명	

㉙모델·규격	㉚성분	㉛수량	㉜단가(USD)	㉝금액(USD)
K		150(EA)	200	30,000

㉞세번부호	9999.99-9999	㉟순중량	320kg	㊱수량		㊲신고가격(FOB)	$ 28,500 ₩28,500,000

㊳송품장부호		㊴수입신고번호		㊵원산지	㊶포장갯수(종류)

㊷수출요건확인 (발급서류명)					

㊸총중량	320kg	㊹총포장갯수		㊺총신고가격 (FOB)	$ 28,500 ₩28,500,000

㊻운임(₩)	1,180,970	㊼보험료(₩)		㊽결제금액	CFR - USD - 30,000

㊾수입화물 관리번호			㊿컨테이너번호	

수출요건확인 (발급서류명)				

※신고인기재란		51세관기재란	
52운송(신고)인			
53기간 부터 까지	54적재의무기한 20x1/04/30	55담당자	56신고수리일자 20x1/03/25

---

2. B/L에 의한 제품선적일은 20x1년 4월 2일이다.

3. 본 제품 수출거래와 관련하여 대금은 20x1년 4월 15일 전액 보통예금계좌에 입금되었다.

4. 기준환율정보는 다음과 같다.

구분	20x1.03.20.	20x1.04.02.	20x1.04.15.
환율	1$=1,100	1$=1,050	1$=1,200

[2] 당사는 과세사업과 면세사업을 겸영하는 사업자로 가정한다. 입력된 자료는 무시하고 다음 자료를 이용하여 20x1년 제1기 부가가치세 확정신고시 [공제받지못할매입세액명세서]를 작성하시오.(6점)

1. 공급가액에 관한 자료

구분	과세사업	면세사업	합계
20x0년 1~6월	400,000,000원	100,000,000원	500,000,000원
20x0년 7~12월	378,000,000원	72,000,000원	450,000,000원
20x1년 1~6월	420,000,000원	180,000,000원	600,000,000원

2. 공장용 건물(감가상각자산) 취득내역

취득일	건물		비고
	공급가액	매입세액	
20x0.1.1	200,000,000원	20,000,000원	과세, 면세 공통매입

3. 20x0년 부가가치세 신고는 세법에 따라 적절하게 신고하였다.

문제 3 다음의 결산정리사항에 대하여 결산정리분개를 하거나 입력을 하여 결산을 완료하시오.(8점)

[1] 미래은행으로부터 차입한 장기차입금 100,000,000원의 만기일이 20x2년 3월 31일 도래한다.(2점)

[2] 확정급여형퇴직연금에 가입되어 있고, 이에 대한 당월기여금 2,000,000원을 12월 1일에 보통예금계좌에서 이체하고 기업회계기준에 맞게 회계처리하였다. 결산일 현재 퇴직금추계액은 160,000,000원이고 퇴직연금운용자산 잔액은 98,000,000원, 퇴직급여충당부채 잔액은 134,000,000원일 경우 결산분개를 하시오.(단, 비용과 관련된 계정과목은 판매비와 관리비의 계정과목을 사용할 것)(2점)

[3] 당사의 제품재고는 다음과 같다. 제품과 관련한 감모손실을 [일반전표 입력]메뉴에 입력하고, [결산자료 입력]메뉴에 기말제품재고액을 반영하시오.(2점)

구분	수량(개)	단가(원)	재고자산가액(원)	비고
장부상 재고	5,000	1,000	5,000,000	감모손실 중 60%는 정상감모
실사상 재고	4,750	1,000	4,750,000	이며, 40%는 비정상감모임.

[4] 다음은 당기 [법인세 과세표준 및 세액조정계산서]의 일부 내용이다. 입력된 데이터는 무시하고, 주어진 자료만 참고하여 법인세등에 대한 회계처리를 하시오.(2점)

법인세 과세표준 및 세액조정 계산서 일부 내용	납부할 세액 계산	① 산출세액			15,520,000원
		② 최저한세 적용제외 공제감면세액		19	1,500,000원
		③ 가 감 계(①-②)		21	14,020,000원
		기납부 세액	④ 중간예납세액	22	5,800,000원
			⑤ 원천납부세액	24	0원
			⑥ 합 계(④+⑤)	28	5,800,000원
		⑦ 차감납부할세액(③-⑥)		30	8,220,000원
기타	· 선납세금은 적절히 회계처리하였다. · 법인세와 관련된 지방소득세의 선납세금은 없으며, 납부할세액은 1,552,000원이다.				

문제 4 원천징수와 관련된 다음 물음에 답하시오.(10점)

[1] 다음은 국내영업관리직인 엄익창(사번 104)씨의 급여관련자료이다. 사원등록을 입력하고 사원등록상의 부양가족명세를 세부담이 최소화되도록 입력하시오.(4점)

(입력된 자료 및 주민등록번호 오류는 무시하고 다음 자료만을 이용하여 입력할 것)

관 계	성 명	나 이(만)	비 고
본인(세대주)	엄익창(710210-1354633)	51세	입사일 20x1.8.1
배우자	김옥경(761214-2457690)	46세	부동산임대소득금액 3,500,000원
본인의 부	엄유석(400814-1557890)	82세	-
본인의 모	진유선(430425-2631211)	79세	일용근로소득금액 2,000,000원 장애인복지법상 장애인
장남	엄기수(990505-1349871)	23세	대학생
장녀	엄지영(030214-4652148)	19세	고등학생
본인의 형	엄지철(670415-1478523)	55세	장애인(중증환자)에 해당함.

[2] 당사는 일시적 자금난 때문에 거래처인 ㈜대박으로부터 운용자금을 차입하고 이에 대한 이자를 매달 지급하고 있다. 다음의 자료를 참조하여 이자배당소득자료 입력은 하지 않고, 20x1년 02월 귀속분 원천 징수이행상황신고서(부표 포함)를 직접 작성하시오. (단, 당사는 반기별 사업장이 아니며, 다른 원천신고 사항은 무시한다.)(4점)

· ㈜대박 차입금 : 150,000,000원	· 2월 귀속분 이자 : 625,000원(연 이자율 5%)
· 지급일 : 20x1년 03월 10일	· 2월 귀속 3월 지급분으로 작성할 것

[3] 다음의 자료를 이용하여 소득자의 인적사항을 등록하고 소득 관련 자료를 입력하시오.(2점)

코드	소득종류	성명	지급일	주민등록번호	지급액	소득구분
101	사업소득	박다함	20x1.5.30.	850604-2811310	5,000,000원	기타모집수당
201	기타소득	최연준	20x1.5.30.	891031-1058813	2,000,000원	강연료 등

· 소득귀속일과 지급일은 동일하다.   · 소득자는 모두 거주자이고, 내국인이다.
· 박다함은 인적용역사업소득자이다.

문제 5 ㈜용연(0951)은 자동차부품등을 생산하고 제조 · 도매업을 영위하는 중소기업이며, 당해 사업연도는 20x1.1.1.~20x1.12.31.이다. 법인세무조정메뉴를 이용하여 재무회계 기장자료와 제시된 보충자료에 의하여 당해 사업연도의 세무조정을 하시오.(30점) ※ 회사선택 시 유의하시오.

[1] 다음의 자료를 이용하여 [수입금액조정명세서]와 [조정후수입금액명세서]를 작성하고 매출관련 세무조정을 하시오.(6점)

1. 손익계산서상 매출 및 영업외수익내역은 다음과 같다.

구분	수익내역	업태/종목	기준경비율 코드	금액(원)
매출액	제품매출	제조/자동차부품	343000	1,385,000,000
	상품매출*	도매·소매 자동차부품	503006	1,140,000,000
영업외수익	이자수익			1,650,000
	잡이익	제품부산물매각대	343000	1,500,000
총 계				2,528,150,000

* 상품매출에는 위탁판매의 매출액 20,000,000원(매출원가 14,000,000원)이 누락되었으며, 부가가치세 수정신고서는 관할 세무서에 제출됨.

2. 부가가치세 신고 내역

구분	금액(원)
제품매출	1,386,500,000
상품매출	1,160,000,000
비품매각대	5,000,000
상품매출관련 선수금	10,000,000
개인적공급*	500,000

*개인적공급은 당해 제품에 대하여 매입세액공제를 받았으며 해당금액은 시가임.

[2] 다음 자료를 이용하여 [접대비 조정명세서]를 작성하고 관련 세무조정을 하시오.(6점)

1. 손익계산서에 반영된 접대비계정의 내역은 다음과 같다.
 (1) 당기 접대비 총액은 45,000,000원이며 모두 판매관리비로 계상되었다. 이 중 법인신용카드 사용
  분은 39,000,000원이며, 나머지 6,000,000원은 현금으로 지출하고 간이영수증을 발급받았다.
 (2) 현금으로 지출한 접대비 6,000,000원중 1,000,000원은 경조사비로서 20만원 초과이다.
 (3) 모든 접대비의 건당 지출액은 3만원을 초과한다.

2. 당기에 거래관계를 원만하게 할 목적으로 매출거래처에 무상으로 제공한 제품의 취득가액은 4,000,000
 원이고, 시가는 7,000,000원이며, 아래와 같이 회계처리하였다.
 (차) 광고선전비(판) 4,700,000원 　　　 (대) 제 품 　　　 4,000,000원
 　　　　　　　　　　　　　　　　　　 부가세예수금 　　 700,000원

3. 기업회계기준상 매출액은 2,526,500,000원이며 이 중 100,000,000원은 법인세법상 특수관계인과
 의 매출이다.

[3] 입력된 자료는 무시하고 다음의 자료만을 이용하여 20x1년말 [자본금과적립금조정명세서(을)]를 작성하시오.(단, 세무조정 입력은 생략할 것)(6점)

1. 20x0년말 [자본금과적립금조정명세서(을)]

과목	기초	감소	증가	기말
대손충당금한도초과	3,000,000원	3,000,000원	5,000,000원	5,000,000원
선급비용(보험료) 과소계상	1,500,000원	1,500,000원	1,800,000원	1,800,000원
기계장치 감가상각비한도초과	4,000,000원	2,500,000원		1,500,000원
단기매매증권평가이익			-2,800,000원	-2,800,000원

2. 20x1년 중 유보금액과 관련된 내역은 다음과 같다.

(1) 당기 대손충당금한도초과액은 7,000,000원이다.

(2) 전기 유보된 선급비용은 전액 20x1.1.1.~20x1.6.30.비용분이다.

(3) 당기 기계장치의 감가상각비 시인부족액은 2,000,000원이다.

(4) 당기에 단기매매증권의 50%를 처분하였다. 그 외에 단기매매증권의 취득 및 처분은 없고, 당기는 별도의 단기매매증권평가를 회계처리하지 않았다.

(5) 당기 기부금 중 어음으로 발행하여 기부한 금액은 4,000,000원이고, 만기일은 20x2.12.31.이다.

[4] 입력된 자료는 무시하고 다음의 자료를 참조하여 [주식등변동상황명세서]를 작성하시오.(6점)

1. 등기사항전부증명서 일부

1주의 금액 금 5,000원	. .
	. .

발행할 주식의 총수 1,000,000주	. .
	. .

발행주식의 총수와 그 종류 및 각각의 수	자본금의 액면	변 경 연 월 일 등 기 연 월 일
발행주식의 총수 ~~10,000주~~ 보통주식 ~~10,000주~~	금 ~~50,000,000~~ 원	
발행주식의 총수 20,000주 보통주식 20,000주	금 100,000,000 원	20x1.04.18. 변경 20x1.04.18. 등기

2. 주주내역

(1) 20x0년 말 주주내역

성명	주민등록번호	지배주주관계	주식수
장세억	660813-1953116	본인	5,000주
인재율	690327-1082111	없음	5,000주

(2) 20x1년 말 주주내역

성명	주민등록번호	지배주주관계	주식수
장세억	660813-1953116	본인	10,000주
인재율	690327-1082111	없음	8,000주
우민오	691115-1173526	없음	2,000주

　- 장세억과 인재율은 20x1.4.18. 유상증자에 참여하였다. 유상증자는 액면가액으로 진행되었다.
　- 인재율은 20x1.11.15. 본인의 주식 2,000주를 우민오에게 액면가액으로 양도하였다.

[5] 다음의 자료를 참조하여 법인세 수정신고서 작성시 [가산세액계산서]를 작성하시오.(3점)

1. 당사 1인 주주인 나주주씨는 20x1.12.30. 주식 전부를 액면가액인 50,000,000원으로 박상우씨에게 양도하였다. 하지만 법인세 신고시 주식변동이 없는 것으로 착각하여 주식등변동상황명세서를 제출하지 않았다.
2. 법인세법상 정규증빙을 수취하지 못한 내역이 다음과 같이 존재하는데 법인세 신고시 가산세를 반영하지 못하였다.
　- 여비교통비 : 총3건 2,000,000원(이 중 1건은 20,000원으로 간이영수증을 수취하였음)
　- 소모품비 : 총4건 3,200,000원(4건 모두 3만원 초과분)
3. 당사는 법인세 수정신고서를 법정신고기한 10일 후 제출하였다.

[6] 다음의 자료를 참조하여 [소득금액조정합계표]메뉴를 작성하시오.(3점)

계정과목	금액(원)	비 고
잡이익	750,000	당해(전기귀속) 법인세신고납부 후 경정청구로 환급된 법인세임.
이자수익	100,000	공장건물 재산세과오납 환급금에 대한 이자임.
세금과공과	800,000	공장용트럭 취득에 따른 취득세임.
보험차익	1,250,000	공장창고화재로 인한 보험차익임.
자기주식처분이익	500,000	자기주식처분이익으로 기타자본잉여금에 계상됨.

제93회 전산세무 1급

합격율	시험년월
8%	2020.11

━━━━ **이 론**

01. 제10기(20x1. 1. 1. ~ 20x1. 12. 31.)재무상태표상 자본금은 1억원, 이익준비금은 없으며 처분예정 (확정)일이 20x2년 3월 20일인 이익잉여금처분계산서는 다음과 같다. 다음의 설명 중 가장 틀린 것은?

Ⅰ. 미처분이익잉여금		105,000,000원
1. 전기이월이익잉여금	70,000,000원	
2. 전기오류수정손실	(-)5,000,000원	
3. 당기순이익	40,000,000원	
Ⅱ. 임의적립금 이입액		20,000,000원
1. 연구인력개발준비금	20,000,000원	
Ⅲ. 이익잉여금 처분액		22,000,000원
1. 이익준비금	2,000,000원	
2. 현금배당	20,000,000원	
Ⅵ. 차기이월미처분이익잉여금		103,000,000원

① 20x1년도 손익계산서상 당기순이익은 40,000,000원이다.
② 이익준비금 2,000,000원은 임의적립금에 해당한다.
③ 20x2년 3월 20일, 현금배당과 관련된 회계처리를 하여야 한다.
④ 20x1년에 전기 오류수정사항을 발견하였으며, 이는 중대한 오류에 해당한다.

02. 20x1년 1월 1일에 아래의 조건으로 사채를 발행하였다. 20x1년 12월 31일 장부에 인식할 해당 사채와 관련된 사채할인발행차금 상각액은 얼마인가?(사채할인발행차금은 유효이자율법에 따라 상각하고, 소수점 이하는 절사한다.)

· 액면가액 : 3,000,000원	· 액면이자율 : 연 7%
· 만기 : 3년	· 유효이자율 : 연 10%
· 이자는 매년 말 지급	· 발행가액 : 2,776,183원

① 67,618원   ② 194,332원   ③ 210,000원   ④ 277,618원

03. 회계정보의 질적특성인 목적적합성과 신뢰성에 대한 설명으로 잘못된 것은?

① 회계정보의 질적특성은 회계정보가 유용하게 쓰이기 위해 갖추어야 할 주요 속성을 말하며 주요 특성은 목적적합성과 신뢰성이며, 기타 질적특성으로는 비교 가능성이 있다.

② 회계정보의 질적특성은 상충될 수 있다.

③ 회계정보의 신뢰성은 과거의 의사결정을 확인 또는 수정하도록 해줌으로써 유사한 미래에 대한 의사결정에 도움을 주는 속성이다.

④ 일반적으로 반기재무제표는 연차재무제표에 비해 목적적합성은 높지만 신뢰성은 낮다.

04. 「근로자퇴직급여보장법」에 의한 퇴직연금에는 확정급여형(DB형)과 확정기여형(DC형)이 있다. 일반기업회계기준에 따른 확정급여형(DB)형의 회계처리 중 옳지 않은 것은?

① 회사가 퇴직연금의 부담금 2,000,000원을 납부하면서 운용관리수수료 50,000원을 퇴직연금운용사업자에게 보통예금에서 계좌이체 하였다.

| (차) 퇴직연금운용자산 2,050,000원 | (대) 보통예금 | 2,050,000원 |

② 회사가 연금운용사업자로부터 퇴직연금 운용수익 560,000원을 퇴직연금운용자산 원본에 가산하였다.

| (차) 퇴직연금운용자산 560,000원 | (대) 퇴직연금운용수익 | 560,000원 |

③ 보고기간 종료일 현재 종업원이 퇴직하면서 퇴직일시금의 수령을 선택한다고 가정하고 이때 지급하여야 할 퇴직일시금에 상당하는 금액을 측정하여 퇴직급여 충당부채로 5,000,000원 인식하였다.

| (차) 퇴직급여 5,000,000원 | (대) 퇴직급여 충당부채 | 5,000,000원 |

④ 종업원이 퇴직연금에 대한 수급요건 중 가입기간 요건을 갖추고 퇴사하였으며, 일시금 3,000,000원을 선택하였다. 일시금 3,000,000원 중 퇴직연금 운용사업자가 지급한 금액은 1,600,000원이고 회사가 지급할 금액 1,400,000원을 계좌이체 하였다. (회사는 전 종업원의 퇴직급여충당부채를 설정하고 있다.)

| (차) 퇴직급여충당부채 3,000,000원 | (대) 퇴직연금 운용자산 | 1,600,000원 |
| | 보통예금 | 1,400,000원 |

05. 다음 자료를 보고 장기용역제공에 따른 20x1년 당기손익을 구하시오.

· 용역제공기간 : 3년   · 계약기간 총수익 : 1,200,000원
· 용역제공 관련 원가

구 분	20x0년	20x1년	20x2년
당기발생원가	700,000원	500,000원	300,000원
추가소요추정원가	300,000원	300,000원	0원
손익인식액	이익 140,000원	?	

① 0원
② 손실 240,000원
③ 손실 380,000원
④ 손실 440,000원

06. 당사는 기계시간을 기준으로 정상원가계산에 의하여 제품원가를 계산하고 있다. 다음의 자료를 이용하여 실제조업도를 계산하면 몇 시간인가?

> · 제조간접비 실제발생액 : 1,000,000원   · 제조간접비 과소배부액 : 400,000원
> · 예정배부율 : 5원/기계시간

① 120,000시간   ② 140,000시간   ③ 200,000시간   ④ 280,000시간

07. 다음의 자료를 바탕으로 당월의 기말제품재고액을 구하시오.

> · 당월의 기말재공품재고액은 기초에 비해 100,000원 증가
> · 당월의 기말제품재고액은 기초에 비해 50,000원 감소
> · 당월의 총제조원가 3,100,000원
> · 판매가능제품액 3,250,000원

① 100,000원   ② 150,000원   ③ 200,000원   ④ 300,000원

08. 당 회사는 예정배부법을 사용하여 제조간접비를 배부하고 있다. 배부차이를 확인한 결과 과대배부금액이 300,000원 발생하였다. 해당 배부차이를 총원가비례법에 따라 처리할 경우 조정 후의 기말재공품 가액은 얼마인가?

구분	기말 재공품	기말 제품	매출원가
직접재료비	300,000원	400,000원	1,100,000원
직접노무비	500,000원	800,000원	1,500,000원
제조경비	200,000원	250,000원	950,000원
합계	1,000,000원	1,450,000원	3,550,000원

① 950,000원   ② 1,050,000원   ③ 3,372,500원   ④ 3,727,500원

09. 특정 의사결정에 필요한 원가로서 의사결정 대안간에 차이가 나는 원가가 아닌 것은?

① 매몰원가   ② 차액원가   ③ 기회원가   ④ 회피가능원가

10. 기초 및 기말재공품과 기초제품이 없고 판매량이 동일하다는 가정하에 표준원가계산에서 불리한 배부차이를 조정하는 방법 중 영업이익이 가장 크게 표시되는 방법은 무엇인가?

① 매출원가조정법   ② 영업외손익법   ③ 총원가기준법   ④ 원가요소기준법

11. 다음 중 법인세법상 부당행위계산부인에 대한 설명 중 가장 옳지 않은 것은?

① 부당행위계산부인을 적용하더라도 사법상의 효력은 적법·유효하다

② 대표적 유형으로는 특수관계인과의 거래로서 고가매입 또는 저가양도가 있다.

③ 해당 법인에 30% 이상을 출자한 법인에 30% 이상을 출자하고 있는 법인이나 개인은 법인세법상 해당 법인의 특수관계자에 해당한다.

④ 법인이 소액주주 임원에게 사택을 무상 또는 낮은 임대료로 제공하는 경우에 부당행위계산의 부인 규정을 적용한다.

12. 다음 중 부가가치세법상 수정세금계산서에 대한 설명으로 가장 옳지 않은 것은?

① 수정세금계산서는 당초 세금계산서를 적법하게 발급한 이후에 기재사항 등에 변경사유가 발생하면 법령에 따라 발급할 수 있다.

② 필요적 기재사항 등이 착오 외의 사유로 잘못 적힌 경우에는 재화나 용역의 공급일이 속하는 과세기간에 대한 확정신고기한 다음날부터 1년까지 수정세금계산서를 작성할 수 있다. 다만, 과세표준과 세액을 경정할 것을 미리 알고 있는 경우에는 제외한다.

③ 계약의 해제로 인하여 재화 또는 용역이 공급되지 아니한 경우에는 작성일은 계약해제일로 적어 수정세금계산서를 발급해야 한다.

④ 재화 또는 용역을 공급한 후 공급시기가 속하는 과세기간 종료 후 25일 이내에 내국신용장이 개설된 경우에는 작성일은 내국신용장 개설일로 적어 수정세금계산서를 발급해야 한다.

13. 법인세법상 이월결손금과 결손금에 대한 다음의 설명 중 틀린 것은?

① 이월결손금은 먼저 발생한 사업연도의 결손금부터 차례대로 공제한다.

② 중소기업에 해당하는 내국법인은 각 사업연도에 세무상 결손금이 발생한 경우 그 결손금을 소급 공제하여 감소되는 직전 사업연도 법인세액을 환급 신청할 수 있다.

③ 법인세 과세표준을 추계결정·경정하는 경우에는 특별한 사유가 있지 않는 이상 이월결손금 공제 규정을 적용하지 않는다.

④ 중소기업 등이 아닌 일반기업의 이월결손금 공제한도는 공제대상 이월결손금과 각 사업연도 소득금액의 80%금액 중 작은 금액으로 한다.

14. 다음 중 근로소득자만 적용받을 수 있는 소득세법상 특별세액공제는 무엇인가?

① 기부금세액공제   ② 의료비세액공제   ③ 교육비세액공제   ④ 보험료세액공제

15. 소득세법상 근로소득의 내용으로 맞지 않는 것은?

   ① 직원의 사택제공이익은 근로소득에 포함되지 아니한다.

   ② 건설공사종사자의 일용근로자는 동일한 고용주에게 계속하여 1년 미만 고용된 사람을 말한다.

   ③ 월정액급여 210만원이하인 생산직근로자가 받는 초과근로수당은 연 240만원범위내에서 비과세가 된다. 단, 직전 과세기간의 총급여액이 3,000만원을 초과하는 자는 제외한다.

   ④ 월정액급여란 매월직급별로 받는 급여총액에서 상여등 부정기급여, 실비변상적급여, 초과근로수당을 차감한 금액을 말한다.

▨▨▨ 실 무

㈜우진기업(0930)은 제조 · 도소매업을 영위하는 중소기업이며, 당기 회계기간은 20x1. 1. 1. ~ 20x1. 12. 31.이다. 전산세무회계 수험용 프로그램을 이용하여 다음 물음에 답하시오.

문제 1 다음 거래에 대하여 적절한 회계처리를 하시오.(12점)

[1] 1월 2일 판매부서는 다음과 같이 보험료로 2,500,000원을 보통예금으로 납부하였다. (단, 자산으로 인식되는 부분은 정기예금으로 회계처리 할 것). (3점)

계약현황	계약자	피보험자	수익자
계약현황	㈜우진기업	(판매부) 임직원	㈜우진기업
보험료 납부내역	2,500,000원	임직원 보장성(상해보험) 500,000원, 저축성(만기 환급) 2,000,000원	
계약기간	5년 납입, 10년 만기	가입 후 2년이 지난 상태임	

[2] 5월 31일 금융리스로 이용중인 기계장치의 상환내역서는 다음과 같으며, 매월 보통예금에서 이체되고 있다.(3점)

상환예정내역서				㈜열제캐피탈
예정상환일	할부금	원 금	이 자	잔 액
20x1.4.30	500,000원	470,000원	30,000원	24,530,000원
20x1.5.31	500,000원	480,000원	20,000원	24,050,000원
20x1.6.30	500,000원	490,000원	10,000원	23,560,000원

[3] 7월 7일 회사는 ㈜민진에 제조과정에서 사용하던 기계장치를 전자세금계산서를 발급하고 아래와 같이 처분하였다. 처분하기 전까지의 회계처리는 적정하게 반영되었다.(3점)

- 취득가액 : 5,000,000원
- 처분금액 : 3,000,000원(VAT 별도)
- 감가상각누계액 : 2,800,000원(처분시점)
- 대금결제 : 외상결제(1개월 이내 받기로 함)

[4] 7월 24일 당사는 공장을 신축하기 위하여 토지의 형질변경비 5,500,000원(부가가치세 포함)과 공장신축을 위한 토지굴착비로 3,300,000원(부가가치세 포함)을 보통예금으로 지급하고 ㈜대민건설로부터 전자세금계산서를 각각 수취하였다.(상기 형질변경비와 토지굴착비의 계정은 토지 또는 건물의 계정과목으로 회계처리할 것)(3점)

문제 2 다음 주어진 요구사항에 따라 부가가치세 신고서 및 부속서류를 작성 하시오.(10점)

[1] 당사는 과세사업과 면세사업을 겸영하는 사업자이다. 아래의 자료를 바탕으로 20x1년 1기 예정신고기간(20x1. 1. 1 ~ 20x1. 3. 31)에 대한 공제받지 못할 매입세액명세서를 작성하시오.(단, 매입매출전표 입력은 생략한다.)(4점)

- 공장으로 사용할 토지를 매입하는 과정에서 등기 업무를 법무사에게 500,000원(VAT 별도)에 의뢰하고 전자세금계산서를 수취하였다.
- 거래처인 ㈜동호에게 제공할 선물세트를 300,000원(VAT 별도)에 구매하고 세금계산서를 수령하였다.

- 20x1년 1기 예정신고기간 동안의 공통매입분에 대한 부가가치세액은 1,050,000원이다.
- 20x1년 1기 예정신고기간 공급내역은 아래와 같다. (단, 불러온 자료는 무시하기로 한다.)

구분	20x1년 1기 예정
과세	260,000,000원
면세	140,000,000원

[2] 당사의 부가가치세 신고와 관련하여 다음의 자료를 토대로 20x1년 제1기 확정 부가가치세 신고서를 작성하시오.(모두 4~6월에 발생한 거래로 가정하고 전표입력 및 과세표준명세작성은 생략한다.)(6점)

1. 수출내역(공급가액)
   - 직수출 : 300,000,000원
   - 국내거래 : 100,000,000원(구매확인서 20x1년 7월 31일 발급)

2. 국내할부판매 : 제품인도일 20x1년 5월 8일

구 분	1차할부	2차할부	3차할부(최종)
약정기일	20x1.5.8	20x1.8.8	20x1.10.8
공급가액	10,000,000원	10,000,000원	10,000,000원
세액	1,000,000원	1,000,000원	1,000,000원

3. 접대목적으로 제공한 제품 : 원가 13,000,000원, 시가 20,000,000원(당초 매입세액공제를 받은 제품)

4. 자녀에게 공장 일부를 무상으로 임대 : 시가 1,000,000원

　　※국내할부판매분과 수출내역 중 국내거래분은 적법하게 전자세금계산서 발급됨

문제 3　**다음의 결산정리사항에 대하여 결산정리분개를 하거나 입력을 하여 결산을 완료하시오.(8점)**

[1] 당사는 소모품을 구입하는 시점에 모두 소모품 계정으로 처리하고 있다고 가정한다. 결산일 현재 확인 결과 소모품 사용액은 2,450,000원이고, 이 중에서 판매부문 사용액은 1,800,000원이고 나머지는 제조부문 사용액이다.(2점)

[2] 다음의 보험료에 대한 내용을 결산에 반영하시오.(보험료 계산은 월할계산 할 것) (2점)

·7월 1일 일반전표 : (차) 선급비용 2,400,000원　　(대) 보통예금 2,400,000원				
구분	회계처리일	대상기간	금액	비고
화재보험료	20x1.7.1.	20x1.7.1. ~ 20x3.6.30.	2,400,000원	공장건물 화재보험료

[3] 기말 현재 장기차입금 내역 및 상환방식은 다음과 같다.(2점)

은행	12월 31일 잔액	만기일	상환방식	이자지급
절세은행	50,000,000원	20x2년 4월 30일	만기상환	매월 고정금리
구리은행	100,000,000원	20x3년 5월 31일	만기상환	매월 고정금리

[4] 당사는 기말 현재 장기투자목적으로 보유하고 있는 매도가능증권(시장성 있는 주식)의 관련자료는 다음 과 같다. 매도가능증권의 20x1년 결산시 기말평가에 대한 회계처리를 하시오.(2점)

구분	20x0년 취득수량	1주당 취득원가	20x0년 결산일 시가	20x1년 기중거래	20x1년 결산일 시가
매도가능증권	3,000주	@15,000원	@14,000원	-	@16,000원

문제 4   원천징수와 관련된 다음 물음에 답하시오.(10점)

[1] 다음의 자료에 대한 20x1년 6월 사업소득의 사업소득자 등록과 사업소득자료입력을 하시오.(4점)

코드	수령자	지급일	주민등록번호	지급금액(원)	내역
201	최관우	6.5	740505-1234781	1,500,000	자문료(자문/고문)
202	영탁	6.30	840116-1789456	3,000,000	축하공연(가수)

[2] 다음은 영업부의 부장 김다움(사원코드: 101, 주민등록번호: 780103-1234567, 입사일: 2010.5.6.) 의 20x0년말 연말정산 결과와 20x1년 2월 급여자료이다. 자료를 바탕으로 20x1년 2월분 급여대장과 원천징수 이행상황신고서를 작성하시오. 필요한 경우 수당 및 공제사항을 반드시 등록하시오.(6점)

1. 김다움의 20x0년 총급여는 65,000,000원이며 연말정산 결과는 다음과 같다.

구분	소득세	지방소득세
결정세액	6,110,000원	611,000원
기납부세액	4,010,000원	401,000원
차감징수세액	2,100,000원	210,000원

2. 20x1년 2월 급여명세서는 다음과 같다(급여 지급일은 2월 28일임).

구분		금액	비고
지급액	기본급	2,500,000원	
	가족수당	300,000원	
	야간근로수당	400,000원	
	월차수당	120,000원	
	식대	200,000원	별도 식사 제공 없음
	자가운전보조금	300,000원	본인 차량을 업무에 사용하고, 별도 여비를 지급하지 않음
공제액	국민연금	150,000원	국민연금, 건강보험료, 장기요양보험료, 고용보험료, 소득세, 지방소득세는 요율표를 무시하고 주어진 자료를 이용함
	건강보험료	200,000원	
	장기요양보험료	20,500원	
	고용보험료	28,160원	
	소득세	119,660원	
	지방소득세	11,960원	

3. 전년도 연말정산으로 인한 추가 납부세액은 3개월간 균등하게 분납하여 납부하는 것으로 신고하였다.

문제 5 해강산업㈜(0931)은 전자부품을 생산하고 제조 · 도매업을 영위하는 중소기업이며, 당해 사업연도는 20x1.1.1.~20x1.12.31.이다. 법인세무조정메뉴를 이용하여 재무회계 기장자료와 제시된 보충자료에 의하여 당해 사업연도의 세무조정을 하시오.(30점)

※ **회사선택 시 유의하시오.**

[작성대상서식]

1. 대손충당금 및 대손금 조정명세서
2. 가지급금인정이자조정명세서
3. 업무용승용차관련비용명세서
4. 소득금액조정합계표
5. 세액공제명세서(3),법인세과세표준및세액조정,최저한세조정계산서

[1] 다음의 자료에 근거하여 해강산업㈜의 대손충당금 및 대손금조정명세서를 작성하고 대손충당금 및 대손금관련 세무조정을 하시오(단, 대손실적률은 1%이다).(6점)

1. 매출채권내역

   (1) 외상매출금 : 110,000,000원(부가가치세 매출세액 포함)

   (2) 받을어음 : 20,000,000원(부가가치세 매출세액 포함)

   (3) 공사미수금 : 32,000,000원(부가가치세 매출세액 포함)

2. 대손내역

   (1) 4월 5일 거래처 부도발생일부터 6개월 경과한 받을어음 1,000,000원을 대손충당금과 상계하였다.

   (2) 6월 10일 거래처 대표이사의 사망으로 회수할 수 없는 외상매출금 500,000원을 대손충당금과 상계하였다.

   (3) 7월 25일 거래처의 부도발생으로 받을어음 800,000원을 대손충당금과 상계하였다.

   (4) 9월 18일 회수기일이 6개월 경과한 특정 거래처의 소액채권인 외상매출금 150,000원을 대손충당금과 상계하였다.

3. 재무상태표상 대손충당금내역

대손충당금

당기	2,450,000원	기초	3,200,000원
기말	2,920,000원	설정	2,170,000원

 *전기말 대손충당금부인액 600,000원이 있음

[2] 다음의 자료를 이용하여 가지급금등의인정이자조정명세서를 작성하고 필요한 세무조정을 하시오.(6점)

1. 가지급금 내역은 다음과 같다.

일자	직책	금액	내용
1월 1일	대표이사(이한강)	15,000,000원	전기 이월
3월 14일	대표이사(이한강)	10,000,000원	대여
9월 20일	대표이사(이한강)	7,000,000원	회수
11월 5일	대표이사(이한강)	5,000,000원	대여

- 제시된 자료 외의 가지급금 및 가수금은 없으며, 가지급금 관련하여 약정된 이율이나 수령한 이자는 없다고 가정한다.

2. 차입금 내역은 다음과 같다.

상호	차입금	이자율	이자비용	차입기간
모두은행	30,000,000원	연 3.5%	1,050,000원	20x0. 7. 1. ~ 20x2. 6. 30.
㈜오케이	50,000,000원	연 2.7%	1,350,000원	20x1. 3. 1. ~ 20x2. 2. 28.
우리저축은행	27,000,000원	연 4.5%	1,215,000원	20x1. 11. 1. ~ 20x2. 10. 31.

㈜오케이는 당사와 특수관계에 있는 회사이다. 가중평균차입이자율을 적용하기로 한다.

[3] 다음 자료에 의하여 업무용승용차 등록과 업무용승용차관리비용명세서를 작성하고 관련 세무조정을 반영하시오.(6점) 20x0년 2월 12일 대표이사(이한강) 전용 5인승 승용차(22조8518)를 ㈜대여캐피탈과 장기렌트계약을 체결하였다.

구분	금액	비고
렌트료	? 원	매월 2,000,000원(부가가치세 포함)세금계산서를 수령한다.
유류비	3,600,000원	
임차기간(보험기간)	20x0.02.12.~20x2.02.11	
거리	1. 전기이월누적거리 18,500km 2. 출퇴근거리 5,000km 3. 출퇴근 외 업무거리 1,000km 4. 당기 총주행거리 6,000km	
운행기록부 작성여부	작성함	
기타	코드 0001, 판매 관리부의 차량으로 등록할 것 업무전용보험 가입	

[4] 다음 자료를 보고 소득금액조정합계표를 작성하시오.(6점)

과 목	장부상 금액	비 고
세금과공과	2,135,000원	대표이사 개인차량 취득세
세금과공과	3,157,400원	간주임대료 부가가치세
세금과공과	517,200원	법인의 사업용 부동산 재산세
보험료	5,800,000원	화재보험기간 20x1.7.1.~20x2.6.30.(월할계산할 것)
이자수익	864,000원	국세환급금 이자
기부금한도초과액	3,400,000원	지정기부금 한도초과액

· 자본금과 적립금조정명세서(을) 기초잔액
  - 재고자산평가증(제품) : 2,700,000원
  - 선급비용 : 2,600,000원(화재보험료이며 보험기간은 20x0.7.1. ~ 20x1.6.30.)
· 건물에 대한 자본적 지출액 30,000,000원을 손익계산서에 수선비로 회계처리함
  - 장부상 건물 취득가액 800,000,000원, 기초 감가상각누계액 360,000,000원,
    정액법, 내용년수 40년
  - 손익계산서 건물 감가상각비 계상액 20,000,000원

[5] 다음 자료만을 참조하여 세액공제조정명세서(3) 중 3.당기공제 및 이월액계산 탭, 최저한세조정계산서,
법인세 과세표준 및 세액조정계산서를 완성하시오.(당사는 중소기업이며, 불러온 자료는 무시하고 아래
의 자료만을 참조한다.) (6점)

· 결산서상 당기순이익 : 312,500,000원
· 익금산입액 : 27,850,000원
· 손금산입액 : 110,415,000원
· 중소기업에 대한 특별세액감면 : 5,197,400원
· 당기 발생 연구인력개발비 세액공제 : 3,500,000원
· 고용증대세액공제액 : 7,000,000원(전기 이월액은 3,500,000원, 당기분은 3,500,000원)
· 원천납부세액 : 880,000원
· 최저한세에 따른 공제감면 배제는 납세자에게 유리한 방법으로 한다.
· 위 이외의 세무조정 자료는 없다.
· 당사는 분납을 하고자 한다.
· 고용인원은 전년도와 동일한 것으로 가정한다.

제88회 전산세무 1급

합격율	시험년월
7%	2020.02

▉▉▉▉▉▉ **이 론**

01. 다음 중 자본에 대한 설명으로 옳지 않은 것은?

① 이익잉여금(결손금) 처분(처리)으로 상각되지 않은 주식할인발행차금은 향후 발생하는 주식발행 초과금과 우선적으로 상계한다.

② 기업이 현물을 제공받고 주식을 발행한 경우에는 제공받은 현물의 공정가치를 주식의 발행금액으로 한다.

③ 중도에 포기한 자본거래 비용은 주식할인발행차금에 가산한다.

④ 자본잉여금 또는 이익잉여금을 자본금에 전입하여 기존의 주주에게 무상으로 신주를 발행하는 경우에는 주식의 액면금액을 주식의 발행금액으로 한다.

02. 다음 중 회계변경에 대한 설명으로 옳지 않은 것은?

① 회계정책의 변경에 따른 누적효과를 합리적으로 결정하기 어려운 경우에는 회계변경을 전진적으로 처리하여 그 효과가 당기와 당기이후의 기간에 반영되도록 한다.

② 회계정책의 변경과 회계추정의 변경이 동시에 이루어지는 경우에는 회계정책의 변경에 의한 누적효과를 먼저 계산하여 소급적용한 후, 회계추정의 변경효과를 전진적으로 적용한다.

③ 회계정책 변경을 전진적으로 처리하는 경우에는 그 변경의 효과를 당해 회계연도 종료일에 적용한다.

④ 변경된 새로운 회계정책은 소급하여 적용한다. 전기 또는 그 이전의 재무제표를 비교목적으로 공시할 경우에는 소급적용에 따른 수정사항을 반영하여 재작성한다.

03. 다음 중 차입원가의 자본화에 대한 설명으로 옳지 않은 것은?

① 차입원가 자본화는 유형자산, 무형자산 및 투자부동산과 특정요건을 충족하는 재고자산("적격자산")에 대하여 적용이 가능하다.

② 차입원가의 회계처리방법은 매 회계기간마다 각 적격자산별로 새로운 방법으로 반드시 변경하여 적용하여야 한다.

③ 차입원가의 자본화는 적격자산에 대한 지출이 있었고, 차입원가가 발생하였으며, 적격자산을 의도한 용도로 사용하거나 판매하기 위한 취득활동이 진행 중이라는 조건이 모두 충족되는 시기에 인식한다.

④ 차입원가의 자본화는 적격자산을 의도된 용도로 사용하거나 판매 가능한 상태에 이르게 하는데 필요한 대부분의 활동이 완료된 시점에서 종료한다.

04. 다음 중 수익의 인식에 관한 설명으로 틀린 것은?

① 상품권을 판매한 경우 수익은 물품 등을 제공 또는 판매하여 상품권을 회수한 시점에 인식한다.

② 배당금수익은 수익금액을 사전에 결정하기 어렵기 때문에 배당금을 수취한 시점에 인식한다.

③ 이미 수익으로 인식한 금액에 대해서는 추후에 회수가능성이 불확실해지는 경우에도 수익금액을 조정하지 아니하고 회수불가능하다고 추정되는 금액을 비용으로 인식한다.

④ 용역제공거래의 성과를 신뢰성 있게 측정할 수 없는 경우에는 발생원가의 범위 내에서 회수가능한 금액을 수익으로 계상하고 발생원가 전액을 비용으로 인식한다.

05. 다음의 재고자산에 대한 설명 중 잘못된 것은?

① 재고자산이란 정상적 영업활동과정에서 판매목적으로 보유하고 있거나 판매를 목적으로 제조, 생산과정에 있거나 사용될 자산을 말한다.

② 재고자산은 1년 이내의 기간에 생산에 사용되거나 판매되는 것으로 보기 때문에 유동자산으로 분류한다.

③ 재고자산의 취득원가는 매입원가 또는 제조원가를 말하며, 취득과 관련하여 발생하는 운임 및 수입관세 등은 취득원가와는 별도로 판매관리비로 인식한다.

④ 적송품이란 위탁자가 수탁자에게 판매를 위탁하기 위하여 발송한 재고자산을 말한다.

06. 다음 자료를 참고하여 선입선출법에 의한 종합원가제도를 채택하고 있는 ㈜오늘의 직접재료비의 완성품 환산량을 구하시오.

> · 직접재료는 공정 초기에 50%가 투입되고, 나머지는 공정이 50% 진행된 시점부터 공정진행에 비례적으로 투입된다.
> · 공손은 없는 것으로 가정한다.
> · 기초재공품은 100단위이며 완성도는 40%이다.
> · 당기착수량은 5,000단위이고 완성품수량은 5,000단위이다.
> · 기말재공품은 100단위이며 완성도는 45%이다.

① 4,950단위   ② 5,000단위   ③ 5,050단위   ④ 5,100단위

07. 다음 중 매출원가와 당기총제조원가가 동일해지는 경우는?

	기초재공품	기말재공품	기초제품	기말제품
①	13,000원	32,000원	43,000원	24,000원
②	15,000원	30,000원	40,000원	5,000원
③	18,000원	40,000원	18,000원	40,000원
④	22,000원	13,000원	15,000원	30,000원

08. ㈜스피드의 공장에는 두 개의 보조부문(식당부문, 전력부문)과 제조부문(절단부문, 조립부문)이 있다. 상호배분법에 의해 보조부문의 원가를 제조부문에 배부할 경우 절단부문에 배부될 보조부문의 원가는 얼마인가?

구분	보조부문		제조부문		합계
	식당부문	전력부문	절단부문	조립부문	
식당부문	–	20%	30%	50%	100%
전력부문	10%	–	60%	30%	100%
발생원가(원)	400,000원	900,000원	2,000,000원	2,500,000원	

① 500,000원   ② 550,000원   ③ 660,000원   ④ 750,000원

09. 다음 중 원가계산에 대한 설명으로 틀린 것은?

① 개별원가계산은 단일 종류의 제품을 연속적으로 대량생산하는 기업의 원가계산에 적합하다.

② 종합원가계산은 각 제조공정별로 작성되는 제조원가보고서가 원가계산의 기초가 된다.

③ 정상원가계산에서 직접재료비, 직접노무비는 실제원가로 계산하고, 제조간접비는 사전에 결정된 예정배부율을 이용하여 제품에 배부한다.

④ 표준원가계산은 미리 표준으로 설정된 원가자료를 사용하여 원가를 계산하는 방법으로 신속한 원가정보의 제공이 가능하다.

10. 다음은 ㈜한세의 20x1년 제조활동과 관련된 자료이다. 직접노무비 능률차이는 얼마인가?

· 실제 직접노무비 : 157,000원	· 실제 직접노동시간 : 4,200시간
· 표준 직접노동시간 : 4,000시간	· 직접노무비 임률차이 : 6,800원(유리)

① 5,800원 유리   ② 5,800원 불리   ③ 7,800원 유리   ④ 7,800원 불리

11. 다음 중 법인세법상 접대비에 관한 설명으로 옳지 않은 것은?

① 접대비란 접대, 교제, 사례 또는 그 밖에 어떠한 명목이든 상관없이 이와 유사한 목적으로 지출한 비용으로서 업무와 관련 없이 지출한 금액을 말한다.

② 경조금이 아닌 일반적인 접대비로 지출한 금액이 3만원을 초과하는 경우 법인 신용카드매출전표 등 적격증빙을 수취하지 아니한 때에는 당해 금액을 손금에 산입하지 아니한다.

③ 주주·출자자나 임원 또는 사용인이 부담하여야 할 접대비를 법인이 지출한 것은 접대비로 보지 아니한다.

④ 법인이 광고선전 물품을 불특정다수인에게 기증하기 위하여 지출한 비용은 접대비로 보지 아니한다.

12. 다음 중 소득세법상 일용근로자의 근로소득에 대한 설명으로 옳지 않은 것은?

① 건설업에 종사하는 자로서 동일한 고용주에게 1년 이상 고용된 자는 일용근로자에 해당하지 않는다.

② 일용근로자에 대한 근로소득공제는 1일 10만원으로 한다.

③ 일용근로자의 근로소득지급명세서는 매 분기별로 제출하여야 한다.

④ 일용근로소득을 원천징수하는 경우 산출세액의 100분의 55를 근로소득세액공제한다.

13. 다음 중 법인세법상 부당행위계산부인을 적용하기 위한 요건에 해당하지 않는 것은?

① 특수관계인과의 거래이어야 한다.

② 법인의 조세부담이 부당하게 감소되었다고 인정되는 경우이어야 한다.

③ 조세회피의 의사는 필요하지 않다.

④ 법인세법상 열거된 거래에 해당하여야 한다.

14. 다음 중 부가가치세법상 주사업장총괄납부제도와 사업자단위과세제도에 대한 설명으로 잘못된 것은?

구분	주사업장총괄납부	사업자단위과세제도
① 개념	둘 이상의 사업장이 있는 경우 사업장의 납부세액 또는 환급세액을 통산하여 주된 사업장에서 납부하거나 환급받는 제도	둘 이상의 사업장이 있는 경우 사업장이 아닌 사업자 단위로 모든 납세의무를 이행하는 제도
② 효과	납부(환급)만 총괄	모든 의무(등록, 세금계산서 수수, 세액계산, 신고, 납부 등)를 총괄
③주사업장	법인 : 본점, 또는 지점 중 선택 가능 개인 : 주사무소에서만 가능	법인 : 본점에서만 가능 개인 : 주사무소에서만 가능
④ 신청	신규사업자는 주된 사업장의 사업개시일로부터 20일 이내 총괄납부 신청	신규사업자는 사업개시일로부터 20일 이내 사업자 단위로 사업자등록 신청

15. 다음은 조세특례제한법상의 최저한세에 대한 설명이다. 가장 옳지 않은 것은?

① 내국법인인 중소기업의 최저한세율은 7%이다.
② 중소기업특별세액감면은 최저한세 대상이다.
③ 최저한세는 거주자의 사업관련 소득세에도 적용된다.
④ 최저한세 적용으로 감면받지 못한 세액감면은 5년이내 이월하여 감면한다.

실 무

㈜여수기업(0880)은 제조 · 도소매업을 영위하는 중소기업이며, 당 회계기간은 20x1. 1. 1. ~ 20x1. 12. 31.이다. 전산세무회계 수험용 프로그램을 이용하여 다음 물음에 답하시오.

문제 1 다음 거래에 대하여 적절한 회계처리를 하시오.(12점)

[1] 3월 20일   3월 2일에 취득하였던 자기주식(1,000주, 취득가액 주당 5,000원)을 모두 소각하였다. 액면가액은 주당 10,000원이며 제장부를 조회하여 회계처리 하시오.(3점)

[2] 3월 27일   당사는 2월 1일 본사사옥을 짓기 위해 건물이 있는 토지를 매입하였다. 기존 건물을 철거하고 철거비용으로 ㈜백두용역으로부터 15,000,000원(부가가치세 별도)의 전자세금계산서를 오늘 날짜로 발급받았다. 대금은 10일 후 지급할 예정이다.(3점)

[3] 5월 18일   당사는 확정급여형 퇴직연금제도를 선택하고 있다. 생산직 직원 김미나의 퇴사로 인해 퇴직연금운용계좌에서 3,000,000원과 보통예금에서 1,500,000원을 퇴직금으로 지급하였다. (퇴직일 현재 퇴직급여충당부채의 잔액은 4,000,000원이다. 퇴직소득원천징수는 생략한다.) (3점)

[4] 6월 26일   당사의 제품생산부서에 근무하는 기술직 직원들이 ㈜노아에서 회식을 하고 법인카드(국민
　　　　　　카드)로 결제하였다.(3점)

```
            카드매출전표
--------------------------------
카드종류 : 국민카드
회원번호 : 1000-2000-****-4000
거래일시 : 20x1.06.26. 16:05:16
거래유형 : 신용승인
매    출 : 1,000,000원
부 가 세 : 100,000원
합    계 : 1,100,000원
결제방법 : 일시불
승인번호 : 71999995
은행확인 : 국민은행
================================
가맹점명 : ㈜노아
          - 이 하 생 략 -
```

문제 2 **다음 주어진 요구사항에 따라 부가가치세 신고서 및 부속서류를 작성 하시오.(10점)**

[1] 당사는 과세사업을 운영하다가 당해 연도부터 면세사업을 추가하여 겸영한 것으로 가정한다. 입력된
　　자료는 무시하고 다음 자료를 이용하여 제1기 부가가치세 확정 신고시 공제받지 못할 매입세액명세서를
　　작성하시오.(5점)

1. 공급가액에 관한 자료

구분	과세사업	면세사업	합계
제1기 예정	195,000,000원	5,000,000원	200,000,000원
제1기 확정	158,000,000원	12,000,000원	170,000,000원

2. 매입세액(세금계산서 수취분)

구분	과세사업			면세사업			공통매입세액
	공급가액	매입세액	매수	공급가액	매입세액	매수	
제1기 예정	120,000,000원	12,000,000원	8매	1,000,000원	100,000원	1매	400,000원
제1기 확정	100,000,000원	10,000,000원	6매	5,000,000원	500,000원	3매	4,800,000원

3. 제1기 예정신고시 공통매입세액 중 불공제한 매입세액은 없다.

[2] 다음 자료를 이용하여 제2기 확정신고기간(10.1~12.31)의 수출실적명세서와 영세율매출명세서를 작성하시오.(단, 매입매출전표 입력은 생략한다.)(5점)

· 직접수출실적 내용

거래처	수출신고번호	선적 일자	환가일	통화 코드	수출액	기준환율		
						선적일	환가일	수출신고일
엘케이	111-22-33-4444444-5	20x1.10.22.	20x1.10.25.	USD	$80,000	₩1,080/$	$1,020/$	₩1,120/$
비엘엠	221-33-44-7777777-2	20x1.11.14.	20x1.11.12	USD	$95,000	₩1,050/$	₩1,200/$	₩1,100/$

문제 3 다음의 결산정리사항에 대하여 결산정리분개를 하거나 입력을 하여 결산을 완료하시오.(8점)

[1] 2017년 10월 1일에 바른은행에서 개설한 3년만기 정기예금(장기성예금계정) 100,000,000원의 만기일이 20x2년 9월 30일에 도래하므로 당좌자산으로 대체한다.(2점)

[2] 당사는 9월 1일 제조부문의 기계장치를 30,000,000원에 취득하였다. 기계장치 취득 시 국고보조금으로 24,000,000원 수령하였다. 해당 기계장치는 정액법으로 감가상각하며 내용연수는 5년 잔존가치는 없을 것으로 예상된다.(단, 음수로 입력하지 말 것.)(2점)

[3] ㈜여수기업이 기말 현재 장기투자목적으로 보유하고 있는 매도가능증권(시장성 있는 주식)의 관련자료는 다음과 같다. 매도가능증권의 기말평가에 대한 회계처리를 하시오.(2점)

구분	20x0년 취득수량	1주당 취득원가	20x0년 결산일 시가	20x1년 기중거래	20x1년 결산일 시가
매도가능증권	100주	@50,000원	@45,000원	30주 매도	@53,000원

[4] 대손충당금은 기말 매출채권(외상매출금, 받을어음) 잔액에 대하여 1%를 설정한다.(2점)

[1] 다음은 20x1년 2월 28일 퇴직한 거주자 주세영(사번:201)에 대한 내용이다. 1월과 2월 급여대장을 작성하고, 2월분 원천징수이행상황신고서를 작성하시오.(단, 2월 급여대장은 중도퇴사자의 연말정산내역을 포함하여 작성하고, 필요한 공제항목은 등록한다.)(5점)

1. 부양가족은 없다. 2. 급여명세(급여 지급일은 매월 말일이고, 2월은 28일이다.)				
구 분		1월	2월	비 고
급여내역	기 본 급	3,000,000원	3,000,000원	
	상 여	500,000원		
	식대	200,000원	200,000원	별도 식사 제공없음.
공제내역	국민연금	120,000원	120,000원	
	건강보험	100,000원	100,000원	
	장기요양보험	8,510원	8,510원	
	고용보험	23,400원	20,150원	
	소득세	154,440원		
	지방소득세	15,440원		
※ 국민연금, 건강보험, 장기요양보험, 고용보험은 요율표를 무시하고 주어진 자료를 이용한다.				

[2] ㈜여수기업은 비상장주식회사로 주주에게 다음과 같이 배당소득을 지급하였다. 원천징수대상 소득자의 기타소득자등록을 하고 이자배당소득자료입력과 원천징수이행상황신고서(신고구분:매월)를 작성하시오.(5점)

1. 소득자별 배당소득 지급내역

소득자 코드번호	주주명	거주구분/내국인여부	주민등록번호	소득지급일 /영수일	귀속 연월	지분율
00101	김소영	거주자/내국인	751016-1029941	20x1.04.10.	20x1.02.	60%
00102	김여원	거주자/내국인	790515-2025941	20x1.04.10.	20x1.02.	40%

· 주어진 정보로만 등록 및 자료입력을 하기로 한다. 원천징수소득세율은 14%이다.

2. 배당금을 결의한 이익잉여금처분계산서는 다음과 같다.(전산에 입력된 자료는 무시한다.)

이익잉여금처분계산서
전기 20x0.01.01. ~ 20x0.12.31.
이익잉여금처분결의일 20x1.02.22.

(단위 : 원)

과목	금액	
Ⅰ. 미처리이익잉여금		255,000,000
1. 전기이월미처분이익잉여금	205,000,000	
2. 당기순이익	50,000,000	
Ⅱ. 이익잉여금처분액		33,000,000
1. 이익준비금	3,000,000	
2. 배당금		
가. 현금배당	30,000,000	
나. 주식배당		
Ⅲ. 차기이월미처분이익잉여금		222,000,000

문제 5 ㈜모두전자(0881)는 전자부품을 생산하고 제조·도매업을 영위하는 중소기업이며, 당해 사업연도는 20x1.1.1.~20x1.12.31.이다. 법인세무조정 메뉴를 이용하여 재무회계 기장자료와 제시된 보충자료에 의하여 당해 사업연도의 세무조정을 하시오.(30점)
※ 회사선택 시 유의하시오.

[1] 다음 자료는 당기 보험료 자료의 일부이다. 선급비용명세서를 작성하고 관련된 세무조정을 소득금액조정합계표에 반영하시오.(단, 세무조정은 각 건별로 한다.)(6점)

1. 보험료 내역

구분	상호	납입액	보험기간	비고
대표자 종신보험	PCA생명	4,000,000원	20x1년 9월 1일 ~ 20x2년 8월 31일 (1년 단위 갱신상품)	대표자 사적보험료를 회사에서 대납(전액 보험료(판)으로 처리)
공장 화재보험	DGC화재	2,400,000원	20x1년 2월 1일 ~ 20x2년 1월 31일	장부에 선급비용 200,000원 계상
본사 자동차보험	ABC화재	2,100,000원	20x1년 8월 1일 ~ 20x2년 7월 31일	전액 보험료(판)으로 처리

2. 자본금과 적립금 조정명세서(을)(20x0년)

과목	기초잔액	감소	증가	기말
선급비용			800,000원	800,000원

※ 전기분 선급비용 800,000원이 당기에 손금 귀속시기가 도래하였다.

[2] 다음 자료에 따라 재고자산(유가증권)평가조정명세서를 작성하고 재고자산별로 각각 세무조정을 하시오. (단, 모든 금액은 단위당 단가로 한다.)(6점)

재고자산	수량	신고방법	평가방법	장부상 평가액	총평균법	후입선출법	선입선출법
제품 '가'	10개	선입선출법	총평균법	2,000원	2,000원	2,500원	1,800원
재공품 '나'	20개	총평균법	총평균법	1,500원	1,500원	1,800원	1,300원
원재료 '다'	15개	후입선출법	후입선출법	1,200원	1,000원	1,200원	900원

① 회사는 사업개시 후 2011.01.02.에 '재고자산 등 평가방법신고(변경신고)서'를 즉시 관할세무서장에게 제출하였다.(제품, 재공품, 원재료 모두 총평균법으로 신고하였다.)
② 20x1년 9월 10일 제품 '가'의 평가방법을 선입선출법으로 변경 신고하였다.
③ 20x1년 10월 20일 원재료 '다'의 평가방법을 후입선출법으로 변경 신고하였다.

[3] 다음 자료를 이용하여 기계장치를 고정자산등록 메뉴에 등록하고, 미상각자산감가상각조정명세서를 작성하여 세무조정하시오.(6점)

1. 감가상각대상자산

자산 코드	계정과목	자산명	취득연월일	취득가액	전기말감가 상각누계액	당기감가상 각비계상액	경비 구분
1	기계장치	부품검수기	2017.02.15.	8천만원	4천만원	1천만원	제조

(1) 회사는 감가상각방법을 신고하지 않았으며 기계장치의 내용연수는 5년으로 가정한다.
(2) 수선비계정에는 기계장치에 대한 자본적 지출액 10,000,000원이 포함되어 있다.
(3) 당사는 감면법인으로 20x1년 귀속 감면세액은 12,700,000원이라고 가정한다.

2. 20x0년 〈자본금과 적립금 조정명세서(을)〉

과목	기초	감소	증가	기말	비고
감가상각비 (기계장치)	-2,500,000원		-1,300,000원	-3,800,000원	감면법인으로 시인부족액에 대해 세무조정함.

[4] 다음 자료에 의하여 접대비조정명세서를 작성하고 필요한 세무조정을 하시오.(6점)

> 1. 수입금액조정명세서 내역은 다음과 같다. 상품 및 제품매출 관련 조정사항은 없다.
>   · 상품매출액은 15억원(특수관계인에 대한 매출액 5억원 포함)
>   · 제품매출액은 19억원
> 2. 현물접대비 내역은 다음과 같다.(원가 4,500,000원, 시가 6,000,000원)
>   (차) 광고선전비(판) 5,100,000원   (대) 상 품   4,500,000원
>   부가세예수금   600,000원
> 3. 장부상 접대비 내역은 다음과 같다.
>
> | | 카드 사용내역 | 판매비와 관리비 | 제조경비 |
> |---|---|---|---|
> | 3만원초과 | 법인카드사용액 | 15,000,000원 | 21,000,000원 |
> | | 임직원카드사용액 | 2,000,000원 | 3,000,000원 |
> | | 합계 | 17,000,000원 | 24,000,000원 |
> | 3만원이하 | | 250,000원 | 400,000원 |
>
> 4. 복리후생비(판)계정에 접대비 8,000,000원이 계상되어 있고, 이는 전액 지출건당 3만원 초과금액이며 법인카드로 결제되었다.
> 5. 법인신용카드 등 미사용액에 대한 세무조정은 합계금액으로 하나의 세무조정으로 하시오

[5] 불러오는 자료는 무시하고 아래의 자료만을 이용하여 (주)모두전자의 법인세 과세표준 및 세액조정 계산서 및 최저한세 조정 명세서를 작성하시오.(6점)

> 1. 결산서상 당기순이익 : 220,503,230원
> 2. 익금산입 총액 : 13,450,200원
> 3. 기부금 한도 초과액 : 450,000원
> 4. 공제가능 이월결손금 :15,000,000원
> 5. 소득공제 총액 50,000,000원 중 최저한세 대상 소득공제금액은 30,000,000원이다.
> 6. 당기 중소기업특별세액감면액은 5,000,000원이며, 최저한세 대상 세액감면금액에 해당한다.
> 7. 중간예납세액은 5,000,000원이며 원천납부세액은 250,000원이다.

제87회 전산세무 1급

합격율	시험년월
8%	2019.11

이 론

01. 다음 중 발생기간의 비용으로 인식하지 않고 재고자산의 원가에 포함하여야 하는 것은 무엇인가?

① 취득에 직접적으로 관련되어 있으며, 정상적으로 발생되는 기타원가

② 추가 생산단계에 투입하기 전에 보관이 필요한 경우 외의 보관비용

③ 재고자산을 현재의 장소에 현재의 상태로 이르게 하는데 기여하지 않은 관리간접원가

④ 판매원가

02. 다음 중 퇴직급여에 대한 설명으로 틀린 것은?

① 확정기여형 제도를 설정한 경우에는 당해 회계기간에 대하여 기업이 납부하여야 할 부담금(기여금)을 퇴직연금운용자산으로 인식한다.

② 확정급여형퇴직연금운용제도에서 퇴직급여충당부채는 보고기간말 현재 전종업원이 일시에 퇴직할 경우 지급하여야 할 퇴직금에 상당하는 금액으로 한다.

③ 확정급여형퇴직연금제도에서 퇴직연금운용자산이 퇴직급여충당부채와 퇴직연금미지급금의 합계액을 초과하는 경우에는 그 초과액을 투자자산의 과목으로 표시한다.

④ 확정급여형퇴직연금제도에서 운용되는 자산은 기업이 직접 보유하고 있는 것으로 보아 회계처리한다.

03. 다음 중 금융자산과 금융부채에 대한 설명으로 옳지 않은 것은?

① 금융자산이나 금융부채는 금융상품의 계약당사자가 되는 때에만 재무상태표에 인식한다.

② 금융자산이나 금융부채는 최초인식 시 공정가치로 측정한다.

③ 둘 이상의 금융상품을 일괄하여 매입한 경우에는 공정가치를 보다 신뢰성 있게 측정할 수 있는 금융상품의 공정가치를 우선 인식한 후 매입가액의 잔여액으로 나머지 금융상품을 인식한다.

④ 금융상품의 현금흐름에 대한 추정 변경 또는 재협상 등으로 현금흐름이 변경되는 경우에도 금융자산의 순장부금액이나 금융부채 상각후원가를 조정하면 안 된다.

04. ㈜세무는 보관 창고를 자가건설하기 위해 ㈜회계의 낡은 창고를 700,000,000원(토지가격 : 500,000,000원, 건물가격 : 200,000,000원)에 구입하였다. 기존건물을 철거하기 위하여 철거비용 20,000,000원과 토지정지비용 8,000,000원을 지출하였고 철거건물의 잔존폐물을 5,000,000원에 처분하였다. 토지와 건물의 취득원가는 얼마인가?

① 토지 : 528,000,000원, 건물 : 200,000,000원
② 토지 : 523,000,000원, 건물 : 200,000,000원
③ 토지 : 723,000,000원, 건물 : 0원
④ 토지 : 728,000,000원, 건물 : 0원

05. ㈜세무는 전전기 7월 1일 ㈜한라의 사옥을 신축하기로 계약하였는데, 총공사대금은 200,000,000원이며, 공사가 완료된 20X1년까지 사옥의 신축과 관련된 자료는 다음과 같다. ㈜세무의 수익인식에 진행기준을 적용할 경우 20X1년에 인식하여야 할 공사수익은 얼마인가?

구 분	전전기	20x0년	20x1년
당기발생공사원가	45,000,000원	90,000,000원	48,000,000원
추가소요추정원가	140,000,000원	45,000,000원	
공사대금청구액	60,000,000원	100,000,000원	40,000,000원

① 30,000,000원 ② 40,000,000원 ③ 50,000,000원 ④ 100,000,000원

06. ㈜오늘은 제조간접비를 직접노무시간으로 예정배부하고 있다. 당초 제조간접비 예산금액은 600,000원, 예산직접노무시간은 3,000시간이며 당기말 현재 실제 제조간접비는 640,000원이 발생하였다. 제조간접비의 배부차이가 발생하지 않을 경우 실제직접노무시간은 얼마인가?

① 3,200시간 ② 3,100시간 ③ 3,000시간 ④ 2,900시간

07. 다음의 실제개별원가계산과 정상원가계산의 상대적인 비교내용 중 잘못된 것은?

구분	실제개별원가계산	정상개별원가계산
① 주요정보이용자	외부 및 내부 정보이용자	내부 정보이용자(경영자)
② 원가계산의 시점	회계연도 기말	제품생산 완료시점
③ 직접재료원가, 직접노무원가	실제발생액	예상발생액
④ 제조간접원가 배부방법	실제배부기준량 × 실제배부율	실제배부기준량 × 예정배부율

08. 다음 공손에 관한 설명 중 틀린 것은?

① 공손품은 품질이나 규격이 일정한 기준에 미달하는 불량품이다.

② 정상공손은 능률적인 생산조건하에서는 회피가능하고 통제가능하다.

③ 비정상공손품원가는 발생된 기간에 영업외비용으로 처리한다.

④ 기말재공품이 공손품 검사시점을 통과하지 못한 경우 정상공손원가를 전액 완성품에만 배부한다.

09. ㈜한세는 단일 제품을 생산하고 있으며, 종합원가계산제도를 채택하고 있다. 재료는 공정이 시작되는 시점에 전량 투입되고 가공원가는 공정 전체에 걸쳐 균등하게 투입된다. 평균법에 의하여 계산된 기말재공품의 원가는 얼마인가?

· 기초재공품 수량 : 120단위(완성도 : 50%, 직접재료원가 : 36,000원, 가공원가 : 66,480원)
· 당기투입 수량 : 280단위(직접재료원가 : 100,000원, 가공원가 : 210,000원)
· 기말재공품 수량 : 80단위(완성도 : 80%)

① 70,180원　　　　② 73,280원　　　　③ 76,380원　　　　④ 79,480원

10. 다음 중 ㈜지리산의 제조원가명세서 자료에 대한 설명으로 틀린 것은?

제조원가명세서		
Ⅰ 원 재 료 비		65,000,000원
（　　　　　）	（　　　　　）	
당 기 매 입	68,000,000원	
기말원재료재고	7,000,000원	
Ⅱ 노 무 비		9,000,000원
Ⅲ 제 조 간 접 비		13,000,000원
Ⅳ （　　　　　）		（　　　　　）
Ⅴ （　　　　　）		2,000,000원
Ⅵ 합　　　　계		（　　　　　）
Ⅶ （　　　　　）		11,000,000원
Ⅷ （　　　　　）		（　　　　　）

① 기초원재료재고는 4,000,000원이다. 　② 당기총제조원가는 87,000,000원이다.

③ 기초재공품재고액은 2,000,000원이다. 　④ 당기제품제조원가는 11,000,000원이다.

11. 다음 중 조세특례제한법상 중소기업특별세액감면의 설명으로 가장 옳지 않은 것은?

① 중소기업특별세액감면은 최저한세 대상이다.

② 전년대비 고용인원이 감소하지 않은 경우 감면한도는 1억원이다.

③ 복식부기의무자가 사업용계좌를 미신고한 경우 감면을 받을 수 없다.

④ 내국법인의 본점이 수도권에 있는 경우 사업장별로 수도권 소재유무를 판단하여 감면율을 적용한다.

12. 다음 중 무조건 분리과세대상 소득에 해당하지 않는 것은?

① 연금소득 중 사적연금액 1,200만원 이하인 경우
② 기타소득 중 복권 당첨금액
③ 근로소득 중 일용근로자의 근로소득
④ 금융소득 중 직장공제회 초과 반환금

13. 다음 중 법인세법상 손익의 귀속시기에 대한 설명으로 틀린 것은?

① 내국법인의 각 사업연도 익금과 손금의 귀속사업연도는 그 익금과 손금이 확정된 날이 속하는 사업연도로 한다.
② 도소매업을 영위하는 법인이 원천징수대상 이자에 대하여 결산상 미수이자를 계상한 경우에는 그 계상한 사업연도의 익금에 산입하지 않는다.
③ 금융보험업을 영위하는 법인이 이미 경과한 기간에 대응하는 보험료상당액(원천징수대상 아님) 등을 해당 사업연도의 수익으로 계상한 경우에는 그 계상한 사업연도의 익금으로 한다.
④ 내국법인이 결산을 확정할 때 이미 경과한 기간에 대응하는 미지급이자를 해당 사업연도의 손비로 계상하여도 그 계상한 사업연도의 손금에 산입하지 않는다.

14. 다음 중 부가가치세법상 공급시기에 대한 설명으로 옳지 않은 것은?

① 계약금을 받기로 한 날의 다음 날부터 재화를 인도하는 날까지의 기간이 6개월 이상인 경우로서 계약금 외의 대가를 분할하여 받는 조건으로 재화를 공급하는 경우 대가의 각 부분을 받기로 한때를 공급시기로 한다.
② 본래 재화, 용역의 공급시기가 되기 전에 세금계산서를 발급하고 그 세금계산서 발급일로부터 7일 이내에 대가를 받으면 해당 세금계산서를 발급한 때를 공급시기로 한다.
③ 역무의 제공이 완료된 때 또는 대가를 받기로 한때를 공급시기로 볼 수 없는 경우 역무의 제공이 완료되고 공급가액이 확정되는 때를 공급시기로 한다.
④ 둘 이상의 과세기간에 걸쳐 계속적으로 일정한 용역을 제공하고 그 대가를 선불로 받는 경우 예정신고기간 또는 과세기간의 개시일을 공급시기로 한다.

15. 소득세법상 기타소득에 대하여 실제 소요된 필요경비가 없어도 일정금액을 필요경비로 인정하는 경우가 있다. 다음 설명 중 옳지 않은 것은?

① 서화·골동품의 양도로 발생하는 소득으로서 서화·골동품의 보유기간이 10년 이상인 경우에는 100분의 90에 상당하는 금액을 필요경비로 한다.

② 계약의 위약 또는 해약으로 인하여 받는 소득으로서 주택입주 지체상금의 경우 거주자가 받은 금액의 100분의 60에 상당하는 금액을 필요경비로 한다.

③ 종교인소득으로서 종교 관련 종사자가 해당 과세기간에 받은 금액이 2천만원 이하인 경우에는 100분의 80에 상당하는 금액을 필요경비로 한다.

④ 일시적인 인적용역으로서 고용관계 없이 다수인에게 강연을 하고 강연료 등 대가를 받는 경우에는 100분의 60에 상당하는 금액을 필요경비로 한다.

▮▮▮▮▮ 실 무

㈜세진기업(0870)은 제조·도소매업을 영위하는 중소기업이며, 당 회계기간은 20x1. 1. 1. ~ 20x1. 12. 31.이다. 전산세무회계 수험용 프로그램을 이용하여 다음 물음에 답하시오.

문제 1 다음 거래에 대하여 적절한 회계처리를 하시오.(11점)

[1] 3월 15일   당사는 주주총회에서 다음과 같이 배당을 실시하기로 결의하였다.(단, 이익준비금은 현금배당의 10%를 적립하기로 한다.)(3점)

주주 구성	지분비율	현금배당	주식배당
김 선 빈	60%	60,000,000원	12,000,000원
류 현 진	40%	40,000,000원	8,000,000원

[2] 4월 3일   영수증 발급대상 간이과세자인 골목식당에서 공장 직원들이 회식을 하고 식대 1,000,000원을 법인카드(비씨카드)로 결제하였다.(2점)

[3] 7월 12일   ㈜백두(당사의 여주대리점)에게 약정에 따른 판매장려금으로 제품(원가 10,000,000원, 시가 15,000,000원, 부가가치세 별도)을 지급하였다. 재화의 공급에 해당하는 부분을 매입매출전표에서 입력(판매촉진비계정을 사용)하시오.(3점)

[4] 8월 4일 당사는 액면금액 20,000,000원인 사채 중 50%를 9,200,000원에 중도상환하였다. 회사
의 다른 사채발행금액은 없으며 상환대금은 보통예금 계좌에서 출금하였다.(단, 사채 관련
나머지 자료는 관련 계정을 조회하여 회계처리하고, 거래처명은 생략한다.)(3점)

문제 2 다음 주어진 요구사항에 따라 부가가치세 신고서 및 부속서류를 작성 하시오.(11점)

[1] 당사는 20x1년 제1기 확정신고(4.1~6.30)를 할 때 아래 거래에 대한 신고를 누락하여 20x1년 9월
1일에 수정신고를 하고자 한다. 다음 거래내용에 따라 전표를 입력하고(분개 생략), 수정신고서(1차)와
가산세명세서를 작성하시오. 전자세금계산서 미발급가산세가 적용되는 부분은 전자세금계산서 미전송가
산세는 적용하지 아니하며, 신고불성실가산세는 일반가산세를 적용한다.(과세표준명세서 생략)(6점)

> · 5월 3일 : ㈜화인상사에 제품을 판매하고, 전자세금계산서(공급가액 32,000,000원,
>   부가가치세 3,200,000원)를 적법하게 발급하고 전송하였다.
> · 5월 10일 : 금아유통에 제품을 판매하고, 종이세금계산서(공급가액 20,000,000원,
>   부가가치세 2,000,000원)를 발급하였다.
> · 6월 21일 : ㈜아이테크에 제품을 판매하였으나, 세금계산서(공급가액 17,000,000원,
>   부가가치세 1,700,000원)를 발행하지 아니하였다.

[2] 당사는 제조·도매업을 영위하는 중소기업이다. 입력된 자료는 무시하고 다음 의제매입세액 관련 자료를
이용하여 20x1년 제2기 확정신고 시 의제매입세액공제신고서(제조업 면세농산물등 탭을 이용)를 작성
하시오.(단, 자료를 매입매출전표에 입력(분개포함)하고 한도초과액이 발생하는 경우 12월 31일 일반전
표에 입력하되 음수로 입력하지 말 것.)(5점)

1. 면세 원재료 매입 관련 자료

날짜	공급처명	공급가액	비고
10월 20일	우리과일	70,500,000원	과일 7,000kg, 전액 비씨카드(법인)으로 결제, 1건
11월 10일	김만복	1,500,000원	과일 150kg, 농어민으로부터 직접 구입하고 현금 결제, 1건

2. 의제매입세액 관련 제품매출, 면세매입 및 의제매입세액 공제액

	제1기 과세기간(1.1.~6.30.)	제2기 과세기간(7.1.~12.31.)
제품매출	100,000,000원	120,000,000원
면세 원재료 매입	41,600,000원	72,000,000원
의제매입세액 공제액	1,600,000원	-

※ 모든 원재료는 부가가치세 과세대상 제품 생산에 사용되었고 제2기 예정신고기간 의제매입세액 공제액은 없다.

문제 3 다음의 결산정리사항에 대하여 결산정리분개를 하거나 입력을 하여 결산을 완료하시오. (8점)

[1] 당사는 단기매매차익을 목적으로 2월 3일에 주식 100주를 주당 10,000원에 취득하였다. 이 중 40주를 6월 4일에 주당 12,000원에 양도하고 나머지 60주는 기말현재 보유 중이다. 결산일에 공정가액은 주당 9,000원이다.(2점)

[2] 회사가 보유 중인 특허권의 배타적 권리 가치가 10,000,000원으로 하락하였다. 회사는 보유 중인 특허권을 처분할 예정이며, 자산 손상차손 요건을 충족한다.(2점)

[3] 회사는 기말에 퇴직금추계액 전액을 퇴직급여충당부채로 설정하고 있다. 다음 자료에 의해 당기 퇴직급여충당부채를 계상하시오.(2점)

구분	전기말 퇴직금 추계액	당해 연도 퇴직금 지급액 (퇴직급여충당부채와 상계)	당기 말 퇴직금 추계액
경영지원팀	40,000,000원	13,000,000원	50,000,000원
절단공정팀	75,000,000원	10,000,000원	75,000,000원

[4] 20x1년 12월 1일부터 2일까지 부산으로 업무차 출장 갔던 영업사원 김기동의 출장비 지급액과 정산 후 반납액이 결산일 현재 각각 가지급금 계정과 가수금 계정으로 계상되어 있다. 결산일에 정산분개를 하며, 출장비는 전액 여비교통비로 처리한다.(단, 가지급금에 대한 거래처 입력은 생략한다.)(2점)

문제 4 원천징수와 관련된 다음 물음에 답하시오.(10점)

[1] 다음 자료를 이용하여 이미란(사원코드 : 500번, 세대주)씨의 사원등록 중 "부양가족명세"를 작성하고, 연말정산추가자료 중 "소득명세"와 "연말정산입력" 탭을 입력하시오. 다음의 주민등록번호는 모두 올바른 것으로 가정하며, 기본공제대상자가 아닌 경우에도 부양가족명세에 입력하고 '기본공제'에서 '부'로 표시한다.(7점)

1. 이미란씨와 생계를 같이하는 동거가족은 다음과 같다.

<table>
<tr><td colspan="5" align="center">가족관계증명서</td></tr>
<tr><td>등록기준지</td><td colspan="4">서울특별시 금천구 시흥대로291</td></tr>
<tr><td>구분</td><td>성 명</td><td>출생연월일</td><td>주민등록번호</td><td>성별</td></tr>
<tr><td>본인</td><td>이미란</td><td>1982년 10월 10일</td><td>821010-2141587</td><td>여</td></tr>
<tr><td colspan="5">가족사항</td></tr>
<tr><td>구분</td><td>성 명</td><td>출생연월일</td><td>주민등록번호</td><td>성별</td></tr>
<tr><td>부</td><td>이관수</td><td>1948년 8월 11일</td><td>480811-1234564</td><td>남</td></tr>
<tr><td>모</td><td>허복순</td><td>1950년 4월 15일</td><td>500415-2118621</td><td>여</td></tr>
<tr><td>배우자</td><td>최영민</td><td>1981년 2월 10일</td><td>810210-1811111</td><td>남</td></tr>
<tr><td>자녀</td><td>최연준</td><td>2014년 3월 12일</td><td>140312-3058811</td><td>남</td></tr>
<tr><td>자녀</td><td>최지영</td><td>2019년 5월 19일</td><td>190519-4132114</td><td>여</td></tr>
</table>

① 이미란씨는 부녀자공제 대상이 아니다.

② 배우자는 근로소득(총급여)가 5,000,000원 있다.

③ 장남 최연준은 어린이프로그램 출연료로 기타소득이 8,000,000원 있다.

④ 나머지 동거가족은 소득이 없다.

⑤ 모친은 장애인복지법상 장애인이다.

2. 다음의 자료는 총급여에 포함되어 있지 않다.

· 20x1년 귀속분 이미란씨에 대한 소득처분(상여)금액 3,000,000원이 발생하였다.

3. 다음은 홈택스에서 조회한 자료이다. 이미란씨가 공제가능한 모든 공제를 적용받고자 한다.

과 목	명 세	금 액	비 고
보 험 료	본인의 생명보험료	1,000,000원	
	장녀의 상해보험료	140,000원	
의 료 비	본인 맹장수술비	1,500,000원	
	부친의 보청기 구입비	3,000,000원	
	장남의 진료비	900,000원	
	배우자의 성형수술비	2,000,000원	미용목적
교 육 비	부친의 노인대학 교육비	1,700,000원	
	배우자의 대학교 교육비	4,000,000원	
기부금	본 인	500,000원	종친회 기부금
	배우자	1,200,000원	종교단체기부금

[2] 다음 주어진 자료를 보고 사업소득자의 인적사항을 등록하고 소득관련 자료를 입력하시오.(단, 주어진 자료는 모두 정확한 것으로 가정할 것.)(3점)

코드	성명	지급일	주민등록번호	지급액	내용
101	권노아	20x1.4.22.	930115-1357412	12,000,000원	부동산판매 알선수수료
102	윤지현	20x1.4.22.	791220-2345123	7,000,000원	부동산판매 알선수수료

· 소득귀속일자와 지급일은 동일함.
· 소득구분 : '기타모집수당'으로 입력할 것 / 내국인여부 : 내국인
· 모두 인적용역사업소득자임

문제 5 ㈜서광(0871)은 전자부품을 생산하고 제조 · 도매업을 영위하는 중소기업이며, 당해 사업연도는 20x1.1.1.~20x1.12.31.이다. 법인세무조정메뉴를 이용하여 재무회계 기장자료와 제시된 보충자료에 의하여 당해 사업연도의 세무조정을 하시오.(30점)
※ 회사선택 시 유의하시오.

[1] 다음의 고정자산을 감가상각비조정 메뉴에서 고정자산으로 등록하고 미상각자산감가상각조정명세서 및 감가상각비조정명세서합계표를 작성하고 세무조정을 하시오.(6점)

1. 감가상각대상자산
 · 계정과목 : 기계장치
 · 자산코드 / 자산명 : 001/ 기계장치
 · 취득 시 사용 가능할 때까지의 운반비 2,000,000원이 있다.

취득일	취득가액(부대비용 제외한 금액)	전기(20x0) 감가상각누계액	내용연수	경비구분/ 업종	상각방법
2018. 4. 25.	140,000,000원	50,000,000원	5년	제조	정률법

2. 회사는 기계장치에 대하여 전기에 다음과 같이 세무조정을 하였다.
 · (손금불산입) 감가상각비 상각부인액 1,968,500원(유보)
3. 당기 제조원가명세서에 반영된 기계장치의 감가상각비 : 50,000,000원

[2] 다음은 세금과공과금에 입력된 내용이다. 입력된 자료를 조회하여 세금과공과금명세서를 작성하고 필요한 세무조정을 하시오.(단, 세무조정 시 같은 소득처분인 경우에도 건별로 각각 세무조정 한다.)(6점)

월 일	적 요	금 액
3월 26일	본사건물 정착 토지 취득세(판)	4,500,000원
3월 31일	법인세분 지방소득세	890,000원
7월 10일	국민연금 회사부담분	930,000원
7월 27일	제조부서 사용 화물차 자동차세	260,000원
8월 10일	재산분 주민세	670,000원
8월 31일	증권거래세	480,000원
9월 30일	산업재해보상보험료의 연체료	130,000원
10월 27일	마케팅부서 승용차 속도위반 과태료	60,000원

[3] 주어진 자료에 따라 외화자산등평가차손익조정명세서(외화자산,부채의평가 을지)를 작성하고 필요한 세무조정을 각 계정과목별로 하시오.(6점)

계정	원금	발생일	발생일 매매기준율	사업연도 종료일 매매기준율	외화종류
장기차입금	¥20,000,000	20x1.5.1.	8원/¥	10원/¥	JPY
단기차입금	¥30,000,000	20x1.6.10.	9원/¥	10원/¥	JPY
외화보통예금	$600,000	20x1.7.1.	1,000원/$	1,200원/$	USD

① 회사는 관할세무서장에게 화폐성외화자산등평가방법신고서를 사업연도 종료일 현재의 매매기준율 등으로 평가하는 방법으로 적정하게 신고하였다.
② 담당자의 착오로 장부가액은 발생일의 환율로 작성되어 있다.

[4] 다음의 자료를 이용하여 기부금명세서와 기부금조정명세서를 작성하고 세무조정을 하시오.(단, 기존에 입력된 데이터는 무시하고 제시된 자료로 계산하며 당 문제의 (1)내용의 세무조정 사항은 (2)번에 반영되지 않은 상태임)(6점)

1. 기부금 지출내역(기부처는 기재하지 말 것.)

지출일	금액	내용
5월 1일	10,000,000원	이재민 구호금품(어음기부 2,000,000원 포함, 만기일 20x2.2.3.)
6월 15일	15,000,000원	불우이웃돕기성금(사회복지법인)
9월 21일	5,000,000원	사립대학교에 장학금으로 지출한 기부금

2. 법인세과세표준 및 세액조정계산서상 차가감소득금액

결산서상 당기순손익		200,000,000원
소득조정	익금산입	10,000,000원
금액	손금산입	12,000,000원

3. 세무상 미공제 이월결손금 및 이월기부금

구분	이월결손금	이월기부금[10%한도(지정)기부금]
2018년	15,000,000원	1,000,000원
2012년	10,000,000원	2,000,000원

[5] ㈜서광은 고용을 증대시킨 기업에 대한 세액공제를 적용받고자 한다. 정규직 근로자 변동 내역이 아래와 같을 때, 세액공제조정명세서(3) 및 세액공제신청서를 작성하시오. 20x0사업연도는 세액공제 요건을 충족하지 못하였다.(세액공제조정명세서(3)는 세액공제 탭과 당기공제 및 이월액 계산을 각각 작성할 것.)(6점)

직전 과세연도 대비 상시근로자 증가인원은 다음과 같다.
· 청년 등 : 2.5명
· 청년 외 : 4명

합격율	시험년월
4%	2019.08

이 론

01. 다음 중 유가증권의 분류에 대한 설명으로 틀린 것은?

① 유가증권 중 채무증권은 취득한 후 만기보유증권, 단기매매증권, 매도가능증권 중의 하나로 분류한다.

② 단기매매증권은 유동자산으로 분류한다.

③ 보고기간종료일로부터 1년 내에 매도 등에 의하여 처분할 것이 거의 확실한 매도가능증권은 투자자산으로 분류한다.

④ 보고기간종료일로부터 1년 내에 만기가 도래하는 만기보유증권은 유동자산으로 분류한다.

02. 다음 중 보고기간말 외화환산방법에 대한 설명으로 가장 잘못된 것은?

① 화폐성 외화항목은 마감환율로 환산한다.

② 역사적원가로 측정하는 비화폐성 외화항목은 거래일의 환율로 환산한다.

③ 공정가치로 측정하는 비화폐성 외화항목은 공정가치가 결정된 날의 환율로 환산한다.

④ 화폐성항목에서 발생한 외화환산손익은 기타포괄손익으로 인식하여야 한다.

03. 다음 중 법인세 회계처리에 대한 설명으로 틀린 것은?

① 차감할 일시적차이가 활용될 수 있는 가능성이 매우 높은 경우에만 이연법인세자산을 인식하여야 한다.

② 가산할 일시적차이란 자산·부채가 회수·상환되는 미래기간의 과세소득을 감소시키는 효과를 가지는 일시적차이를 말한다.

③ 원칙적으로 모든 가산할 일시적차이에 대하여 이연법인세부채를 인식하여야 한다.

④ 이연법인세자산과 부채는 보고기간말 현재까지 확정된 세율에 기초하여 당해 자산이 회수되거나 부채가 상환될 기간에 적용될 것으로 예상되는 세율을 적용하여 측정하여야 한다.

04. 다음의 재고자산에 대한 설명 중 틀린 것은?

① 평가손실을 초래했던 상황이 해소되어 새로운 시가가 장부금액보다 상승한 경우에는 최초의 장부금액을 초과하지 않는 범위 내에서 평가손실을 환입한다.

② 재고자산평가손실의 환입은 영업외수익으로 분류한다.

③ 재고자산은 정상적인 영업과정에서 판매를 위하여 보유하거나 생산과정에 있는 자산 및 생산 또는 서비스 제공과정에 투입될 원재료나 소모품의 형태로 존재하는 자산을 말한다.

④ 재고자산의 매입원가는 매입금액에 매입운임, 하역료 및 보험료 등 취득과정에서 정상적으로 발생한 부대원가를 가산한 금액이다.

05. ㈜한결은 20X1년 2월에 자기주식 100주를 주당 6,000원에 취득하였으며, 3월에 자기주식 200주를 주당 7,000원에 취득하였다. 한편 4월에는 자기주식 100주를 특수관계인으로부터 무상증여 받았다. 이후 ㈜한결은 9월에 보유하고 있던 자기주식 중 200주를 주당 5,100원에 매각하였다. 처분한 자기주식의 단가를 총평균법으로 계산할 경우 ㈜한결이 인식해야 할 자기주식처분손익은 얼마인가?

① 처분이익 20,000원
② 처분이익 33,333원
③ 처분손실 280,000원
④ 처분손실 333,333원

06. ㈜현상이 제품 A, B, C에 대한 결합원가 300,000원을 순실현가능가치(NRV)법에 의하여 배부하는 경우 제품 C의 매출총이익은 얼마인가?(단, 기초재고자산은 없다.)

제품	생산량	판매량	단위당 판매가격	분리점 후 추가가공원가(총액)
A	200단위	180단위	3,000원	90,000원
B	50단위	50단위	2,000원	40,000원
C	100단위	70단위	1,000원	70,000원

① 10,500원
② 24,500원
③ 38,500원
④ 50,500원

07. 다음 원가의 개념에 대한 설명 중 옳지 않은 것은?

① 원가배분이란 공통원가 또는 간접원가를 합리적인 배부기준에 따라 원가대상에 대응시키는 과정을 말한다.

② 원가배분의 기준은 인과관계기준, 수혜기준, 부담능력기준 등이 있다.

③ 당기제품제조원가란 당기의 제조과정에 투입된 모든 제조원가를 의미하며, 직접재료비, 직접노무비, 제조간접비의 합으로 이루어진다.

④ 조업도란 일정기간 동안 기업의 설비능력을 이용한 정도를 나타내는 지표로 생산량, 판매량, 직접노동시간, 기계작업시간 등이 있다.

08. 다음은 조업도 증감에 따른 총원가와 단위원가의 행태를 요약한 표이다. 빈 칸에 들어갈 올바른 것은?

조업도	총원가		단위원가	
	변동비	고정비	변동비	고정비
증가	증가	(1)	일정	(2)
감소	감소	(3)	일정	(4)

	(1)	(2)	(3)	(4)
①	일정	감소	일정	증가
②	감소	일정	증가	일정
③	증가	일정	감소	일정
④	일정	증가	일정	감소

09. 다음의 자료를 참조하여 직접노무비의 가격차이와 능률차이를 구하시오.

· 표준직접노무비 (@300, 10시간)	3,000원
· 이달의 실제자료	
– 제품생산량	120개
– 실제직접노무비(@330, 1,000시간)	330,000원

	가격차이	능률차이
①	30,000원 유리	60,000원 유리
②	30,000원 불리	60,000원 유리
③	30,000원 유리	60,000원 불리
④	30,000원 불리	60,000원 불리

10. ㈜세무는 두 개의 서비스부문과 두 개의 제조부문으로 구성되어 있다. ㈜세무는 서비스부문의 일반관리 부문 원가를 종원업 수로 먼저 배부하고 배송부문 원가를 점유면적으로 배부하는 단계배분법을 사용하고 있다. 다음의 자료를 참조하여 서비스부문의 원가를 배부한 후 절삭부문의 총간접원가를 구하시오. (단, 자가소비용역은 무시한다.)

구분	서비스부문		제조부문	
	일반관리	배송	절삭	연마
간접원가	60,000원	80,000원	70,000원	85,000원
종업원수	10명	20명	30명	50명
점유면적	100평	50평	200평	300평

① 50,000원   ② 54,800원   ③ 120,000원   ④ 124,800원

11. 다음은 소득세법상 복식부기의무자의 사업소득에 대한 자료이다. 총수입금액을 계산하면 얼마인가?

· 매출액 :	100,000,000원	· 기계장치의 양도가액 :	50,000,000원
· 판매장려금 수령액 :	5,000,000원	· 공장건물의 양도가액 :	70,000,000원
· 이자수익 :	1,000,000원	· 관세환급금 :	6,000,000원

① 111,000,000원   ② 161,000,000원   ③ 231,000,000원   ④ 232,000,000원

12. 다음 중 법인세법상 익금불산입 항목에 해당하지 않는 것은?

① 주식발행초과금
② 법인세 또는 지방소득세 환급액
③ 자산수증이익, 채무면제이익 중 이월결손금의 보전에 충당된 금액
④ 보험업법이나 기타 법률의 규정에 의한 고정자산의 평가차익

13. 다음 중 소득세법상 비과세 근로소득에 해당하지 않는 것은?

① 종업원이 소유차량을 직접 운전하여 사용자의 업무수행에 이용하고 실제여비를 지급받는 대신 사업체 지급기준에 따라 받는 금액 중 월 20만원 이내의 금액
② 근로자 또는 그 배우자의 출산이나 6세 이하의 자녀보육관련 급여로서 월 10만원 이내의 금액
③ 발명진흥법상 지급받는 직무발명보상금으로서 5백만원을 초과하는 보상금
④ 일반근로자가 국외 등에서 근로를 제공하고 받는 보수 중 월 100만원(외항선원, 원양선원 및 해외건설 근로자는 300만원) 이내의 금액

14. 법인세법상 임직원의 인건비에 대한 설명이다. 가장 올바른 것은?

① 임원의 상여금은 정관에 규정된 한도 내의 금액은 전액 손금으로 인정된다.
② 임원의 퇴직금은 정관의 위임규정에 따라 이사회 결정에 의하여 지급된 금액도 지급규정이 있는 것으로 본다.
③ 임원의 퇴직금에 대한 지급규정이 없는 경우에는 전액 손금불산입한다.
④ 임원의 상여금에 대한 지급규정이 없는 경우에는 법인세법상 한도액을 기준으로 손금불산입여부를 결정한다.

15. 다음 중 부가가치세법상 과세거래인 것은?

① 조세의 물납
② 상품권의 양도
③ 양도담보의 목적으로 부동산상의 권리를 제공하는 경우
④ 비영업용 소형승용차의 양도

실 무

㈜노은산업(0850)은 제조·도매업을 영위하는 중소기업이며, 당 회계기간은 20X1. 1. 1. ~ 20X1. 12. 31.이다. 전산세무회계 수험용 프로그램을 이용하여 다음 물음에 답하시오.

문제 1 다음 거래에 대하여 적절한 회계처리를 하시오.(12점)

[1] 2월 17일   ㈜노은산업은 판매대리점 ㈜스마트산업의 초과실적 달성분에 대하여 약정에 따른 판매장려금을 제품(원가 1,000,000원, 시가 2,000,000원)으로 지급하였다.(재화의 공급에 해당하는 부분은 매입매출전표입력 메뉴에서 입력하고, 분개는 일반전표입력 메뉴에서 판매장려금 계정으로 처리하기로 한다.)(3점)

[2] 2월 26일   전기의 이익잉여금처분계산서이다. 처분확정일의 회계처리를 하시오.(3점)

이익잉여금처분계산서
20X0년 1월 1일부터 20X0년 12월 31일까지
처분확정일 20X1년 2월 26일

(단위:원)

과 목	금	액
Ⅰ. 미처분이익잉여금		69,500,000
1. 전기이월미처분이익잉여금	46,500,000	
2. 당기순이익	23,000,000	
Ⅱ. 임의적립금 등의 이입액		500,000
1. 연구 및 인력개발준비금	500,000	
합　　　　계		70,000,000
Ⅲ. 이익잉여금처분액		48,000,000
1. 이익준비금	3,000,000	
2. 배당금		
가. 현금배당	30,000,000	
나. 주식배당	15,000,000	
Ⅳ. 차기이월 미처분이익잉여금		22,000,000

[3] 4월 20일　㈜노은산업은 기계장치를 처분하고 다음과 같이 전자세금계산서를 발급하였다. 처분대금은 다음달 말에 받기로 하였으며, 처분하기 전까지 감가상각비와 감가상각누계액은 적정하게 회계처리 되었다. 처분 시점 기계장치의 내용은 아래와 같다.(매입매출전표 입력시 처분에 대한 분개도 함께 하기로 한다.)(3점)

1. 전자세금계산서

(적 색)

전자세금계산서(공급자 보관용)						승인번호		2019042022525410		
공급자	등록번호	214-88-46961			공급받는자	등록번호		203-85-12757		
	상호	(주)노은산업	성 명 (대표자)	박성한		상호	(주)백두	성 명 (대표자)		남인천
	사업장 주소	서울 강남구 선릉로 310				사업장 주소	인천 남구 주안1동 203			
	업태	제조, 도소매업		종사업장번호		업 태	도소매업		종사업장번호	
	종목	전자제품				종목	전자제품			
비고					수정사유					
작성 일자	20X1.04.20				공급 가액	20,000,000원		세액	2,000,000원	
월	일	품　　　　　　목	규격	수량	단 가	공 급 가 액		세 액	비 고	
04	20	기계장치				20,000,000원		2,000,000원		
합 계 금 액	현　　금		수　표		어　　음	외 상 미 수 금		이 금액을	영수 청구	함
22,000,000원						22,000,000원				

2. 기타사항
 · 기계장치 취득가액 :　30,000,000원　　　· 국고보조금(기계장치차감) : 6,000,000원
 · 감가상각누계액 :　　　5,000,000원

[4] 5월 26일　2019년 5월 26일 발생한 ㈜대만의 외상매출금 7,260,000원에 대한 상법상 소멸시효가 완성되었으며 20X1년 1기 확정부가가치세 신고시 부가가치세법에 의한 대손세액공제신청도 정상적으로 이루어질 예정이다. 대손세액공제액을 포함하여 대손과 관련된 회계처리를 하시오.(단, 대손충당금 잔액은 없는 것으로 가정한다.)(3점)

문제 2 다음 주어진 요구사항에 따라 부가가치세 신고서 및 부속서류를 작성 하시오.(10점)

[1] 다음 자료를 보고 20X1년 제1기 예정신고기간의 수출실적명세서를 작성하시오.(4점)

1. 영통상사

   (1) 수출신고필증

 **수 출 신 고 필 증** (갑지)
※ 처리기간 : 즉시

제출번호 99999-99-9999999	⑤신고번호	⑥신고일자	⑦신고구분	⑧C/S구분
①신 고 자 강남 관세사	41757-17-050611X	20X1/01/18	일반P/L신고	A

㊸총중량	320kg	㊹총포장갯수		㊺총신고가격 (FOB)	$ 95.000 ₩95,000,000
㊻운임(₩)	1,180,970	㊼보험료(₩)		㊽결제금액	CFR - USD - 100,000

   (2) 선하증권

Bill of Lading

①Shipper/Exporter	⑪B/L No. ; But 1003
㉗Laden on board vessel Date Signature 20X1.1.20	㉘ABC Shipping Co. Ltd. as agent for a carrier, yyy Liner Ltd.

2. 대미상사

   (1) 수출신고필증

UNI-PASS   **수 출 신 고 필 증**   (갑지)
※ 처리기간 : 즉시

제출번호 99999-99-9999999	⑤신고번호	⑥신고일자	⑦신고구분	⑧C/S구분
①신 고 자 강남 관세사	95214-27-050612X	20X1/01/18	일반P/L신고	A

㊸총중량	400kg	㊹총포장갯수		㊺총신고가격 (FOB)	$ 30.000 ₩44,500,000
㊻운임(₩)		㊼보험료(₩)		㊽결제금액	FOB-KRW-45,000,000

   (2) 선하증권

Bill of Lading

①Shipper/Exporter	⑪B/L No. ; But 1004
㉗Laden on board vessel Date Signature 20X1.1.20	㉘DEF Shipping Co. Ltd. as agent for a carrier, zzz Liner Ltd.

3. 기준환율정보(서울외국환중개회사)

구분	20X1년 1월 18일	20X1년 1월 20일	20X1년 3월 15일
환율	1$=1,020원	1$=980원	1$=1,000원

· 외화는 3월 15일에 환전하였다

[2] 다음의 자료를 토대로 20X1년 제2기 부가가치세 확정신고서를 작성하시오. 단, 신고서작성과 관련한 전표입력사항과 구비서류작성은 생략한다. 가산세 계산시 적용할 미납일수는 92일이고, 부당과소신고가 아니다.(6점)

1. 매출사항

거래일자	거래내용	공급가액(원)	비고
10월 1일	상품매출	200,000,000	전자세금계산서 발급/전송
11월 30일	상품수출	30,000,000	직수출
12월 8일	상품매출	120,000,000	신용카드매출전표 발행

2. 매입사항

거래일자	거래내용	공급가액(원)	비고
11월 10일	상품 구입	100,000,000	전자세금계산서 수령
12월 30일	공장건물 구입(구입과 동시에 철거함)	300,000,000	전자세금계산서 수령

3. 예정신고 누락분

	거래일자	거래내용	공급가액(원)	비고
매출	7월 10일	상품 수출	30,000,000	직수출분 누락
	8월 30일	판매를 목적으로 회사의 지점사업장(주사업장총괄납부 또는 사업자단위과세는 별도로 신청하지 않았다.)으로 반출	?	취득가액 : 3,200,000원 시가 : 5,000,000원 세금계산서 미발행
매입	8월 28일	대표이사명의 신용카드로 직원회식대 지출	1,000,000	매입세액 공제요건 충족
	9월 10일	상품 구입	4,000,000	전자세금계산서 수취

문제 3 다음의 결산정리사항에 대하여 결산정리분개를 하거나 입력을 하여 결산을 완료하시오.
(8점)

[1] 결산일 현재 영업부서에서 사용하는 자동차 보험료에 대한 결산 회계처리를 하시오.(단, 보험가입일은
20X1년 7월 1일 ~ 20X2년 6월 30일, 보험료 1,200,000원, 7월 1일자 전액 납부, 전액 보험료(판)
처리함, 보험료는 월할계산한다.(2점)

[2] 다음 자료만 보고 장기투자목적으로 취득한 유가증권에 관한 일반기업회계기준에 따른 회계처리를 하시
오. 결산일 이전에 행한 회계처리는 올바르게 이루어졌다.(2점)

구분	취득수량	20X0년 취득원가	20X0년 결산일 시가	20X1년 결산일 시가
매도가능증권	500주	주당 10,000원	주당 12,000원	주당 9,000원

[3] ㈜노은산업은 대표이사 박성한에게 일시적으로 자금을 대여하고 있다. 당해 대여금에 대한 이자를 결산
에 반영하려고 한다. 다음의 가지급금 등의 인정이자 조정명세서를 참조하여 회계처리 하시오.(이자는
수취하지 않았으며, 계정은 미수수익을 사용한다.)(2점)

3. 당좌대출이자율에 따른 가지급금 등의 인정이자 조정

⑩ 성명	⑪적용 이자율 선택방법	⑫가지급금 적수	⑬가수금 적수	⑭차감적수 (⑫-⑬)	⑮이 자율	⑯인정이자 (⑭×⑮)	⑰ 회사 계상액	시가인정범위		⑳조정액(=⑱)
								⑱차액 (⑯-⑰)	⑲비율(%) ⑯⑱×100	⑱≥3억이거나 ⑲≥5%인경우
박성한	⑨	109,500,000,000		109,500,000,000	4.6	13,800,000	13,800,000			

[4] 다음 자료를 이용하여 법인세 및 법인세분 지방소득세에 대한 회계처리를 하시오.(2점)

1. 법인세과세표준 및 세액신고서 일부

구 분	법 인 세			계
	법 인 세	토지 등 양도소득에 대한 법인세	미환류소득에 대한 법인세	
(33) 수 입 금 액	(97,668,182)			
(34) 과 세 표 준	77,973,798			
(35) 산 출 세 액	7,797,379			7,797,379
(36) 총 부 담 세 액	7,297,379			7,297,379
(37) 기 납 부 세 액	1,500,000			1,500,000
(38) 차 감 납 부 할 세 액	5,797,379			5,797,379
(39) 분 납 할 세 액				
(40) 차 감 납 부 세 액				5,797,379

2. 지방소득세 과세표준신고서

구 분	법 인 지 방 소 득 세			
	법 인 지 방 소 득 세	토지 등 양도소득에 대한 법인지방소득세	미환류소득에 대한 법인지방소득세	계
(29) 수 입 금 액		(97,668,182)		
(30) 과 세 표 준	77,973,798			
(31) 산 출 세 액	779,737			779,737
(32) 총 부 담 세 액	779,737			779,737

3. 합계잔액시산표

합계잔액시산표　　　　　　　　　　(단위 : 원)

차 변		계정과목	대 변	
잔액	합계		합계	잔액
1,500,000	1,500,000	자산 선납세금		

문제 4 원천징수와 관련된 다음 물음에 답하시오.(10점)

[1] 다음 자료를 이용하여 이천지(사번 : 200번, 주민등록번호 : 920512-1548710)씨의 사원등록을 하시오.(4점)

1. 입사일(최초 취업일) : 20X1년 3월 1일
2. 생산직 근로자이며, 전년도총급여는 23,000,000원이다.
3. 이천지의 부양가족은 다음과 같다.

관 계	이 름	주민번호	비 고
배우자	김배우	911211-2457855	소득금액없음
자 녀	이자녀	180402-4454841	

4. 중소기업취업자 소득세 감면을 최대한 적용받고자 신청하였다.
5. 중소기업취업자 감면은 매월 급여수령시 적용하기로 한다.
6. 당사는 중소기업이며 전자부품을 생산하는 제조업체이다.
7. 근로소득 중 급여대장 작성시 비과세 및 감면을 적용받을 수 있도록 사원등록에 등록한다.

[2] 사원 김지원(사번 : 103번)의 9월 30일 지급한 급여내역은 다음과 같다. 9월분 급여자료를 입력하시오. (단, 필요한 수당 및 공제항목은 수정 및 등록하고 사용하지 않는 공제는 '부'로 한다.)(4점)

> 김지원의 9월 급여내역
> · 기본급 : 2,600,000원 　　　　　　　· 식　대 : 100,000원(별도의 식사를 제공받고 있음.)
> · 직책수당 : 200,000원
> · 자가운전보조금 : 200,000원(본인소유 차량을 업무에 이용하고 실비정산을 받지 않음.)
> · 육아수당 : 200,000원(6세 이하의 자녀 1명, 맞벌이 부부임.)
> · 국민연금 : 150,000원 　　　　　　　· 건강보험료 : 90,000원
> · 장기요양보험료 : 7,650원 　　　　　· 고용보험료 : 19,500원
> ※ 건강보험료, 국민연금보험료, 고용보험료는 등급표 대신 표시된 자료를 기준으로 하고, 소득세 등은 자동계산 금액에 따른다.

[3] ㈜노은산업은 대주주인 김동성(코드 : 100번, 주민번호 : 720322-1052111)으로부터 운용자금을 차입하고 이에 대한 이자를 매달 지급하고 있다. 다음의 자료를 참조하여 기타소득자 등록 및 20X1년 4월 귀속분 이자소득을 입력하고, 「원천징수이행상황신고서」를 작성하시오.(단, 당사는 반기별 신고사업장이 아니며, 주민등록번호는 올바른 것으로 가정한다.)(2점)

> · 대주주 대여금 : 240,000,000원 　　　　　　· 4월 귀속분 이자 : 1,000,000원(이자율 5%)
> · 지급일 : 20X1년 5월 10일

문제 5 ㈜대전기업(0851)은 전자부품을 생산하고 제조 · 도매업을 영위하는 중소기업이며, 당해 사업연도는 20X1.1.1.~20X1.12.31.이다. 법인세무조정메뉴를 이용하여 재무회계 기장자료와 제시된 보충자료에 의하여 당해 사업연도의 세무조정을 하시오.(30점) ※ 회사선택 시 유의하시오.

[1] 다음 자료를 이용하여 「수입금액조정명세서」와 「조정후수입금액명세서」를 작성하시오.(6점)

1. 손익계산서상의 수익 반영 내역

구분		업종코드	금액(원)	비고
매출액	제품매출	292203(제조/전자응용공작기계)	1,387,000,000	직수출액 127,000,000원 포함
	상품매출	515050(도매/컴퓨터및주변장치)	830,000,000	
영업외수익 (잡이익)	부산물 매각대	292203(제조/전자응용공작기계)	3,000,000	
합계			2,220,000,000	

2. 부가가치세법상 과세표준 내역

구 분	금 액(원)
제품매출	1,390,000,000
상품매출	830,000,000
기계장치 매각	50,000,000
사업상증여	10,000,000
합 계	2,280,000,000

· 부가가치세 신고내역은 관련규정에 따라 적법하게 신고하였다.

3. 당사는 매출거래처에 제품 8,000,000원(시가 10,000,000원)을 증여하고 다음과 같이 회계처리하였으며 이에 대한 부가가치세 신고는 적정하게 이루어졌다.

(차) 접대비 9,000,000원 (대) 제 품 8,000,000원
(대) 부가세예수금 1,000,000원

[2] 당사는 전자부품 제조업을 영위하는 사업장이다. 다음 자료를 참고하여 감가상각비조정 메뉴에서 고정자산을 등록하고 미상각분 감가상각 조정명세서를 작성하고 세무조정을 하시오.(6점)

1. 20X0년말 고정자산대장

코드	계정과목	자산명	취득일	취득가액	당기말감가상각누계액	내용연수	감가상각방법
101	건물(판관)	본사사옥	2018.01.01.	6억원	1,000만원	30년	정액법

2. 20X1년말 고정자산대장

코드	계정과목	자산명	취득일	취득가액	당기말감가상각누계액	내용연수	감가상각방법
101	건물(판관)	본사사옥	2018.01.01.	6.15억원	5,000만원	30년	정액법
102	기계장치(제조)	밀링	20X1.07.01.	3,000만원	1,000만원	3년	정률법

- 기계장치는 기준내용연수가 50%이상 경과한 중고자산의 취득이다.

3. 기타

- 당기에 본사사옥에 엘리베이터 설치를 위해 1,500만원을 지출하였다.(자본적 지출)
- 당기에 건물에 대한 전기분 시인부족액을 다음과 같이 수정분개하였다.
  차) 전기오류수정손실(이익잉여금) 10,000,000원   대) 감가상각누계액 10,000,000원
- 감가상각방법 및 내용연수는 상기 자료에 제시된 내용으로 관할세무서에 신고하였다.
- 감가상각방법 및 내용연수는 법인세법상 기준을 적용한다.

[3] 당사의 세금과공과금의 계정별원장을 조회하여 세금과공과금명세서를 작성하고 관련된 세무조정을 소득금액조정합계표에 반영하시오. 세무조정은 각 건별로 행하는 것으로 한다. 아래 항목 중 다른 세무조정명세서에 영향을 미치는 것은 관련 조정명세서에서 정상처리 되었다고 가정한다.(6점)

월 일	적 요	금 액
2월 10일	국민연금 회사 부담분	2,000,000원
2월 10일	산재보험료	2,500,000원
4월 25일	부가가치세 신고불성실 가산세	300,000원
4월 30일	대표이사 주택 종합부동산세	3,000,000원
4월 30일	환경개선부담금	30,000원
6월 25일	토지에 대한 개발부담금	1,000,000원
8월 1일	주차위반과태료	500,000원
9월 15일	건강보험료 연체금	50,000원
10월 31일	대주주 주식양도분에 대한 증권거래세	100,000원
12월 15일	적십자회비	100,000원

[4] 다음의 자료를 이용하여 기부금조정명세서를 작성하고 관련된 세무조정사항을 소득금액조정합계표에 반영하시오.(세무조정시 반드시 소득처분 할 것.)(6점)

1. 전년도 법인세과세표준및세액조정계산서

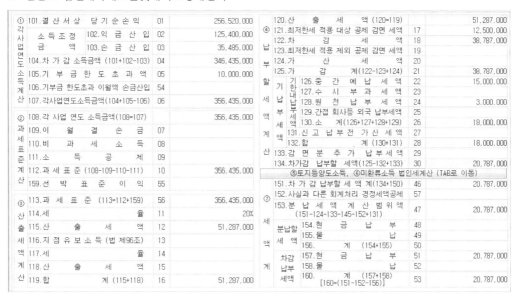

1) 전년도에 지출한 기부금은 전액 지정기부금이다.
2) 20X1년 결산서에 반영된 기부금은 다음과 같다.

기부일	적 요	금 액(원)
5월 10일	이재민구호금품 (법정기부금)	15,000,000
7월 30일	사회복지시설 기부(지정기부금)	30,000,000
11월 30일	대표이사 고향 마을발전기금(비지정기부금)	5,000,000

2. 20X1년 결산서상 당기순이익 등 관련 세무조정금액은 다음과 같으며 기존에 입력된 자료는 무시한다.

(1) 결산서상 당기순이익   250,000,000원

(2) 위에서 제시한 기부금 관련 사항을 제외한 세무조정사항은 다음과 같다.

익금산입 손금불산입   125,000,000원

손금산입 익금불산입   55,000,000원

3. 기부금 관련하여 문제에서 제시한 자료 이외에는 없는 것으로 가정한다.

[5] 다음 자료를 통하여 법인세법상 가산세액계산서를 작성하고 법인세 과세표준 및 세액조정계산서를 완성하시오.(당사는 중소기업이며, 세율은 현행세율을 적용하고, 앞 문제와 불러온 자료들은 무시하고 아래의 자료만을 참고하여 작성한다)(6점)

1. 손익계산서 일부분	**손익계산서** 20X1.1.1~20X1.12.31 (원) － 중간생략 － Ⅷ 법인세차감전순이익　　　　150,000,000 Ⅸ 법인세비용　　　　　　　　　10,000,000 Ⅹ 당기순이익　　　　　　　　140,000,000
2. 세무조정 관련 자료	1. 익금산입관련 : 12,400,000원 · 신용카드 등 미사용액 : 900,000원(간이영수증 수령함.) · 퇴직급여충당금한도초과액 : 1,500,000원 · 접대비한도초과액 : 7,000,000원 · 대손충당금 한도초과액 : 3,000,000원 2. 손금산입관련 : 11,700,000원 · 대손충당금 과다환입액 : 5,000,000원 · 법인세 과오납금과 환급이자 : 700,000원(환급이자 100,000원 포함.) · 전기재고자산평가감 : 6,000,000원
3. 이월결손금 관련 자료	발생연도 / 2016년 / 2017년 / 2018년 금액 : 3,000,000원 / 2,000,000원 / 1,000,000원
4. 세액공제 및 세액감면	· 중소기업특별세액감면 : 1,000,000원 · 연구인력개발세액공제 : 4,000,000원
5. 기납부세액 관련 자료	· 당기에 법인세 중간예납세액으로 5,000,000원을 납부하였다. · 원천징수세액은 법인세법상 관련서식인 원천납부세액명세서를 조회하여 반영하시오.
6. 증빙관련 자료	· 20X1년 3월분 일용근로소득지급명세서(임금총액 : 80,000,000원)를 20X1년 6월 30일 제출하였다. · 당사가 지출한 경비 중 3만원 초과 금액으로서 정규증빙자료를 수취하지 못한 금액 20,000,000원이 있다.

제83회 전산세무 1급

합격율	시험년월
5%	2019.04

이 론

01. 다음 중 자본항목의 구성요소에 대한 예시로 틀린 것은?

① 자본잉여금 : 주식발행초과금, 감자차익

② 자본조정 : 감자차손, 자기주식처분손실

③ 기타포괄손익누계액 : 매도가능증권평가이익, 출자전환채무

④ 이익잉여금 : 이익준비금, 미처분이익잉여금

02. ㈜현상은 액면금액 1,000,000원(표시이자율 연 8%, 사채권면상 발행일 20x1년 1월 1일, 만기 3년, 매년말 이자지급)인 사채를 20x1년 1월 1일에 발행하였다. 사채권면상 발행일인 20x1년 1월 1일의 시장이자율은 연 10%이다. 현가계수는 아래 표를 이용한다.

현가계수표

할인율 / 기간	단일금액 1원의 현재가치		정상연금 1원의 현재가치	
	8%	10%	8%	10%
3년	0.7938	0.7513	2.5771	2.4868

㈜현상의 20x1년 12월 31일에 상각될 사채할인 발행차금은 얼마인가?(단, 단수차이로 인해 오차가 있다면 가장 근사치를 선택한다.)

① 15,024원　　　② 19,996원　　　③ 20,901원　　　④ 25,151원

03. 다음은 20x1년 중 매출채권에 대한 대손충당금에 관한 내용이다. 20x1년말 재무상태표에 표시할 대손충당금과 20x1년 손익계산서에 표시될 대손상각비는 각각 얼마인가?

·1월 1일 기초 대손충당금 :	30,000원
·5월 27일 매출채권의 대손처리 :	50,000원
·11월 3일 전년도 대손처리 된 매출채권의 회수 :	5,000원
·12월 31일 기말 매출채권잔액에 대한 대손예상액 :	27,000원

	대손충당금	대손상각비		대손충당금	대손상각비
①	27,000원	27,000원	②	22,000원	27,000원
③	22,000원	42,000원	④	27,000원	42,000원

04. 다음의 용역제공거래에 대하여 진행기준을 적용하지 않는 경우에 대한 서술 중 잘못된 것은?
  ① 추정원가의 합계액이 총수익을 초과하는 경우에는 그 초과액과 이미 인식한 이익의 합계액을 전액 당기손실로 인식한다.
  ② 용역제공거래의 성과를 신뢰성 있게 추정할 수 없는 경우에는 발생한 비용의 범위 내에서 회수가능한 금액을 수익으로 인식한다.
  ③ 용역제공거래의 성과를 신뢰성 있게 추정할 수 없고 발생한 원가의 회수가능성이 낮은 경우에는 수익을 인식하지 않고 발생한 원가를 비용으로 인식한다.
  ④ 거래의 성과를 신뢰성 있게 추정하는 것을 어렵게 만들었던 불확실성이 해소된 경우라 하더라도 해당 거래에 대해서는 진행기준을 재적용할 수 없다.

05. 다음 중 재무활동으로 인한 현금흐름의 예로 틀린 것은?

  ① 유형자산의 처분에 따른 현금유입
  ② 차입금의 상환에 따른 현금유출
  ③ 주식이나 기타 지분상품의 발행에 따른 현금유입
  ④ 자기주식의 취득에 따른 현금유출

06. ㈜한결은 단일제품을 대량으로 생산하고 있다. 원재료는 공정초기에 모두 투입되고 가공비는 공정전반에 걸쳐 균등하게 발생하며, 기말재공품의 평가는 평균법을 사용한다. 당기원가계산에 대한 자료는 다음과 같다. 당기완성품과 기말재공품 평가에 적용할 재료비와 가공비의 완성품환산량 단위당 원가는 각각 얼마인가?

기초재공품	· 수량 : 400개	· 재료비 : 100,000원	· 가공비 : 40,000원
	· 완성도 : 60%		
당기발생원가	· 착수량 : 1,600개	· 재료비 : 300,000원	· 가공비 : 130,000원
당기완성량	1,500개		
기말재공품	· 수량 : 500개	· 완성도 : 40%	

	재료비	가공비		재료비	가공비
①	200원	150원	②	200원	200원
③	250원	200원	④	200원	100원

07. 다음 원가회계에 대한 내용 중 틀린 것을 고르시오.

① 고정원가는 조업도의 증감에 관계없이 그 총액이 일정하게 발생하는 원가이다.

② 당기제품제조원가는 기초재공품재고액과 당기총제조원가의 합에서 기말제품재고액을 차감한 후의 금액이다.

③ 정상원가계산은 직접재료비, 직접노무비는 실제원가로 계산하고, 제조간접비는 사전에 결정된 예정배부율을 이용하여 제품에 배부한다.

④ 표준원가계산은 미리 표준으로 설정된 원가자료를 사용하여 원가를 계산하는 방법으로 신속한 원가정보의 제공이 가능하다.

08. 다음 자료를 이용하여 당기총제조원가가 1,875,000원 일 때 직접재료원가와 직접노무원가를 계산하면 얼마인가?

구 분	금 액
직접재료원가	? 원
직접노무원가	? 원
제조간접원가	직접노무원가의 150%
가 공 원 가	직접재료원가의 200%

	직접재료원가	직접노무원가		직접재료원가	직접노무원가
①	625,000원	500,000원	②	625,000원	750,000원
③	500,000원	750,000원	④	500,000원	625,000원

09. 다음 중 활동기준원가의 설명으로 틀린 것은?

① 제조간접비를 활동별로 구분하여 집계하고 작업별로 추적 가능한 원가동인을 배부기준으로 사용하여 제조간접비를 배부하므로 보다 정확한 원가계산이 가능하다.

② 공장냉난방비, 공장감가상각비 등 설비수준원가는 그 원가동인을 파악하기 어려워 기계시간이나 노동시간 등의 자의적 원가배부를 적용할 수 밖에 없다.

③ 활동분석을 실시하고 다양한 활동중심점별로 활동원가를 측정하기 때문에 시간과 비용이 적게 소요된다.

④ 제조공정에서 요구되는 활동이 제품별로 상당한 차이가 있거나 복잡한 생산공정에서 여러 제품을 생산하는 기업에 적합한 원가계산 방법이다.

10. 주식회사 산성의 공장에는 두 개의 보조부문(전력부, 급수부)과 두 개의 제조부문(어른폰, 어른패드)이 있다. 각 부문의 용역수수관계와 제조간접비가 아래와 같을 때 단계배부법(전력부부터 배부)에 따라 보조부문원가를 제조부문에 배부한 후 어른패드에 집계되는 제조원가는 얼마인가?

사용 / 제공	보조부문		제조부문		합계
	전력부	급수부	어른폰	어른패드	
전력부(%)	–	20%	50%	30%	100%
급수부(%)	50%	–	10%	40%	100%
발생원가(원)	200,000원	100,000원	300,000원	400,000원	1,000,000원

① 572,000원　　　② 428,000원　　　③ 445,000원　　　④ 555,000원

11. 다음 중 법인세법상 소득금액조정합계표에 나타나는 항목이 아닌 것은?

① 50%한도(법정)기부금한도초과액　　　② 재고자산평가감

③ 대손충당금한도초과액　　　④ 퇴직급여충당금한도초과액

12. 다음 중 법인세법상 퇴직금, 퇴직급여충당금 및 퇴직연금충당금에 관련된 설명으로 틀린 것은?

① 퇴직급여충당금을 손금에 산입한 내국법인이 임원이나 직원에게 퇴직금을 지급하는 경우에는 그 퇴직급여충당금에서 먼저 지급하여야 한다.

② 법인의 직원이 당해 법인의 임원으로 취임하면서 퇴직금을 지급받는 경우 현실적인 퇴직으로 보지 않는다.

③ 퇴직급여지급규정에서 1년 미만의 근속자에게도 퇴직금을 지급하는 규정이 있는 경우 기중에 입사한 임직원에 대하여 퇴직급여충당금을 설정할 수 있다.

④ 직원의 퇴직을 퇴직급여의 지급사유로 하는 퇴직연금부담금으로서 확정기여형으로 지출하는 금액은 해당 사업연도의 소득금액계산에 있어서 이를 전액 손금에 산입한다.

13. 법인세법상 부동산임대업을 주된 사업으로 하는 영리내국법인에 적용되는 규정이다. 올바르게 설명한 것은 모두 몇 개인가?(단, 주식회사의 외부감사에 관한 법률에 따라 감사인에 의한 감사를 받지 아니한 법인이며 해당사업연도의 상시근로자는 3명으로 가정한다.)

> ㉠ 차입금이 자기자본의 2배 초과인 경우 임대보증금에 대한 간주임대료 상당액을 익금산입한다.
> ㉡ 업무용승용차 관련 감가상각비 한도액이 400만원이다.
> ㉢ 일반법인의 접대비한도액의 50%를 접대비한도액으로 한다.
> ㉣ 법인세 과세표준과 세액을 신고할 때 세무사 등이 확인한 성실신고확인서를 제출하여야 한다.
> ㉤ 건물에 대한 감가상각범위액은 일반법인의 감가상각범위액의 50%이다.

① 1개   ② 2개   ③ 3개   ④ 4개

14. 다음은 소득세법상 공동사업과 관련한 설명이다. 올바른 설명을 모두 고르시오.

> 가. 공동사업자 각 구성원의 다른 개별사업장도 통합하여 하나의 사업장으로 본다.
> 나. 공동사업을 경영하는 각 거주자간에 약정된 손익분배비율이 없는 경우 지분비율에 의해 분배한다.
> 다. 공동사업장에서 발생한 결손금은 공동사업장 단위로 이월되거나 이월결손금 공제 후 배분한다.
> 라. 구성원이 동일한 공동사업장이 3이상인 경우에는 각각의 공동사업장은 직전연도의 수입금액을 기준으로 기장의무를 판단한다.

① 없음   ② 나   ③ 가, 다   ④ 나, 라

15. 다음 중 부가가치세법상 세금계산서불성실가산세에 관한 규정으로 잘못된 것은?

① 발급한 세금계산서의 필요적 기재사항의 전부 또는 일부가 적혀있지 아니하거나 사실과 다른 경우 부실기재한 공급가액의 1%
② 세금계산서의 발급시기가 지난 경우로서 해당 과세기간의 확정신고기한 내 발급한 경우 지연발급한 공급가액의 1%
③ 전자세금계산서 전송기한이 지난 후 공급시기가 속하는 과세기간의 확정신고기한까지 국세청장에게 발급명세를 전송시 지연전송한 공급가액의 1%
④ 재화 등을 공급하지 아니하고 세금계산서를 발급한 경우 발급한 공급가액의 3%

실 무

㈜경기산업(0830)은 제조 · 도소매업을 영위하는 중소기업이며, 당기 회계기간은 20x1. 1. 1. ~ 20x1. 12. 31.이다. 전산세무회계 수험용 프로그램을 이용하여 다음 물음에 답하시오.

문제 1 다음 거래에 대하여 적절한 회계처리를 하시오.(12점)

[1] 2월 22일 거래처에 안내사항 공지를 위해 ㈜문자나라 문자전송 서비스를 이용하고 카드(국민카드)로 결제하였다.(판관비로 처리할 것.)(3점)

[2] 3월 30일 당 회사의 감자 전 자본에 관한 자료는 다음과 같다. 당사는 사업축소를 위여 발행중인 보통주 1,000주를 주당 800원에 매입하여 소각하고 대금을 보통예금에서 지급하였다.(3점)

· 보통주 자본금(100,000주, 500원/주당) : 50,000,000원	· 주식발행초과금 : 10,000,000원
· 감자차익 : 100,000원	

[3] 4월 10일   3월 21일 주주총회에서 주주들에게 200,000,000원을 현금배당하기로 결의한바, 다음과
같이 원천징수하고 차액을 보통예금통장에서 계좌이체방식으로 지급하였다. 원천징수영수
증의 일부를 참고하여 회계처리하시오.(3점)

■ 소득세법 시행규칙 [별지 제23호서식(1)] <개정 2019. 3. 20.>

[√] 이자 · 배당소득 원천징수영수증   [ ] 소득자 보관용
[√] 이자 · 배당소득 지 급 명 세 서   [ ] 발행자 보관용
[√] 발행자 보고용

※ 제2쪽, 제3쪽의 작성방법을 읽고 작성하여 주시기 바라며, [ ]에는 해당되는 곳에 √표를 합니다.   (3쪽 중 제1쪽)

접수번호		접수일		관리번호			처리기간	즉시

징 수 의무자	① 법 인 명 (상 호) ㈜ 경 기 산 업	①-1 영문법인명(상호)	② 대표자(성명) 유상훈	③ 사업자등록번호 120-81-12056
	④ 주민(법인)등록번호 143265-7893422	⑤ 소재지 또는 주소 대전광역시 중구 어덕마을로 41(목동)		

소득자

⑥ 성명(상호) 최주주	⑦ 주민(사업자)등록번호 660512-1548754	⑦-1 비거주자 생년월일	⑧ 소득자구분코드 111

⑨ 주 소		⑩ 거주구분		⑪ 거주지국	⑪-1 거주지국코드	⑫ 계좌번호 (발행번호)	⑬ 신탁 이익 여부
		[√] 거주자	[ ] 비거주자				[ ] [√] 여 부

지 급 명 세

⑭ 지급일			⑮ 귀속연월		⑯ 과세구분	⑰ 소득의종류	⑱ 조세특례등	⑲ 금융상품코드	⑳ 유가증권표준코드 (유가증권발행사업자등록번호)	㉑ 채권이자구분	㉒ 지급대상기간	㉓ 이자율등	㉔ 지급액 (소득금액)	㉕ 세율 (%)	원 천 징 수 세 액				
연	월	일	연	월											㉖ 소득세	㉗ 법인세	㉘ 지방소득세	㉙ 농어촌특별세	㉚ 계
20x1	04	10	20x1	04	○	61			B62				200,000,000	14	28,000,000		2,800,000		30,800,000

위의 원천징수세액(수입금액)을 정히 영수(지급)합니다.

20x1년 04월 10일

징수(보고)의무자   ㈜경기산업
                                                유상훈 (서명 또는 인)

세무서장 귀하

[4] 6월 30일   확정급여형(DB) 퇴직연금제도를 실시하는 당사는 마케팅부서 직원 이현지의 퇴직금
15,000,000원 지급시 퇴직연금운용사에서 12,000,000원, 나머지는 회사에서 보통예금
으로 이체하였다. 퇴직금 지급일 현재 관련 계정을 조회하여 회계처리한다.(퇴직소득 대한
원천징수는 생략한다.)(3점)

문제 2 다음 주어진 요구사항에 따라 부가가치세 신고서 및 부속서류를 작성 하시오.(10점)

[1] 당사는 제1기 확정 부가가치세를 법정신고기한인 7월 25일에 신고 납부하였으나, 8월 14일에 다음과 같은 내용이 누락된 것을 알고 수정신고 및 납부하고자 한다. 부가가치세 수정신고를 위한 매입매출전표를 입력하고(분개는 생략), 수정신고서 (1차)와 가산세명세서를 작성하시오. 전자세금계산서 미발급가산세가 적용되는 부분은 전자세금계산서 미전송가산세는 적용하지 아니하며, 신고불성실가산세는 일반가산세를 적용한다.(과세표준명세서는 생략한다.)(6점)

(1) 외국법인인 거래처에 수출한 재화에 대한 신고를 누락하였다.(직수출)

거래처명	선적일	수출 신고일	대금 결제일	환율			외화 금액
				선적일	수출 신고일	대금 결제일	
라로체	6.27.	6.29.	7.10.	1,100원/$	1,020원/$	1,150원/$	$3,000

(2) 5월 3일 : ㈜대상라이프에게 소형승용차(2,000cc)를 공급대가 13,200,000원에 현금판매한 사실을 누락하였다.(세금계산서 미발급분)

(3) 사무실 6월분 임차료에 대한 종이발급분 매입 세금계산서를 누락하였다.

> · 공급가액 : 2,000,000원(부가가치세 별도)　　· 공급자 : 미림빌딩　　· 일자 : 6월 30일

[2] 당사는 ㈜하루만에게 수출용 원자재를 공급하고 구매확인서를 받았다. 2기 예정 부가가치세 신고시 내국신용장·구매확인서전자발급명세서와 영세율매출명세서를 작성하고 부가가치세신고서의 과세표준 및 매출세액을 작성하시오.(4점)

외화획득용원료·기재구매확인서

※ 구매확인서번호 : PKT201900712222

(1) 구매자　　(상호)　　　　㈜하루만
　　　　　　　(주소)　　　　　서울시 서초구 양재천로
　　　　　　　(성명)　　　　　하지만
　　　　(사업자등록번호) 130-81-50417

(2) 공급자　　(상호)　　　　㈜경기산업
　　　　　　　(주소)　　　　　대전광역시 중구 어덕마을로41
　　　　　　　(성명)　　　　　유상훈
　　　　(사업자등록번호) 120-81-12056

1. 구매원료의 내용

(3) HS부호	(4)품명 및 규격	(5)단위수량	(6)구매일	(7)단가	(8)금액	(9)비고
6885550000	At	100 DPR	20x1-07-31	USD 2,500	287,500,000원	
TOTAL		100 DPR			287,500,000원	

2. 세금계산서(외화획득용 원료 · 기재를 구매한 자가 신청하는 경우에만 기재)

(10)세금계산서번호	(11)작성일자	(12)공급가액	(13)세액	(14)품목	(15)규격	(16)수량

(17) 구매원료 · 기재의 용도명세 : 원자재

위의 사항을 대외무역법 제18조에 따라 확인합니다.

확인일자　　　20x1년 08월 08일
확인기관　　　한국무역정보통신
전자서명　　　1208102922

문제 3 다음의 결산정리사항에 대하여 결산정리분개를 하거나 입력을 하여 결산을 완료하시오.(8점)

[1] 2017년 10월 1일　백두은행으로부터 차입한 장기차입금 100,000,000원의 만기일이 20x2년 9월 30일 도래한다.(2점)

[2] 다음의 2기 확정 부가가치세 신고서 내역을 참고하여 부가가치세 신고관련 회계처리를 하시오. (2점)

1. 2기 확정부가가치세 신고서의 일부이다.

일반과세자 부가가치세　　[　]예정 [v]확정　신고서
　　　　　　　　　　　　[　]기한후과세표준
　　　　　　　　　　　　[　]영세율 등 조기환급

※ 뒤쪽의 작성방법을 읽고 작성하시기 바랍니다.　　　　　　　　　　(4쪽 중 제1쪽)

관리번호					처리기간	즉시		

신고기간 2019년 제 2기 (10월1일 ~ 12월31일)

사업자	상호(법인명)	(주)경기산업	성명(대표자명)	유상훈		사업자등록번호	1 2 0 - 8 1 - 1 2 0 5 6
	생년월일	1960-02-16		전화번호		사업장 032- 751-1234	주소지 032- 751-1234 / 휴대전화
	사업장 주소	대전광역시 중구 어덕마을로 41 (목동)				전자우편 주소	

❶ 신 고 내 용

		구　분		금　액	세율	세　액
과세표준및매출세액	과세	세금계산서 발급분	(1)	100,000,000	10/100	10,000,000
		매입자발행 세금계산서	(2)		10/100	
		신용카드 · 현금영수증 발행분	(3)			
		기타(정규영수증 외 매출분)	(4)		10/100	
	영세	세금계산서 발급분	(5)	50,000,000	0/100	
		기 타	(6)		0/100	
	예 정 신 고 누 락 분		(7)			
	대 손 세 액 가 감		(8)			
	합 계		(9)	150,000,000	㉑	10,000,000
매입세액	세금계산서수 취 분	일 반 매 입	(10)	70,000,000		6,500,000
		수출기업 수입분 납부유예	(10-1)			
		고정자산 매입	(11)	10,000,000		1,000,000
	예 정 신 고 누 락 분		(12)			
	매입자발행 세금계산서		(13)			
	그 밖의 공제매입세액		(14)	10,000,000		384,615
	합계(10)-(10-1)+(11)+(12)+(13)+(14)		(15)	90,000,000		7,884,615
	공제받지 못할 매입세액		(16)			
	차 감 계 (15)-(16)		(17)	90,000,000	㉕	7,884,615
납부(환급)세액 (매출세액㉑-매입세액㉕)					㉒	2,115,385
경감공제세액	그 밖의 경감 · 공제세액		(18)			
	신용카드매출전표등 발행공제 등		(19)			
	합 계		(20)		㉣	
예 정 신 고 미 환 급 세 액			(21)		㉤	
예 정 고 지 세 액			(22)		㉥	
사업양수자의 대리납부 기납부세액			(23)		㉦	
매입자 납부특례 기납부세액			(24)		㉧	
가 산 세 액 계			(25)		㉨	
차감 · 가감하여 납부할 세액(환급받을 세액)(㉒-㉣-㉤-㉥-㉦-㉧+㉨)			(26)			2,115,385

2. 「그 밖의 공제매입세액」은 의제매입세액이며 면세재화 구입시 회계처리는 다음과 같이 처리하였다.

   (차) 원재료   10,000,000원   (대) 외상매입금   10,000,000원

3. 2기 확정부가세 납부세액은 미지급세금계정으로 처리한다.

[3] 당사는 물류창고를 새롬창고로부터 임차하고 있다. 창고 임차료는 계약시 전액을 선급하였다. 다음의 임대차계약내역 및 기장데이터를 참조하여 회계처리 하시오.(2점)

· 계약일 : 20x1.03.01.	· 계약기간 : 20x1.04.01.~20x3.03.31.
· 보증금 : 10,000,000원	· 총임차료(공급가액) : 60,000,000원
· 임차료는 월할 계산한다.	· 세금계산서는 임차료 선급시 발급받았다.

[4] 기말 현재의 재고자산은 다음과 같다.(2점)

구 분	재고자산 장부상 금액	재고자산 시가(순실현가능가액)
제 품	55,000,000원	
상 품	25,000,000원	20,000,000원
재공품	30,000,000원	
원재료	40,000,000원	

※ 재고자산의 시가(순실현가능가액)는 일반기업회계기준상 저가법의 사유로 인하여 발생된 것이다.

문제 4 원천징수와 관련된 다음 물음에 답하시오.(10점)

[1] 다음 자료를 이용하여 3월 귀속분(지급일 4월 10일)에 대해서 사원등록 및 수당공제 등록 후 급여자료입력을 하시오.(5점)

성명	기본급	식대	자가운전보조금	연구보조비	국민연금	건강보험료	장기요양보험료	고용보험료
윤서이	2,500,000원	150,000원	300,000원	200,000원	119,250원	85,590원	7,280원	17,220원

1. 식대를 지급하는 대신 별도의 식사는 제공하지 않는다.

2. 자가운전보조금은 본인소유의 차량을 업무에 사용하고 정액으로 받는 수당이다.

3. 기업부설연구소의 연구원으로 재직중이다.

4. 국민연금, 건강보험료, 장기요양보험료, 고용보험료는 제시된 자료를 적용한다.

5. 소득세 및 지방소득세는 자동반영 되는 금액으로 한다.

6. 2021년 12월 1일에 입사한 자(장애인복지법에 따른 장애인, 주민번호 730401-1012345, 사번:500번)로서 중소기업 취업자 감면(감면기간 : 2021. 12. 1. ~ 2024. 12. 31, 감면율 : 70%)을 적용받고 있다.

[2] 다음은 제조공장 생산부서에 근무하는 김성실(사원코드: 200, 입사일: 2011년 3월 25일, 주민등록번호: 650512-1788888)에 대한 연말정산자료이다. 김성실의 연말정산 관련 자료를 세부담이 최소화되는 방향으로 연말정산추가자료입력에 입력하시오.(5점)

1. 김성실의 부양가족은 다음과 같다.(기본공제대상자가 아닌 경우에도 부양가족명세에 입력하고 '기본공제'에서 '부'로 표시한다.)

관계	이름	주민등록번호	비고
배우자	최아내	681112-2544855	총급여 20,000,000원
부친	김부친	321025-1745844	중증환자임. 소득없음.
자녀	김자녀	121111-4111111	소득없음.

☞ 주민등록번호는 모두 올바른 것으로 가정한다.

2. 김부친은 중증환자로서 취업이나 취학이 곤란한 상태이며 의사가 발행한 장애인증명서를 제출하였다.
3. 김성실이 납부한 손해보험료 내역은 다음과 같다.

계약자	피보험자	납부액
김성실	최아내	1,000,000원
김성실	김자녀	700,000원

4. 김성실이 지급한 의료비는 다음과 같다.

부양가족	금액	비 고
김성실	5,000,000원	안경구입비 70만원 포함되어 있음
최아내	3,000,000원	
김부친	4,000,000원	
김자녀	1,000,000원	

5. 김성실이 지급한 교육비는 다음과 같다.

부양가족	금액	비 고
김성실	4,000,000원	대학원 박사과정 등록금
김자녀	2,500,000원	초등학교 체험학습비 500,000원과 초등학교 교복구입비 600,000원이 포함되어 있음

문제 5 광명전자㈜(0831)은 전자부품을 생산하고 제조 · 도매업을 영위하는 중소기업이며, 당해 사업연도는 20x1.1.1.~20x1.12.31.이다. 법인조정 메뉴를 이용하여 재무회계 기장자료와 제시된 보충자료에 의하여 당해 사업연도의 세무조정을 하시오.(30점)   ※ 회사선택 시 유의하시오.

[1] 다음의 자료를 이용하여 가지급금등의 인정이자조정명세서를 작성하고, 필요한 세무조정을 소득금액조정합계표에 반영하시오.(6점)

1. 손익계산서상 지급이자의 내역

금융기관	연이자율	지 급 이 자	비 고
목성은행	3.5%	7,000,000원	차입금 발생일: 20x1. 3. 1.
수성은행	4.5%	22,500,000원	차입금 발생일: 20x0. 5. 3.
합 계		29,500,000원	

2. 대주주인 대표이사(백두산)에 대한 업무와 직접 관련 없는 대여금을 2월 5일과 5월 1일에 각각 100,000,000원을 지급하였으며 이자지급에 대한 약정이 없다.

3. 당사는 12월 31일 대주주인 대표이사의 대여금에 대한 이자수익을 다음과 같이 회계처리하여 결산하였다.

   (차) 미수수익   3,000,000원   (대) 이자수익   3,000,000원

4. 당사는 인정이자 계산시 가중평균차입이자율을 적용하기로 한다.

[2] 다음 자료를 참조하여 "대손충당금 및 대손금조정명세서"를 작성하고 필요한 세무조정을 하시오.(6점)

1. 대손발생내역(전액 대손충당금과 상계처리함)

   - 20x1.01.10. : 거래처인 ㈜성은에 대한 법원의 면책결정이 확정되어 외상매출금 22,000,000원이 대손확정되었다.
   - 20x1.04.08. : 예전 주주인 권승준씨가 사망하여 대여금 15,000,000원이 대손확정되었다.(단, 당사와 권승준씨는 특수관계자가 아니다.)
   - 20x1.10.04. : 거래처인 ㈜장단으로부터 받은 받을어음 25,000,000원이 부도발생 되었다.

2. 대손충당금 내역

대손충당금

외상매출금	22,000,000원	전기이월	72,000,000원
장기대여금	15,000,000원	대손상각비	25,328,000원
받을어음	25,000,000원		
차기이월	35,328,000원		
계	97,328,000원	계	97,328,000원

3. 대손관련 기말채권잔액

　- 외상매출금 : 927,373,000원　　　　　　- 받을어음 : 172,000,000원

4. 기타자료

　- 전기 자본금과적립금조정명세서(을)에는 대손충당금 한도초과 잔액이 13,250,000원 존재한다.

　- 대손설정률은 1%로 가정한다.

[3] 다음 자료를 이용하여 접대비조정명세서(갑)(을)을 작성하고 필요한 세무조정을 하시오.(6점)

1. 수입금액 조정명세서 내역은 다음과 같다.

　·상품매출액 : 830,000,000원

　·제품매출액은 : 1,390,000,000원 (특수관계자에 대한 매출 200,000,000원 포함되어 있음)

　·상품 및 제품매출 관련 조정사항은 없다.

2. 장부상 접대비 내역은 다음과 같다.

계정	금액		법인카드 사용액	개인카드사용액	합계
접대비 (판관비)	3만원 초과분	20,000,000원	1,000,000원	21,000,000원
	3만원 이하분	0원	0원	0원
	합계	20,000,000원	1,000,000원	21,000,000원
접대비 (제조경비)	3만원 초과분	30,000,000원	4,000,000원	34,000,000원
	3만원 이하분	0원	0원	0원
	합계	30,000,000원	4,000,000원	34,000,000원

　·접대비(판관비) 중에는 대표이사가 개인적인 용도로 사용하고, 법인카드로 결제한 금액 3,000,000 원(1건)이 포함되어있다.

　·위 표와는 별도로 판매거래처에 경조사비 500,000원(1건)을 현금으로 지출하고, 접대비(판)으로 계정처리하였다.

[4] 다음의 자료를 이용하여 소득금액조정합계표를 완성하시오. 재무상태표 및 손익계산서에는 다음과 같은 계정과목이 포함되어 있으며 기업회계기준에 따라 정확하게 회계처리 되었다.

계정과목	금액	비고
법인세등	13,500,000원	
퇴직급여	40,000,000원	임원에 대한 퇴직금으로서 규정없이 지급한 금액으로서 법인세법상 임원퇴직금 한도액은 35,000,000원이다.
감가상각비	5,000,000원	업무용승용차(20x0.1.1.,취득분)으로서 상각범위액은 7,000,000원이다.
지급임차료	7,000,000원	전액 대표이사 사택에 대해 지출된다.

[5] 다음 자료를 이용하여 자본금과적립금조정명세서(갑), (을)을 작성하시오.(단, <u>기존자료 및 다른 문제</u> <u>내용은 무시하고 아래 자료만을 이용하도록 하고 세무조정은 생략한다.</u>)(6점)

1. 전기 말 자본금과적립금조정명세서(을) 잔액은 다음과 같다.
   (1) 대손충당금 한도초과액 5,000,000원
   (2) 선급비용 10,000,000원
   (3) 재고자산평가감 5,000,000원

2. 당기 중 유보금액 변동내역은 다음과 같다.
   (1) 당기 대손충당금한도초과액은 3,000,000원이다.
   (2) 선급비용은 전액 20x1.1.1.~3.31.분으로 전기 말에 손금불산입 유보로 세무조정된 금액이다.
   (3) 재고자산평가감된 재고자산이 모두 매각되었고, 당기말에는 재고자산평가감이 발생하지 아니하였다.
   (4) 당기 건물에 대한 감가상각비 한도초과액이 10,000,000원 발생하였다.

3. 재무상태표상 자본변동내역은 재무회계 재무상태표를 조회하도록 한다.

제82회 전산세무 1급

합격율	시험년월
5%	2019.02

이 론

01. 다음 중 회계 변경에 대한 설명으로 올바른 것은?

① 감가상각자산의 내용연수변경은 회계정책의 변경에 해당한다.

② 회계정책의 변경은 전진적으로 처리하여 그 효과를 당기와 당기 이후 기간에 반영한다.

③ 재고자산의 평가방법변경은 회계추정의 변경에 해당한다.

④ 회계추정 변경은 전진적으로 처리하여 그 효과를 당기와 당기 이후 기간에 반영한다.

02. 다음은 재무상태표상 자본금이 증가하거나 감소하는 거래이다. 이에 해당하지 아니하는 것은?

① 당사는 주식을 할인발행하였다.

② 당사는 주식을 할증발행하였다.

③ 당사가 미처분이익잉여금으로 주식배당하였다.

④ 당사는 주식 10주를 5주로 병합하였다.

03. 다음은 재고자산에 대한 설명이다. 올바른 설명을 모두 고르시오.

> 가. 매입과 관련된 할인, 에누리 및 기타 유사한 항목은 매입원가에서 차감한다.
> 나. 재고자산이 손상을 입은 경우에도 재고자산 시가가 원가 이하로 하락할 수 없다.
> 다. 재고자산은 취득원가를 장부금액으로 한다. 다만, 시가가 취득원가보다 낮은 경우에는 시가를 장부금액으로 한다.
> 라. 재료원가 중 비정상적으로 낭비된 부분은 원가에 포함되지 않고 발생기간의 비용으로 인식한다.

① 가, 다   ② 가, 나, 다   ③ 가, 나, 다, 라   ④ 가, 다, 라

04. 다음은 ㈜세무의 차량구입에 대한 내역이다. 차량의 취득원가와 20x1년 감가상각비로 맞는 것은?

· ㈜세무는 20x1년 10월 1일 영업목적 승용차를 50,000,000원에 취득하다.
· 차량취득세 및 등록부대비용이 1,750,000원 발생하다.
· 차량 구입 후 자동차 타이어를 스노우타이어(1,000,000원)로 교체하였으며 이중 50%를 자동차 대리점으로부터 지원받다.
· ㈜세무의 차량운반구의 잔존가액은 "0원"이고, 내용연수는 5년이며 감가상각방법은 정액법이며 월할 상각한다.
· ㈜세무의 회계처리는 기업회계기준에 따르되 이익을 최소화 하는 방향으로 한다.

	취득원가	감가상각비		취득원가	감가상각비
①	52,750,000원	2,637,500원	②	51,750,000원	2,587,500원
③	51,750,000원	10,350,000원	④	52,250,000원	2,612,500원

05. 다음은 무형자산에 대한 설명이다. 올바른 설명을 모두 고르시오.

가. 자산에서 발생하는 미래경제적효익이 기업에 유입될 가능성이 매우 높고, 자산의 원가를 신뢰성 있게 측정할 수 있는 경우에만 무형자산을 인식한다.
나. 내부적으로 창출한 영업권은 자산으로 인식하지 아니한다.
다. 무형자산의 상각대상금액을 내용연수 동안 체계적으로 배분하기 위해 다양한 방법을 사용할 수 있다.
라. 무형자산의 사용이나 처분으로부터 미래경제적효익이 기대되지 않을 때 재무상태표에서 제거한다.

① 나, 라   ② 가, 나, 라   ③ 라   ④ 가, 나, 다, 라

06. 다음 자료를 이용하여 당기총제조원가를 계산하면 얼마인가?

구 분	금 액
직접재료원가	? 원
직접노무원가	500,000원
제조간접원가	직접노무원가의 150%
가 공 원 가	직접재료원가의 200%

① 625,000원   ② 750,000원   ③ 1,125,000원   ④ 1,875,000원

07. 관련범위내에서 조업도가 변동할 때 변동비와 고정비에 대한 설명 중 틀린 것은?

① 총 고정원가는 변함이 없다.   ② 단위당 변동원가는 일정한 값을 갖는다.
③ 단위당 고정원가는 비례 증감한다.   ④ 총 변동원가는 비례 증감한다.

08. 종합원가계산 하에서, 평균법에 의한 경우 당기제품 제조원가가 다음과 같을 때 선입선출법을 적용할 경우와 비교한 설명으로 올바른 것은?

· 기초재공품 : 0개	· 당기착수량 : 10,000개
· 완성품 : 7,000개	· 기말재공품 : 3,000개(완성도 50%)
· 당기착수 재료비 : 500,000원	· 가공비 : ?원
· 당기제품제조원가 : 1,050,000원	
· 원재료는 공정 초기에 투입되며, 가공비는 일정하게 투입된다.	

① 당기제품제조원가는 동일하다.
② 기말재공품의 완성품환산량은 작아진다.
③ 가공비 발생액은 800,000원이다.
④ 기말재공품가액은 작아진다.

09. 세무상사는 직접노동시간에 기준하여 제조간접원가를 예정배부하고 있다. 당기의 제조간접원가 예산액은 2,000,000원, 예산조업도는 1,000,000직접노동시간이다. 제조간접원가 실제발생액은 3,070,000원이고 실제조업도는 1,500,000시간이다. 제조간접원가 배부차액은 얼마인가?

① 70,000원(과소배부)   ② 70,000원(과대배부)
③ 50,000원(과소배부)   ④ 50,000원(과대배부)

10. 다음 중 표준원가에 대한 설명으로 틀린 것은?

① 표준원가란 사전에 합리적이고 과학적인 방법에 의하여 산정된 원가를 뜻한다.
② 표준원가가 설정되어 있으면 계획과 예산설정이 용이하다.
③ 표준원가와 실제원가가 차이 나는 경우 원가통제가 불가능하다.
④ 원가흐름의 가정 없이 제품의 수량만 파악되면 제품원가 계산을 신속하고 간편하게 할 수 있다.

11. 현행 소득세법에 따른 기본공제대상자는 원칙적으로 다음의 요건을 모두 충족하는 자를 말한다. 이때 기본공제대상자 요건 3가지를 모두 충족한 경우에 적용되는 특별세액공제항목은?

기본공제 대상자 요건	· 소득금액이 100만원 이하(근로소득만 있는 경우 총급여 500만원 이하)여야 한다. · 생계를 같이해야 한다. · 나이가 20세 이하이거나 60세 이상이어야 한다.

① 일반보장성 보험료세액공제   ② 의료비 세액공제
③ 교육비 세액공제   ④ 기부금 세액공제

12. 법인세법 규정에 의한 인건비에 대한 설명으로 틀린 것은?

① 합명회사의 노무출자사원의 인건비는 손금에 산입하지 않는다.

② 비상근임원에게 지급하는 보수는 부당행위계산 부인대상이 아닌 경우 손금에 산입한다.

③ 법인이 임원에게 지급하는 상여금 중 정관·주주총회 또는 이사회의 결의에 의하여 결정된 급여지급기준 금액을 초과한 금액은 손금에 산입하지 않는다.

④ 법인이 근로자와 성과산정지표등에 대하여 사전에 서면으로 약정하고 지급하는 이익처분에 의한 성과배분 상여금은 손금산입한다.

13. 다음 자료를 근거로 하여 일반과세사업자인 ㈜세무의 20x1년 제2기 부가가치세 확정신고시 과세표준을 계산한 것으로 옳은 것은?

> · 10월 3일 : 거래처에 6,000,000원(공급가액)의 상품을 판매하였다.
> · 10월 15일 : 온라인 오픈마켓 사이트를 통해서 매출이 발생하였고 총매출액은 5,000,000원(공급가액)이며 오픈마켓 사이트에 지급한 수수료는 500,000원이다.
> · 11월 20일 : $10,000에 수출하기로 계약한 물품을 선적하였다. 대금을 11월 15일에 수령하여 원화로 환가하였다.(11월 15일 환가환율 : ₩1,020/$, 11월 20일 기준환율 : ₩1,000/$)
> · 12월 12일 : 10월 3일 거래분에 대한 대금수령이 지연되어 연체이자 200,000원을 수령하였다.

① 21,000,000원   ② 21,200,000원   ③ 21,400,000원   ④ 21,900,000원

14. 다음의 자료는 법인이 업무와 관련하여 재화나 용역을 공급받고 신용카드로 결제한 경우로서 부가가치세법상 매입세액공제를 위하여 신용카드등수령명세서를 제출하고자한다. 다음 중 매입세액공제가 가능한 경우는 모두 몇 개인가?(단, 공급자는 모두 일반과세자로 가정한다.)

> · 출장시 사용한 회사소유의 차량(2,500cc 승용차)에 대한 유류대
> · 제주출장 교통수단으로 사용한 항공권
> · 사무실에서 사용할 컴퓨터 구입
> · 거래처에 접대할 목적으로 구입한 선물세트
> · 직원들 사기진작을 위한 회식비
> · 직원명의 신용카드로 구입한 사무용품비

① 2개   ② 3개   ③ 4개   ④ 5개

15. 다음 중 소득세법상 의료비세액공제의 대상이 되는 의료비지출액이 아닌 것은?

① 시력보정용 안경구입비

② 진찰·치료·질병예방을 위하여 의료기관에 지급한 비용

③ 건강증진을 위한 의약품 구입비

④ 보청기를 구입하기 위하여 지출한 비용

실 무

㈜경주(0820)은 제조ㆍ도소매업ㆍ건설업을 영위하는 중소기업이며, 당기 회계기간은 20x1. 1. 1. ~ 20x1. 12. 31.이다. 전산세무회계 수험용 프로그램을 이용하여 다음 물음에 답하시오.

문제 1 다음 거래에 대하여 적절한 회계처리를 하시오.(12점)

[1] 1월 5일 제품을 ABC.co에 직수출하기 위해 선적 완료하고 1월 5일 날짜로 $100,000를 외화통장으로 받았다. 제품 수출금액은 $150,000로서 잔액은 다음달 10일 받기로 하였다. 20x1년 1월 5일의 기준환율은 1$ = 1,200원이다.(수출신고번호 입력은 생략한다.)(3점)

[2] 6월 5일 ㈜백두에 1,000,000원의 제품을 매출하고 수령한 약속어음을 상업은행에서 할인하고 950,000원을 보통예금으로 수령하였다.(매각거래의 요건을 충족함)(3점)

[3] 8월 10일 당사는 생산부 업무용으로 사용 중이던 승용차(5인승, 2,000cc)에 대한 수리를 개인사업자인 청산리카센타에서 정비하고 동일자에 정비대금 5,500,000원을 법인카드인 한우리카드로 결제하였다. 승용차 정비내역은 자본적지출에 해당한다.(3점)

[4] 9월 2일 1억원(액면가액 10,000원, 발행주식수 1만주)의 자본증자 등기가 완료되고 법인보통예금계좌로 증자대금이 입금되었다. 자본증자관련 등록비용은 1,440,000원, 법무사(정법무사사무소) 수수료 440,000원(VAT포함)을 보통예금으로 지급하였다. 등록관련비용은 영수증을 수취하였으며, 법무사 수수료는 전자세금계산서(작성일자 : 9월 2일)를 발급받았다.(단, 주식발행초과금은 존재하지 않는다.)(3점)

문제 2 다음 주어진 요구사항에 따라 부가가치세 신고서 및 부속서류를 작성 하시오.(10점)

[1] 다음 주어진 자료를 보고 20x1년도 제2기 확정신고시 대손세액공제신고서를 작성하시오.(5점)

1. 매출채권의 대손 발생 내역

공급일	상호 및 사업자등록번호	계정과목	대손금액	비고
2016.11.1.	삼고초려(213-81-44321)	외상매출금	2,200,000원	20x1.12.15.(소멸시효 완성)
20x0.10.2.	한국푸드(315-03-58803)	받을어음	3,300,000원	20x1.1.6.(부도발생일)
20x0.11.7.	㈜대한무역(129-81-57351)	외상매출금	5,500,000원	20x1.7.20.(부도발생일)
20x0.12.20.	㈜민국산업(113-81-78157)	외상매출금	6,600,000원	20x1. 10. 3. (채무자의 행방불명으로 회수 불가능함)

2. 대손된 매출채권 회수 내역
   · 20x1. 11. 13. 전기에 대손처리 되었던 ㈜우리두리에 대한 매출채권(1,100,000원)을 회수하였다.

[2] 당사는 과세사업(상가분양)과 면세사업(국민주택규모 이하 주택분양)을 겸영하고 있는데, 다음 자료를 이용하여 제2기 확정부가가치세 신고시 공제받지 못할 매입세액명세서를 작성하시오.(5점)

1. 공급가액에 관한 자료

구분	상가분양	국민주택규모이하 주택 분양	제2기 합계
2기 예정	200,000,000원	300,000,000원	500,000,000원
2기 확정	300,000,000원	500,000,000원	800,000,000원

2. 매입세액

구분	상가분양			국민주택규모이하 주택 분양			분양광고 선전비
	공급가액	매입세액	매수	공급가액	매입세액	매수	공통매입세액
2기 예정	150,000,000원	15,000,000원	5매	80,000,000원	8,000,000원	2매	5,000,000원
2기 확정	210,000,000원	21,000,000원	6매	100,000,000원	10,000,000원	5매	6,000,000원

3. 분양광고선전비는 상가 및 주택분양에 대한 광고이며 전자세금계산서를 수령하였다.
4. 제2기 예정 부가가치세 신고시 공통매입세액 불공제액(3,000,000원)은 정상반영된 것으로 가정한다.

문제 3 다음의 결산정리사항에 대하여 결산정리분개를 하거나 입력을 하여 결산을 완료하시오.
(8점)

[1] 결산시 원장을 검토하는 과정에서 보통예금(국민은행)이 -17,354,200원임을 발견하였다. 당해 계좌는
마이너스통장(회전대출)으로 밝혀졌다.(2점)

[2] 다음의 주어진 자료를 보고 기말에 당사발행 사채에 관련하여 일반기업회계기준에 따라 회계처리 하시
오.(2점)

> · 사채의 액면가액 : 10,000,000원
> · 사채의 발행가액 : 9,540,000원
> · 유효이자율법 적용시 액면가액과 발행가액의 차액에 해당하는 상각비는 223,000원이라 가정
> · 액면이자율에 대한 이자비용은 1,000,000원이며 보통예금으로 지급함.

[3] ㈜경주의 기말현재 장기투자목적으로 보유하고 있는 매도가능증권(시장성 있는 주식임)의 관련자료는
다음과 같다. 매도가능증권의 기말평가에 대한 회계처리를 하시오.(2점)

1. 20x0년 자료

회 사 명	취득가액	20x0년말 현재 기타포괄손익누계액
A사 보통주	1,000,000원	매도가능증권평가손실 500,000원

2. 7월 1일에 50%를 700,000원에 처분하였다.
3. 기말 자료
   · 기말시점의 공정가액은 550,000원이다.

[4] 다음의 재고자산 자료를 결산시점에 필요에 따라 일반전표입력메뉴와 결산자료입력메뉴에 반영하시
오.(2점)

구분	장부상			단위당 시가	실사 후 수량
	수량	단가	합계		
제품	5,000개	10,000원	50,000,000원	11,000원	4,800개

※ 장부상 수량과 실사 후 수량의 차이는 전부 정상적인 것이다.

문제 4 원천징수와 관련된 다음 물음에 답하시오.(10점)

[1] 다음 자료에 의하여 박신우(사원코드 : 100번, 세대주)씨의 사원등록 중 "부양가족명세"를 작성하고, 연말정산추가자료입력 중 "연말정산입력" 탭을 입력하시오. 다음의 주민등록번호는 모두 올바른 것으로 가정하며, 기본공제대상자가 아닌 경우에도 부양가족명세에 입력하고 '기본공제'에서 '부'로 표시한다.(7점)

1. 박신우씨와 생계를 같이하는 동거가족은 다음과 같다.

가족관계증명서				
등록기준지		경기도 고양시 덕양구 세솔로 9길		

구분	성 명	출생연월일	주민등록번호	성별
본인	박신우	1975년 2월 01일	750201-1124582	남

가족사항				

구분	성 명	출생연월일	주민등록번호	성별
부	박광순	1942년 7월 6일	420706-1051326	남
모	조순이	1945년 8월 1일	450801-2015623	여
배우자	서진이	1980년 03월 1일	800301-2103011	여
자녀	박장우	2011년 11월 11일	111111-3111111	남
자녀	박은우	2016년 11월 11일	161111-4111111	여

☞ 주민등록번호는 모두 올바른 것으로 가정한다.

① 배우자는 전업주부이지만 양도소득 금액이 10,000,000원 있다.

② 부친과 모친 및 자녀 모두 소득이 없다.

③ 부친은 장애인복지법상 시각장애1급 장애인이다.

④ 가족관계증명서 외에 박신우씨의 장모인 김양자(570808-2153201, 소득없음)도 생계를 같이하고 있다.

2. 다음은 홈택스에서 조회한 자료이다. 박신우씨가 공제가능한 모든 공제를 적용받고자 한다.

과 목	명 세	금 액	비 고
보 험 료	본인의 자동차 손해보험료	500,000원	
	장남의 생명보험료	700,000원	
의 료 비	부친의 인공관절 수술	3,000,000원	
	장남의 탈장 수술	200,000원	
	장모의 하안검 수술	2,000,000원	미용목적임
	배우자의 맹장수술	1,000,000원	

과 목	명 세	금 액	비 고
교 육 비	장남 초등학교 수업료	1,000,000원	
	장남 학원비	2,000,000원	
	장녀 보육료	100,000원	
기부금	본 인	1,000,000원	한국세무사회 공익재단 (지정기부금 단체) 성금
	장 남	300,000원	국군장병위문금품
	장 녀	100,000원	유니세프(지정기부금 단체)

[2] 영업부 과장 백일홍(사원코드: 102 주민등록번호: 890506-1548741 입사일: 2012.05.20.)의 다음 자료를 이용하여 퇴직소득자료입력을 작성하시오.(3점)

1. 백일홍 본인명의 주택을 구입하면서 부족한 자금 마련을 위하여 퇴직금 중간정산을 신청하였다.
2. 중간정산일은 20x1년 5월 31일이다.
3. 중간정산일 현재 퇴직금은 50,000,000원이다.
4. 퇴직금 지급일은 20x1년 6월 5일이며 현금으로 지급하였다.
5. 중간정산퇴직금은 근로자퇴직급여보장법상의 중간정산사유에 해당된다.

문제 5 ㈜신라산업(0821)은 전자부품을 생산하고 제조 · 도매업 · 건설업을 영위하는 중소기업이며, 당해 사업연도는 20x1. 1. 1. ~ 20x1. 12. 31.이다. 법인세무조정메뉴를 이용하여 재무회계 기장자료와 제시된 보충자료에 의하여 당해 사업연도의 세무조정을 하시오.(30점) ※ 회사선택 시 유의하시오.

[1] 다음 자료를 이용하여 「조정후수입금액명세서」를 작성하시오.(6점)

1. 수입금액조정명세서를 다음과 같이 입력한다.

1. 수입금액 조정계산						
계정과목		③결산서상 수입금액	조 정		⑥조정후 수입금액 (③+④-⑤)	비 고
①항 목	②계정과목		④가 산	⑤차 감		
1 매 출	제품매출	2,590,000,000			2,590,000,000	
2 매 출	공사수입금	2,000,000,000	50,000,000		2,050,000,000	

수입금액조정명세서 작성시 발생한 세무조정사항은 다음과 같다.
〈익금산입〉 공사수입금 50,000,000원(유보) - 작업진행률에 의한 수입금액 과소분임

2. 손익계산서에 반영된 매출액과 영업외수익 자료

구분		업종코드	금액
매출액	제품매출	292203(제조/전자응용공작기계)	2,590,000,000원
	공사수입금	451104(건설/건축공사)	2,000,000,000원
합계			4,590,000,000원

· 제품매출과 공사수입금에는 영세율대상은 없으며 국내생산품의 국내 내수판매분이다.

3. 부가가치세법상 과세표준 내역(수정신고서 반영분)

구 분	금 액
공사수입금(과세)	1,500,000,000원
공사수입금(면세)	500,000,000원
제품매출	2,600,000,000원
기계장치 매각	50,000,000원
합 계	4,650,000,000원

· 부가가치세 신고내역은 관련규정에 따라 적법하게 신고하였으며, 수정신고내역도 정확히 반영되어
  있다.
· 선수금 중 10,000,000원은 선수금을 수령함과 동시에 전자세금계산서를 발급한 것으로서 당기말
  현재 제품공급은 이루어지지 아니하였다.

[2] 다음 자료를 이용하여 고정자산등록 메뉴에 등록하고, 미상각자산감가상각조정명세서를 작성하여 감가
상각에 대한 세무조정을 소득금액조정합계표에 반영하시오.(6점)

구분	코드	자산명	취득가액	전기말감가상각 누계액	취득일자	회사계상 감가상각비
기계장치	101	연삭기	25,000,000원	16,000,000원	2019.7.1.	9,000,000원
기계장치	102	밀링머신	40,000,000원	0원	20x1.5.3.	13,000,000원

1. 회사는 제조업을 영위하고 있으며 해당자산은 제조공정에 사용하고 있다.
2. 회사는 감가상각방법을 신고하지 않았다.
3. 회사가 신고한 기계장치에 대한 내용연수는 5년으로 적법한 것으로 가정한다.
4. 수선비계정에는 연삭기에 대한 자본적 지출액 10,000,000원이 포함되어 있다.
5. 연삭기에 대한 전기말 상각부인액은 3,000,000원이다.
6. 자산별로 세무조정 하시오.

[3] 세금과공과금의 계정별원장을 조회하여 세금과공과금명세서를 작성하고 관련된 세무조정을 소득금액조정합계표에 반영하시오.(단, 세무조정은 각 건별로 행하는 것으로 한다.)(6점)

월 일	적 요	금 액
1월 28일	자동차세	900,000원
2월 10일	증권거래세	2,500,000원
3월 26일	공장용지 취득세	10,000,000원
4월 30일	법인세분 지방소득세	5,300,000원
6월 25일	국민연금 회사부담분	950,000원
7월 1일	증자 관련 법무사비용	800,000원
8월 27일	주차위반과태료	130,000원
9월 30일	건강보험료 가산금(회사부담분)	300,000원
10월 2일	교통유발부담금	1,000,000원
12월 15일	종합부동산세	880,000원

[4] 다음 자료를 이용하여 퇴직연금부담금조정명세서를 작성하고, 관련된 세무조정을 소득금액조정합계표에 반영하시오.(6점)

1. 퇴직금추계액
   · 기말 현재 직원, 임원 전원 퇴직시 퇴직금추계액 : 320,000,000원
2. 퇴직급여충당금내역
   · 기초퇴직급여충당금 : 30,000,000원
   · 전기말 현재 퇴직급여충당금부인액 : 6,000,000원
3. 당기퇴직현황
   · 20x1년 퇴직금지급액은 총 20,000,000원이며 전액 퇴직급여충당금과 상계하였다.
   · 퇴직연금 수령액은 4,000,000원이다.
4. 퇴직연금현황
   · 20x1년 기초 퇴직연금운용자산 금액은 230,000,000원이다.
   · 확정급여형 퇴직연금과 관련하여 신고조정으로 손금산입하고 있으며, 전기분까지 신고조정으로 손금산입된 금액은 230,000,000원이다.
   · 당기 회사의 퇴직연금불입액은 50,000,000원이다.

[5] 다음 자료를 참조하여 세액공제조정명세서(3) 중 3.당기공제 및 이월액계산 탭, 최저한세조정계산서, 법인세 과세표준 및 세액조정계산서를 완성하시오.(당사는 중소기업이며, 불러온 자료는 무시하고 아래의 자료만을 참조한다.)(6점)

· 결산서상 당기순이익 : 203,500,000원
· 익금산입액 : 27,850,000원
· 손금산입액 : 10,415,000원
· 중소기업에 대한 특별세액감면 : 3,940,000원
· 당기 발생 연구인력개발비 세액공제 : 2,000,000원
· 전년도에 이월된 중소기업투자세액공제액 : 5,000,000원
· 중간예납세액 : 0원
· 원천납부세액 : 880,000원
· 최저한세에 따른 공제감면 배제는 납세자에게 유리한 방법으로 한다.
· 위 이외의 세무조정 자료는 없다.
· 당사는 분납을 하고자 한다.

Ⅱ. 기출문제
답안 및 해설

제102회 전산세무1급 답안 및 해설

■ 이 론

1	2	3	4	5	6	7	8	9	10	11	12	13	14	15
①	④	②	③	③	②	②	①	①	②	④	③	④	③	②

01. **새로이 회계정책을 선택하거나 추정하는 경우**는 회계변경으로 인정되는 사유에 해당하지 않는다.

02.

대손충당금(20x0)

대손	50,000	기초	40,000
기말	20,000	*대손상각비(20x0)*	*30,000*
계	70,000	계	70,000

대손충당금(20x0)

대손	18,000	기초	20,000
기말	12,000	*대손상각비(20x1)*	*10,000*
계	30,000	계	30,000

03. 기초가액(취득가액)-감가상각누계액(2)=기말잔액(2,375,000)

내용연수=5년=60개월, 경과된 내용연수=3개월

기초가액 - 기초가액×3개월/60개월=2,375,000원   ∴ **(1) 기초가액=2,500,000원**

(2) 감가상각누계액=기초가액(2,500,000) - 기말잔액(2,375,000) = 125,000원

04. 정기간행물 등과 같이 그 가액이 매기간 비슷한 품목을 구독신청에 의해 판매하는 경우에는 **구독기간에 걸쳐 정액법으로 수익을 인식**한다.

05. 주식배당은 자본금이 증가하고, 자본총계는 변동이 없다. 현금배당은 자본금의 변동은 없으나 자본총계는 감소한다.

06. ㄴ. 고정원가는 **조업도의 증감에 따라 단위당 원가가 증감**한다.

ㄹ. 실제원가가 표준원가보다 큰 것은 **이익을 감소시키므로 불리한 차이다.**

07. 제조원가명세서는 원재료 T계정과 재공품 T계정을 합쳐 놓은 것이다.

	원재료			⇒		재공품		
기초	25,000,000	직접재료비	85,000,000		*기초③*	*12,500,000*	*당기제품제조원가②*	*127,500,000*
매입①	*70,000,000*	기말	10,000,000		*당기총제조원가④*	*118,000,000*	기말	3,000,000
계	95,000,000	계	95,000,000		계	130,500,000	계	130,500,000

당기총제조원가=직·재(85,000,000)+직·노(13,000,000)+제·간(20,000,000)=118,000,000원

08.

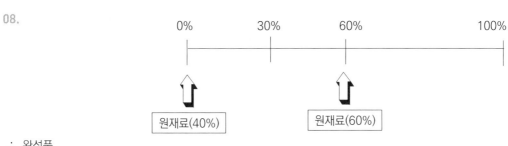

∴ 완성품

- **- 기초재공품(80%)(2,000)**

- 당기투입완성(100%)(6,000)

∴ 기말재공품(50%)(4,000)

완성품환산량(직접재료원가)=2,000단위×60%+6000단위×100%+4,000단위×40%=8,800단위

09.

AQ	AP	SQ	SP
22,000kg	30원/kg	10,000개×2=20,000kg	27.5/kg

AQ×AP	AQ×SP	SQ×SP
22,000kg×@30	22,000kg×@27.5	10,000개×2kg×@27.5
=660,000원	=605,000원	=550,000원

가격차이 55,000원 불리　　　**수량차이 55,000원 불리**

10.

제품

기초	20,000개	판매	90,000개
완성품	100,000개	기말	30,000개
계	120,000개	계	120,000개

정상공손수량=완성품(100,000)×2%=2,000개

재공품

기초재공품	25,000개	완성품		100,000개
		공손품	_정상공손_	_2,000개_
		(2,500개)	_비정상공손_	_500개_
당기투입	90,000개	기말재공품		12,500개
계	115,000개	계		115,000개

12. **중소기업특별세액감면은 최저한세 적용대상**이다.

13. 특별소득공제 중 **장기주택저당차입금 이자상환액 소득공제는 총급여액에 관계없이 공제 가능**하다.

14. 소득금액의 합계액은 종합소득, 퇴직소득, 양도소득을 합하여 판단하고, 비과세소득 및 분리과세소득은 제외한다. **아버지의 총소득금액은 180만원(300만원×30%+90만원)이므로 기본공제 대상이 아니다.** 배우자 복권당첨금과 어머니의 일용근로소득은 분리과세소득이고, 아들의 국가등으로 받은 상금은 비과세 기타소득에 해당한다.

15. 간이과세자가 일반과세자로 변경되는 경우, 간이과세로 적용되는 과세기간은 그 변경 이전1월 1일부터 6월 30일까지이다. 따라서 **일반과세자로서 적용받게 되는 과세기간은 7월 1일부터 12월 31일까지**이다.

실 무

문제 1 전표입력

문항	일자	유형	공급가액	부가세	거래처	신용카드
[1]	2/15	57.카과	3,500,000	350,000	㈜생생자동차유통	국민카드
분개유형		(차) 부가세대급금	350,000 (대) 미지급금(국민카드)			3,850,000
카드(혼합)		차량운반구	3,500,000			

[2]   (차) 미처분이익잉여금(377)   83,000,000   (대) 미지급배당금   30,000,000
                                                         미교부주식배당금   50,000,000
                                                         이익준비금   3,000,000

〈문제1의 [2]에 대한 필자 주〉

당초 가답안에는 이월이익잉여금 계정으로 제시하였고 확정답안에는 미처분이익잉여금(377)으로 제시하였다. "**미처분이익잉여금(377) 계정이 처분 대상이 되는 이익잉여금에 해당하고, 이월이익잉여금(375)은 이익잉여금 처분 후 남은 잉여금으로 사내에 유보하여 차기로 이월하는 잉여금입니다**"라 주장하면서 답안을 정정하였는데 기존 과거 답안을 뒤집어 놓았다.

〈과거 이익잉여금 처분문제〉

TAT1급(한국공인회계사)	전산세무1급(한국세무사회)
45회 실무 문제 1 [1]	87회 전산세무1급 (문제1) [1]
43회 실무 문제 1 [1]	85회 전산세무1급 (문제1) [2]
41회 실무 문제 1 [1]	80회 전산세무1급 (문제1) [1]
36회 실무 문제 1 [1]	

저자가 ㈜강진테크의 처분전 합계잔액시산표와 처분후 합계잔액시산표를 조회해보았다.

〈처분전 합계잔액 시산표〉

기간   년 03 ∨ 월 10 일 💬

관리용 | 제출용

차 변		계정과목	대 변	
잔액	합계		합계	잔액
		9.이 익 잉 여 금	208,915,695	208,915,695
		이 익 준 비 금	5,000,000	5,000,000
		이 월 이 익 잉 여 금	203,915,695	203,915,695

〈처분전 합계잔액 시산표〉

차　변		계정과목	대　변	
잔액	합계		합계	잔액
	83,000,000	9.이　익　잉　여　금	211,915,695	128,915,695
		이　익　준　비　금	8,000,000	8,000,000
		이　월　이　익　잉　여　금	203,915,695	203,915,695
	83,000,000	미　처　분　이　익　잉　여　금		-83,000,000

결국 3월 10일 기준에서 이익잉여금중 이월이익잉여금에 계상되어 있는 금액을 처분해야 한다.

해당 답안의 정당성을 가지기 위해서는 다음과 같은 회계처리를 해야 하나 불필요한 회계처리가 된다.

(차) 이월이익잉여금 　　83,000,000 　　(대) 미처분이익잉여금 　　83,000,000

전산세무1급 & TAT1급 자격증을 취득한 세무사들이 출제해야 일관성 있는 답을 제시할 것이다.

[3] (차) 장기차입금(제일투자㈜) 　100,000,000 　(대) 보통예금 　　　　　30,000,000
　　　　　　　　　　　　　　　　　　　　　　　　자본금 　　　　　　30,000,000
　　　　　　　　　　　　　　　　　　　　　　　　주식할인발행차금 　2,000,000
　　　　　　　　　　　　　　　　　　　　　　　　주식발행초과금 　　8,000,000
　　　　　　　　　　　　　　　　　　　　　　　　채무면제이익 　　　30,000,000

〈4월 10일 합계잔액시산표 조회〉

차　변		계정과목	대　변	
잔액	합계		합계	잔액
2,000,000	2,000,000	주 식 할 인 발 행 차 금		
700,000	700,000	자 　기 　주 　식		

☞문제에서 주식할인발행차금잔액을 제시 않아 가답안 주식발행초과금 10,000,000으로 한 것도 정답처리하였음.

문항	일자	유형	공급가액	부가세	거래처	전자세금
[4]	9/30	54.불공(⑤)	20,000,000	2,000,000	㈜백운기업	여
분개유형		(차) 기계장치	22,000,000	(대) 보통예금		5,000,000
혼합				미지급금(㈜백운기업)		17,000,000

문제 2 부가가치세

[1] [대손세액공제신고서](4~6월)

당초공급일	대손확정일	대손금액	공제율	대손세액	거래처		대손사유
20×1-08-01	2022-05-10	5,500,000	10/110	500,000	(주)태백	3	사망,실종
20×1-09-01	2022-05-02	7,700,000	10/110	700,000	(주)삼성	5	부도(6개월경과)
2019-05-01	2022-05-01	11,000,000	10/110	1,000,000	(주)한라	6	소멸시효완성

☞ 단기대여금에 대해서는 대손세액공제를 받을 수 없다.
　　부도가 발생한 어음(1기 5월 1일)에 대해서는 부도발생일부터 6개월이 지난 날이 속하는 확정신고기한(2기)에 대손세액공제
　　를 받을 수 있다.

[2] 의제매입세액공제신고서(4~6월)

1. 매입매출전표입력

(1) ㈜한상

유형: 면세 공급가액: 7,080,000 원 의제구분및매입액: 1. 7,080,000 원 세율: 4/104 공제세액: 272,307원
공급처명: ㈜한상 전자: 여 분개: 현금 또는 혼합

	(차)	부가세대급금	272,307	(대) 현금	7,080,000
		원재료	6,807,693		

(2) ㈜두상

유형: 카면 공급가액: 2,750,000 원 의제구분및매입액: 1. 2,750,000 원 세율: 4/104 공제세액: 105,769원
공급처명: ㈜두상 분개: 카드 또는 혼합 신용카드사:보람카드

	(차)	부가세대급금	105,769	(대) 외상매입금(보람카드)	2,750,000
		원재료	2,644,231		

2. 의제매입세액공제신고서(**제조기업영위 중소기업 4/104**)

(1) ㈜한상

취득일자	구분	물품명	수량	매입가액	공제율	의제매입세액	건수
-05-18	신용카드등	고등어	1	2,750,000	4/104	105,769	1

(2) ㈜두상

취득일자	구분	물품명	수량	매입가액	공제율	의제매입세액	건수
-05-08	계산서	고등어	1	7,080,000	4/104	272,307	1

(3) 한도계산

면세농산물등	제조업 면세농산물등					

가. 과세기간 과세표준 및 공제가능한 금액등　　　　　　　　　　　불러오기

과세표준			대상액 한도계산		B. 당기매입액	공제대상금액 [MIN (A,B)]
합계	예정분	확정분	한도율	A. 한도액		
100,000,000	40,000,000	60,000,000	40/100	40,000,000	16,070,000	16,070,000

나. 과세기간 공제할 세액

공제대상세액		이미 공제받은 금액			공제(납부)할세액 (C-D)
공제율	C.공제대상금액	D.합계	예정신고분	월별조기분	
4/104	618,076	240,000	240,000		378,076

☞ 당기매입액=예정신고 매입액(6,240,000)+확정신고 매입액(9,830,000)=16,070,000원

[3] 전자신고(10~12월)

1. 신고서 및 부속서류 마감

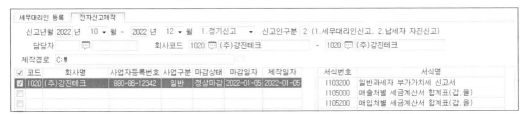

2. 전자신고 데이터 제작(10~12월)

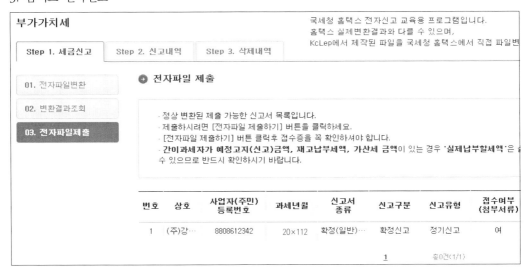

3. 홈택스 전자신고

문제 3 | 결산

[1]~[3] 수동결산, [4]는 자동결산

[1] (차) 이자비용   8,285   (대) 보통예금   10,000
      사채할증발행차금   1,715

[2] (차) 매도가능증권평가이익   700,000 (대) 매도가능증권(178)   875,000
      매도가능증권평가손실   175,000
    · 취득가액=350주×18,000원=6,300,000원→처분수량에 대해서는 감안하지 말고 잔여수량으로 계산

	취득가액 (350주)	공정가액		평가이익	평가손실
		주당	가액		
전기	6,300,000	20,000	7,000,000	700,000	0
당기		17,500	6,125,000	△700,000	175,000
계				0	175,000

[3] (차) 이자비용   2,000,000   (대) 미지급비용   2,000,000
    ☞기간경과분 이자비용=100,000,000원×6%×4/12=2,000,000원
    미지급비용도 채무계정이므로 거래처(주)우리캐피탈을 입력하는 것이 정확한 답안이다.

[4] [결산자료입력]
    · 기말원재료재고액 : 35,000,000원, · 기말재공품재고액 : 17,500,000원
    · 기말제품재고액 : 58,000,000원(적송품 3,000,000원 포함) 입력 후 〉 F3 전표추가

문제 4 **원천징수**

[1] 급여자료 및 원천징수 이행상황신고서

1. 수당등록

No	코드	과세구분	수당명	근로소득유형 유형	코드	한도	월정액	통상임금	사용여부
1	1001	과세	기본급	급여			정기		여
2	1002	과세	상여	상여			부정기		부
3	1003	과세	직책수당	급여			정기		여
4	1004	과세	월차수당	급여			정기		여
5	1005	비과세	식대	식대	P01	(월)100,000	정기		여
6	1006	비과세	자가운전보조금	자가운전보조금	H03	(월)200,000	부정기		부
7	1007	비과세	야간근로수당	야간근로수당	O01	(년)2,400,000	부정기		부
8	2001	과세	자가운전보조금	급여			정기	부	여

· **자가운전보조금은 별도의 시내출장 등에 소요된 실제 여비를 별도로 정산받기 때문**에 비과세근로소득
에 해당하지 않으므로 수당등록에 **과세수당으로 추가 입력한다.**

2. 급여자료입력(김과장 귀속년월 2월, 지급년월일 2월 25일)

급여항목	금액	공제항목	금액
기본급	5,000,000	국민연금	225,000
직책수당	500,000	건강보험	171,500
월차수당	270,000	장기요양보험	21,040
식대	100,000	고용보험	48,560
자가운전보조금	300,000	소득세(100%)	564,510
		지방소득세	56,450
		농특세	
		연말정산소득세	-1,170,000
		연말정산지방소득세	-117,000
과 세	6,070,000		
비 과 세	100,000	공 제 총 액	-199,940
지 급 총 액	6,170,000	차 인 지 급 액	6,369,940

· [Shift]+[F6] 연말정산 〉 연말정산소득세와 연말정산지방소득세 환급액 반영

3. 원천징수이행상황신고서(귀속기간 2월, 지급기간 2월, 1.정기신고)

		코드	소득지급 인원	총지급액	징수세액 소득세 등	농어촌특별세	가산세	당월조정환급세액	납부세액 소득세 등	농어촌특별세
근로소득	간이세액	A01	1	6,070,000	564,510					
	중도퇴사	A02								
	일용근로	A03								
	연말정산	A04	1	72,000,000	-1,170,000					
	(분납신청)	A05								
	(납부금액)	A06			-1,170,000					
	가 감 계	A10	2	78,070,000	-605,490					

[2] 배당소득

1. 기타소득자등록(이사장)

	코드	상호(성명)
■	00010	이사장
□		
□		
□		
□		
□		
□		
□		

등록사항

1.거 주 구 분　1 거 주
2.소 득 구 분　251 💬 내국법인 배당·분배금, 건설이자연말정산적용
3.내 국 인 여부　1 내국인　(거주지국코드 💬 　　　　등록번호　　　　)
4.생 년 월 일　　　년　　월　　일
5.주 민 등 록 번 호　740102-1025122
6.소득자구분/실명　111 💬 주민등록번호　　　실명 0.실 명
7.개인/ 법인구분　1 개 인　필요경비율　　　%

2. 이자배당소득자료입력(지급년월일 3월 25일)

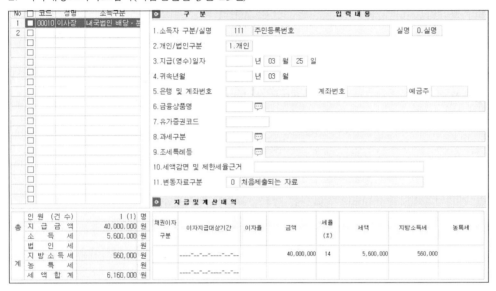

No		코드	성명	소득구분
1	□	00010	이사장	내국법인 배당·분
2	□			

구 분　　입력내용

1.소득자 구분/실명　111 주민등록번호　　실명 0.실명
2.개인/법인구분　1.개인
3.지급(영수)일자　　년 03 월 25 일
4.귀속년월　　년 03 월
5.은행 및 계좌번호　　　계좌번호　　　예금주
6.금융상품명　💬
7.유가증권코드
8.과세구분　💬
9.조세특례등　💬
10.세액감면 및 제한세율근거
11.변동자료구분　0 처음제출되는 자료

지급및계산내역

		인 원 (건 수)	1 (1) 명
총	지 급 금 액		40,000,000 원
	소 득 세		5,600,000 원
	법 인 세		원
계	지 방 소 득 세		560,000 원
	농 특 세		원
	세 액 합 계		6,160,000 원

채권이자 구분	이자지급대상기간	이자율	금액	세율(%)	세액	지방소득세	농특세
	----'--'--~----'--'--		40,000,000	14	5,600,000	560,000	
	----'--'--~----'--'--						

[3] 퇴직소득

1. 사원등록([기본사항] 탭) : 퇴사년월일(20x1.11.30) 입력

2. 퇴직소득자료입력(지급년월 12월, 귀속년월 11월, 영수일자 12월 05일)

지급년월 20x1 년 12 ∨ 월　　소득명세　세액계산　중간정산지급내역
소득자구분　1.근로

1. 귀속년월(신고서) 20x1 년 12 월　　2. 영수일자 20x1-12-05 💬

	사번	성명	구분
□	302	박철민	퇴직
□			

근 무 처 명	중 간 지 급 등	최 종	정 산
		(주)강진테크	
등록번호/퇴직사유	---'--'-----	880-86-12342 자발적 퇴직	
기 산 일/입 사 일	----/--/-- ----/--/--	2017/11/01 2017/11/01	
퇴 사 일/지 급 일	----/--/-- ----/--/--	20x1/11/30 20x1/12/05	
근 속 월 수		61	
제 외 월 수			
가 산 월 수			
과 세 퇴 직 급 여		14,800,000	14,800,000
비 과 세 퇴직급여			
세 액 공 제			
소 득 세		211,200	
지 방 소 득 세		21,120	
학 자 금 상 환 액			

3. **퇴직소득원천징수영수증(지급년월 12월) 조회**

☞ 퇴직소득세는 프로그램이 자동 계산합니다.

문제 5 세무조정

[1] 접대비조정명세서

1. 접대비입력(을)

① 수입금액 명세

구　　분	① 일반수입금액	② 특수관계인간 거래금액	③ 합　　계(①+②)
금　　액	2,480,000,000	70,000,000	2,550,000,000

② 접대비해당금액

2 2. 접대비 해당금액

④ 계정과목		합계	접대비(제조)	접대비(판관)
⑤ 계정금액		51,000,000	23,500,000	27,500,000
⑥ 접대비계상액 중 사적사용경비		300,000		300,000
⑦ 접대비해당금액(⑤-⑥)		50,700,000	23,500,000	27,200,000
⑧ 신용카드등 미사용금액	경조사비 중 기준금액 초과액	⑨신용카드 등 미사용금액			
		⑩총 초과금액			
	국외지역 지출액 (법인세법 시행령 제41조제2항제1호)	⑪신용카드 등 미사용금액			
		⑫총 지출액			
	농어민 지출액 (법인세법 시행령 제41조제2항제2호)	⑬송금명세서 미제출금액			
		⑭총 지출액			
	접대비 중 기준금액 초과액	⑮신용카드 등 미사용금액			
		(16)총 초과금액	50,800,000	23,500,000	27,300,000

☞ 사적경비 300,000원은 건당 기준금액(3만원) 초과여부가 불투명하므로(16) 총초과금액에 27,000,000원 차감한 것도 정답으로 인용

2. 접대비조정(갑)(**문화접대비 사적경비 300,000원 차감한 5,500,000원 입력**)

3 접대비 한도초과액 조정

중소기업 | | | | 정부출자법인 ☐
| | | | 부동산임대업등 ☐ 한도액 50%적용 ☐

		구분	금액
① 접대비 해당 금액			50,700,000
② 기준금액 초과 접대비 중 신용카드 등 미사용으로 인한 손금불산입액			
③ 차감 접대비 해당금액(①-②)			50,700,000
일반 접대비 한도	④ 12,000,000 (중소기업 36,000,000) X 월수(12) / 12		36,000,000
	총수입금액 기준	100억원 이하의 금액 X 30/10,000 (2020년 사업연도 분은 35/10,000)	7,650,000
		100억원 초과 500억원 이하의 금액 X 20/10,000 (2020년 사업연도 분은 25/10,000)	
		500억원 초과 금액 X 3/10,000 (2020년 사업연도 분은 6/10,000)	
		⑤ 소계	7,650,000
	일반수입금액 기준	100억원 이하의 금액 X 30/10,000 (2020년 사업연도 분은 35/10,000)	7,440,000
		100억원 초과 500억원 이하의 금액 X 20/10,000 (2020년 사업연도 분은 25/10,000)	
		500억원 초과 금액 X 3/10,000 (2020년 사업연도 분은 6/10,000)	
		⑥ 소계	7,440,000
	⑦ 수입금액기준	(⑤-⑥) X 10/100	21,000
	⑧ 일반접대비 한도액 (④+⑥+⑦)		43,461,000
문화접대비 한도 (「조특법」 제136조제3항)	⑨ 문화접대비 지출액		5,500,000
	⑩ 문화접대비 한도액(⑨와 (⑧ X 20/100) 중 작은 금액)		5,500,000
⑪ 접대비 한도액 합계(⑧+⑩)			48,961,000
⑫ 한도초과액(③-⑪)			1,739,000
⑬ 손금산입한도 내 접대비 지출액(③과⑪ 중 작은 금액)			48,961,000

3. 세무조정

〈 손금불산입 〉 접대비 중 사적경비　　　300,000 원　　(상여)

〈 손금불산입 〉 접대비 한도 초과액　　　1,739,000 원　　(기타사외유출)

[2] 가지급금등의인정이자조정명세서

1. 가지급금·가수금 입력

1.가지급금.가수금 입력	2.차입금 입력	3.인정이자계산 : (을)지	4.인정이자조정 : (갑)지	이자율선택 : [2] 가중평균차입이자율로 계산

o가지급금,가수금 선택: 1.가지급금 ∨   회계데이터불러오기

No	직책	성명	No	적요	년월일	차변	대변	잔액	일수	적수
1	대표이사	장홍도	1	2.대여	5 1	40,000,000		40,000,000	245	9,800,000,000

No	직책	성명	No	적요	년월일	차변	대변	잔액	일수	적수
1	대표이사	장홍도	1	2.대여	7 15	15,000,000		15,000,000	170	2,550,000,000
2	감사	이감사	2							

2. 차입금입력

No	거래처명	No	☐	적요	연월일	차변	대변	이자대상금액	이자율 %	이자
1	기업은행	1	☐	1.전기이월	1 1		20,000,000	20,000,000	15.00000	3,000,000

No	거래처명	No	☐	적요	연월일	차변	대변	이자대상금액	이자율 %	이자
1	기업은행	1	☐	1.전기이월	1 1		40,000,000	40,000,000	10.00000	4,000,000
2	농협은행	2	☐							

3. 인정이자조정 : (갑)지

1.가지급금.가수금 입력	2.차입금 입력	3.인정이자계산 : (을)지	4.인정이자조정 : (갑)지	이자율선택 : [2] 가중평균차입이자율로 계산

2.가중평균차입이자율에 따른 가지급금 등의 인정이자 조정 (연일수 : 365일)

No	1.성명	2.가지급금적수	3.가수금적수	4.차감적수(2-3)	5.인정이자	6.회사계상액	시가인정범위 7.차액(5-6)	8.비율(%)	9.조정액(=7) 7>=3억,8>=5%
1	장홍도	9,800,000,000		9,800,000,000	3,132,418	1,600,000	1,532,418	48.92124	1,532,418
2	이감사	2,550,000,000		2,550,000,000	815,068	1,757,000	-941,932		

4. 세무조정

〈 익금산입 〉 대표이사 가지급금 인정이자   1,532,418 원   (상여)

[3] 업무용승용차관련 비용명세서

1. 업무용승용차등록

☐	코드	차량번호	차종	사용
■	0003	14러4813	제네시스	사용

차량 상세 등록 내용

1.고정자산계정과목

2.고정자산코드/명

3.취득일자   2021-05-03

4.경비구분   6.800번대/판관비

5.사용자 부서

6.사용자 직책   대표이사

7.사용자 성명   장홍도

8.임차여부   운용리스

9.임차기간   20×1-05-03 ~ 20×3-05-02

10.보험가입여부   가입

11.보험기간   20×1-05-03 ~ 20×2-05-02
           20×2-05-03 ~ 20×3-05-02

12.운행기록부사용여부   여   전기이월누적거리   21,000 km

13.출퇴근사용여부   여   출퇴근거리   6,400 km

2. 업무용승용차관련비용명세서

① 업무용 사용 비율 및 업무용 승용차 관련 비용 명세 (운행기록부: 적용)					임차기간: 2021-05-03 ~ 2023-05-02				□ 부동산임대업등 법령39조③항				
(5) 총주행 거리(km)	(6) 업무용 사용 거리(km)	(7) 업무 사용비율	(8) 취득가액	(9) 보유또는 임차월수	(10)업무용 승용차 관련 비용								
					(11) 감가상각비	(12) 임차료 (감가상각비포함)	(13) 감가상 각비상당액	(14) 유류비	(15) 보험료	(16) 수선비	(17) 자동차세	(18) 기타	(19) 합계
8,000	6,400	80.0000		12		24,000,000	21,529,500	4,100,000					28,100,000
합 계						24,000,000	21,529,500	4,100,000					28,100,000

② 업무용 승용차 관련 비용 손금불산입 계산									
(22) 업무 사용 금액			(23) 업무외 사용 금액			(30) 감가상각비 (상당액) 한도초과금액	(31) 손금불산입 합계 ((29)+(30))	(32) 손금산입 합계 ((19)-(31))	
(24) 감가상각비 (상당액)[((11)또는 (13))X(7)]	(25) 관련 비용 [(((19)-(11)또는 (19)-(13))X(7)]	(26) 합계 ((24)+(25))	(27) 감가상각비 (상당액)X(11)-(24) 또는(13)-(24))	(28) 관련 비용 [(((19)-(11)또는 (19)-(13))-(25)]	(29) 합계 ((27)+(28))				
17,223,600	5,256,400	22,480,000	4,305,900	1,314,100	5,620,000	9,223,600	14,843,600	13,256,400	
17,223,600	5,256,400	22,480,000	4,305,900	1,314,100	5,620,000	9,223,600	14,843,600	13,256,400	

③ 감가상각비(상당액) 한도초과금액 이월 명세				
(37) 전기이월액	(38) 당기 감가상각비(상당액) 한도초과금액	(39) 감가상각비(상당액) 한도초과금액 누계	(40) 손금추인(산입)액	(41) 차기이월액((39)-(40))
18,000,000	9,223,600	27,223,600		27,223,600
18,000,000	9,223,600	27,223,600		27,223,600

☞ 업무용사용비율 : 6,400/8,000 = 80%

☞ **감가상각비상당액(13)=리스료(24,000,000)−보험료(500,000)+자동차세(350,000)+수선유지비(1,620,500)=21,529,500원**

3. 세무조정

〈 손금불산입 〉 업무용승용차 업무미사용분　　　　　　5,620,000 원　 (상여)

〈 손금불산입 〉 업무용승용차 감가상각비상당액 한도 초과액　9,223,600 원　 (기타사외유출)

[4] 자본금과 적립금 조정명세서(을)

1. 자본금과적립금조정명세서(을)

자본금과적립금조정명세서(을)	자본금과적립금조정명세서(병)	자본금과적립금조정명세서(갑)	이월결손금

▶ **I .세무조정유보소득계산**

①과목 또는 사항	②기초잔액	당 기 중 증 감		⑤기말잔액 (=②-③+④)	비 고
		③감 소	④증 가		
선급비용	-500,000	-500,000	-1,000,000	-1,000,000	
대손충당금	4,000,000	4,000,000	5,000,000	5,000,000	
감가상각비	1,500,000	800,000		700,000	
제품	2,700,000	2,700,000			
단기매매증권			2,000,000	2,000,000	
합 계	7,700,000	7,000,000	6,000,000	6,700,000	

☞ 법인세비용과 임차료는 기타사외유출에 해당한다.

[5] 최저한세조정계산서 및 법인세과세표준 및 세액조정계산서

> 1.세액공제조정명세서(공제세액) → 2.세액조정계산서(산출세액) → 3.최저한세
> → 4.세액공제조정명세서(이월세액) → 5.세액조정계산서(최종)

1. 세액공제조정명세서(3) 중소기업투자세액공제는 전기분임.

			1.세액공제(1)	2.세액공제(2)	3.당기공제 및 이월액계산		

(105)구분	(106)사업연도	요공제액		당기공제대상세액			
		(107)당기분	(108)이월분	(109)당기분	(110)1차연도	(112)3차연도	(120)계
중소기업 등 투자세액	20×0		6,650,000		6,650,000		6,650,000
연구·인력개발비세액	20×1	5,500,000		5,500,000			5,500,000

2. 세액조정계산서

	① 각 사 업 연 도 소 득 계 산	101.결 산 서 상 당 기 순 손 익	01	272,385,400
		소득조정금액 102.익 금 산 입	02	12,400,200
		103.손 금 산 입	03	17,326,000
		104.차 가 감 소 득 금 액 (101+102-103)	04	267,459,600
		105.기 부 금 한 도 초 과 액	05	
		106.기부금 한도초과 이월액 손금산입	54	
		107.각사업연도소득금액(104+105-106)	06	267,459,600
	② 과 세 표 준 계 산	108.각 사 업 연 도 소득금액(108=107)		267,459,600
		109.이 월 결 손 금	07	
		110.비 과 세 소 득	08	
		111.소 득 공 제	09	
		112.과 세 표 준 (108-109-110-111)	10	267,459,600
		159.선 박 표 준 이 익	55	
	③ 산 출	113.과 세 표 준 (113=112+159)	56	267,459,600
		114.세 율	11	20%
		115.산 출 세 액	12	33,491,920

3. 최저한세조정계산서(최저한세 배제금액 806,182원)

① 구분	코드	② 감면후세액	③ 최저한세	④ 조정감	⑤ 조정후세액
(101) 결 산 서 상 당 기 순 이 익	01	272,385,400			
소득조정금액 (102)익 금 산 입	02	12,400,200			
(103)손 금 산 입	03	17,326,000			
(104) 조 정 후 소 득 금 액 (101+102-103)	04	267,459,600	267,459,600		267,459,600
최저한세적용대상 특별비용 (105)준 비 금	05				
(106)특별상각,특례상각	06				
(107) 특별비용손금산입전소득금액(104+105+106)	07	267,459,600	267,459,600		267,459,600
(108) 기 부 금 한 도 초 과 액	08				
(109) 기부금 한도초과 이월액 손 금 산 입	09				
(110) 각 사 업 년 도 소 득 금 액 (107+108-109)	10	267,459,600	267,459,600		267,459,600
(111) 이 월 결 손 금	11				
(112) 비 과 세 소 득	12				
(113) 최저한세적용대상 비 과 세 소 득	13				
(114) 최저한세적용대상 익금불산입 손금산입	14				
(115) 차가감 소 득 금 액 (110-111-112+113+114)	15	267,459,600	267,459,600		267,459,600
(116) 소 득 공 제	16				
(117) 최저한세적용대상 소 득 공 제	17				
(118) 과 세 표 준 금 액 (115-116+117)	18	267,459,600	267,459,600		267,459,600
(119) 선 박 표 준 이 익	24				
(120) 과 세 표 준 금 액 (118+119)	25	267,459,600	267,459,600		267,459,600
(121) 세 율	19	20 %	7 %		20 %
(122) 산 출 세 액	20	33,491,920	18,722,172		33,491,920
(123) 감 면 세 액	21	8,925,930			8,925,930
(124) 세 액 공 제	22	6,650,000		806,182	5,843,818
(125) 차 감 세 액 (122-123-124)	23	17,915,990			18,722,172

4. 세액공제조정명세서(3) 최저한세 미공제액 입력.

			1.세액공제(1)	2.세액공제(2)	3.당기공제 및 이월액계산	

(105)구분	(106)사업연도	요공제액		당기공제대상세액				(121)최저한세적용에따른 미공제액	(123)공제세액(120-121-122)	(124)소멸	(125)이월액(107+108-123-124)
		(107)당기분	(108)이월분	(109)당기분	(110)1차연도	(112)3차연도	(120)계				
중소기업 등 투자세액	2021		6,650,000		6,650,000		6,650,000	806,182	5,843,818		806,182

5. 법인세과세표준및세액조정계산서(최종)

① 각 사업 연도 소득 계산	101.결산서상 당기순손익	01	272,385,400		120.산출세액 (120=119)		33,491,920
	소득조정금액 102.익금산입	02	12,400,200	④ 납부할 세액 계산	121.최저한세 적용 대상 공제 감면 세액	17	14,769,748
	103.손금산입	03	17,326,000		122.차 감 세 액	18	18,722,172
	104.차 가 감 소득금액 (101+102-103)	04	267,459,600		123.최저한세 적용 제외 공제 감면 세액	19	5,500,000
	105.기 부 금 한 도 초 과 액	05			124.가 산 세 액	20	
	106.기부금 한도초과 이월액 손금산입	54			125.가 감 계(122-123+124)	21	13,222,172
	107.각사업연도소득금액(104+105-106)	06	267,459,600	기한내 납부 세액	126.중 간 예 납 세 액	22	1,360,000
② 과세 표준 계산	108.각 사업 연도 소득금액(108=107)		267,459,600		127.수 시 부 과 세 액	23	
	109.이 월 결 손 금	07			128.원 천 납 부 세 액	24	
	110.비 과 세 소 득	08			129.간접 회사등 외국 납부세액	25	
	111.소 득 공 제	09			130.소 계(126+127+128+129)	26	1,360,000
	112.과 세 표 준 (108-109-110-111)	10	267,459,600		131.신 고 납 부 전 가 산 세 액	27	
	159.선 박 표 준 이 익	55			132.합 계 (130+131)	28	1,360,000
③ 산출 세액 계산	113.과 세 표 준 (113=112+159)	56	267,459,600		133.감 면 분 추 가 납 부 세 액	29	
	114.세 율	11	20%		134.차 가 감 납 부 할 세 액(125-132+133)	30	11,862,172
	115.산 출 세 액	12	33,491,920	⑤토지등양도소득, ⑥미환류소득 법인세계산 (TAB로 이동)			
	116.지 점 유 보 소 득 (법 제96조)	13			151.차 가 감 납부할 세 액 계(134+150)	46	11,862,172
	117.세 율	14			152.사실과 다른 회계처리 경정세액공제	57	
	118.산 출 세 액	15		⑦ 세액 분납할	153.분 납 세 액 계 산 범 위 액 (151-124-133-145-152+131)	47	11,862,172
	119.합 계 (115+118)	16	33,491,920		154.현 금 납 부	48	1,862,172
					155.물 납	49	
					156. 계 (154+155)	50	1,862,172
				차감 납부 세액	157.현 금 납 부	51	10,000,000
					158.물 납	52	
					160. 계 (157+158) [160=(151-152-156)]	53	10,000,000

제101회 전산세무1급 답안 및 해설

이 론

1	2	3	4	5	6	7	8	9	10	11	12	13	14	15
④	③	②	③	②	③	④	②	②	①	④	②	①	①	③

01. **매도가능증권에 대한 미실현보유손익은 기타포괄손익누계액**으로 처리하고, 당해 유가증권에 대한 기타포괄손익누계액은 그 유가증권을 처분하거나 손상차손을 인식하는 시점에 일괄하여 당기손익에 반영한다.

02. 재고자산의 원가흐름 가정 중 **후입선출법은 현행수익에 대하여 현행원가가 대응되는 평가**방법으로 기말재고액이 오래전에 구입한 원가로 계상되므로 **물가 상승 시 기말재고액이 낮게 계상**된다.

03. 유형자산을 신규로 취득한 회계연도의 감가상각비는 정률법보다 정액법이 작다. 그러므로 감가상각비는 감소하고, 당기순이익과 차량의 장부가액은 증가한다.

04. 계약금액=100,000,000원(총계약수익)
총공사예정원가(20X1)=20X0발생(38,000,000)+20X1발생(46,000,000)+추가소요(21,000,000)
　　　　　　　　　　=105,000,000원
당기추정예상이익=총계약수익(100,000,000)-예정원가(105,000,000)=△5,000,000원
당기공사손실=총공사손실(5,000,000)+전기공사이익인식액(2,000,000)=7,000,000원
⇒ 이미 발생한 원가와 그 거래를 완료하기 위해 추가로 발생할 것으로 **추정되는 원가의 합계액
(105,000,000)이 해당 용역거래의 총수익(100,000,000)을 초과하는 경우에는 그 초과액
(5,000,000)과 이미 인식한 이익의 합계액(2,000,000)을 전액 당기손실(7,000,000)으로 인식**

05. 확정기여제도 : 기업이 별개의 실체(기금)에 고정 기여금을 납부하고, 기여금을 납부할 법적의무나 의제의무가 더는 없는 퇴직급여제도이다. 즉 그 기금에서 당기와 과거기간에 제공된 종업원 근무용역과 관련된 모든 **종업원급여를 지급할 수 있을 정도로 자산을 충분히 보유하지 못하더라도 기업에는 추가로 기여금을 납부 할 의무가 없다**(확정기여형퇴직연금제도).

06.

구분	침대	책상(선택)	의자	연필
판매가격	200,000원	150,000원	100,000원	90,000원
제1공정 원가	50,000원	50,000원	50,000원	50,000원
제2공정 원가	110,000원	50,000원	15,000원	10,000원
이익	**40,000원** **(차선안 중 최대)**	50,000원	35,000원	30,000원

07. 연산품이 개별적으로 **식별 가능한 시점을 분리점**이라 하고, 분리점에 도달하기 전까지 연산품을 제조하는 과정에서 발생한 원가를 결합원가라 한다. 추가가공원가는 분리점 이후의 추가가공과 관련하여 발생하는 원가이다.

08. 변동원가는 실제기계시간으로 고정원가는 최대기계시간으로 배분한다.

$$\frac{변동제조간접원가}{3,000,000원} \times \frac{1,000시간}{3,000시간} + \frac{고정제조간접원가}{4,200,000원} \times \frac{2,000시간}{5,000시간} = 2,680,000원$$

09.

〈1단계〉 물량흐름파악(선입선출법)			〈2단계〉 완성품환산량 계산	
재공품			재료비	가공비
	완성품	2,100		
	−기초재공품	250(80%)		200
	−당기투입분	1,850(100%)		1,850
	기말재공품	450(80%)		360
	계	2,550		**2,410**

〈3단계〉 원가요약(당기투입원가)   *가공비=@12×2,410개=28,920원*

〈4단계〉 완성품환산량당 단위원가   = @12

10.

AQ	AP	SQ	SP
4,800시간	?	4,900시간	?
500,000원		–	

실제 발생액	AQ × SP	SQ × SP
	4,800시간 × **100원**	4,900시간 × 100원
500,000원	=480,000원	=490,000원

임률차이 20,000원 불리   *능률차이 △10,000원 유리*

11. 가. 주식등변동상황명세서는 주주들의 변동명세서이므로 제출 불성실 가산세는 **산출세액이 없는 경우에도 적용**한다.

다. 적격증명서류를 구비하지 않은 **접대비로서 손금불산입된 경우 증명서류 수취 불성실가산세를 적용하지 않는다.**

12. 사업연도의 기간이 6개월을 초과하는 내국법인은 각 사업연도 중 중간예납기간에 대한 법인세액을 납부할 의무가 있다. 다만, **직전 사업연도의 중소기업으로서 중간예납세액이 30만원 미만인 내국법인은 중간예납세액을 납부할 의무가 없다.**

· 관할 세무서장은 개인사업자(간이과세자 포함)에 대하여는 각 예정신고(부과)기간마다 직전 과세기간에 대한 납부세액의 50퍼센트를 예정신고(부과)기간의 납부세액으로 결정하여 해당 예정신고(부과)기간이 끝난 후 25일까지 징수한다. 다만, **징수하여야 할 금액이 50만원 미만인 경우에는 징수하지 아니한다.**

· **중간예납세액이 50만원 미만인 경우 해당 소득세를 징수하지 아니한다.**

13. 비거주자는 **국내원천소득에 대한 소득세를 납부할 의무**를 진다.

14. 해당 과세기간의 총공급가액 중 면세공급가액이 5퍼센트 미만인 경우의 공통매입세액은 공제되는 매입세액으로 한다. 다만, **공통매입세액이 5백만원 이상인 경우는 제외**한다.

15. 간이과세를 포기하고 일반과세를 적용받으려는 자는 일반과세자에 관한 규정을 적용받으려는 달의 **전달의 마지막 날까지 간이과세 포기신고**를 해야 한다.

실 무

문제 1 전표입력

문항	일자	유형	공급가액	부가세	거래처	전자세금
[1]	2/15	51.과세	60,000,000	6,000,000	㈜한라기계	여
분개유형		(차) 기계장치	60,000,000	(대) 보통예금		66,000,000
혼합		부가세대급금	6,000,000	국고보조금(217)		50,000,000
		국고보조금(122)	50,000,000			
문항	일자	유형	공급가액	부가세	거래처	전자세금
[2]	7/05	22.현과	3,000,000	300,000	–	–
분개유형		(차) 현금	3,300,000	(대) 제품매출		3,000,000
혼합(현금)				부가세예수금		300,000

[3] (차) 보통예금　　　　　　30,000,000 (대) 자본금　　　　　　　　5,000,000
　　　　　　　　　　　　　　　　　　　　주식발행초과금　　　 25,000,000

[4] (차) 보통예금　　　　　　17,000,000 (대) 매도가능증권(178)　 19,000,000
　　　매도가능증권평가이익　4,000,000　　매도가능증권처분이익　2,000,000

　☞처분손익(매도)=처분가액(17,000,000)-취득가액(15,000,000)=2,000,000원(이익)
　제거되는평가손익=전기말공정가액(19,000,000)-취득가액(15,000,000)=4,000,000원(평가이익)

문제 2 부가가치세

[1] [신용카드매출전표등수령명세서(갑)(을)](4~6월)

2. 신용카드 등 매입내역 합계

구분	거래건수	공급가액	세액
합 계	2	450,000	45,000
현금영수증	1	300,000	30,000
화물운전자복지카드			
사업용신용카드	1	150,000	15,000
그 밖의 신용카드			

3. 거래내역입력

No		월/일	구분	공급자	공급자(가맹점)사업자등록번호	카드회원번호	그 밖의 신용카드 등 거래내역 합계		
							거래건수	공급가액	세액
1	□	05-11	사업	(주)착한마트	551-87-33392	1111-2222-3333-4444	1	150,000	15,000
2	□	06-07	현금	구인천국(주)	516-88-25450		1	300,000	30,000

☞ 영수증만을 발급해야 하는 간이과세자로부터 매입한 품목에 대해서는 매입세액 공제를 받을 수 없다.
　면세는 매입세액이 없으므로 입력하면 안된다.

[2] 확정신고서(10~12월)

1. 매입매출전표입력

· 20x1.11.30. 유형: 51.과세 공급가액: 10,000,000원 부가세: 1,000,000원 거래처: ㈜하나물산   전자: 여   분개: 없음
· 20x1.12.15. 유형: 11.과세 공급가액: 15,000,000원 부가세: 1,500,000원 거래처: ㈜삼일전자   전자: 여   분개: 없음

2. [부가가치세신고서](10~12월)

구분				금액	세율	세액
과세표준및매출세액	과세	세금계산서발급분	1	15,000,000	10/100	1,500,000
		매입자발행세금계산서	2		10/100	
		신용카드·현금영수증발행분	3		10/100	
		기타(정규영수증외매출분)	4			
	영세	세금계산서발급분	5		0/100	
		기타	6		0/100	
	예정신고누락분		7			
	대손세액가감		8			
	합계		9	15,000,000	㉮	1,500,000
매입세액	세금계산서수취분	일반매입	10	10,000,000		1,000,000
		수출기업수입분납부유예	10			
		고정자산매입	11			
	예정신고누락분		12			
	매입자발행세금계산서		13			
	그 밖의 공제매입세액		14			
	합계(10)-(10-1)+(11)+(12)+(13)+(14)		15	10,000,000		1,000,000
	공제받지못할매입세액		16			
	차감계 (15-16)		17	10,000,000	㉯	1,000,000
납부(환급)세액(매출세액㉮-매입세액㉯)					㉰	500,000

3. 가산세

1. 신고불성실	500,000원 × 20%(무신고) × (1-50%) = 50,000원
2. 납부지연	500,000원 ×16일 ×2.2/10,000 = 1,760원
계	51,760원

25.가산세명세					
사업자미등록등		61		1/100	
세금계산서	지연발급 등	62		1/100	
	지연수취	63		5/1,000	
	미발급 등	64		뒤쪽참조	
전자세금발급명세	지연전송	65		3/1,000	
	미전송	66		5/1,000	
세금계산서합계표	제출불성실	67		5/1,000	
	지연제출	68		3/1,000	
신고불성실	무신고(일반)	69	500,000	뒤쪽	50,000
	무신고(부당)	70		뒤쪽	
	과소·초과환급(일반)	71		뒤쪽	
	과소·초과환급(부당)	72		뒤쪽	
납부지연		73	500,000	뒤쪽	1,760
영세율과세표준신고불성실		74		5/1,000	
현금매출명세서불성실		75		1/100	
부동산임대공급가액명세서		76		1/100	
매입자납부특례	거래계좌 미사용	77		뒤쪽	
	거래계좌 지연입금	78		뒤쪽	
합계		79			51,760

4. 납부할 세액 : 551,760원

문제 3 결산

[1]~[3] 수동결산   [4] 자동/수동결산

[1] (차) 부가세예수금   48,000,000 (대) 부가세대급금   63,500,000
         미수금   15,510,000   잡이익   10,000

[2] (차) 현금   140,000 (대) 이자수익 또는   185,078
         만기보유증권   45,078   만기보유증권이자(902)

  ☞ 이자수익=만기보유증권 장부가액(1,850,787)×유효이자율(10%) = 185,078원
     액면(표시)이자=만기보유증권 액면금액(2,000,000)×표시이자율(7%) = 140,000원

[3] (차) 미수수익   736,000 (대) 이자수익   736,000

  ☞ 이자수익 : 가지급금 24,000,000원×당좌대출이자율 4.6%×8/12 = 736,000원

[4] · 영업권 취득가액=전기말 장부금액(45,000,000)×60개월/54개월 = 50,000,000원(6개월상각)
     · 무형자산상각비=영업권 취득가액(50,000,000)÷5년=10,000,000원/년

  1. [결산자료입력] 〉 4.판매비와관리비 〉 6)무형자산상각비 〉 영업권 결산반영금액란 10,000,000
     원 입력 〉 F3 전표추가

  또는 2. (차) 무형자산상각비   10,000,000 (대) 영업권   10,000,000

문제 4 원천징수

[1] 연말정산(조지욱)(2022)

1. [소득명세] 탭

| 소득명세 | 부양가족 | 연금저축 등I | 연금저축 등II | 월세,주택임차 | 연말정산입력 |

구분		합계	주(현)	납세조합	종(전) [1/2]
소득명세	9.근무처명		(주)하나전자		(주)재무
	9-1.종교관련 종사자		부		부
	10.사업자등록번호		125-81-10126	---.--.-----	106-87-42541
	11.근무기간		20×1-04-22 ~ 20×1-12-31	----.--.-- ~ ----.--.--	20×1-01-01 ~ 20×1-03-31
	12.감면기간		----.--.-- ~ ----.--.--	----.--.-- ~ ----.--.--	----.--.-- ~ ----.--.--
	13-1.급여(급여자료입력)	92,000,000	72,000,000		20,000,000
	13-2.비과세한도초과액				
	13-3.과세대상추가(인정상여추가)				
	14.상여	12,000,000	10,000,000		2,000,000
	15.인정상여				
	15-1.주식매수선택권행사이익				
	15-2.우리사주조합 인출금				
	15-3.임원퇴직소득금액한도초과액				
	15-4.직무발명보상금				
	16.계	104,000,000	82,000,000		22,000,000
공제보험료명세	직장 건강보험료(직장)(33)	3,285,300	2,516,400		768,900
	직장 장기요양보험료(33)	362,440	308,700		53,740
	직장 고용보험료(33)	854,000	656,000		198,000
	직장 국민연금보험료(31)	2,829,600	2,122,200		707,400
	공적연금보험료 공무원 연금(32)				
	공적연금보험료 군인연금(32)				
	공적연금보험료 사립학교교직원연금(32)				
	공적연금보험료 별정우체국연금(32)				
세액	기납부세액 소득세	8,778,530	8,148,000		630,530
	기납부세액 지방소득세	877,850	814,800		63,050
	기납부세액 농어촌특별세				

2. [부양가족] 탭

(1) 인적공제

관계	요 건		기본공제	추가(자녀)	판 단
	연령	소득			
본인(세대주)	–	–	○		
부(75)	○	○	○	경로,장애(1)	
모(74)	○	○	○	경로	
배우자	–	×	부	–	사업소득금액 1백만원 초과자
자1(11)	○	○	○	자녀	
자2(0)	○	○	○	출산(2)	
장인(70)	○	×	부	–	양도소득금액 1백만원 초과자
장모(69)	○	○	○		

연말관계	성명	내/외국인	주민(외국인)번호	나이	기본공제	세대주구분	부녀자	한부모	경로우대	장애인	자녀	출산입양
0	조지욱	내	1 770428-1072227	45	본인	세대주						
1	조유성	내	1 470802-1028226	75	60세이상				○	1		
1	우유순	내	1 480114-2033216	74	60세이상				○			
2	이기진	내	1 520730-1052118	70	부							
2	유이자	내	1 531212-2033101	69	60세이상							
3	이미지	내	1 790901-2245303	43	부							
4	조지예	내	1 110331-4274315	11	20세이하						○	
4	조지근	내	1 220315-3044219	0	20세이하							둘째
	합 계 [명]				6				2	1	1	

〈연말정산〉

항 목	요건		내역 및 대상여부	입력
	연령	소득		
보 험 료	○ (×)	○	•본인 자동차보험료 •자1 보장성보험료	○(일반 1,200,000) ○(일반 500,000)
의 료 비	×	×	•자2 의료비	○(일반 3,600,000)
기부금	×	○	•자1 종교단체외 지정기부금	○(종교단체외 800,000)

(2) 의료비지급명세서(조지근)

의료비 공제대상자				지급처			지급명세					14.산후조리원해당여부(7천만원이하)
성명	내/외	5.주민등록번호	6.본인등해당여부	8.상호	7.사업자등록번호	9.의료증빙코드	10.건수	11.금액	11-1.실손의료보험금	12.난임시술비해당여부	13.미숙아해당여부	
조지근	내	220315-3044219	3	X		국세청장		3,600,000		X	X	X

3. [연말정산입력] 탭

(1) 보험료세액공제

구분		지출액	공제대상금액	공제금액
60.보장성보험	일반	1,700,000	1,700,000	1,000,000	120,000
	장애인				

(2) 기부금세액공제

소법 제34조 3항 1호(종교외) 당기	800,000	800,000	120,000
소법 제34조 3항 1호(종교) 2014년이월			

(3) 최종 연말정산내역

	구분		지출액	공제대상금액	공제금액
특	60.보장	일반	1,700,000	1,700,000	1,000,000	120,000
	성보험	장애인			
별	61.의료비		3,600,000	3,600,000	480,000	72,000
	62.교육비				
세	63.기부금			800,000	800,000	120,000
액	1)정치자금	10만원이하			
	기부금	10만원초과			
공	2)법정기부금(전액)				
	3)우리사주조합기부금				
제	4)지정기부금(종교단체외)		800,000	800,000	120,000
	5)지정기부금(종교단체)				

[2] 전자신고

1. [원천징수이행상황신고서] 조회 및 마감(귀속기간 5월, 지급기간 5월, 1.정기신고)

2. [전자신고] 비밀번호 12345678

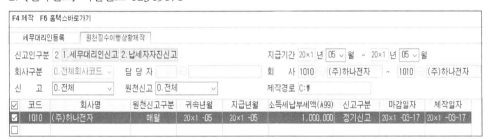

3. [국세청 홈택스 전자신고변환(교육용)]

문제 5 세무조정

[1] [수입금액조정명세서]

1. [수입금액조정계산] 탭

수입금액조정계산	작업진행률에 의한 수입금액	중소기업 등 수입금액 인식기준 적용특례에 의한 수입금액	기타수입금액조정

1. 수입금액 조정계산

No	계정과목		③결산서상 수입금액	조 정		⑥조정후 수입금액 (③+④-⑤)	비 고
	①항 목	②계정과목		④가 산	⑤차 감		
1	매 출	제품매출	3,730,810,900	28,000,000		3,758,810,900	

2. [기타수입금액조정] 탭

수입금액조정계산	작업진행률에 의한 수입금액	중소기업 등 수입금액 인식기준 적용특례에 의한 수입금액	기타수입금액조정

2. 수입금액 조정명세
　다.기타 수입금액

No	(23)구 분	(24)근 거 법 령	(25)수 입 금 액	(26)대 응 원 가	비 고
1	제품매출(시송품매출)		18,000,000	15,200,000	
2	제품매출(위탁매출)		10,000,000	8,500,000	

3. 세무조정

〈 익금산입 〉　제품매출(시송품매출)　　　18,000,000 원　　(유보발생)

〈 손금산입 〉　제품매출원가　　　　　　　15,200,000 원　　(유보발생)

〈 익금산입 〉　제품매출(위탁매출)　　　　10,000,000 원　　(유보발생)

〈 손금산입 〉　제품매출원가　　　　　　　 8,500,000 원　　(유보발생)

4. [조정후수입금액명세서]

(1) [업종별 수입금액 명세서] 탭

1. 업종별 수입금액 명세서

①업 태	②종 목	순번	③기준(단순) 경비율번호	수 입 금 액			
				수입금액계정조회 ④계(⑤+⑥+⑦)	내 수 판 매 ⑤국내생산품	⑥수입상품	⑦수 출 (영세율대상)
제조	전자부품	01	321001	3,758,810,900	3,176,001,500		582,809,400

(2) [과세표준과 수입금액 차액검토] 탭

업종별 수입금액 명세서	과세표준과 수입금액 차액검토

2. 부가가치세 과세표준과 수입금액 차액 검토   부가가치세 신고 내역보기

(1) 부가가치세 과세표준과 수입금액 차액

⑧과세(일반)	⑨과세(영세율)	⑩면세수입금액	⑪합계(⑧+⑨+⑩)	⑫조정후수입금액	⑬차액(⑪-⑫)
3,160,001,500	582,809,400		3,742,810,900	3,758,810,900	-16,000,000

(2) 수입금액과의 차액내역(부가세과표에 포함되어 있으면 +금액, 포함되지 않았으면 -금액 처리)

⑭구 분	코드	(16)금 액	비 고	⑭구 분	코드	(16)금 액	비 고
자가공급(면세전용등)	21			거래(공급)시기차이감액	30		
사업상증여(접대제공)	22			주세·개별소비세	31		
개인적공급(개인적사용)	23			매출누락	32	-28,000,000	
간주임대료	24				33		
자산 유형자산 및 무형자산 매각액	25	12,000,000			34		
매각 그밖의자산매각액(부산물)	26				35		
폐업시 잔존재고재화	27				36		
작업진행률 차이	28				37		
거래(공급)시기차이가산	29			(17)차 액 계	50	-16,000,000	
				(13)차액과(17)차액계의차이금액			

[2] [세금과공과금명세서]

코 드	계정과목	월	일	거래내용	코 드	지급처	금 액	손금불산입표시
0817	세금과공과금	1	12	주민세(종업원분)			1,700,000	
0817	세금과공과금	2	15	산재보험료 연체금			300,000	
0817	세금과공과금	3	12	국민연금회사부담금		국민연금관리공단	3,200,000	
0817	세금과공과금	3	24	사업과 관련없는 불공제매입세액	00120	신세상백화점	1,200,000	손금불산입
0817	세금과공과금	4	30	법인세분 법인지방소득세			3,500,000	손금불산입
0817	세금과공과금	5	8	대표자 개인의 양도소득세 납부		강남구청	5,000,000	손금불산입
0517	세금과공과금	6	25	폐수 초과배출부담금		진주시청	750,000	손금불산입
0817	세금과공과금	7	3	지급명세서미제출가산세		진주세무서	1,500,000	손금불산입
0817	세금과공과금	9	15	간주임대료에대한부가세		진주세무서	650,000	
0817	세금과공과금	10	5	업무상 교통위반과태료		진주경찰서	100,000	손금불산입
0817	세금과공과금	12	9	법인분 종합부동산세			5,700,000	
	손 금 불 산 입 계						12,050,000	
	합　　　계						23,600,000	

2. 세무조정

〈 손금불산입 〉	사업과 관련 없는 불공제매입세액	1,200,000 원	(기타사외유출)
〈 손금불산입 〉	법인지방소득세(법인세분)	3,500,000 원	(기타사외유출)
〈 손금불산입 〉	대표자 개인 양도소득세	5,000,000 원	(상여)
〈 손금불산입 〉	폐수 초과배출부담금	750,000 원	(기타사외유출)
〈 손금불산입 〉	지급명세서 미제출가산세	1,500,000 원	(기타사외유출)
〈 손금불산입 〉	업무상 교통위반 과태료	100,000 원	(기타사외유출)

[3] [외화자산등평가차손익조정명세서]

1. [외화자산,부채의평가(을지)] 탭

계정과목	발생일 기준 환율	장부상 평가 환율	외화 금액 ($)	장부상 평가손익 (A)	세무상 평가환율	세무상 평가손익 (B)	차이 (B-A)
외상매출금	1,150	1,200	20,000	1,000,000	1,250	2,000,000	1,000,000
외상매입금	1,200		12,000	0		-600,000	-600,000
회사손익금계상액				1,000,000	세무상손익금	1,400,000	+400,000

(1) 외상매출금

No	②외화종류(자산)	③외화금액	④장부가액		⑦평가금액		⑩평가손익
			⑤적용환율	⑥원화금액	⑧적용환율	⑨원화금액	자 산(⑨-⑥)
1	USD	20,000.00	1,150.0000	23,000,000	1,250.0000	25,000,000	2,000,000

(2)외상매입금

No	②외화종류(부채)	③외화금액	④장부가액		⑦평가금액		⑩평가손익
			⑤적용환율	⑥원화금액	⑧적용환율	⑨원화금액	부 채(⑥-⑨)
1	USD	12,000.00	1,200.0000	14,400,000	1,250.0000	15,000,000	-600,000

(3) 환율조정차,대등(갑지)

①구분		②당기손익금 해당액	③회사손익금 계상액	조정		⑥손익조정금액 (②-③)
				④차익조정(③-②)	⑤차손조정(②-③)	
가. 화폐성 외화자산,부채 평가손익		1,400,000	1,000,000			400,000
나. 통화선도,통화스왑,환변동보험 평가손익						
다.환율조정 계정손익	차익					
	차손					
계		1,400,000	1,000,000			400,000

3. 세무조정

〈 익금산입 〉　　외상매출금　　　　　　　　　1,000,000 원 (유보발생)

〈 손금산입 〉　　외상매입금　　　　　　　　　 600,000 원 (유보발생)

[4] 소득금액 조정합계표

〈 손금불산입 〉　임원상여금 한도초과액　　　　　　5,000,000 원 (상여)

〈 익금불산입 〉　자동차세 과오납금 환부이자　　　　 10,000 원 (기타)

〈 손금불산입 〉　법인세등　　　　　　　　　12,000,000 원 (기타사외유출)

〈 손금산입 〉　전기 감가상각비 손금부인액 추인　 5,000,000 원 (유보감소)

〈 손금불산입 〉　채권자불분명사채이자　　　　　 1,450,000 원 (상여)

〈 손금불산입 〉　채권자불분명사채이자 원천징수세액　 550,000 원 (기타사외유출)

[5] 기부금조정

1. [1.기부금 입력] 탭

(1) 기부금명세서

1.기부금 입력	2.기부금 조정							

1.기부금명세서							월별로 전환　구분만 별도 입력하기　유형별 정렬	

구분		3.과목	4.월일		5.적요	기부처		8.금액	비고
1.유형	2.코드					6.법인명등	7.사업자(주민)번호등		
제24조제3항제1호	40	기부금	3	11	종교단체기부금	종교단체		5,000,000	
제24조제2항제1호	10	기부금	5	23	연구비기부	국립대학병원		20,000,000	
제24조제2항제1호	10	기부금	7	21	이재민구호물품	이재민단체		5,000,000	
기타	50	기부금	9	10	간주기부금	비지정기부금단체		10,000,000	
9.소계		가. 〔법인세법〕 제24조제2항제1호의 기부금				코드 10		25,000,000	
		나. 〔법인세법〕 제24조제3항제1호의 기부금				코드 40		5,000,000	
		다. 〔조세특례제한법〕 제88조의4제13항의 우리사주조합 기부금				코드 42			
		라. 그 밖의 기부금				코드 50		10,000,000	
		계						40,000,000	

☞ 간주기부금 : (100,000,000원 × 70%) – 60,000,000원 = 10,000,000원

2. 세무조정

〈 손금불산입 〉　비지정기부금　　　10,000,000 원 (기타사외유출)

3. 소득금액 확정[익금산입=25,000,000+비지정기부금(10,000,000)=35,000,000]

2.소득금액확정				새로 불러오기　수정
1.결산서상 당기순이익	2.익금산입	3.손금산입	4.기부금합계	5.소득금액계(1+2-3+4)
270,000,000	35,000,000	10,000,000	30,000,000	325,000,000

4. [2.기부금 조정] 탭

1.기부금 입력	2.기부금 조정			

1. 1. 「법인세법」 제24조제2항제1호에 따른 기부금 손금산입액 한도액 계산				
1.소득금액 계		325,000,000	5.이월잔액 중 손금산입액 MIN[4,23]	
2.법인세법 제13조제1항제1호에 따른 이월 결손금 합계액(기준소득금액의 60% 한5		15,000,000	6.해당연도지출액 손금산입액 MIN[(④-⑤)>0, ③]	25,000,000
3.「법인세법」 제24조제2항제1호에 따른 기부금 해당 금액		25,000,000	7.한도초과액 [(3-6)>0]	
4.한도액 {[(1-2) 0]X50%}		155,000,000	8.소득금액 차감잔액 [(④-②-⑤-⑥)>0]	285,000,000
2. 2. 「조세특례제한법」 제88조의4에 따라 우리사주조합에 지출하는 기부금 손금산입액 한도액 계산				
9.「조세특례제한법」 제88조의4제13항에 따 우리사주조합 기부금 해당 금액			11. 손금산입액 MIN(9, 10)	
10. 한도액 (8×30%)		85,500,000	12. 한도초과액 [(9-10)>0]	
3. 3. 「법인세법」 제24조제3항제1호에 따른 기부금 손금산입 한도액 계산				
13.「법인세법」 제24조제3항제1호에 따른 기부금 해당금액		5,000,000	16. 해당연도지출액 손금산입액 MIN[(14-15)>0, 13]	5,000,000
14. 한도액 ((8-11)×10%, 20%)		28,500,000	17. 한도초과액 [(13-16)>0]	
15. 이월잔액 중 손금산입액 MIN(14, 23)		3,000,000		
4. 4.기부금 한도초과액 총액				
18. 기부금 합계액 (3+9+13)		19. 손금산입 합계 (6+11+16)	20. 한도초과액 합계 (18-19)=(7+12+17)	
30,000,000		30,000,000		

5. 5.기부금 이월액 명세						
사업연도	기부금 종류	23.한도초과 손금불산입액	24.기공제액	25.공제가능 잔액(23-24)	26.해당연도 손금추인액	27.차기이월액 (25-26)
합계	「법인세법」 제24조제2항제1호에 따른 기부금					
	「법인세법」 제24조제3항제1호에 따른 기부금	3,000,000		3,000,000	3,000,000	
2021	「법인세법」 제24조제3항제1호에 따른	3,000,000		3,000,000	3,000,000	

6. 6. 해당 사업연도 기부금 지출액 명세				
사업연도	기부금 종류	26.지출액 합계금액	27.해당 사업연도 손금산입액	28.차기 이월액(26-27)
합계	「법인세법」 제24조제2항제1호에 따른 기부금	25,000,000	25,000,000	
	「법인세법」 제24조제3항제1호에 따른 기부금	5,000,000	5,000,000	

제100회 전산세무1급 답안 및 해설

■ 이 론

1	2	3	4	5	6	7	8	9	10	11	12	13	14	15
③	②	③	①	②	④	④	④	①	④	①	④	②④	④	②

01. · 수정을 요하는 보고기간후사건은 보고기간말 현재 존재하였던 상황에 대한 추가적 증거를 제공하는 사건으로서 재무제표상의 금액에 영향을 주는 사건을 말하며, 그 영향을 반영하여 재무제표를 수정한다. 재무제표에 이미 인식한 추정치는 그 금액을 수정하고, 재무제표에 인식하지 아니한 항목은 이를 새로이 인식한다.

　· **유가증권의 시장가격이 보고기간말과 재무제표가 사실상 확정된 날 사이에 하락한 것**은 **수정을 요하지 않는 보고기간후사건의 예**이다.

02. 감가상각비는 제조와 관련된 경우는 제조원가로 처리하고, **그 밖의 경우에는 판매비와관리비로 처리**한다. 감가상각대상금액은 **취득원가에서 잔존가액을 차감한 금액**을 말한다.

03. ① 당기말매출채권잔액=당기 대손충당금기말잔액(250,000)÷1%=25,000,000원

　② 전기말매출채권잔액=전기 대손충당금기말잔액(270,000)÷1%=27,000,000원

　③ 대손발생액은 대손충당금 차변 발생금액(250,000)이다.

　④ 손익계산서상 대손상각비는 대손충당금 대변(150,000) 대손상각비 금액이다.

04. 〈수정분개〉

　· 미지급급여 0→1,000,000 이므로　(차) 급여　　　　 1,000,000 (대) 미지급급여　 1,000,000

　· 선수임대료 0→ 150,000 이므로　(차) 수입임대료　 150,000 (대) 선수임대료　　 150,000

　· 이자수익 3,000→ 13,000 이므로　(차) 미수수익　　　 10,000 (대) 이자수익　　　 10,000

　· 보험료 120,000→ 60,000 이므로 (차) 선급보험료　 60,000 (대) 보험료　　　　 60,000

　(가) 미수수익 : 60,000원　(나) 미수수익 60,000

　(다) 수입임대료 150,000　 (라) 급여　2,000,000

05. 주식회사의 외부감사에 관한 법률에 의해 **최초로 회계감사를 받는 경우는 정당한 회계변경의 사유**가 아니다.

06. 전부원가계산은 **변동제조원가 뿐만 아니라 고정제조원가까지도 포함하여 원가**를 계산한다.

07. 제조간접원가= 직접노무원가×1.5

가공원가 = 직접노무원가+제조간접원가(직접노무원가×1.5)=70,000원

∴ 직접노무원가= 28,000원   제조간접원가=42,000원

당기총제조원가= 기초원가(50,000)+제조간접원가(42,000)= 92,000원

재공품

기초	20,000	*당기제품제조원가*	*82,000*
당기총제조원가	92,000	기말	30,000
계	112,000	계	112,000

08. **개별원가계산은 원가계산과정이 복잡하나 원가의 정확성은 더 높다.**

09.

〈1단계〉 물량흐름파악(선입선출법)		〈2단계〉 완성품환산량 계산	
재공품		재료비	가공비
완성품	10,000		
-기초재공품	2,000(??%)		???(1,200개)
-당기투입분	8,000(100%)		8,000
기말재공품	1,000(80%)		800
계	11,000		**10,000**

〈3단계〉 원가요약(당기투입원가)　　　　　　　200,000

　　　　　　　　　　　　　　　　　　　10,000개

〈4단계〉 완성품환산량당 단위원가　　　= @20

∴**기초재공품의 완성도=1- 1,200개/2,000개=40%**

10. **단위당 변동원가와 총고정원가는 각 생산수준에서 일정하다.**

11. 내국법인이 한 차례의 접대에 지출한 접대비 중 3만원(경조금 20만원)을 초과하는 접대비로서 적격
증빙을 수취하지 아니한 경우 각 사업연도의 소득금액을 계산할 때 손금에 산입하지 아니한다.

12. 익금에 산입한 금액은 귀속자가 주주 등(임원 또는 직원인 주주 등을 제외한다)인 경우에는 그 귀속자
에 대한 배당으로 처분한다. 따라서 임직원이 아닌 **지배주주에 대한 여비교통비 지급액의 경우 손금
불산입하고 배당**으로 처분한다.

13. 사업소득 중 총수입금액의 합계액이 2천만원 이하인 자의 주택임대소득은 종합소득과세표준을 계산
할 때 합산하지 아니하고, 분리과세할 수 있다.

종합소득에 대한 과세표준은 종합소득금액에서 종합소득공제를 적용한 금액으로 한다.

14. 재화를 보관하고 관리할 수 있는 시설만 갖춘 장소로서 **하치장(荷置場)으로 신고된 장소는 사업장으
로 보지 아니한다.**

15. 재화·용역을 공급한 후 그 **공급일로부터 10년이 지난 날이 속하는 과세기간에 대한 확정신고기한까
지 대손이 확정**되어야 한다.

실 무

문제 1 전표입력

[1] (차) 무형자산손상차손   20,000,000   (대) 개발비   20,000,000

문항	일자	유형	공급가액	부가세	거래처	신용카드
[2]	6/20	57.카과	70,000	7,000	남대문주유소	비씨카드
분개유형		(차) 차량유지비(제)	70,000	(대)	미지급금(비씨카드)	77,000
카드(혼합)		부가세대급금	7,000			

문항	일자	유형	공급가액	부가세	거래처	전자세금
[3]	9/8	16.수출(1)	140,000,000	0	XYZ.Co	–
분개유형		(차) 보통예금	70,000,000	(대)	제품매출	140,000,000
혼합		외상매출금	70,000,000			

[4] (차) 보통예금   1,700,000   (대) 자기주식   1,800,000
         자기주식처분이익   100,000

☞ 처분손익=처분가액(1,700,000)−장부가액(300주×6,000)=△100,000(손실)
   자기주식처분이익(1,000,000)원 중 손실(100,000)을 우선 상계한다

문제 2 부가가치세

[1] [내국신용장·구매확인서전자발급명세서]

일자	유형	공급가액	부가세	거래처	전자세금
3/15	12.영세(3)	94,638,000	0	㈜두인테크	여
분개유형	(차) 외상매출금	94,638,000	(대) 제품매출 또는 상품매출		94,638,000
외상(혼합)	(㈜두인테크)				

2. [내국신용장·구매확인서전자발급명세서](1~3월)

2. 내국신용장 · 구매확인서에 의한 공급실적 합계				
구분	건수	금액(원)	비고	
(9)합계(10+11)	1	94,638,000		
(10)내국신용장				
(11)구매확인서	1	94,638,000		

[참고] 내국신용장 또는 구매확인서에 의한 영세율 첨부서류 방법 변경(영 제64조 제3항 제1의3호)
▶ 전자무역기반시설을 통하여 개설되거나 발급된 경우 내국신용장 · 구매확인서 전자발급명세서를 제출하고 이 외의 경우 내국신용장 사본을 제출함
=> 2011.7.1 이후 최초로 개설되거나 발급되는 내국신용장 또는 구매확인서부터 적용

3. 내국신용장 · 구매확인서에 의한 공급실적 명세서								
(12)번호	(13)구분	(14)서류번호	(15)발급일	거래처정보		(17)금액	전표일자	(18)비고
				거래처명	(16)공급받는자의 사업자등록번호			
1	구매확인서	PKT202103150011	20×1-03-28	(주)두인테크	130-86-55834	94,638,000	20×1-03-15	

[2] 부가가치세 신고서(10~12월)

1. 과세표준 및 매출세액

구분			정기신고금액		
			금액	세율	세액
과세표준및매출세액	과세	세금계산서발급분	1	5,000,000	10/100	500,000
		매입자발행세금계산서	2		10/100	
		신용카드·현금영수증발행분	3			
		기타(정규영수증외매출분)	4	3,000,000	10/100	300,000
	영세	세금계산서발급분	5	50,000,000	0/100	
		기타	6	500,000,000	0/100	
	예정신고누락분		7			
	대손세액가감		8			
	합계		9	558,000,000	㉑	800,000

☞ **과세기간 종료 후 25일 이내에 구매확인서가 발급되는 경우 영세율 적용대상**이 된다.
· **장기할부판매의 경우 대가의 각 부분을 받기로 한 때(5,000,000원)**가 그 공급시기가 된다.
· 사업을 위하여 대가를 받지 아니하고 다른 사업자에 인도하는 **견본품은 사업상 증여로 보지 아니한다.**
· **특수관계인에게 사업용 부동산의 임대용역을 무상으로 공급하는 것은 용역의 공급**으로 본다.

2. 매입세액은 없음.

문제 3 결산

[1]~[3] 수동결산, [4] 자동결산

[1] (차) 보험료(제) 　　　　1,600,000 　(대) 선급비용 　　　　　1,600,000
　　　　☞ 당기비용=2,400,000×8개월/12개월=1,600,000원

[2] (차) 외상매입금(Biden) 　1,500,000 　(대) 외화환산이익 　　　1,500,000
　　　　☞ 환산손익(부채)=[공정가액(1,080/$)−장부가액(1,100/$)]×$75,000=△1,500,000(이익)

[3] (차) 감가상각비(판) 　　　4,000,000 　(대) 감가상각누계액(196) 　4,000,000
　　　국고보조금 　　　　2,000,000 　　　　감가상각비(판) 　2,000,000
　　☞ 감가상각비= 40,000,000원 ÷ 5년 x 6/12=4,000,000원
　　　국고보조금 상각액 = 20,000,000원 ÷ 5년 x 6/12=2,000,000원
　　　→감가상각비에 대해서 순액으로 회계처리해도 무방

[4] · 기말 원재료 재고액 : 3,000,000원, 기말 재공품 재고액 : 5,000,000원
　　· 기말 제품 재고액 : 6,300,000원 입력 〉 F3 전표추가
　　☞ 기말 제품 재고액 = 창고 보관 재고액(4,800,000) + 적송품(1,500,000) = 6,300,000원

문제 4 원천징수

[1] 사업소득

1. 사업소득자등록

(1) 김수연

	코드	성명
☐	00101	김수연

⇒ 등록사항
1.소 득 구 분 940306 1인미디어콘텐츠창작자   연말정산적용 0 부
2.내 국 인 여부 1 내국인 (외국인 국적 [ ]   등록번호 [ ])
3.주민 등록 번호 850505-2455744
4.거 주 구 분 1 거 주   ※ 비거주자는 기타소득에서 입력하십시오.

(2) 한소희

	코드	성명
☐	00101	김수연
☐	00102	한소희

⇒ 등록사항
1.소 득 구 분 940303 모델   연말정산적용 0 부
2.내 국 인 여부 1 내국인 (외국인 국적 [ ]   등록번호 [ ])
3.주민 등록 번호 890102-2415657
4.거 주 구 분 1 거 주   ※ 비거주자는 기타소득에서 입력하십시오.

2. [사업소득자료입력]

(1) 김수연(지급년월일 7월 31일)

귀속년월		지급(영수)			지급액	세율(%)	소득세	지방소득세	학자금상환	차인지급액
년	월	년	월	일						
	07		07	31	2,500,000	3	75,000	7,500		2,417,500

(2) 한소희(지급년월일 7월 25일)

귀속년월		지급(영수)			지급액	세율(%)	소득세	지방소득세	학자금상환	차인지급액
년	월	년	월	일						
	07		07	25	3,000,000	3	90,000	9,000		2,901,000

[2] 급여자료

1. [사원등록]

(1) 기본사항(102.금나라)-건강보험료 경감은 부로 표시

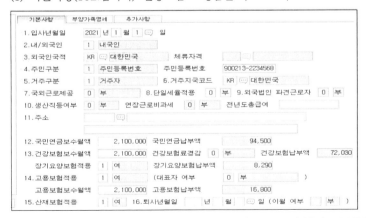

기본사항	부양가족명세	추가사항

1.입사년월일 2021 년 1 월 1 일
2.내/외국인 1 내국인
3.외국인국적 KR 대한민국   체류자격 [ ]
4.주민구분 1 주민등록번호 주민등록번호 900213-2234568
5.거주구분 1 거주자 6.거주지국코드 KR 대한민국
7.국외근로제공 0 부 8.단일세율적용 0 부 9.외국법인 파견근로자 0 부
10.생산직등여부 0 부 연장근로비과세 0 부 전년도총급여
11.주소 [ ]

12.국민연금보수월액 2,100,000 국민연금납부액 94,500
13.건강보험보수월액 2,100,000 건강보험료경감 0 부 건강보험납부액 72,030
   장기요양보험적용 1 여 장기요양보험납부액 8,290
14.고용보험적용 1 여 (대표자 여부 0 부
   고용보험보수월액 2,100,000 고용보험납부액 16,800
15.산재보험적용 1 여 16.퇴사년월일 [ ] 년 [ ] 월 [ ] 일 (이월 여부 [ ] 부)

☞ **보수월액(과세대상소득)=근로소득(2,400,000)-비과세소득(300,000, 자가운전보조금,육아수당)=2,100,000원**

(2) 부양가족명세

| 관계 | 요 건 | | 기본 | 추가 | 판　　　　단 |
	연령	소득	공제	(자녀)	
본인(세대주)	–	–	○	부녀자	맞벌이 여성(종합소득금액 3천만원이하자)
배우자	–	×	미입력	–	양도소득금액 1백만원초과자 **입력하지말라고 문제에서 제시**
자(2)	○	○	○		

(3) 추가사항

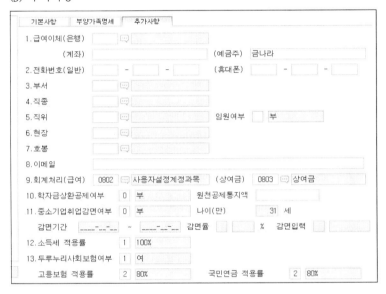

2. [수당공제등록]

· 식대는 **현물식사를 무상으로 제공받으므로 비과세 대상에 해당**하지 않는다.

· 종업원 소유의 차량을 업무에 사용하면서 시내 출장 등에 소요된 경비를 정산하지 않고 지급하는 자가
운전보조금은 월 20만원까지 비과세한다.(과세로 입력한 것도 정답 인용→"본인 명의의 재산은 전혀
없다"라고 문제에서 제시)

· 6세 미만 자녀에 대한 육아수당은 월 10만원까지 비과세한다.

| No | 코드 | 과세구분 | 수당명 | 근로소득유형 | | | 월정액 | 사용여부 |
				유형	코드	한도		
1	1001	과세	기본급	급여			정기	여
2	1002	과세	상여	상여			부정기	부
3	1003	과세	직책수당	급여			정기	부
4	1004	과세	월차수당	급여			정기	부
5	1005	비과세	식대	식대	P01	(월)100,000	정기	부
6	1006	비과세	자가운전보조금	자가운전보조금	H03	(월)200,000	부정기	여
7	1007	비과세	야간근로수당	야간근로수당	O01	(년)2,400,000	부정기	부
8	2001	과세	식대	급여			정기	여
9	2002	비과세	육아수당	육아수당	Q01	(월)100,000	정기	여

3. [급여자료입력](귀속년월 3월, 지급년월일 3월 31일)

□	사번	사원명	감면율	급여항목	금액	공제항목	금액
■	102	금나라		기본급	2,000,000	국민연금(80%)	18,900
□				자가운전보조금	200,000	건강보험	72,030
□				식대	100,000	장기요양보험	8,290
□				육아수당	100,000	고용보험(80%)	3,360
□						소득세(100%)	16,810
□						지방소득세	1,680
□						농특세	
□							
□							
□							
□				과　　세	2,100,000		
□				비　과　세	300,000	공 제 총 액	121,070
	총인원(퇴사자)	1(0)		지 급 총 액	2,400,000	차 인 지 급 액	2,278,930

☞자가운전보조금을 과세수당으로 등록한 경우 급여항목의 비과세 금액은 100,000원이 된다.

문제 5 　세무조정

[1] 대손충당금 및 대손금조정명세서

1. 대손금 조정

1	2. 대손금조정											크게보기
No	22.일자	23.계정과목	24.채권내역	25.대손사유	26.금액	대손충당금상계액			당기 손비계상액			
						27.계	28.시인액	29.부인액	30.계	31.시인액	32.부인액	
1	02.10	받을어음	1.매출채권	5.부도(6개월경과)	15,000,000	15,000,000	15,000,000					
2	06.10	미수금	2.미수금	1.파산	8,000,000	8,000,000	8,000,000					
		계			23,000,000	23,000,000	23,000,000					

2. 세무조정 및 채권잔액

〈손금산입〉　　소멸시효 완성 외상매출금　　　　　　　　3,000,.000 (유보발생)

2	채권잔액						크게보기
No	16.계정과목	17.채권잔액의 장부가액	18.기말현재대손금부인누계		19.합계 (17+18)	20.충당금설정제외채권 (할인,배서,특수채권)	21.채 권 잔 액 (19-20)
			전기	당기			
1	외상매출금	500,000,000		-3,000,000	497,000,000		497,000,000
2	받을어음	300,000,000			300,000,000	3,000,000	297,000,000

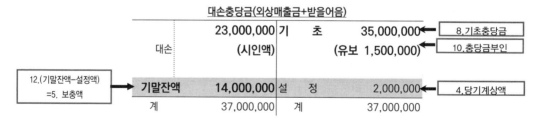

3. 대손충당금 조정

3	1.대손충당금조정									
손금 산입액 조정	1.채권잔액 (21의금액)	2.설정률(%) ⦿기본율 ○실적율 ○적립기준			3.한도액 (1×2)	회사계상액				7.한도초과액 (6-3)
						4.당기계상액	5.보충액	6.계		
	794,000,000	1			7,940,000	2,000,000	12,000,000	14,000,000		6,060,000
익금 산입액 조정	8.장부상 충당금기초잔액	9.기중 충당금환입액	10.충당금부인 누계액	11.당기대손금 상계액(27의금액)	12.충당금보충액 (충당금장부잔액)	13.환입할금액 (8-9-10-11-12)	14.회사환입액 (회사기말환입)		15.과소환입·과다 환입(△)(13-14)	
	35,000,000		1,500,000	23,000,000	12,000,000	-1,500,000			-1,500,000	

4. 대손충당금 세무조정

〈손금산입〉　　전기 대손충당금 한도초과금　　　1,500,000　　　（유보감소）

〈손금불산입〉　대손충당금 한도초과　　　　　　6,060,000　　　（유보발생）

[2] 선급비용명세서

	계정구분	거래내용	거래처	대상기간		지급액	선급비용	회사계상액	조정대상금액
				시작일	종료일				
□	선급 임차료	평택 공장	(주)성삼	2022-05-01	2023-04-30	84,000,000	27,692,307		27,692,307
□	선급 임차료	제천 공장	이근희	2022-08-01	2024-07-31	120,000,000	95,013,698		95,013,698

〈 손금산입 　〉전기 기간미경과 보험료　　　560,000 원 (유보감소)

〈 손금불산입 〉당기 기간미경과 임차료　　27,692,307 원 (유보발생)

〈 손금불산입 〉당기 기간미경과 임차료　　95,013,315 원 (유보발생)

[3] 업무용승용차관련비용명세서

1. [업무용승용차등록]

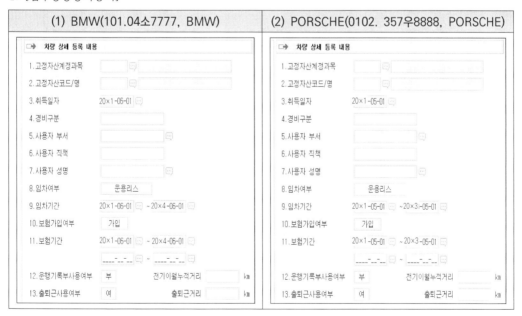

2. [업무용승용차관련비용명세서]

(1) BMW

1 업무용 사용 비율 및 업무용 승용차 관련 비용 명세 (운행기록부: 미적용) 임차기간: 2021-06-01 ~ 2024-06-01 □ 부동산임대업등 법령39조⑧항

(5) 총주행 거리(km)	(6) 업무용 사용 거리(km)	(7) 업무 사용비율	(8) 취득가액	(9) 보유또는 임차월수	(10)업무용 승용차 관련 비용								
					(11) 감가상각비	(12) 임차료 (감가상각비포함)	(13) 감가상각비상당액	(14) 유류비	(15) 보험료	(16) 수선비	(17) 자동차세	(18) 기타	(19) 합계
		76.7532		7		10,106,750	8,000,375	1,293,421					11,400,171
		합 계				10,106,750	8,000,375	1,293,421					11,400,171

2 업무용 승용차 관련 비용 손금불산입 계산

(22) 업무 사용 금액			(23) 업무외 사용 금액			(30) 감가상각비 (상당액) 한도초과금액	(31) 손금불산입 합계 ((29)+(30))	(32) 손금산입 합계 ((19)-(31))
(24) 감가상각비 (상당액)[((11)또는 (13))X(7)]	(25) 관련 비용 [((19)-(11)또는 (19)-(13))X(7)]	(26) 합계 ((24)+(25))	(27) 감가상각비 (상당액)X(11)-(24) 또는(13)-(24)	(28) 관련 비용 [((19)-(11)또는 (19)-(13)-(25)]	(29) 합계 ((27)+(28))			
6,140,548	2,609,452	8,750,000	1,859,827	790,344	2,650,171	1,473,881	4,124,052	7,276,119
6,140,548	2,609,452	8,750,000	1,859,827	790,344	2,650,171	1,473,881	4,124,052	7,276,119

3 감가상각비(상당액) 한도초과금액 이월 명세

(37) 전기이월액	(38) 당기 감가상각비(상당액) 한도초과금액	(39) 감가상각비(상당액) 한도초과금액 누계	(40) 손금추인(산입)액	(41) 차기이월액((39)-(40))
	1,473,881	1,473,881		1,473,881
	1,473,881	1,473,881		1,473,881

(2) PORSCHE

1 업무용 사용 비율 및 업무용 승용차 관련 비용 명세 (운행기록부: 미적용) 임차기간: 2021-05-01 ~ 2023-05-01 □ 부동산임대업등 법령39조⑧항

(5) 총주행 거리(km)	(6) 업무용 사용 거리(km)	(7) 업무 사용비율	(8) 취득가액	(9) 보유또는 임차월수	(10)업무용 승용차 관련 비용								
					(11) 감가상각비	(12) 임차료 (감가상각비포합)	(13) 감가상각비상당액	(14) 유류비	(15) 보험료	(16) 수선비	(17) 자동차세	(18) 기타	(19) 합계
		54.8075		8		17,204,410	16,833,975	1,041,282					18,245,692
		합 계				27,311,160	24,834,350	2,334,703					29,645,863

2 업무용 승용차 관련 비용 손금불산입 계산

(22) 업무 사용 금액			(23) 업무외 사용 금액			(30) 감가상각비 (상당액) 한도초과금액	(31) 손금불산입 합계 ((29)+(30))	(32) 손금산입 합계 ((19)-(31))
(24) 감가상각비 (상당액)[((11)또는 (13))X(7)]	(25) 관련 비용 [((19)-(11)또는 (19)-(13))X(7)]	(26) 합계 ((24)+(25))	(27) 감가상각비 (상당액)X(11)-(24) 또는(13)-(24)	(28) 관련 비용 [((19)-(11)또는 (19)-(13)-(25)]	(29) 합계 ((27)+(28))			
9,226,274	773,726	10,000,000	7,607,701	637,991	8,245,692	3,892,940	12,138,632	6,107,060
15,366,822	3,383,178	18,750,000	9,467,528	1,428,335	10,895,863	5,366,821	16,262,684	13,383,179

3 감가상각비(상당액) 한도금액 이월 명세

(37) 전기이월액	(38) 당기 감가상각비(상당액) 한도초과금액	(39) 감가상각비(상당액) 한도초과금액 누계	(40) 손금추인(산입)액	(41) 차기이월액((39)-(40))
	3,892,940	3,892,940		3,892,940
	5,366,821	5,366,821		5,366,821

3. 세무조정

〈 손금불산입 〉 업무용승용차 업무미사용분　　　　　　　10,895,863 원 (상여　　　　　　)

〈 손금불산입 〉 업무용승용차감가상각비 한도초과　　　　5,366,821 원 (기타사외유출)

또는

〈 손금불산입 〉 업무용승용차 업무미사용분(BMW)　　　　2,650,171 원 (상여　　　　　　)

〈 손금불산입 〉 업무용승용차 업무미사용분(PORSCHE)　　8,245,692 원 (상여　　　　　　)

〈 손금불산입 〉 업무용승용차감가상각비 한도초과(BMW)　　1,473,881 원 (기타사외유출)

〈 손금불산입 〉 업무용승용차감가상각비한도초과(PORSCHE)　3,892,940 원 (기타사외유출)

[4] 자본금과적립금조정명세서(을)

1. 자본금과적립금조정명세서(을)

	I.세무조정유보소득계산				
①과목 또는 사항	②기초잔액	당 기 중 증 감		⑤기말잔액 (=②-③+④)	비 고
		③감 소	④증 가		
대손충당금 한도 초과액	12,000,000	12,000,000	11,000,000	11,000,000	
선급비용	2,500,000	2,500,000			
재고자산평가감	1,000,000	1,000,000			
기계장치감가상각비한도초과			4,000,000	4,000,000	
합 계	15,500,000	15,500,000	15,000,000	15,000,000	

2. 자본금과적립금조정명세서(갑)

자본금과적립금조정명세서(을)	자본금과적립금조정명세서(갑)	이월결손금

	I.자본금과 적립금 계산서						
	①과목 또는 사항	코드	②기초잔액	당 기 중 증 감		⑤기 말 잔 액 (=②-③+④)	비 고
				③감 소	④증 가		
자본금및 잉여금의 계산	1.자 본 금	01	50,000,000		50,000,000	100,000,000	
	2.자 본 잉 여 금	02	4,000,000			4,000,000	
	3.자 본 조 정	15					
	4.기타포괄손익누계액	18					
	5.이 익 잉 여 금	14	65,000,000		72,000,000	137,000,000	
		17					
	6.계	20	119,000,000		122,000,000	241,000,000	
7.자본금과 적립금명세서(을)계		21	15,500,000	15,500,000	15,000,000	15,000,000	
손익미계상 법인세 등	8.법 인 세	22					
	9.지 방 소 득 세	23					
	10. 계 (8+9)	30					
11.차 가 감 계 (6+7-10)		31	134,500,000	15,500,000	137,000,000	256,000,000	

[5] 법인세 과세표준 및 최저한세조정계산서

> 1.세액조정계산서(산출세액) → 2.최저한세 → 3.세액조정계산서(최종)

1. 법인세 과세표준 및 세액조정계산서(산출세액)

① 각 사 업 연 도 소 득 계 산	101.결 산 서 상 당 기 순 손 익	01		162,000,000
	소 득 조 정 금 액	102.익 금 산 입	02	130,000,000
		103.손 금 산 입	03	100,000,000
	104.차 가 감 소득금액 (101+102-103)	04		192,000,000
	105.기 부 금 한 도 초 과 액	05		1,000,000
	106.기부금 한도초과 이월액 손금산입	54		3,000,000
	107.각사업연도소득금액(104+105-106)	06		190,000,000
② 과 세 표 준 계 산	108.각 사 업 연 도 소 득 금 액(108=107)			190,000,000
	109.이 월 결 손 금	07		10,000,000
	110.비 과 세 소 득	08		
	111.소 득 공 제	09		
	112.과 세 표 준 (108-109-110-111)	10		180,000,000
	159.선 박 표 준 이 익	55		
③ 산 출	113.과 세 표 준 (113=112+159)	56		180,000,000
	114.세 율	11		10%
	115.산 출 세 액	12		18,000,000

지출연도	지정기부금 지출액	지정기부금 한도액	한도초과액
2019년도	10,000,000	7,000,000	3,000,000
20x1년도	18,000,000	20,000,000	△2,000,000

☞ 당기 기부금 한도 적용 시 **이월기부금을 당기 지출 기부금보다 우선 공제**한다. 따라서 **이월기부금 3,000,000원을 기부금 한도초과 이월액 손금산입**하고, 잔여 한도액을 초과하는 **당기 지출 기부금 1,000,000원은 기부금한도초과액으로 이월**한다.

2. [최저한세조정계산서](최저한세 적용대상 세액감면입력)

①구분		코드	②감면후세액	③최저한세	④조정감	⑤조정후세액
(101) 결 산 서 상 당 기 순 이 익		01	162,000,000			
소득조정금액	(102)익 금 산 입	02	130,000,000			
	(103)손 금 산 입	03	100,000,000			
(104) 조 정 후 소 득 금 액 (101+102-103)		04	192,000,000	192,000,000		192,000,000
최저한세적용대상 특별비용	(105)준 비 금	05				
	(106)특별상각,특례상각	06				
(107) 특별비용손금산입전소득금액(104+105+106)		07	192,000,000	192,000,000		192,000,000
(108) 기 부 금 한 도 초 과 액		08	1,000,000	1,000,000		1,000,000
(109) 기부금 한도초과 이월액 손 금 산 입		09	3,000,000	3,000,000		3,000,000
(110) 각 사 업 년 도 소 득 금 액 (107+108-109)		10	190,000,000	190,000,000		190,000,000
(111) 이 월 결 손 금		11	10,000,000	10,000,000		10,000,000
(112) 비 과 세 소 득		12				
(113) 최저한세적용대상 비 과 세 소 득		13				
(114) 최저한세적용대상 익금불산입 손금산입		14				
(115) 차가감 소 득 금 액 (110-111-112+113+114)		15	180,000,000	180,000,000		180,000,000
(116) 소 득 공 제		16				
(117) 최저한세적용대상 소 득 공 제		17				
(118) 과 세 표 준 금 액 (115-116+117)		18	180,000,000	180,000,000		180,000,000
(119) 선 박 표 준 이 익		24				
(120) 과 세 표 준 금 액 (118+119)		25	180,000,000	180,000,000		180,000,000
(121) 세 율		19	10 %	7 %		10 %
(122) 산 출 세 액		20	18,000,000	12,600,000		18,000,000
(123) 감 면 세 액		21	9,000,000		3,600,000	5,400,000
(124) 세 액 공 제		22				
(125) 차 감 세 액 (122-123-124)		23	9,000,000			12,600,000

3. 법인세과세표준 및 세액조정계산서(최종)

최저한세 적용대상 공제감면세액 5,400,000원 입력

① 각사업연도소득계산	101.결산서상 당기순손익	01	162,000,000		120.산 출 세 액 (120=119)		18,000,000
	소득조정 금 액 102.익 금 산 입	02	130,000,000	④ 납부할세액계산	121.최저세 적용 대상 공제 감면 세액	17	5,400,000
	103.손 금 산 입	03	100,000,000		122.차 감 세 액	18	12,600,000
	104.차 가 감 소득금액 (101+102-103)	04	192,000,000		123.최저한세 적용 제외 공제 감면 세액	19	
	105.기 부 금 한 도 초 과 액	05	1,000,000		124.가 산 세 액	20	
	106.기부금 한도초과 이월액 손금산입	54	3,000,000		125.가 감 계(122-123+124)	21	12,600,000
	107.각사업연도소득금액(104+105-106)	06	190,000,000	기한내납부세액	126.중 간 예 납 세 액	22	3,000,000
② 과세표준계산	108.각 사 업 연 도 소득금액(108=107)		190,000,000		127.수 시 부 과 세 액	23	
	109.이 월 결 손 금	07	10,000,000		128.원 천 납 부 세 액	24	1,200,000
	110.비 과 세 소 득	08			129.간접 회사등 외국 납부세액	25	
	111.소 득 공 제	09			130.소 계(126+127+128+129)	26	4,200,000
	112.과 세 표 준 (108-109-110-111)	10	180,000,000		131.신 고 납부전 가 산 세 액	27	
	159.선 박 표 준 이 익	55			132.합 계 (130+131)	28	4,200,000
③ 산출세액계산	113.과 세 표 준 (113=112+159)	56	180,000,000	133.감 면 분 추 가 납부세액	29	
	114.세 율	11	10%	134.차가감 납부할 세액(125-132+133)	30	8,400,000
	115.산 출 세 액	12	18,000,000	⑤토지등양도소득, ⑥미환류소득 법인세계산 (TAB로 이동)		
	116.지 점 유 보 소 득 (법 제96조)	13		151.차 가 감 납부할 세 액 계 (134+150)	46	8,400,000
	117.세 율	14		152.사실과 다른 회계처리 경정세액공제	57	
	118.산 출 세 액	15		⑦ 세액계	153.분 납 세 액 계 산 법 인세액 (151-124-133-145-152+131)	47	8,400,000
	119.합 계 (115+118)	16	18,000,000	분납할 세액	154.현 금 납 부	48	
					155.물 납	49	
					156. 계 (154+155)	50	
				차감 납부 세액	157.현 금 납 부	51	8,400,000
					158.물 납	52	
					160. 계 (157+158) [160=(151-152-156)]	53	8,400,000

제99회 전산세무1급 답안 및 해설

이 론

1	2	3	4	5	6	7	8	9	10	11	12	13	14	15
②	①	④	②	①	①	③	④	①	④	②④	③	②	③	①

01. 보수주의는 두 가지 이상의 대체적인 회계처리 방법이 있을 경우 재무적 기초를 견고히 하는 관점에서 **이익을 낮게 보고하는 방법을 선택**하는 것으로, 전기오류수정사항을 이익잉여금에 반영하는 것은 중대한 오류에 대한 회계처리로 보수주의와는 무관하다.

02. **만기보유증권은 상각후원가법으로 평가**한다.

03. 무형자산을 창출하기 위한 내부 프로젝트를 **연구단계와 개발단계로 구분할 수 없는 경우**에는 그 프로젝트에서 발생한 지출은 **모두 연구단계에서 발생한 것**으로 본다.

04. 처분손익=[처분가액(80,000)-취득가액(50,000)]×100주=3,000,000원(이익)
자기주식처분이익(3,000,000)은 자기주식처분손실(2,000,000)과 우선 상계하고, 나머지 **잔액을 자기주식처분이익(1,000,000)**으로 처리한다.

〈회계처리〉
(차)　현금 등　8,000,000원　(대)　자기주식　5,000,000원
　　　　　　　　　　　　　　　자기주식처분손실　2,000,000원
　　　　　　　　　　　　　　　자기주식처분이익　1,000,000원

05. **선감모 후평가손실 인식**
- 감모손실 = [실제(900개)-장부(1,000개)] × 장부가액(1,900) = △190,000원
- 순실현가능가치= 단위당 판매가능금액(2,000) - 단위당 판매비용(200) = 1,800원
- 평가손실 = 실제(900개) × [순실현가치(1,800)-장부가액(1,900)] = △90,000원
- **비정상적으로 발생한 감모손실**은 재고자산감모손실(영업외비용)로 회계처리한다.
평가손실은 재고자산의 차감계정(재고자산평가충당금)으로 표시하고 매출원가에 가산한다.

06. **다품종 소량생산시스템은 개별원가시스템**에 적합하다.
- 전기 미지급 노무비를 당기에 지급하면, 전기의 노무비로 계상해야 한다.(발생주의)
- 제조간접비가 제조부문과 관리부문에 동시에 발생하면, **합리적 배부기준에 의해 배부**한다.

07. **기말재공품의 완성도는 평균법과 선입선출법 모두에서 고려대상**이다.

08. 공장 전체 제조간접비 배부율을 이용할 때에는 공장 전체 총제조간접비를 사용하여 배부율을 계산하므로 보조부문의 제조간접비를 제조부문에 배분하는 절차가 필요하지 않다.

09. 예정배부율=제조간접비 예상액(5,000,000)÷예상 직접노무시간(50,000시간)=100원/직접노무시간
예정배부액= 실제 직접노무시간(51,500) × 예정배부율(@100원) = 5,150,000원
실제 제조간접비 발생액(6,000,000) - 예정배부액(5,150,000)=850,000원(과소배부)

10. 주산물 A의 제조원가(**결합원가가 모두 반영**)가 과대계상되어 영업이익이 과소계상되는만큼 **영업외수익(B의 처분액)이 과대** 계상되어 **당기순이익은 영향을 받지 않는다.**

    · 주산물 A 제조원가 과대계상 → 매출원가 과대계상 → 매출총이익 과소계상 → 영업이익과소계상
    · 부산물 B 제조원가 미배분 → 영업외수익(처분액) 과대계상
    · 영업이익 과소계상+영업외수익 과대계상 → 당기순이익 영향 없음

11. 신설하는 영리법인은 설립일이 속하는 사업연도의 **법인세 과세표준신고기한까지 평가방법신고서를** 납세지 관할세무서장에게 제출하여야 한다. 법인은 재고자산을 평가할 때 해당 자산을 **자산별로 구분하여 '종류별 · 영업장별'로 각각 다른 방법에 의하여 평가**할 수 있다.

12. 각 사업연도의 소득에 대한 법인세의 과세표준을 계산함에 있어서 **공제되지 아니한 비과세소득 및 소득공제액은 이월되지 않고 소멸한다.**

13. 사업용계좌 신고 및 사용의무는 복식부기의무자에게만 있다. 따라서 **사업용계좌 미신고 및 미사용 가산세는 복식부기의무자만 적용**된다.

14. 기본공제 대상자 판정 시 배우자는 나이요건의 제한을 받지 않으나 소득요건의 제한을 받으므로 소득금액의 합계액이 100만원(근로소득만 있는 경우 총급여 500만원) 이하인 경우에 기본공제를 적용받을 수 있다.

    종합소득금액=근로소득금액(500,000)+사업소득금액(550,000)=1,050,000원
    →100만원초과자→소득요건 미충족

15. **자동차운전학원에서 제공되는 교육용역은 과세대상**이다.

실 무

문제 1 **전표입력**

[1] (차) 미수금(용산구청)   870,000   (대) 전기오류수정이익(912)   870,000

[2] (차) 토지   45,000,000   (대) 자본금   35,000,000
                                                     주식발행초과금   7,000,000
                                                     보통예금   3,000,000

☞토지의 매입가액= 보통주 7,000주 × 시가 6,000원(제공한 자산의 공정가치)=42,000,000원
    토지 취득가액=토지매입가액(42,000,000)+취득 부대비용(3,000,000) =45,000,000원

문항	일자	유형	공급가액	부가세	거래처	전자
[3]	8/1	54.불공(4)	2,000,000	200,000	한강마트	부
분개유형		(차) 접대비(판)	2,200,000 (대) 미지급금			2,200,000
혼합						

문항	일자	유형	공급가액	부가세	거래처	전자
[4]	8/6	11.과세	110,000,000	11,000,000	㈜안정	여
분개유형		(차) 보통예금		121,000,000	(대) 부가세예수금	11,000,000
혼합		선수금		190,000,000	제품매출	300,000,000

☞ 중간지급조건부 거래로서 공급시기는 대가의 각부분을 받기로 한때이다. 따라서 잔금에 대하여 세금계산서를 발급한 건이다.

문제 2 부가가치세

[1] 부동산임대공급가액명세서 및 신고서

1. 부동산임대공급가액명세서(4~6월) 적용이자율 1.2%

2. 부가가치세신고서(4~6월)

	구분		금액	세율	세액
과세표준및매출세액	과세	세금계산서발급분 ①	4,400,000	10/100	440,000
		매입자발행세금계산서 ②		10/100	
		신용카드·현금영수증발행분 ③		10/100	
		기타(정규영수증외매출분) ④	200,547	10/100	20,054
	영세	세금계산서발급분 ⑤		0/100	
		기타 ⑥		0/100	
		예정신고누락분 ⑦			
		대손세액가감 ⑧			
		합계 ⑨	4,600,547	㉮	460,054

[2] 내국신용장·구매확인서 전자발급명세서 및 영세율매출명세서

1. 매입매출전표 입력

일자	유형	공급가액	부가세	거래처	전자	분개
10/10	12.영세(3)	48,000,000	0	㈜신우무역	여	없음
11/13	12.영세(3)	16,000,000	0	㈜주철기업	여	없음

2. 내국신용장·구매확인서전자발급명세서(10~12월)

2. 내국신용장 · 구매확인서에 의한 공급실적 합계				
구분	건수	금액(원)	비고	[참고] 내국신용장 또는 구매확인서에 의한 영세율 첨부서류 방법 변경(영 제64조 제3항 제1의3호)
(9)합계(10+11)	2	64,000,000		▶ 전자무역기반시설을 통하여 개설되거나 발급된 경우 내국신용장 · 구매확인서 전자발급명세서를
(10)내국신용장	1	16,000,000		제출하고 이 외의 경우 내국신용장 사본을 제출함
(11)구매확인서	1	48,000,000		⇒ 2011.7.1 이후 최초로 개설되거나 발급되는 내국신용장 또는 구매확인서부터 적용

3. 내국신용장 · 구매확인서에 의한 공급실적 명세서								
				거래처정보				
(12)번호	(13)구분	(14)서류번호	(15)발급일	거래처명	(16)공급받는자의 사업자등록번호	(17)금액	전표일자	(18)비고
1	구매확인서 1111111		-10-15	(주)신우무역	621-85-05380	48,000,000		
2	내국신용장 2222222		-11-10	(주)주철기업	617-85-11831	16,000,000		

3. 영세율매출명세서(10~12월)

부가가치세법	조세특례제한법		
(7)구분	(8)조문	(9)내용	(10)금액(원)
	제21조	직접수출(대행수출 포함)	
		중계무역 · 위탁판매 · 외국인도 또는 위탁가공무역 방식의 수출	
		내국신용장 · 구매확인서에 의하여 공급하는 재화	64,000,000
		한국국제협력단 및 한국국제보건의료재단에 공급하는 해외반출용 재화	
		수탁가공무역 수출용으로 공급하는 재화	

문제 3 결산

[1] 〈수동결산〉

(차) 단기매매증권	300,000	(대) 단기매매증권평가이익	300,000

☞평가손익=[기말 공정가치(12,000) − 취득가액(10,000)]×150주 = 300,000원(이익)

[2] 〈수동결산〉

(차) 이자비용	1,960,000	(대) 보통예금	1,500,000
		사채할인발행차금	460,000

☞유효이자(이자비용)=발행가액(28,000,000)×유효이자율(7%)=1,960,000원
액면이자=액면가액(30,000,000)×액면이자율(5%)=1,500,000원

[3] 〈수동/자동결산〉

(차) 퇴직급여(판)　　25,000,000　　(대) 퇴직급여충당부채　　41,000,000
　　　퇴직급여(제)　　16,000,000

구분	당기말 퇴직금 추계액(①)	설정전 퇴충부채 잔액			당기퇴직급여설정액 (①-④)
		전기말퇴직금 추계액(②)	퇴직금 지급액(③)	설정전 퇴충잔액④ (②-③)	
영업부	40,000,000	30,000,000	15,000,000	15,000,000	25,000,000
생산부	65,000,000	64,000,000	15,000,000	49,000,000	16,000,000

[4] 〈수동/자동결산〉

(차) 법인세등　　39,529,600　　(대) 선납세금　　10,512,000
　　　　　　　　　　　　　　　　　미지급세금　　29,017,600

· 법인세 산출세액 : 200,000,000원 × 10% + 79,680,000원 × 20% = 35,936,000원
· 법인세 지방소득세액 : 200,000,000원 × 1% + 79,680,000원 × 2% = 3,593,600원
· 법인세비용 : 35,936,000원 + 3,593,600원 = 39,529,600원
· 선납세금= 중간예납세액(9,500,000)+원천징수세액(920,000+92,000)=10,512,000원

또는 결산자료입력 메뉴의 [9.법인세 등-1) 선납세금]란에 10,512,000원, [9.법인세 등-2) 추가 계상액]란에 29,017,600원을 입력한 후 F3 전표추가를 클릭한다.

문제 4] 원천징수

[1] 급여자료 입력

1. 수당공제등록

- 수당등록

No	코드	과세구분	수당명	근로소득유형			월정액	사용여부
				유형	코드	한도		
1	1001	과세	기본급	급여			정기	여
2	1002	과세	상여	상여			부정기	부
3	1003	과세	직책수당	급여			정기	여
4	1004	과세	월차수당	급여			정기	부
5	1005	비과세	식대	식대	P01	(월)100,000	정기	부
6	1006	비과세	자가운전보조금	자가운전보조금	H03	(월)200,000	정기	여
7	1007	비과세	야간근로수당	야간근로수당	O01	(년)2,400,000	부정기	부
8	2001	과세	식대	급여			정기	여
9	2002	비과세	연구보조비	[기업연구소]연구보조비	H10	(월)200,000	정기	여

- 공제등록

No	코드	공제항목명	공제소득유형	사용여부
1	5001	국민연금	고정항목	여
2	5002	건강보험	고정항목	여
3	5003	장기요양보험	고정항목	여
4	5004	고용보험	고정항목	여
5	5005	학자금상환	고정항목	부
6				

☞비과세:자가운전보조금,연구보조비

· 식대 : **과세 수당으로 추가등록, 별도의 현물식사를 제공받으므로 식대는 과세 대상**이다.
· 연구보조비(비과세) : 수당명-연구보조비, 유형코드-H10([기업연구소]연구보조비)
· 사용하지 않는 위 외의 수당과 공제항목은 사용 여부를 모두 '부'로 변경한다.

2. 급여자료입력(104.이창현, 귀속년월 6월, 지급년월일 6월 30일)

급여항목	금액	공제항목	금액
기본급	2,600,000	국민연금	110,000
직책수당	200,000	건강보험	89,000
자가운전보조금	200,000	장기요양보험	10,250
식대	100,000	고용보험	23,200
연구보조비	100,000	소득세(100%)	75,860
		지방소득세	7,580
		농특세	
과 세	2,900,000		
비 과 세	300,000	공 제 총 액	315,890
지 급 총 액	3,200,000	차 인 지 급 액	2,884,110

☞ 비과세=식대(100,000)+연구보조비(200,000)=300,000원

[2] 연말정산(김정훈)

1. 부양가족명세

관계	요 건		기본 공제	추가 (자녀)	판 단
	연령	소득			
본인(세대주)	-	-	○		
배우자	-	×	부		총급여액 5백만원 초과자
모(75)	○	○	○	경로,장애(3)	
자(18)	○	○	○	자녀	

소득명세	부양가족	연금저축 등I	연금저축 등II	월세,주택임차	연말정산입력							확대

연말관계	성명	내/외국인	주민(외국인)번호	나이	기본공제	세대주구분	부녀자	한부모	경로우대	장애인	자녀	출산입양
0	김정훈	내	1 720614-1052364	50	본인	세대주						
1	이정자	내	1 470213-2231641	75	60세이상				○	3		
3	신혜미	내	1 761125-2078454	46	부							
4	김이슬	내	1 041220-4052135	18	20세이하						○	
	합 계 [명]				3				1	1	1	

☞ 모친 이정자의 경우 기본공제-장애인으로 입력한 것도 정답으로 인정

2. 연말정산입력

항 목	요건		내역 및 대상여부	입력
	연령	소득		
보 험 료	○ (×)	○	•배우자 손해보험료(소득요건 미충족)	×
			•자의 손해보험료	○(일반 900,000)

항 목	요건		내역 및 대상여부	입력
	연령	소득		
의 료 비	×	×	• 본인 의료비(**안경 50만원 한도**)	○(본인 2,200,000)
			• 배우자 **치료목적 성형수술비**	○(일반 1,000,000)
			• 모 장애인 재활치료비	○(장애 2,400,000)
			• 자 질병치료비(실손보험금 차감)	○(일반 240,000)
교 육 비	×	○	• 본인 대학원 등록금	○(본인 5,000,000)
			• 자 고등학교 교육비(**체험 30만원한도, 교복 50만원 한도**)	○(고등 2,700,000)
신용카드	×	○	• 본인 신용카드(의료비)	○(신용 5,900,000)
			• 자 현금영수증(의료비)	○(현금 240,000)
			• 본인 신용카드(교복구입비)	○(신용 600,000)

(1) 신용카드 등 사용금액에 대한 소득공제

구분		대상금액	공제율금액
전통시장/ 대중교통 제외	㉮신용카드	6,500,000	15%
	㉯직불/선불카드		
	㉰현금영수증	240,000	30%
㉱도서공연 등 사용분			
㉲전통시장사용분			
㉳대중교통이용분			40%
신용카드 등 사용액 합계(㉮~㉳)		6,740,000	

(2) 의료비공제(의료비지급명세서)

지급처			의료비 공제대상자					지급명세				13.산후조리원 해당여부 (7천만원이하)
9. 의료증빙코드	8.상호	7.사업자 등록번호	성명	내/외	5.주민등록번호	6.본인등 해당여부	10. 건수	11.금액	11-1.실손 의료보험금	12.난임시술비 해당여부		
국세청장			김정훈	내	720614-1052364	1	0	2,200,000		X	X	
국세청장			이정자	내	470213-2231641	2	0	2,400,000		X	X	
국세청장			신혜미	내	761125-2078454	3	X	1,000,000		X	X	
국세청장			김이슬	내	041220-4052135	3	X	400,000	160,000	X	X	

(3) 특별세액공제

☞ 연말정산추가자료 입력시 F8(부양가족탭불러오기)를 클릭할 경우 기존에 입력한 자료는 없어지므로 다시 입력해야 한다.

	구분			지출액	공제대상금액	공제금액
56.자녀 세액공제	㉮자녀	1 명)				150,000
	㉯ 출산.입양	명)				
연금계좌	57.과학기술공제					
	58.근로자퇴직연금					
	59.연금저축					
세액별	60.보장 성보험	일반		900,000	900,000	900,000	108,000
		장애인				
	61.의료비			6,000,000	6,000,000	4,640,000	618,000
	62.교육비			7,700,000	7,700,000	7,700,000	
	63.기부금					

- 의료비세액공제

구분	지출액	실손의료비	공제대상금액	공제금액
난임시술비				
본인	2,200,000		2,200,000	330,000
65세,장애인.건강보험산정특례자	2,400,000	160,000	2,400,000	288,000
그 밖의 공제대상자	1,400,000		40,000	

- 교육비세액공제

구분	지출액	공제대상금액	공제금액
취학전아동(1인당 300만원)			
초중고(1인당 300만원)	2,700,000		
대학생(1인당 900만원)		7,700,000	
본인(전액)	5,000,000		
장애인 특수교육비			

문제 5 세무조정

[1] 접대비조정명세서

1. 수입금액명세

1.접대비 입력 (을)	2.접대비 조정 (갑)		

1. 수입금액명세

구 분	① 일반수입금액	② 특수관계인간 거래금액	③ 합 계(①+②)
금 액	3,290,000,000	200,000,000	3,490,000,000

2. 접대비 해당금액

2. 접대비 해당금액

④ 계정과목		합계	접대비(판관)	복리후생비		
⑤ 계정금액		59,850,000	56,550,000	3,300,000		
⑥ 접대비계상액 중 사적사용경비		5,000,000	5,000,000			
⑦ 접대비해당금액(⑤-⑥)		54,850,000	51,550,000	3,300,000		
⑧ 신용카드등 미사용금액	경조사비 중 기준금액 초과액	⑨신용카드 등 미사용금액				
		⑩총 초과금액				
	국외지역 지출액 (법인세법 시행령 제41조제2항제1호)	⑪신용카드 등 미사용금액				
		⑫총 지출액				
	농어민 지출액 (법인세법 시행령 제41조제2항제2호)	⑬송금명세서 미제출금액				
		⑭총 지출액				
	접대비 중 기준금액 초과액	⑮신용카드 등 미사용금액	4,000,000	4,000,000		
		(16)총 초과금액	50,900,000	50,900,000		
(17) 신용카드 등 미사용 부인액		4,000,000	4,000,000			
(18) 접대비 부인액(⑥+(17))		9,000,000	9,000,000			

3. 접대비 조정(갑)

1.접대비 입력 (을)	2.접대비 조정 (갑)

3 접대비 한도초과액 조정

중소기업			☐ 정부출자법인
			☐ 부동산임대업등 ⑧한도액 50%적용

구분			금액
① 접대비 해당 금액			54,850,000
② 기준금액 초과 접대비 중 신용카드 등 미사용으로 인한 손금불산입액			4,000,000
③ 차감 접대비 해당금액 (①-②)			50,850,000
일반 접대비 한도	④ 12,000,000 (중소기업 36,000,000) X 월수(12) / 12		36,000,000
	총수입금액 기준	100억원 이하의 금액 X 30/10,000 (2020년 사업연도 분은 35/10,000)	10,470,000
		100억원 초과 500억원 이하의 금액 X 20/10,000 (2020년 사업연도 분은 25/10,000)	
		500억원 초과 금액 X 3/10,000 (2020년 사업연도 분은 6/10,000)	
		⑤ 소계	10,470,000
	일반수입금액 기준	100억원 이하의 금액 X 30/10,000 (2020년 사업연도 분은 35/10,000)	9,870,000
		100억원 초과 500억원 이하의 금액 X 20/10,000 (2020년 사업연도 분은 25/10,000)	
		500억원 초과 금액 X 3/10,000 (2020년 사업연도 분은 6/10,000)	
		⑥ 소계	9,870,000
	⑦ 수입금액기준	(⑤-⑥) X 10/100	60,000
	⑧ 일반접대비 한도액 (④+⑥+⑦)		45,930,000
문화접대비 한도 (「조특법」 제136조제3항)	⑨ 문화접대비 지출액		
	⑩ 문화접대비 한도액(⑨와 (⑧ X 20/100) 중 작은 금액)		
⑪ 접대비 한도액 합계(⑧+⑩)			45,930,000
⑫ 한도초과액(③-⑪)			4,920,000
⑬ 손금산입한도 내 접대비 지출액(③과⑪ 중 작은 금액)			45,930,000

4. 조정등록

〈손금불산입〉 대표이사 개인경비　　　　　　　　　　　　　　　5,000,000원 (상여)

〈손금불산입〉 적격증빙불비 접대비(건당 3만원 초과 간이영수증 수취분) 4,000,000원 (기타사외유출)

〈손금불산입〉 접대비 한도초과액　　　　　　　　　　　　　　　4,920,000원 (기타사외유출)

[2] 고정자산

세무상취득가액(A)		세무상 기초감가상각누계액(B)	
=기말B/S상 취득가액	41,000,000	기초B/S상 감가상각누계액	12,000,000
+즉시상각의제액(당기)	0	(-) 전기상각부인누계액	(1,477,493)
41,000,000		10,522,507	
미상각잔액(C=A-B)=30,477,493			
상각범위액(D)	세무상미상각잔액(C) × 상각율(0.451)=13,745,349		
회사계상상각비(E)	12,000,000원(상각비)		
시부인액(D-E)	**시인액 1,745,349(전기말 상각부인액 손금추인)**		

1. 고정자산등록(000001.기계, 취득년월일 2019.09.18.)

기본등록사항	추가등록사항	
1.기초가액	41,000,000	
2.전기말상각누계액(-)	12,000,000	
3.전기말장부가액	29,000,000	
4.당기중 취득 및 당기증가(+)		
5.당기감소(일부양도·매각·폐기)(-)		
전기말상각누계액(당기감소분)(+)		
6.전기말자본적지출액누계(+)(정액법만)		
7.당기자본적지출액(즉시상각분)(+)		
8.전기말부인누계액(+) (정률만 상각대상에 가산)	1,477,493	
9.전기말의제상각누계액(-)		
10.상각대상금액	30,477,493	
11.내용연수/상각률(월수)	5 🔍 0.451 (12)	연수별상각율
12.상각범위액(한도액)(10X상각율)	13,745,349	
13.회사계상액(12)-(7)	12,000,000	사용자수정
14.경비구분	1.500번대/제조	
15.당기말감가상각누계액	24,000,000	
16.당기말장부가액	17,000,000	
17.당기의제상각비		
18.전체양도일자	----.--.--	
19.전체폐기일자	----.--.--	
20.업종	13 🔍 제조업	

2. 미상각자산감가상각조정명세서

업종코드/명	13	제조업		
		입력내용		금액
합계표 자산구분		2. 기계장치		
(4)내용연수				5
상각 계산 의 기초 가액	재무상태표 자산가액	(5)기말현재액		41,000,000
		(6)감가상각누계액		24,000,000
		(7)미상각잔액(5)-(6)		17,000,000
	(8)회사산감가상각비			12,000,000
	(9)자본적지출액			
	(10)전기말의제상각누계액			
	(11)전기말부인누계액			1,477,493
	(12)가감계((7)+(8)+(9)-(10)+(11))			30,477,493
(13)일반상각률,특별상각률				0.451
상각범위 액계산	당기산출 상각액	(14)일반상각액		13,745,349
		(15)특별상각액		
		(16)계((14)+(15))		13,745,349
	취득가액	(17)전기말현재취득가액		41,000,000
		(18)당기회사계산증가액		
		(19)당기자본적지출액		
		(20)계((17)+(18)+(19))		41,000,000
	(21) 잔존가액			2,050,000
	(22) 당기상각시인범위액			13,745,349
(23)회사계상상각액((8)+(9))				12,000,000
(24)차감액 ((23)-(22))				-1,745,349
(25)최저한세적용에따른특별상각부인액				
조정액	(26) 상각부인액 ((24)+(25))			
	(27) 기왕부인액중당기손금추인액			1,477,493
(28) 당기말부인누계액 ((11)+(26)-|(27)|)				

3. 감가상각비조정명세서합계표

1.자 산 구 분		코드	2.합 계 액	유 형 자 산			6.무형자산
				3.건 축 물	4.기계장치	5.기타자산	
재무 상태표 상각액	101.기말현재액	01	41,000,000		41,000,000		
	102.감가상각누계액	02	24,000,000		24,000,000		
	103.미상각잔액	03	17,000,000		17,000,000		
104.상각범위액		04	13,745,349		13,745,349		
105.회사손금계상액		05	12,000,000		12,000,000		
조정 금액	106.상각부인액 (105-104)	06					
	107.시인부족액 (104-105)	07	1,745,349		1,745,349		
	108.기왕부인액 중 당기손금추인액	08	1,477,493		1,477,493		

4. 조정등록

〈손금산입〉　　　　감가상각비 시인부족액 추인　　　　　1,477,493원(유보감소)

[3] 가지급금등의 인정이자 조정명세서

1. 가지급금, 가수금 입력

① 대표이사 유현진

o가지급금,가수금 선택: 1.가지급금　　　　　　　　　　회계데이터불러오기

No	적요	년월일	차변	대변	잔액	일수	적수
1	2.대여	3 2	85,000,000		85,000,000	305	25,925,000,000

② 사내이사 김강현

o가지급금,가수금 선택: 1.가지급금　　　　　　　　　　회계데이터불러오기

No	적요	년월일	차변	대변	잔액	일수	적수
1	2.대여	5 17	17,000,000		17,000,000	229	3,893,000,000

2. 차입금 입력

① 새마을은행

No	□	적요	연월일	차변	대변	이자대상금액	이자율 %	이자
1	□	1.전기이월	1 1		40,000,000	40,000,000	2.90000	1,160,000

② 시민은행

No	□	적요	연월일	차변	대변	이자대상금액	이자율 %	이자
1	□	2.차입	3 1		25,000,000	25,000,000	2.10000	525,000

☞(주)동호물산은 특수관계회사이므로 차입금입력 대상에서 제외

3. 인정이자계산 : (을)지(인정이자율 2.59230%)

① 대표이사 유현진

No	대여기간 발생연월일 회수일	연월일	적요	5.차변	6.대변	7.잔액(5-6)	일수	가지급금적수(7X8)	10.가수금적수	11.차감적수	이자율(%)	13.인정이자(11X12)
1	3 2 차기 이월	3 2	2.대여	85,000,000		85,000,000	305	25,925,000,000		25,925,000,000	2.59230	1,841,243

② 사내이사 김강현

No	대여기간 발생연월일 회수일	연월일	적요	5.차변	6.대변	7.잔액(5-6)	일수	가지급금적수(7X8)	10.가수금적수	11.차감적수	이자율(%)	13.인정이자(11X12)
1	5 17 차기 이월	5 17	2.대여	17,000,000		17,000,000	229	3,893,000,000		3,893,000,000	2.59230	276,488

4. 인정이자조정 : (갑)지

1.가지급금.가수금 입력	2.차입금 입력	3.인정이자계산 : (을)지	4.인정이자조정 : (갑)지			이자율선택 : [2] 가중평균차입이자율로 계산		
☞ 2.가중평균차입이자율에 따른 가지급금 등의 인정이자 조정 (연일수 : 365일)								

No	1.성명	2.가지급금적수	3.가수금적수	4.차감적수(2-3)	5.인정이자	6.회사계상액	시가인정범위		9.조정액(=7) 7>=3억,8>=5%
							7.차액(5-6)	8.비율(%)	
1	유현진	25,925,000,000		25,925,000,000	1,841,243	630,000	1,211,243	65.78398	1,211,243
2	김강현	3,893,000,000		3,893,000,000	276,488	265,000	11,488	4.15497	

5. 조정등록

〈익금산입〉   가지급금 인정이자(대표이사)   1,211,243원(상여)

[4] 퇴직연금부담금 조정명세서

→ T기말 퇴중잔액=기초퇴충(25,000,000)-지급액(16,000,000)-유보(1,000,000)=8,000,000원

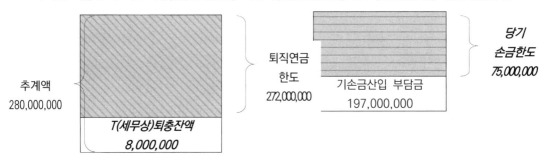

1. 기말 퇴직연금 예치금등의 계산

1 나.기말 퇴직연금 예치금 등의 계산			
19.기초 퇴직연금예치금 등	20.기중 퇴직연금예치금 등 수령 및 해약액	21.당기 퇴직연금예치금 등의 납입액	22.퇴직연금예치금 등 계 (19 - 20 + 21)
200,000,000	3,000,000	40,000,000	237,000,000

2. 손금산입대상 부담금등 계산

2 가.손금산입대상 부담금 등 계산					
13.퇴직연금예치금 등 계 (22)	14.기초퇴직연금충당금등 및 전기말 신고조정에 의한 손금산입액	15.퇴직연금충당금등 손금부인 누계액	16.기중퇴직연금등 수령 및 해약액	17.이미 손금산입한 부담금등 (14 - 15 - 16)	18.손금산입대상 부담금 등 (13 - 17)
237,000,000	200,000,000		3,000,000	197,000,000	40,000,000

3. 퇴직연금 등의 부담금 조정

▷ 1.퇴직연금 등의 부담금 조정					
1.퇴직급여추계액	당기말 현재 퇴직급여충당금				6.퇴직부담금 등 손금산입 누적한도액 (① - ⑤)
	2.장부상 기말잔액	3.확정기여형퇴직연금자의 설정전 기계상된 퇴직급여충당금	4.당기말 부인 누계액	5.차감액 (② - ③ - ④)	
280,000,000	9,000,000		1,000,000	8,000,000	272,000,000
7.이미 손금산입한 부담금 등 (17)	8.손금산입액 한도액 (⑥ - ⑦)	9.손금산입 대상 부담금 등 (18)	10.손금산입범위액 (⑧과 ⑨중 적은 금액)	11.회사 손금 계상액	12.조정금액 (⑩ - ⑪)
197,000,000	75,000,000	40,000,000	40,000,000		40,000,000

4. 조정등록세무조정

〈손금불산입〉	전기퇴직연금운용자산	3,000,000원(유보감소)
〈손금산입〉	전기퇴직급여충당금	3,000,000원(유보감소)
〈손금산입〉	퇴직연금운용자산	40,000,000원(유보발생)

[5] 기부금조정명세서

1. 기부금 입력

1.기부금 입력	2.기부금 조정							
1.기부금명세서					월별로 전환	구분만 별도 입력하기	유형별 정렬	
구분		3.과목	4.월일		5.적요	기부처		8.금액	비고

구분		3.과목	4.월일		5.적요	기부처		8.금액	비고
1.유형	2.코드					6.법인명등	7.사업자(주민)번호등		
제24조제2항제1호	10	기부금	2	10	지방자치단체에 의료품 기부			50,000,000	
제24조제2항제1호	10	기부금	8	10	이재민 구호금품			20,000,000	
제24조제2항제1호	10	기부금	9	25	사립대학교 장학금			100,000,000	
기타	50	기부금	12	25	정치자금			3,000,000	
9.소계		가. [법인세법] 제24조제2항제1호의 기부금					코드 10	170,000,000	
		나. [법인세법] 제24조제3항제1호의 기부금					코드 40		
		다. [조세특례제한법] 제88조의4제13항의 우리사주조합 기부금					코드 42		
		라. 그 밖의 기부금					코드 50	3,000,000	
		계						173,000,000	

〈손금불산입〉	정치자금	3,000,000원(기타사외유출)

☞개인의 정치자금은 세액공제 대상이지만 법인의 정당 정치자금 기부는 불법입니다.
  정당에서도 기부를 받지도 않습니다.

> 〈정치자금법〉
> 제31조【기부의 제한】 ① 외국인, **국내·외의 법인** 또는 단체는 **정치자금을 기부할 수 없다.**
> ② 누구든지 **국내·외의 법인 또는 단체와 관련된 자금으로 정치자금을 기부할 수 없다.**

2. 소득금액 확정 후 저장

- 가산조정=익금산입(30,000,000)+손금불산입(정치자금, 3,000,000)=33,000,000원

2.소득금액확정				새로 불러오기 수정 해제
1.결산서상 당기순이익	2.익금산입	3.손금산입	4.기부금합계	5.소득금액계(1+2-3+4)
300,000,000	33,000,000	4,500,000	170,000,000	498,500,000

3. 기부금 이월액 명세

5 5.기부금 이월액 명세						
사업 연도	기부금 종류	23.한도초과 손금불산입액	24.기공제액	25.공제가능 잔액(23-24)	26.해당연도 손금추인액	27.차기이월액 (25-26)
합계	「법인세법」 제24조제2항제1호에 따른 기부금	10,000,000		10,000,000		10,000,000
	「법인세법」 제24조제3항제1호에 따른 기부금					
2020	「법인세법」 제24조제2항제1호에 따른	10,000,000		10,000,000		10,000,000

4. 법정기부금 한도 계산(2018년 이월결손금 150,000,000입력)

1 1.「법인세법」 제24조제2항제1호에 따른 기부금 손금산입액 한도액 계산			
1.소득금액 계	498,500,000	5.이월잔액 중 손금산입액 MIN[4,23]	10,000,000
2.법인세법 제13조제1호에 따른 이월 결손금 합계액(기준소득금액의 60% 한도5	150,000,000	6.해당연도지출액 손금산입액 MIN[(④-⑤)>0, ③]	164,250,000
3.「법인세법」 제24조제2항제1호에 따른 기부금 해당 금액	170,000,000	7.한도초과액 [(3-6)>0]	5,750,000
4.한도액 {[(1-2) 0]X50%}	174,250,000	8.소득금액 차감잔액 [(①-②-⑤-⑥)>0]	174,250,000

5. 기부금이월액 명세(해당연도 손금추인액 10,000,000원 입력)

5 5.기부금 이월액 명세						
사업 연도	기부금 종류	23.한도초과 손금불산입액	24.기공제액	25.공제가능 잔액(23-24)	26.해당연도 손금추인액	27.차기이월액 (25-26)
합계	「법인세법」 제24조제2항제1호에 따른 기부금	10,000,000		10,000,000	10,000,000	
	「법인세법」 제24조제3항제1호에 따른 기부금					
2020	「법인세법」 제24조제2항제1호에 따른	10,000,000		10,000,000	10,000,000	

6 6. 해당 사업연도 기부금 지출액 명세				
사업연도	기부금 종류	26.지출액 합계금액	27.해당 사업연도 손금산입액	28.차기 이월액(26-27)
합계	「법인세법」 제24조제2항제1호에 따른 기부금	170,000,000	164,250,000	5,750,000
	「법인세법」 제24조제3항제1호에 따른 기부금			

- 당기 법정기부금 한도초과액(5,750,000)은 10년간 이월공제

제97회 전산세무1급 답안 및 해설

이 론

1	2	3	4	5	6	7	8	9	10	11	12	13	14	15
①	④	①	②	②	②	①	④	②	①	②	③	③	③	②

01. **정상적인 영업주기 내에 판매되거나 사용되는 재고자산과 회수되는 매출채권** 등은 보고기간종료일로부터 **1년 이내에 실현되지 않더라도 유동자산으로 분류**한다. 이 경우 유동자산으로 분류한 금액 중 **1년 이내에 실현되지 않을 금액을 주석으로 기재**한다.

02. 금융자산을 양도한 후 양도인이 양도자산에 대한 권리를 행사할 수 있는 경우 해당 금융자산을 담보로 한 차입거래로 본다.

03. 정부보조 등에 유형자산을 무상, 공정가치보다 **낮은 대가로 취득하는 경우 취득원가는 취득일의 공정가치**로 한다.

04. 사채발행가액 = (2,000,000 × 0.7938) + (200,000 × 2.5771) = 2,103,020원

사채할증발행차금 = 2,103,020(발행가액) − 2,000,000(액면가액,①) = 103,020원(②)

연도	유효이자(A) (BV×8%)	액면이자(B) (액면가액×10%)	할증발행차금 (A-B)	장부금액 (BV)
20x1. 1. 1				2,103,020
20x1.12.31	168,241	200,000	31,759(③)	2,071,261
20x2.12.31	165,700	200,000	34,299(④)	2,036,962

05. 기업이 주주에게 순자산을 반환하지 않고 주식의 액면금액을 감소시키거나 주식수를 감소시키는 경우에는 감소되는 액면금액 또는 감소되는 주식수에 해당하는 액면금액을 감자차익으로 하여 자본잉여금으로 회계처리한다.

06. 예정조업도(제품A)=300개×4시간=1,200시간

예정조업도(제품B)=400개×5시간=2,000시간

예정배부율(제조부문1)=예정간접원가(992,000) ÷ 예정조업도(3,200시간)=310원/직접노동시간

07. **재고가 존재할 경우 배부방법에 따라 총이익이 달라진다.**

08. 결합원가를 순실현가치법에 따라 배분할 때 순실현가치란 개별제품의 최종판매가격에서 분리점 이후의 추가적인 가공원가와 판매비와 관리비를 차감한 후의 금액을 말한다.

09.

〈1단계〉 물량흐름파악(선입선출법)		〈2단계〉 완성품환산량 계산	
재공품		재료비	가공비
완성품	1,300		
－기초재공품	550(60%)		330
－당기투입분	750(100%)		750
기말재공품	600(x%)		120
계	1,900		1,200

〈3단계〉 원가요약(당기투입원가)　　　　　　　　12,000,000

　　　　　　　　　　　　　　　　　　　　　　　　1,200개

〈4단계〉 완성품환산량당 단위원가　　　　　　　 = @10,000

　　X = 120개/600개 = 20%

10.

AQ	AP	SQ	SP
100,000kg	300원/kg	9,000단위×12kg=108,000kg	320원/kg
30,000,000		34,560,000	

AQ × AP(Ⓐ)　　　　　　AQ × SP(Ⓑ)　　　　　　　SQ × SP(Ⓒ)

　　　　　　　　　　　　100,000kg× 320원/kg

30,000,000　　　　　　　=32,000,000　　　　　　　34,560,000

　　　　　　　가격차이(Ⓐ－Ⓑ)　　　　　수량차이(Ⓑ－Ⓒ)

　　　　　　　=△2,000,000(유리)　　　= △2,560,000원(유리)

11. ① 임원이 부담할 접대비는 접대비로 보지 않고 개인사용경비로 본다.

③ 정당한 사유가 있는 경우에는 대손금으로 보나 그 이외는 접대비 또는 기부금으로 본다.

④ 중소기업의 접대비 기본한도액은 연간 3,600만원이다.

12. 추계로 과세표준을 결정·경정할 때 대표자 상여처분에 따라 발생한 소득세를 법인이 대납하고 이를 손비로 계상한 경우 기타사외유출로 소득처분한다.

13. 저당권의 목적으로 부동산 및 부동산상의 권리를 제공하는 경우에는 재화의 공급으로 보지 아니한다.

14. 간이과세자에 대한 면세농산물 등 의제매입세액공제 적용을 배제한다.

15. 종교관련 종사자에 대한 필요경비는 별도 산식에 의한다.

▊▊▊▊▊ 실 무

문제 1 전표입력

문항	일자	유형	공급가액	부가세	거래처	전자세금
[1]	3/14	16.수출(1)	49,450,000	0	NICE	부
분개유형		(차) 외상매출금	49,450,000	(대) 제품매출		49,450,000
외상						

☞수출시 과세표준=$43,000×1,150=49,450,000원

문항	일자	유형	공급가액	부가세	거래처	전자세금
[2]	3/30	54.불공(6)	30,000,000	3,000,000	㈜백두물산	여
분개유형		(차) 토지	33,000,000	(대) 미지급금		33,000,000
혼합						

[3] (차) 보통예금   8,000,000   (대) 배당금수익   8,000,000

☞기업회계기준상 회사가 수령한 현금배당은 배당수익으로 인식하지만 주식배당은 배당수익으로 계상하지 아니하며 회사가 보유한 주식의 수량만 증가시키는 회계처리를 한다.

문항	일자	유형	공급가액	부가세	거래처	전자세금
[4]	12/15	11.과세	100,000,000	10,000,000	㈜전동	여
분개유형		(차) 보통예금	55,000,000	(대) 제품매출		100,000,000
혼합		당좌예금	55,000,000	부가세예수금		10,000,000

☞공급자인 ㈜홍도산업이 공급받는자인 ㈜전동에게 임가공용역을 제공한 것이 아니므로 영세율대상이 아니다.

문제 2 부가가치세

[1] 공제받지못할매입세액명세서(10~12월)

공제받지못할매입세액내역	공통매입세액안분계산내역	공통매입세액의정산내역	납부세액또는환급세액재계산		
매입세액 불공제 사유		세금계산서			
		매수	공급가액		매입세액
①필요적 기재사항 누락 등					
②사업과 직접 관련 없는 지출		1	3,500,000		350,000
③비영업용 소형승용자동차 구입·유지 및 임차					
④접대비 및 이와 유사한 비용 관련		1	5,000,000		500,000
⑤면세사업등 관련					
⑥토지의 자본적 지출 관련		1	1,000,000		100,000
⑦사업자등록 전 매입세액					
⑧금 구리 스크랩 거래계좌 미사용 관련 매입세액					

☞1,000CC이하 경차, 9인승 이상 승합차는 매입세액공제대상임.

[2] 의제매입세액공제신고서(4~6월)

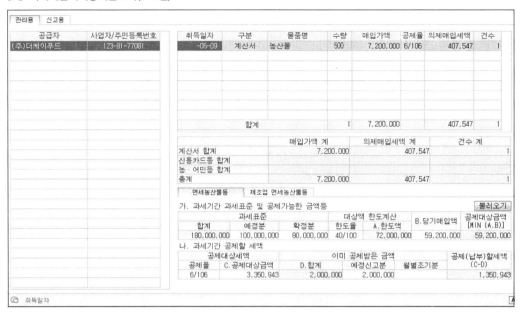

☞음식점업을 영위시 적격증빙을 수취해야 의제매입세액공제를 적용받을 수 있다.

[3] 대손세액공제신고서(4~6월)

대손확정일	대손금액	공제율	대손세액	거래처		대손사유
20x1-04-25	7,700,000	10/110	700,000	미래상사	6	소멸시효완성
20x1-04-09	2,200,000	10/110	200,000	오늘무역	5	부도(6개월경과)
20x1-06-15	5,500,000	10/110	500,000	내일식품	1	파산
20x1-03-15	-5,500,000	10/110	-500,000	(주)태양	7	대손채권회수
합 계	9,900,000		900,000			

☞장래교역 받을어음은 부도발생일부터 6개월이 지나지 않아 대손세액공제를 받을 수 없다. 2기확정 신고서 적용된다.
☞㈜오늘무역의 어음은 부도발생일(20x0.10.08)로부터 6월이 되는 날의 다음날이므로 20x1.04.09이 대손확정일이 된다.

문제 3   결산

[1] [수동결산]

(차) 부가세예수금	45,600,000	(대) 부가세예수금	32,300,000
세금과공과(판)	100,000	미수금	1,200,000
또는 잡손실		미지급세금	12,200,000

[2] [수동결산]

(차)	장기차입금(㈜와플)	1,200,000	(대) 외화환산이익		1,200,000
	외화환산손실	2,800,000	장기대여금(㈜세무)		2,800,000

☞ 환산손익(부채) = \$12,000 × △100(1,110 − 1,210) = △1,200,000원(이익)
　 환산손익(자산) = \$28,000 × △100(1,110 − 1,210) = △2,800,000원(손실)

[3] [수동/자동결산]

(차)	대손상각비(판)	700,000	(대) 대손충당금(외상)		550,000
			대손충당금(받을)		150,000

또는 [결산자료입력] 메뉴의 판매비와 일반관리비의 대손상각 외상매출금란에 550,000원 입력,
판매비와 일반관리비의 대손상각 받을어음란에 150,000원 입력 후 F3 전표추가를 클릭한다.

* 당기 대손추산액(연령분석법)
　① 외상매출금: 5,000,000 ×5% + 10,000,000 × 10%+2,000,000 × 15% = 1,550,000원
　② 미수금: 3,000,000 × 10% = 300,000원
　③ 받을어음: 1,000,000 × 15% = 150,000원

	대손추산액	설정전대손충당금	당기대손상각비
외상매출금	1,550,000	1,000,000	550,000
미수금	300,000	300,000	0
받을어음	150,000	0	150,000
계			700,000

[4] [수동결산]

(차)	임차료(판관비)	15,000,000	(대) 선급비용(㈜대영산업)		15,000,000

☞ 1개월치 창고 임차료 = 26,250,000원(선급비용) ÷ 21개월 = 1,250,000원/월
　 20x1년 임차료(당기비용) = 1,250,000원 × 12개월 = 15,000,000원

문제 4 원천징수

[1] 연말정산(마세욱,2022)

1. 부양가족명세

관계	요 건		기본 공제	추가(자녀)	판　　　단
	연령	소득			
본인(세대주)	−	−	○		
배우자	−	○	○		
부(69)	○	○	○		사망일 전일로 판단
모(65)	○	×	부		소득금액 1백만원 초과자
자1(11)	○	○	○	장애(1), 자녀	
자2(2)	○	○	○		

2. 소득명세

소득명세	부양가족	연금저축 등I	연금저축 등II	월세,주택임차	연말정산입력

	구분	합계	주(현)	납세조합	종(전) [1/2]
	9.근무처명		(주)홍도산업		(주)상강
	10.사업자등록번호		109-81-73060	---.--.-----	110-86-32502
소	11.근무기간		20×1-08-12~20×1-12-31	----.--.--~----.--.--	20×1-01-01~20×1-07-31
	12.감면기간		----.--.--~----.--.--	----.--.--~----.--.--	----.--.--~----.--.--
	13-1.급여(급여자료입력)	54,750,000	30,250,000		24,500,000
득	13-2.비과세한도초과액				
	13-3.과세대상추가(인정상여추가)				
	14.상여	4,000,000			4,000,000
명	15.인정상여				
	15-1.주식매수선택권행사이익				
	15-2.우리사주조합 인출금				
세	15-3.임원퇴직소득금액한도초과액				
	15-4.직무발명보상금				
	16.계	58,750,000	30,250,000		28,500,000
	18.국외근로				
공 제 보 험 료 명 세	직장 건강보험료(직장)(33)	2,051,700	1,017,150		1,034,550
	직장 장기요양보험료(33)	223,430	104,250		119,180
	직장 고용보험료(33)	470,000	242,000		228,000
	직장 국민연금보험료(31)	2,414,250	1,131,750		1,282,500
	공적 연금 보험료 공무원 연금(32)				
	공적 연금 보험료 군인연금(32)				
	공적 연금 보험료 사립학교교직원연금(32)				
	공적 연금 보험료 별정우체국연금(32)				
세 액	기납부세액 소득세	2,308,300	1,705,000		603,300
	기납부세액 지방소득세	230,830	170,500		60,330
	기납부세액 농어촌특별세				

☞ 기납부세액란은 종전근무지 결정세액을 입력해야 한다.

3. 월세,주택임차 탭

임대인명 (상호)	주민등록번호 (사업자번호)	유형	계약 면적(㎡)	임대차계약서 상 주소지	계약서상 임대차 계약기간 개시일	~	계약서상 임대차 계약기간 종료일	연간 월세액	공제대상금액	세액공제금액
나주인	470404-2133121	아파트	82.00	서울 강남구 도산대로 120,	20×0-06-01	~	20×2-05-31	12,000,000	7,500,000	750,000

4. 연말정산입력 탭

과 목	명 세	금 액	비 고
보 험 료	본인의 자동차 보험료	300,000원	보장성 보험 일반에 입력
	자1 장애인전용보장성보험료	1,000,000원	보장성 보험 장애인에 입력
의 료 비	마연우 의료비	2,040,000원	의료비 장애인에 입력
교 육 비	마연우 초등학교 수업료	300,000원	초중고에 300,000원 입력

[2] 이자배당소득

1. 기타소득자 등록

① 101.(주)더케이

1.거 주 구 분	1 거 주
2.소 득 구 분	122 ⓒ 비영업대금의 이익(소법 §16①11) 연 말 정 산 적 용
3.내 국 인 여부	1 내국인 (거주지국코드 등록번호)
4.생 년 월 일	년 월 일
5.주민 등록 번호	___-____
6.소득자구분/실명	ⓒ 실명
7.개인/ 법인구분	2 법 인 필요경비율 %
8.사업자등록번호	113-86-32442 9.법인(대표자명)

② 102.연예인

1.거 주 구 분	1 거 주
2.소 득 구 분	251 ⓒ 내국법인 배당·분배금, 건설이자 연 말 정 산 적 용
3.내 국 인 여부	(거주지국코드 등록번호)
4.생 년 월 일	년 월 일
5.주민 등록 번호	800207-1234567
6.소득자구분/실명	111 ⓒ 내국인주민등록번호 실명 0 실 명
7.개인/ 법인구분	1 개 인 필요경비율 %
8.사업자등록번호	___-____ 9.법인(대표자명)

2. 이자배당 소득자료입력

① 101.(주)더케이(이자소득, 지급년월일 4월 15일)

1.소득자 구분/실명	실명
2.개인/법인구분	2.법인
3.지급(영수)일자	20×1 년 04 월 15 일
4.귀속년월	20×1 년 04 월
5.은행 및 계좌번호	계좌번호 예금주
6.금융상품명	ⓒ
7.유가증권코드	
8.과세구분	ⓒ
9.조세특례등	ⓒ
10.세액감면 및 제한세율근거	
11.변동자료구분	0 처음제출되는 자료

지 급 및 계 산 내 역

채권이자 구분	이자지급대상기간	이자율	금액	세율(%)	세액	지방소득세	농특세
			12,000,000	25	3,000,000	300,000	

② 102.연예인(배당소득, 지급년월일 4월 30일)

1.소득자 구분/실명	111 내국인주민등록번호 실명
2.개인/법인구분	1.개인
3.지급(영수)일자	20×1 년 04 월 30 일
4.귀속년월	20×1 년 04 월
5.은행 및 계좌번호	계좌번호 예금주
6.금융상품명	ⓒ
7.유가증권코드	
8.과세구분	242 ⓒ (구)위에 해당하지 않는 배당소득
9.조세특례등	ⓒ
10.세액감면 및 제한세율근거	
11.변동자료구분	0 처음제출되는 자료

지 급 및 계 산 내 역

채권이자 구분	이자지급대상기간	이자율	금액	세율(%)	세액	지방소득세	농특세
			15,000,000	14	2,100,000	210,000	

☞배당소득의 귀속연월(잉여금처분결의일)이 2월이므로 귀속연월을 2월로 입력한 것도 정답으로 인용

문제 5 세무조정

[1] 건설자금이자 조정명세서

1. 특정차입금 건설자금이자 계산 명세

	⑤건설자산명	⑥대출기관명	⑦차입일	⑧차입금액	⑨이자율	⑩지급이자(일시이자수익차감)	⑪준공일(또는 예정일)	⑫대상일수(공사일수)	⑬대상금액(건설이자)
1	도원2공장신축	교동은행	20x1-07-01	1,000,000,000	3.500	15,123,288	20x2-09-30	153	12,575,342

2. 특정차입금 건설자금이자계산 명세

☞ ⑩ 지급이자(일시이자수익차감)=17,643,835-2,520,547=15,123,288원
　⑬ 건설이자=15,123,288÷184일×153일=12,575,342원

2. 건설자금이자계산조정

1. 건설자금이자계산 조정

구 분	① 건설자금이자	② 회사계상액	③ 상각대상자산분	④ 차감조정액(①-②-③)
건설완료자산분				
건설중인자산분	12,575,342			12,575,342
계	12,575,342			12,575,342

3. 세무조정

(손금불산입) 건설자금이자 12,575,342원 (유보)

[2] 대손충당금 및 대손금 조정명세서

1. 대손금조정

2. 대손금조정　　　크게보기

No	22.일자	23.계정과목	24.채권내역	25.대손사유	26.금액	대손충당금상계액			당기 손비계상액		
						27.계	28.시인액	29.부인액	30.계	31.시인액	32.부인액
1	03.30	외상매출금	1.매출채권	채무자 연락두절	5,000,000	5,000,000		5,000,000			
2	05.06	받을어음	1.매출채권	5.부도(6개월경	5,000,000	5,000,000	4,999,000	1,000			
		계			10,000,000	10,000,000	4,999,000	5,001,000			

☞채무자의 연락두절은 대손사유가 아니고, 어음은 비망가액 1,000원을 남겨두어야 한다.
☞어음의 계정과목을 부도어음과수표 계정으로 제시되었는데, 잘못된 답안이고 받을어음으로 입력해야 한다.

2. 채권잔액

채권잔액　　　크게보기

No	16.계정과목	17.채권잔액의 장부가액	18.기말현재대손금부인누계		19.합계(17+18)	20.충당금설정제외채권(할인,배서,특수채권)	21.채권잔액(19-20)
			전기	당기			
1	외상매출금	250,000,000		5,000,000	255,000,000		255,000,000
2	받을어음	200,000,000		1,000	200,001,000		200,001,000
3							
	계	450,000,000		5,001,000	455,001,000		455,001,000

3. 대손충당금 조정

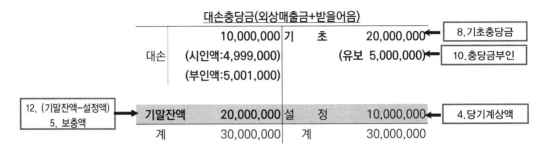

③ 1.대손충당금조정									
손금 산입액 조정	1.채권잔액 (21의금액)	2.설정률(%)			3.한도액 (1×2)	회사계상액			7.한도초과액 (6-3)
		○기본율	●실적율	○적립기준		4.당기계상액	5.보충액	6.계	
	455,001,000	1	2		9,100,020	10,000,000	10,000,000	20,000,000	10,899,980
익금 산입액 조정	8.장부상 충당금기초액	9.기중 충당금환입액	10.충당금부인 누계액	11.당기대손금 상계액(27의금액)	12.충당금보충액 (충당금장부잔액)	13.환입할금액 (8-9-10-11-12)	14.회사환입액 (회사기말환입)		15.과소환입·과다 환입(△)(13-14)
	20,000,000		5,000,000	10,000,000	10,000,000	-5,000,000			-5,000,000

4. 세무조정

〈손금불산입〉 대손금부인액	5,000,000원 (유보발생)
〈손금불산입〉 대손금부인액	1,000원 (유보발생)
〈익금불산입〉 전기 대손충당금 한도초과액	5,000,000원 (유보감소)
〈손금불산입〉 대손충당금 한도초과액	10,899,980원 (유보발생)

[3] 세액조정계산서 및 최저한세 조정명세서

> 1.세액조정계산서(산출세액) → 2.최저한세 → 3.세액조정계산서(최종)

1. 법인세과세표준 및 세액조정계산서(산출세액 계산)

① 각 사 업 연 도 소 득 계 산	101.결 산 서 상 당 기 순 손 익	01	200,150,000
	소 득 조 정 금 액 102.익 금 산 입	02	28,150,000
	103.손 금 산 입	03	10,320,000
	104.차 가 감 소득금액 (101+102-103)	04	217,980,000
	105.기 부 금 한 도 초 과 액	05	3,180,000
	106.기부금 한도초과 이월액 손금산입	54	
	107.각사업연도소득금액(104+105-106)	06	221,160,000
② 과 세 표 준 계 산	108.각 사 업 연 도 소득금액(108=107)		221,160,000
	109.이 월 결 손 금	07	25,000,000
	110.비 과 세 소 득	08	
	111.소 득 공 제	09	
	112.과 세 표 준 (108-109-110-111)	10	196,160,000
	159.선 박 표 준 이 익	55	
③ 산 출	113.과 세 표 준 (113=112+159)	56	196,160,000
	114.세 율	11	10%
	115.산 출 세 액	12	19,616,000

☞2008년 이월결손금 공제기한(5년) 경과

2. 최저한세조정계산서

①구분		코드	②감면후세액	③최저한세	④조정감	⑤조정후세액
(101) 결 산 서 상 당 기 순 이 익		01	200,150,000			
소득조정금액	(102) 익 금 산 입	02	28,150,000			
	(103) 손 금 산 입	03	10,320,000			
(104) 조 정 후 소 득 금 액 (101+102-103)		04	217,980,000	217,980,000		217,980,000
최저한세적용대상 특별비용	(105) 준 비 금	05				
	(106) 특별상각,특례상각	06				
(107) 특별비용손금산입전소득금액(104+105+106)		07	217,980,000	217,980,000		217,980,000
(108) 기 부 금 한 도 초 과 액		08	3,180,000	3,180,000		3,180,000
(109) 기부금 한도초과 이월액 손금산입		09				
(110) 각 사 업 년 도 소 득 금 액 (107+108-109)		10	221,160,000	221,160,000		221,160,000
(111) 이 월 결 손 금		11	25,000,000	25,000,000		25,000,000
(112) 비 과 세 소 득		12				
(113) 최저한세적용대상 비 과 세 소 득		13				
(114) 최저한세적용대상 익금불산입 · 손금산입		14				
(115) 차가감 소 득 금 액 (110-111-112+113+114)		15	196,160,000	196,160,000		196,160,000
(116) 소 득 공 제		16				
(117) 최저한세적용대상 소 득 공 제		17				
(118) 과 세 표 준 금 액 (115-116+117)		18	196,160,000	196,160,000		196,160,000
(119) 선 박 표 준 이 익		24				
(120) 과 세 표 준 금 액 (118+119)		25	196,160,000	196,160,000		196,160,000
(121) 세 율		19	10 %	7 %		10 %
(122) 산 출 세 액		20	19,616,000	13,731,200		19,616,000
(123) 감 면 세 액		21				
(124) 세 액 공 제		22	7,000,000		1,115,200	5,884,800
(125) 차 감 세 액 (122-123-124)		23	12,616,000			13,731,200

3. 법인세과세표준 및 세액조정계산서

① 각사업연도소득계산	101.결 산 서 상 당 기 순 손 익	01	200,150,000
	소득조정금액 102.익 금 산 입	02	28,150,000
	103.손 금 산 입	03	10,320,000
	104.차 가 감 소득금액 (101+102-103)	04	217,980,000
	105.기 부 금 한 도 초 과 액	05	3,180,000
	106.기부금 한도초과 이월액 손금산입	54	
	107.각사업연도소득금액(104+105-106)	06	221,160,000
② 과세표준계산	108.각 사 업 연 도 소 득 금 액 (108=107)		221,160,000
	109.이 월 결 손 금	07	25,000,000
	110.비 과 세 소 득	08	
	111.소 득 공 제	09	
	112.과 세 표 준 (108-109-110-111)	10	196,160,000
	159.선 박 표 준 이 익	55	
③ 산출세액계산	113.과 세 표 준 (113=112+159)	56	196,160,000
	114.세 율	11	10%
	115.산 출 세 액	12	19,616,000
	116.지 점 유 보 소 득 (법 제96조)	13	
	117.세 율	14	
	118.산 출 세 액	15	
	119.합 계 (115+118)	16	19,616,000

④ 납부할세액계산	120.산 출 세 액 (120=119)		19,616,000
	121.최저한세 적용 대상 공제 감면 세액	17	5,884,800
	122.차 감 세 액	18	13,731,200
	123.최저한세 적용 제외 공제 감면 세액	19	
	124.가 산 세 액	20	1,500,000
	125.가 감 계 (122-123+124)	21	15,231,200
기납부세액	126.중 간 예 납 세 액	22	
	127.수 시 부 과 세 액	23	
기한내 납부세액	128.원 천 납 부 세 액	24	1,400,000
	129.간접 회사등 외국 납부세액	25	
	130.소 계 (126+127+128+129)	26	1,400,000
	131.신 고 납부전 가 산 세 액	27	
	132.합 계 (130+131)	28	1,400,000
	133.감 면 분 추 가 납 부 세 액	29	
	134.차가감 납부할 세액(125-132+133)	30	13,831,200
⑤토지등양도소득, ⑥미환류소득 법인세계산 (TAB로 이동)			
⑦ 세액계	151.차 가 감 납부할 세 액 계 (134+150)	46	13,831,200
	152.사실과 다른 회계처리 경정세액공제	57	
	153.분 납 세 액 계 산 범 위 액 (151-124-133-145-152+131)	47	12,331,200
분납할 세액	154.현 금 납 부	48	2,331,200
	155.물 납	49	
	156. 계 (154+155)	50	2,331,200
차감 납부 세액	157.현 금 납 부	51	11,500,000
	158.물 납	52	
	160. 계 (157+158) [160=(151-152-156)]	53	11,500,000

☞ 최저한세 적용대상 공제감면세액(통합투자세액공제)=7,000,000-1,115,200=5,884,800원

[4] 수입배당금액명세서

1. 출자법인현황(2.일반법인)

1.지주회사 또는 출자법인 현황					
1.법인명	2.구분	3.사업자등록번호	4.소재지	5.대표자성명	6.업태 + 종목
(주)선유물산	2.일반법인	409-81-60674	서울특별시 영등포구 선유로 343 (당산동)	김홍도	제조,도매,건설 금속제품외,도급

2. 배당금지급법인 현황

2.자회사 또는 배당금 지급법인 현황							
No	7.법인명	8.구분	9.사업자등록번호	10.소재지	11.대표자	12.발행주식총수	13.지분율(%)
1	(주)한다	2.기타법인	106-85-32321	서울시 영등포구 국제금융로 8	김서울	60,000	100.00
2	(주)간다	1.주권,코스닥상장	108-86-00273	서울시 마포구 마포대로 3	이인천	1,000,000	0.50

3. 수입배당금 및 익금불산입 금액 명세

3.수입배당금 및 익금불산입 금액 명세										
No	14.자회사 또는 배당금 지급 법인명	15.배당금액	16.익금불산입율(%)	17.익금불산입대상금액(15×16)	18.지급이자관련익금불산입배제금액					19.익금불산입액(17-18)
					지급이자	16.비율(%)	익금불산입 적용대상자회사 주식의 장부가액	지주회사(출자법인)의 자산총액	18.배제금액	
1	(주)한다	5,000,000	100.00	5,000,000		100.00				5,000,000
2	(주)간다	750,000	30.00	225,000		30.00				225,000
3										

☞익금불산입비율

배당금지급법인	법인구분	지분율	익금불산입율
㈜한다	일반(기타)법인	100%	100%
㈜간다	주권상장법인	0.5%	30%

2. 일반법인 수입배당금		
배당금지급법인	지분비율	익금불산입비율
주권상장법인	100%	100%
	30% 초과	50%
	30% 이하	30%
기타법인	100%	100%
	50% 초과	50%
	50% 이하	30%

4 세무조정

〈익금불산입〉 수입배당금((주)한다) 5,000,000원(기타)

〈익금불산입〉 수입배당금((주)간다)   225,000원(기타)

또는 〈익금불산입〉 수입배당금 5,225,000원(기타)

[5] 임대보증금등의 간주익금 조정명세서

1. [2. 임대보증금등의 적수계산]

2.임대보증금등의 적수계산							크게보기
No	⑧일자	⑨적요	⑩임대보증금누계			⑪일수	⑫적수 (⑩X⑪)
			입금액	반환액	잔액누계		
1	01 01	전기이월	600,000,000		600,000,000	119	71,400,000,000
2	04 30	반환		200,000,000	400,000,000	32	12,800,000,000
3	06 01	입금	300,000,000		700,000,000	214	149,800,000,000
		계	900,000,000	200,000,000	700,000,000	365	234,000,000,000

2. [3. 건설비 상당액 적수계산]

3.건설비 상당액 적수계산

가.건설비의 안분계산	⑬건설비 총액적수 ((20)의 합계)	⑭임대면적 적수 ((24)의 합계)	⑮건물연면적 적수 ((28)의 합계)	(16)건설비상당액적수 ((⑬X⑭)/⑮)
	146,000,000,000	7,108,000	7,300,000	142,160,000,000

나.임대면적등적수계산 : (17)건설비 총액적수

No	⑨일 자		건설비 총액	(18)건설비총액 누계	(19)일 수	(20)적 수 ((18)X(19))
1	01	01	400,000,000	400,000,000	365	146,000,000,000
2						
		계			365	146,000,000,000

나.임대면적등적수계산 : (21)건물임대면적 적수(공유면적 포함)

No	⑨일 자		입실면적	퇴실면적	(22)임대면적 누계	(23)일 수	(24)적 수 ((22)X(23))
1	01	01	20,000.00		20,000	119	2,380,000
2	04	30		6,000.00	14,000	32	448,000
3	06	01	6,000.00		20,000	214	4,280,000
		계				365	7,108,000

나.임대면적등적수계산 : (25)건물연면적 적수(지하층 포함)

No	⑨일 자		건물연면적 총계	(26)건물연면적 누계	(27)일 수	(28)적 수 ((26)X(27))
1	01	01	20,000.00	20,000	365	7,300,000

3. [4. 임대보증금등의 운용수입금액 명세서]

4.임대보증금등의 운용수입금액 명세서

No	(29)과 목	(30)계 정 금 액	(31)보증금운용수입금액	(32)기타수입금액	(33)비 고
1	이자수익	13,500,000	2,800,000	10,700,000	

4. [1.임대보증금의 간주익금 조정] 및 소득금액조정합계표 작성(정기예금 이자율 1.2% 가정)

1.임대보증금등의 간주익금 조정 [보증금적수계산 일수 수정]

①임대보증금등 적 수	②건설비상당액 적 수	③보증금잔액 {(①-②)/365}	④이자율 (%)	⑤(③X④) 익금상당액	⑥보증금운용 수 입	⑦(⑤-⑥) 익금산입금액
234,000,000,000	142,160,000,000	251,616,438	1.2	3,019,397	2,800,000	219,397

5. 세무조정

〈익금산입〉 임대보증금간주익금 219,397원 (기타사외유출)

제95회 전산세무1급 답안 및 해설

이 론

1	2	3	4	5	6	7	8	9	10	11	12	13	14	15
③	②	②	③	①	④	①	②	②	①	①	④	②	④	③

01. 기말재고액 = 기말실사액(20,000) + 선적지인도조건(30,000) + 미판매적송품30%(15,000) + 저당 상품(10,000) + 반품추정불능재고(15,000) = 90,000원

재고자산

기초재고	50,000	*매출원가*	*210,000*
총매입액	250,000	기말재고	90,000
계	300,000	계	300,000

02. 다(식별가능성 중 분리가능), 라(통제가능성)는 무형자산의 인식요건에 해당한다.

03. **공정가치로 평가된 자산의 장부금액이 세무기준액보다 크다면(△유보)** 그 차이가 (미래)가산할 일시 적 차이이며 **이연법인세부채로 인식**하여야 한다.

04. 발행기업이 매입 등을 통하여 취득하는 자기주식은 취득원가를 자기주식의 과목으로 하여 자본조정 으로 회계처리한다.

05. 나. 영업활동으로 인한 현금흐름은 일반적으로 제품의 생산과 상품 및 용역의 구매·판매활동을 말한다.
라. **영업활동으로 인한 현금흐름은 직접법 또는 간접법으로 표시**한다.

06. ㄴ. 종합원가계산은 제지업, 제과업 등 단일 제품을 연속적으로 대량 생산하는 경우에 적합하고, 항공 기 제작업, 건설업 등에 적합한 원가계산 방식은 개별원가계산이다.
ㄹ. 공통원가 또는 간접원가를 배분하는 가장 이상적인 배분기준은 인과관계기준이다.

07. 가공원가 = 직접재료원가 × 150% = 250,000원 × 150% = 375,000원
당기총제조원가 = 직접재료원가(250,000) + 가공원가(375,000) = 625,000원
〈제시된 답안〉
직접노무원가 = P
가공원가 = 직접재료원가 × 150% = 250,000원 × 150% = 375,000원
가공원가 = 직접노무원가 + 제조간접원가(직접노무원가 × 200%) = P + 2P = 3P = 375,000원
직접노무원가(P) = 125,000원
당기총제조원가 = 직접재료원가 + 직접노무원가 + 제조간접원가
= 250,000원 + 125,000원 + 250,000원 = 625,000원

08. 수선유지부는 면적보다는 수선횟수 또는 수선시간이 배분기준으로 적합하다.

09. 직접재료비는 공정초에 40%, 70%시점에 60%투입

〈1단계〉 물량흐름파악(선입선출법)		〈2단계〉 완성품환산량 계산
재공품		재료비

			재료비
완성품	5,500		
–기초재공품	300(10%)	0	
–당기투입분	5,200(100%)	5,200	
기말재공품	800(50%)	320(800×40%)	
계	6,300	**5,520**	

10.

AQ	AP	SQ	SP
?	6,000원/시간	2,000시간	5,000원/시간

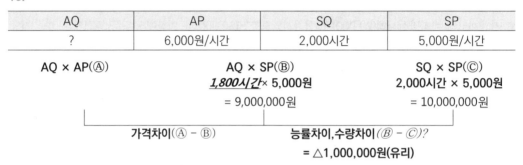

AQ × AP(Ⓐ)   AQ × SP(Ⓑ)   SQ × SP(ⓒ)
            1,800시간 × 5,000원   2,000시간 × 5,000원
            = 9,000,000원   = 10,000,000원

가격차이(Ⓐ – Ⓑ)   능률차이,수량차이(Ⓑ – ⓒ)?
            = △1,000,000원(유리)

11. ② 10%   ③ 신고불성실가산세가 적용되지 않는다.   ④ 2.2/10,000(개정세법 22)

13. 내국 비영리법인은 청산소득에 대해서는 과세하지 않는다.

14. 법인의 임원이나 대주주가 아닌 종업원에게 제공한 사택의 임차료는 업무관련 경비로 보아 손금산입한다.

15. 법인이 이익 또는 잉여금의 처분에 따른 배당 또는 분배금을 그 처분을 결정한 날부터 3개월이 되는 날까지 지급하지 아니한 경우에는 그 3개월이 되는 날에 그 배당소득을 지급한 것으로 보아 소득세를 원천징수한다.(지급시기의제)

실 무

문제 1 전표입력

문항	일자	유형	공급가액	부가세	거래처	전자세금
[1]	2/15	14.건별	300,000	30,000	–	–

분개유형	(차) 복리후생비(판)	230,000	(대) 부가세예수금	30,000
혼합			제 품(8.타계정대체)	200,000

☞ 제시된 답안은 잘못된 답안으로 **개인적 공급(경조사) 중 10만원 초과분에 대해서만 간주공급**이 되어야 하므로 공급가액(200,000원), 부가세(20,000원)으로 수정되어야 한다.

다음 자료는 국세청 발간 개정세법해설(2021)이다.

나. 개정내용

종 전	개 정
□ 다음의 재화는 사업자가 사용인에게 실비변상적·복리후생적 목적으로 제공하는 것으로서, 재화의 공급으로 보지 않음 ○ 작업복·작업모·작업화 ○ 직장체육·문화와 관련된 재화 ○ 경조사*와 관련된 재화로서 1인당 연간 10만 원 이하 재화 　* 설날·추석·창립기념일·생일 등 포함	□ 경조사 관련 재화 범위 확대 및 관련 규정 명확화 (좌 동) ○ 경조사를 ①과 ②의 경우로 구분하여 각각 1인당 연간 10만 원 이하 재화 ① 경조사와 관련된 재화 ② 명절·기념일 등*과 관련된 재화 　* 설날·추석·창립기념일·생일 등 포함 ※ 연간 10만 원을 초과하는 경우 초과금액에 대해서 재화의 공급으로 봄

문항	일자	유형	공급가액	부가세	거래처	전자세금
[2]	3/31	54.불공(3)	1,500,000	150,000	㈜예인렌터카	여
분개유형		(차) 임차료(판)		1,650,000 (대) 미지급금		1,650,000
혼합						

[3] 5월 30일 일반전표

(차)	용역비	3,663,000	(대)	보통예금	2,872,140
	수수료비용	15,000		예수금(화성세무서)	732,600
				예수금(화성시청)	73,260

- 용역비 : $3,300×1,110원 = 3,663,000원

- 예수금(세무서) : 3,663,000 × 20% = 732,600원

- 예수금(구청) : 732,600×10% = 73,260원

[4] 모두 정답

문제 2 부가가치세

[1] 수출실적명세서(4~6월)

일자	유형	공급가액	부가세	거래처	수출신고번호
4/02	16.수출(1)	31,500,000	0	NICE.Co.,Ltd.	41757-17-050611X
분개유형	(차) 외상매출금	31,500,000	(대)	제품매출	31,500,000
외상					

☞공급가액 = $30,000 × 1,050원 = 31,500,000원
　수출의 공급시기는 선적일이며, 수출신고필증상 결제금액을 매출로 회계처리한다.

구분	건수	외화금액	원화금액	비고
⑨합계	1	30,000.00	31,500,000	
⑩수출재화[=⑫합계]	1	30,000.00	31,500,000	
⑪기타영세율적용				

No		(13)수출신고번호	(14)선(기)적일자	(15)통화코드	(16)환율	금액 (17)외화	금액 (18)원화	전표정보 거래처코드	전표정보 거래처명
1		41757-17-050611X	20x1-04-02	USD	1,050.0000	30,000.00	31,500,000	00125	NICE.Co.,Ltd.
2									

[2] 공제받지못할매입세액명세서[납부세액또는환급세액재계산](4~6월)

구분	과세사업	면세사업	합계	면세공급가액비율	재계산여부
20x0년 1기	400,000,000원	100,000,000원	500,000,000원	<u>20%</u>	
20x0년 2기	378,000,000원	72,000,000원	450,000,000원	16%	X
20x1년 1기	420,000,000원	180,000,000원	600,000,000원	<u>30%</u>	○

납부세액 또는 환급세액의 재계산은 감가상각자산의 취득일이 속하는 과세기간(그 후의 과세기간에 재계산하였을 때에는 그 재계산한 기간)에 적용한 면세비율간의 차이가 5% 이상인 경우에만 적용한다. 따라서 20x0년 2기에는 재계산하지 않고 20x1년 1기에 재계산한다.

	공제받지못할매입세액내역	공통매입세액안분계산내역	공통매입세액의정산내역	납부세액또는환급세액재계산						

자산	(20)해당재화의 매입세액	(21)경감률[1-(체감률×경과된과세기간의수)] 취득년월	체감률	경과과세기간	경감률	(22)증가 또는 감소된 면세공급가액(사용면적)비율 당기 총공급	당기 면세공급	직전 총공급	직전 면세공급	증가율	(23)가산또는 공제되는 매입세액 (20)×(21)×(22)
1.건물,구축물	20,000,000	2021-01	5	2	90	600,000,000.00	180,000,000.00	500,000,000.00	100,000,000.00	10.000000	1,800,000
										합계	1,800,000

가산또는공제되는매입세액 (1,800,000)＝해당재화의매입세액(20,000,000) × 경감률(%)(90) × 증가율(%)(10.000000)

문제 3 결산

[1] 〈수동결산〉

    (차) 장기차입금(미래은행)   100,000,000   (대) 유동성장기부채(미래은행) 100,000,000

[2] 〈수동결산/자동결산〉

    (차) 퇴직급여(판)   26,000,000   (대) 퇴직급여충당부채   26,000,000

    ☞설정액=퇴직금추계액(160,000,000)−설정전퇴직급여충당부채(134,000,000)=26,000,000원

[3] 〈수동결산〉

    (차) 재고자산감모손실   100,000   (대) 제품(8.타계정대체)   100,000

    ☞감모=실사상재고(4,750,000)−장부상재고(5,000,000)=△250,000원

      비정상감모=감모(△250,000)×40%=△100,000(영업외비용)

    〈자동결산〉

    기말제품재고액 4,750,000원 입력

[4] 〈수동/자동결산〉

    (차) 법인세등   15,572,000 (대) 선납세금   5,800,000

                                       미지급세금   9,772,000

    ☞법인세등=법인세(14,020,000)+지방소득세(1,552,000)=15,572,000원

    (차) 법인세등   9,772,000 (대) 미지급세금   9,772,000

    ☞"선납세금은 적절히 회계처리하였다"제시가 되어 있어 미지급세금부분만 처리한 것도 정답으로 인용

문제 4 원천징수

[1] 사원등록 및 부양가족명세(엄익창)

1. 사원등록 104.엄익창, 입사년월월 : 20x1년 8월 1일

2. 부양가족명세(2022)

관계	요 건		기본 공제	추가 (자녀)	판 단
	연령	소득			
본인(세대주)	−	−	○		
배우자	−	×	부		사업소득금액 1백만원초과자
부(82)	○	○	○	경로	
모(79)	○	○	○	경로,장애(1)	일용근로소득은 분리과세소득
장남(23)	×	○	부		
장녀(19)	○	○	○	자녀	
형(55)	×	○	○	장애(3)	장애인은 연령요건을 따지지 않는다.

[2] 원천징수이행상황신고서(귀속기간 2월, 지급기간 3월, 1.정기신고)

1. 원천징수이행상황신고서 부표

원천징수명세및납부세액	**원천징수이행상황신고서 부표**	원천징수세액환급신청서	기납부세액명세서	전월미환급세액 조정명세서	차월이월환급세액 승계명세서

			코드	소득지급		징수세액			조정환급세액	납부세액	
				인원	총지급액	소득세 등	농어촌특별세	가산세		소득세 등	농어촌특별세
법인	내국법인	이자 14%	C71								
		투자신탁의 이익 14%	C72								
		신탁재산 분배 14%	C73								
		신탁업자 징수분 14%	C74								
		비영업대금의 이익(25%)	C75	1	625,000	156,250				156,250	
		비과세 소득	C76								
		이자 제한, 20%	C81								

⇒ 소득세등(비영업대금이익)=625,000×25%=156,250원

2. 원천징수명세 및 납부세액→자동반영

원천징수명세및납부세액	원천징수이행상황신고서 부표	원천징수세액환급신청서	기납부세액명세서	전월미환급세액 조정명세서	차월이월환급세액 승계명세서

	코드	소득지급		징수세액			당월조정 환급세액	납부세액	
		인원	총지급액	소득세 등	농어촌특별세	가산세		소득세 등	농어촌특별세
법인 내/외국법인원천	A80	1	625,000	156,250				156,250	
수정신고(세액)	A90								
총 합 계	A99	1	625,000	156,250				156,250	

[3] 사업소득 및 기타소득

1. 사업소득

① 사업소득자 등록(101.박다함)

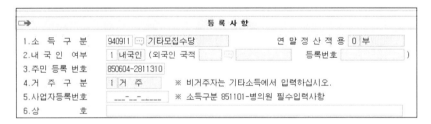

② 사업소득자자료입력(지급년월일 5월30일)

2. 기타소득자

① 기타소득자등록(201.최연준)

② 기타소득자자료입력(지급년월일 5월30일)

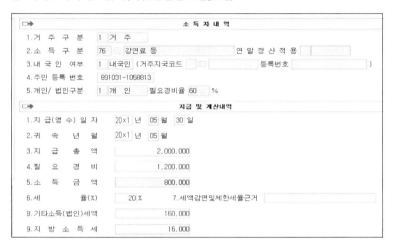

문제 5 세무조정

[1] 수입금액조정명세서와 조정후수입금액명세서

1. 수입금액조정명세서

① 기타수입금액조정

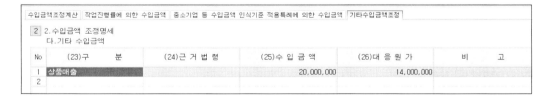

② 수입금액조정계산

수입금액조정계산	작업진행률에 의한 수입금액	중소기업 등 수입금액 인식기준 적용특례에 의한 수입금액	기타수입금액조정

1 1.수입금액 조정계산

No	계정과목		③결산서상 수입금액	조 정		⑥조정후 수입금액 (③+④-⑤)	비 고
	①항 목	②계정과목		④가 산	⑤차 감		
1	매 출	상품매출	1,140,000,000	20,000,000		1,160,000,000	
2	매 출	제품매출	1,385,000,000			1,385,000,000	
3	영업외수익	잡이익	1,500,000			1,500,000	
	계		2,526,500,000	20,000,000		2,546,500,000	

2 2.수입금액조정명세

가.작업 진행률에 의한 수입금액	
나.중소기업 등 수입금액 인식기준 적용특례에 의한 수입금액	
다.기타 수입금액	20,000,000
계	20,000,000

2. 위탁매출에 대한 세무조정

〈익금산입〉 상품매출 20,000,000원 (유보발생)

〈손금산입〉 상품매출원가 14,000,000원 (유보발생)

3. 조정후수입금액명세서

① 업종별수입금액명세서

1 1.업종별 수입금액 명세서

①업 태	②종 목	순번	③기준(단순) 경비율번호	수 입 금 액				⑦수 출 (영세율대상)
				수입금액계정조회	내 수 판 매			
				④계(⑤+⑥+⑦)	⑤국내생산품	⑥수입상품		
제조,도매업	자동차부품	01	343000	1,386,500,000	1,386,500,000			
자동차 판매 수리 도매 및 소매업 / 자동		02	503006	1,160,000,000	1,160,000,000			
(111)기 타		11						
(112)합 계		99		2,546,500,000	2,546,500,000			

② 과세표준과 수입금액 차액검토

업종별 수입금액 명세서	과세표준과 수입금액 차액검토

2 2.부가가치세 과세표준과 수입금액 차액 검토 | 부가가치세 신고 내역보기 |

(1) 부가가치세 과세표준과 수입금액 차액

⑧과세(일반)	⑨과세(영세율)	⑩면세수입금액	⑪합계(⑧+⑨+⑩)	⑫조정후수입금액	⑬차액(⑪-⑫)
2,562,000,000			2,562,000,000	2,546,500,000	15,500,000

(2) 수입금액과의 차액내역(부가세과표에 포함되어 있으면 +금액, 포함되지 않았으면 -금액 처리)

⑭구 분	코드	(16)금 액	비 고	⑭구 분	코드	(16)금 액	비 고
자가공급(면세전용등)	21			거래(공급)시기차이감액	30		
사업상증여(접대제공)	22			주세 · 개별소비세	31		
개인적공급(개인적사용)	23	500,000		매출누락	32		
간주임대료	24				33		
자산 유형자산 및 무형자산 매각	25	5,000,000			34		
매각 그밖의자산매각액(부산물)	26				35		
폐업시 잔존재고재화	27				36		
작업진행률 차이	28				37		
거래(공급)시기차이가산	29	10,000,000		(17)차 액 계	50	15,500,000	
				(13)차액과(17)차액계의차이금액			

[2] 접대비조정명세서

1. 접대비조정명세서(을)

① 수입금액명세

1.접대비 입력 (을)	2.접대비 조정 (갑)			
1 1. 수입금액명세				
구 분	① 일반수입금액	② 특수관계인간 거래금액	③ 합 계(①+②)	
금 액	2,426,500,000	100,000,000	2,526,500,000	

② 접대비해당금액

2 2. 접대비 해당금액		합계	접대비(판관)	광고선전비		
④ 계정과목						
⑤ 계정금액		52,700,000	45,000,000	7,700,000		
⑥ 접대비계상액 중 사적사용경비						
⑦ 접대비해당금액(⑤-⑥)		52,700,000	45,000,000	7,700,000		
⑧ 신용카드 등 미사용금액	경조사비 중 기준금액 초과액	⑨신용카드 등 미사용금액	1,000,000	1,000,000		
		⑩총 초과금액	1,000,000	1,000,000		
	국외지역 지출액 (법인세법 시행령 제41조제2항제1호)	⑪신용카드 등 미사용금액				
		⑫총 지출액				
	농어민 지출액 (법인세법 시행령 제41조제2항제2호)	⑬송금명세서 미제출금액				
		⑭총 지출액				
	접대비 중 기준금액 초과액	⑮신용카드 등 미사용금액	5,000,000	5,000,000		
		(16)총 초과금액	44,000,000	44,000,000		
(17) 신용카드 등 미사용 부인액		6,000,000	6,000,000			
(18) 접대비 부인액(⑥+(17))		6,000,000	6,000,000			

☞ 광고선전비(1건,7,700,000)은 접대비중 기준금액 (16)총초과금액에 입력해야 정확한 답안이 되는 것임.

2. 접대비조정명세서(갑)

1.접대비 입력 (을)	2.접대비 조정 (갑)		
3 접대비 한도초과액 조정			
중소기업			☐ 정부출자법인 ☐ 부동산임대업등 ⑧한도액 50%적용
	구분		금액
① 접대비 해당 금액			52,700,000
② 기준금액 초과 접대비 중 신용카드 등 미사용으로 인한 손금불산입액			6,000,000
③ 차감 접대비 해당금액(①-②)			46,700,000
일반 접대비 한도	④ 12,000,000 (중소기업 36,000,000) X 월수(12) / 12		36,000,000
	총수입금액 기준	100억원 이하의 금액 X 30/10,000 (2020년 사업연도 분은 35/10,000)	7,579,500
		100억원 초과 500억원 이하의 금액 X 20/10,000 (2020년 사업연도 분은 25/10,000)	
		500억원 초과 금액 X 3/10,000 (2020년 사업연도 분은 6/10,000)	
		⑤ 소계	7,579,500
	일반수입금액 기준	100억원 이하의 금액 X 30/10,000 (2020년 사업연도 분은 35/10,000)	7,279,500
		100억원 초과 500억원 이하의 금액 X 20/10,000 (2020년 사업연도 분은 25/10,000)	
		500억원 초과 금액 X 3/10,000 (2020년 사업연도 분은 6/10,000)	
		⑥ 소계	7,279,500
	⑦ 수입금액기준	(⑤-⑥) X 10/100	30,000
	⑧ 일반접대비 한도액 (④+⑥+⑦)		43,309,500
문화접대비 한도 (「조특법」 제136조제3항)	⑨ 문화접대비 지출액		
	⑩ 문화접대비 한도액(⑨와 (⑧ X 20/100) 중 작은 금액)		
⑪ 접대비 한도액 합계(⑧+⑩)			43,309,500
⑫ 한도초과액(③-⑪)			3,390,500
⑬ 손금산입한도 내 접대비 지출액(③과⑪ 중 작은 금액)			43,309,500

3. 소득금액조정합계표

〈손금불산입〉 접대비 중 신용카드미사용 6,000,000원 (기타사외유출)

〈손금불산입〉 접대비 한도초과액   3,390,500원 (기타사외유출)

[3] 자본금과적립금조정명세서(을)

⇒ 전기대손충당금한도초과액은 자동추인하고, 전기감가상각부인액은 시인부족액한도까지 유보추인

자본금과적립금조정명세서(을)	자본금과적립금조정명세서(갑)		이월결손금	
⇨ Ⅰ.세무조정유보소득계산				
①과목 또는 사항	②기초잔액	당 기 중 증 감		⑤기말잔액 (=②-③+④)
		③감 소	④증 가	
대손충당금한도초과	5,000,000	5,000,000	7,000,000	7,000,000
선급비용(보험료)과소계상	1,800,000	1,800,000		
기계장치감가상각비한도초과	1,500,000	1,500,000		
단기매매증권평가이익	-2,800,000	-1,400,000		-1,400,000
어음지급기부금			4,000,000	4,000,000
합 계	5,500,000	6,900,000	11,000,000	9,600,000

[4] 주식등변동상황명세서

1. 자본금 변동상황(기말 자본금 100,000,000원 확인)

(단위: 주,원)

⑨일자	주식종류	⑩원인코드	증가(감소)한 주식의 내용			⑭증가(감소) 자본금(⑪×⑫)
			⑪주식수	⑫주당액면가	주당발행(인수)가액	
기초	보통주		10,000	5,000		50,000,000
	우선주					
20×1-04-18	보통주	1 유상증자(증)	10,000	5,000		50,000,000
기말	보통주		20,000	5,000		100,000,000
	우선주					

2. 자본금변동상황과 주식에 대한 사항의 차이내용(자동반영)

2	[자본금(출자금)변동 상황]과 [주식 및 출자지분에 대한 사항]의 차이내용						
차	구 분	기 초	기 말	구 분	기 초	기 말	
액	총주식수	10,000 주	20,000 주	총주식수	10,000 주	20,000 주	
내	입력누계	10,000 주	20,000 주	1주당 액면가액	5,000 원	원	
용	총주식수와의 차이	주	주	자본금	50,000,000 원	원	

3. 주식 및 출자지분에 대한 사항-총주식수와의 차이가 "0"가 될 때까지 입력

① 장세억(유상증자 5,000주, 지배주주와의 관계: 00.본인)

② 인재율(유상증자 5,000주, 양도 2,000주, 지배주주와의 관계: 09.기타)

③ 우민오(양수 2,000주, 지배주주와의 관계: 09.기타)

[5] 가산세액계산서(미제출가산세)

- 지출증명서류 미수취금액(3만원초과분)=5,200,000-20,000(1건)=5,180,000원
- 주식등변동상황명세서 제출불성실가산세는 액면가액의 1%이다. 단, 제출기한 경과 후 1개월이내 제출하는 경우 가산세를 50% 감면하여 0.5%이다.

신고납부가산세	미제출가산세	토지등양도소득가산세	미환류소득			

구분		계산기준	기준금액	가산세율	코드	가산세액
지출증명서류		미(허위)수취금액	5,180,000	2/100	8	103,600
지급 명세서	미(누락)제출	미(누락)제출금액		10/1,000	9	
	불분명	불분명금액		1/100	10	
	상증법 82조 1 6	미(누락)제출금액		2/1,000	61	
		불분명금액		2/1,000	62	
	상증법 82조 3 4	미(누락)제출금액		2/10,000	67	
		불분명금액		2/10,000	68	
	법인세법 75조 7 1	미제출금액		5/1,000	96	
		불분명등		5/1,000	97	
	소 계				11	
주식등변동 상황명세서	미제출	액면(출자)금액	50,000,000	5/1,000	12	250,000
	누락제출	액면(출자)금액		10/1,000	13	
	불분명	액면(출자)금액		1/100	14	
	소 계				15	250,000
	미(누락)제출	액면(출자)금액		5/1,000	69	

[6] 소득금액조정합계표

익금산입 및 손금불산입			손금산입 및 익금불산입		
과 목	금 액	소득처분	과 목	금 액	소득처분
자기주식처분이익	500,000	기타	법인세환급액	750,000	기타
			이자수익	100,000	기타

☞ 트럭취득세는 즉시상각의제에 해당하므로 별도세무조정은 없고 한도초과 계산시 반영됨

제93회 전산세무1급 답안 및 해설

이 론

1	2	3	4	5	6	7	8	9	10	11	12	13	14	15
②	①	③	①	④	①	③	①	①	②	④	④	④	④	①

01. 상법상 이익준비금은 임의적립금이 아니라 법정적립금이다.

02. 유효이자=발행가액(2,776,183)×10%=277,618원

액면이자=액면가액(3,000,000)× 7%=210,000원

(차) 이자비용	277,618	(대) 현　금	210,000
		사채할인발행차금	67,618

03. 목적적합성의 하부 속성 중 피드백가치는 과거의 의사결정을 확인 또는 수정하도록 해줌으로써 유사한 미래에 대한 의사결정에 도움을 주는 속성이다.

04. 퇴직연금 운용사업자에게 지급하는 지급수수료는 부담금 납입시 운용관리회사에 납부하는 운용관리수수료이므로 당기 비용으로 처리한다.

05. 당기추정 예상계약이익=예상계약수익(1,200,000)-예상계약원가(1,500,000)=△300,000원(손실)

당기말 공사손실충당부채=총공사손실(300,000)×[1-누적진행률(80%)]=60,000원(당기공사손실충당부채전입액)

구 분	전기	당기	차기
당기발생원가	700,000원	500,000원	300,000원
누적공사원가(A)	-	1,200,000원	1,500,000원
추가소요추정원가	300,000원	300,000원	0원
총공사예정원가(B)	1,000,000원	**1,500,000원**	1,500,000원
누적진행율(A/B)	70%	80%	100%
누적공사수익	840,000원	960,000원	1,200,000원
당기공사수익(①)	840,000원	120,000원	240,000원
당기공사원가(실제)②	700,000원	500,000원	300,000원
공사손실충당부채전입(환입)액③	0원	**60,000원**	(60,000원)
당기공사이익(①-②-③)	140,000원	-440,000원	0원

⇒ 이미 발생한 원가와 그 거래를 완료하기 위해 추가로 발생할 것으로 **추정되는 원가의 합계액(1,500,000)**이 해당 용역거래의 총수익(1,200,000)을 초과하는 경우에는 그 초과액(300,000)과 이미 인식한 이익의 합계액(140,000)을 전액 당기손실(440,000)로 인식한다.

06.

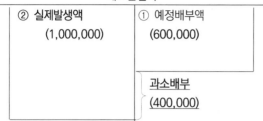

제조간접비

② 실제발생액	① 예정배부액
(1,000,000)	(600,000)
	과소배부
	(400,000)

실제조업도=예정배부액(600,000)÷5원=120,000시간

07.

재공품

기초	0	당기제품제조원가	3,000,000
당기총제조원가	3,100,000	기말	100,000
계	3,100,000	계	3,1000,000

⇒

제 품

기초	250,000	매출원가	3,050,000
당기제품제조원가	3,000,000	*기말*	*200,000*
계(판매가능재고)	3,250,000	계	3,250,000

08.

	기말 재공품	기말 제품	매출원가	합계
예정배부	1,000,000원	1,450,000원	3,550,000원	6,000,000원
배부차이	△50,000원	△72,500원	△177,500원	-300,000원(과대배부)
배부후 가액	*950,000원*	←배부후 기말재공품		5,700,000 (배부후 금액)

09. 매몰원가는 과거 의사결정결과로 이미 발생한 원가이며, 의사결정 대안간에 차이가 없다.

10. 기초 및 기말재공품과 기초제품이 없고 판매량이 동일하다면 매출원가조정법, 총원가기준법, 원가요소기준법은 불리한 배부차이가 매출원가로 배분되며, 영업외손익법만 영업외비용으로 배분된다. 따라서 영업이익이 가장 크게 표시되는 것은 영업외손익법이다.

11. **법인이 소액주주 임원에게 사택을 무상 또는 낮은 임대료로 제공**하는 경우에는 부당행위계산의 부인 규정을 적용할 수 없다.

12. 재화 또는 용역을 공급한 후 공급시기가 속하는 **과세기간 종료 후 25일 이내에 내국신용장이 개설**된 경우에는 작성일은 **당초 세금계산서 발급일을 적어 수정세금계산서를 발급**해야 한다.

13. 중소기업 등이 아닌 일반기업의 이월결손금 공제한도는 공제대상 이월결손금과 각 사업연도 소득금액의 60%금액 중 작은 금액으로 한다.

14. 기부금은 일정한 **사업소득자, 의료비 및 교육비는 성실사업자의 경우 세액공제가 가능**하다

15. 직원의 사택제공이익은 근로소득이나, 복리후생적 성질의 급여로 비과세 처리한다.

실 무

문제 1 **전표입력**

[1]　(차) 정기예금　　　　　　　　　　　2,000,000　(대) 보통예금　　　　　　　　2,500,000
　　　　　보험료(판)　　　　　　　　　　500,000

☞보장성비용은 비용처리하고 저축성보험은 정기예금으로 회계처리한다.

[2]　(차) 리스부채((주)열제캐피탈)　　　480,000　(대) 보통예금　　　　　　　　　500,000
　　　　　이자비용　　　　　　　　　　　20,000

☞금융리스료의 원금은 리스부채(비유동부채), 이자는 이자비용으로 인식한다.

문항	일자	유형	공급가액	부가세	거래처	전자세금
[3]	7/7	11.과세	3,000,000	300,000	㈜민진	여
분개유형		(차) 감가상각누계액		2,800,000 (대)	기계장치	5,000,000
혼합		미수금		3,300,000	부가세예수금	300,000
					유형자산처분이익	800,000

문항	일자	유형	공급가액	부가세	거래처	전자세금
[4]	7/24	54.불공(6)	5,000,000	500,000	㈜대민건설	여
분개유형		(차) 토 지		5,500,000 (대)	보통예금	5,500,000
혼합						

문항	일자	유형	공급가액	부가세	거래처	전자세금
	7/24	51.과세	3,000,000	300,000	㈜대민건설	여
분개유형		(차) 건 물		3,000,000 (대)	보통예금	3,300,000
혼합		부가세대급금		300,000		

문제 2 **부가가치세**

[1] 공제받지못할 매입세액 명세서(1~3월)

1. 공제받지못할 매입세액 내역

공제받지못할매입세액내역	공통매입세액안분계산내역	공통매입세액의정산내역	납부세액또는환급세액재계산		
매입세액 불공제 사유		세금계산서			
		매수	공급가액		매입세액
①필요적 기재사항 누락 등					
②사업과 직접 관련 없는 지출					
③비영업용 소형승용자동차 구입·유지 및 임차					
④접대비 및 이와 유사한 비용 관련		1	300,000		30,000
⑤면세사업등 관련					
⑥토지의 자본적 지출 관련		1	500,000		50,000
⑦사업자등록 전 매입세액					
⑧금 구리 스크랩 거래계좌 미사용 관련 매입세액					

2. 공통매입세액 안분계산내역

공제받지못할매입세액내역	공통매입세액안분계산내역	공통매입세액의정산내역	납부세액또는환급세액재계산					
산식	구분	과세·면세사업 공통매입		⑫총공급가액등	⑬면세공급가액등	면세비율 (⑬÷⑫)	⑭불공제매입세액 [⑪×(⑬÷⑫)]	
		⑩공급가액	⑪세액					
1. 당해과세기간의 공급가액기준		10,500,000	1,050,000	400,000,000.00	140,000,000.00	35.000000	367,500	

불공제매입세액 (367,500) = 세액(1,050,000) × 면세공급가액 (140,000,000) / 총공급가액 (400,000,000)

[2] 부가가치세 확정신고서(4~6월)

1. 과세기간 종료후 25일 이내에 구매확인서가 발급되지 않은 경우 영세율이 아니다.

2. 단기할부판매의 경우 재화가 인도되는 때 전액 세금계산서를 발급함

3. 특수관계인에게 사업용 부동산의 임대용역을 무상으로 공급하는 것은 용역의 공급으로 본다.

		구분		정기신고금액		
				금액	세율	세액
과세표준및매출세액	과세	세금계산서발급분	1	130,000,000	10/100	13,000,000
		매입자발행세금계산서	2		10/100	
		신용카드·현금영수증발행분	3		10/100	
		기타(정규영수증외매출분)	4	21,000,000		2,100,000
	영세	세금계산서발급분	5		0/100	
		기타	6	300,000,000	0/100	
	예정신고누락분		7			
	대손세액가감		8			
	합계		9	451,000,000	㉮	15,100,000
매입세액	세금계산서수취분	일반매입	10			
		수출기업수입분납부유예	10			
		고정자산매입	11			
	예정신고누락분		12			
	매입자발행세금계산서		13			
	그 밖의 공제매입세액		14			
	합계(10)-(10-1)+(11)+(12)+(13)+(14)		15			
	공제받지못할매입세액		16			
	차감계 (15-16)		17		㉯	
납부(환급)세액(매출세액㉮-매입세액㉯)					㉰	15,100,000
경감공제세액	그 밖의 경감·공제세액		18			
	신용카드매출전표등 발행공제등		19			
	합계		20		㉱	
소규모 개인사업자 부가가치세 감면세액			20		㉲	
예정신고미환급세액			21		㉳	
예정고지세액			22		㉴	
사업양수자의 대리납부 기납부세액			23		㉵	
매입자 납부특례 기납부세액			24		㉶	
신용카드업자의 대리납부 기납부세액			25		㉷	
가산세액계			26		㉸	
차가감하여 납부할세액(환급받을세액)㉰-㉱-㉲-㉳-㉴-㉵-㉶-㉷+㉸			27			15,100,000
총괄납부사업자가 납부할 세액(환급받을 세액)						

문제 3 결산

[1] (차) 소모품비(제)   650,000   (대) 소모품   2,450,000
       소모품비(판)   1,800,000

[2] (차) 보험료(제)   600,000   (대) 선급비용   600,000
    ☞선급비용 2,400,000원 × 6개월/24개월 = 600,000원

[3] (차) 장기차입금(절세은행) 50,000,000   (대) 유동성장기부채(절세은행) 50,000,000

[4] (차) 매도가능증권(178)   6,000,000   (대) 매도가능조건평가손실   3,000,000

매도가능증권평가이익   3,000,000

☞전년도 회계처리 (차) 매도가능증권 평가손실 3,000,000   (대) 매도가능증권   3,000,000

문제 4 원천징수

[1] 사업소득

1. 사업소득자 등록

① 201. 최관우

등록사항

1.소 득 구 분 940600 자문/고문   연 말 정 산 적 용 0 부
2.내 국 인 여부 1 내국인 (외국인 국적   ) 등록번호
3.주민 등록 번호 740505-1234781
4.거 주 구 분 1 거 주   ※ 비거주자는 기타소득에서 입력하십시오.
5.사업자등록번호 ___-__-_____   ※ 소득구분 851101-병의원 필수입력사항

② 202.영탁

등록사항

1.소 득 구 분 940304 가수   연 말 정 산 적 용 0 부
2.내 국 인 여부 1 내국인 (외국인 국적   ) 등록번호   )
3.주민 등록 번호 840116-1789456
4.거 주 구 분 1 거 주   ※ 비거주자는 기타소득에서 입력하십시오.
5.사업자등록번호 ___-__-_____   ※ 소득구분 851101-병의원 필수입력사항

2. 사업소득자료 입력(지급년월

① 201. 최관우(지급년월일 6월 5일)

귀속년월		지급(영수)			지급액	세율(%)	소득세	지방소득세	학자금상환	차인지급액
년	월	년	월	일						
20X1	06	20X1	06	05	1,500,000	3	45,000	4,500		1,450,500

② 202. 영탁(지급년월일 6월30일)

귀속년월		지급(영수)			지급액	세율(%)	소득세	지방소득세	학자금상환	차인지급액
년	월	년	월	일						
20X1	06	20X1	06	30	3,000,000	3	90,000	9,000		2,901,000

[2] 급여자료 및 원천징수이행상황신고서

1. [급여자료입력] 수당공제등록

• 수당공제등록에서 [과세구분]란에 '1.과세', [수당명]란에 '가족수당'을 추가 등록한다.

2. [급여자료입력] 귀속년월 2월, 지급년월일 2월 28일(김다움)

• [급여자료입력] 메뉴 상단 툴바 F7중도퇴사자정산▽의 아래 화살표를 클릭한 후 F11분납적용을 선택한다. 다음의 분납적용 창에서 사원코드 '101.김다움'의 체크박스를 체크한 후 연말정산불러오기, 분납(환급)계산을 클릭하여 계산한 후 분납적용(Tab)을 선택한다.

상단의 분납이 표시된다.

급여항목	금액	공제항목	금액
기본급	2,500,000	국민연금	150,000
상여		건강보험	200,000
직책수당		장기요양보험	20,500
월차수당	120,000	고용보험	28,160
식대	200,000	소득세(100%)	119,660
자가운전보조금	300,000	지방소득세	11,960
야간근로수당	400,000	농특세	
가족수당	300,000	연말정산소득세	700,000
		연말정산지방소득세	70,000
		연말정산농특세	

☞ 비과세금액=식대(100,000)+자가운전보조금(200,000)=300,000원

3. [원천징수 이행상황 신고서] 귀속기간 2월, 지급기간 2월, 1.정기신고

원천징수명세및납부세액 | 원천징수이행상황신고서 부표 | 원천징수세액환급신청서 | 기납부세액명세서 | 전월미환급세액 조정명세서 | 차월이월환급세액 승계명세서

		코드	소득지급		징수세액			당월조정환급세액	납부세액	
			인원	총지급액	소득세 등	농어촌특별세	가산세		소득세 등	농어촌특별세
근로소득	간이세액	A01	1	3,520,000	119,660					
	중도퇴사	A02								
	일용근로	A03								
	연말정산	A04	1	65,000,000	2,100,000					
	(분납금액)	A05			1,400,000					
	(납부금액)	A06			700,000					
개	가 감 계	A10	2	68,520,000	819,660				819,660	

문제 5 세무조정

[1] 대손충당금 및 대손금조정명세서

1. 대손금 내역

	회사계상액	세법상시인액	부인액
6월경과 부도어음	1,000,000	999,000	1,000(비망가액)
사망 외상매출금	500,000	500,000	0
6개월 미경과 부도어음	800,000	0	800,000
6월경과 외상매출금(소액채권)	150,000	150,000	0
총계	2,450,000	1,649,000	801,000

2. 대손금조정

	22.일자	23.계정과목	24.채권내역	25.대손사유	26.금액	대손충당금상계액			당기 손비계상액		
						27.계	28.시인액	29.부인액	30.계	31.시인액	32.부인액
1	04.05	받을어음	1.매출채권	5.부도(6개월	1,000,000	1,000,000	999,000	1,000			
2	06.10	외상매출금	1.매출채권	3.사망,실종	500,000	500,000	500,000				
3	07.25	받을어음	1.매출채권	미경과부도어	800,000	800,000		800,000			
4	09.18	외상매출금	1.매출채권	소액채권	150,000	150,000	150,000				
				계		2,450,000	2,450,000	1,649,000	801,000			

3. 채권잔액(부인액 801,000원 가산)

	16.계정 과목	17.채권잔액의 장부가액	18.기말현재대손금부인누계		19.합계 (17+18)	20.충당금설정제외채권 (할인,배서,특수채권)	21.채 권 잔 액 (19-20)
			전기	당기			
1	외상매출금	110,000,000			110,000,000		110,000,000
2	받을어음	20,000,000		801,000	20,801,000		20,801,000
3	공사미수금	32,000,000			32,000,000		32,000,000
4							
	계	162,000,000		801,000	162,801,000		162,801,000

4. 대손충당금 조정

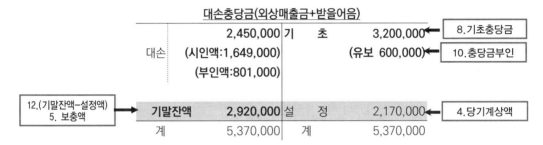

대손충당금(외상매출금+받을어음)

12.(기말잔액-설정액) 5. 보충액 →		
	대손 2,450,000 / (시인액:1,649,000) / (부인액:801,000)	기 초 3,200,000 ← 8.기초충당금 / (유보 600,000) ← 10.충당금부인
	기말잔액 2,920,000	설 정 2,170,000 ← 4.당기계상액
	계 5,370,000	계 5,370,000

손금 산입액 조정	1.채권잔액 (21의금액)	2.설정률(%)			3.한도액 (1×2)	회사계상액			7.한도초과액 (6-3)
		○기본율 ●실적율 ○적립기준				4.당기계상액	5.보충액	6.계	
조정	162,801,000	1		1	1,628,010	2,170,000	750,000	2,920,000	1,291,990

익금 산입액 조정	8.장부상 충당금기초잔액	9.기중 충당금환입액	10.충당금부인 누계액	11.당기대손금 상계액(27의금액)	12.충당금보충액 (충당금장부잔액)	13.환입할금액 (8-9-10-11-12)	14.회사환입액 (회사기말환입)	15.과소환입 · 과다 환입(△)(13-14)
조정	3,200,000		600,000	2,450,000	750,000	-600,000		-600,000

5. 세무조정

〈손금불산입〉 6월 경과한 부도어음 1,000원(유보)

〈손금불산입〉 6월 미경과한 부도어음 800,000원(유보)

〈손금산입〉　전기대손충당금한도초과 600,000원(-유보)

〈손금불산입〉 대손충당금한도초과 1,291,990원(유보)

[2] 가지급금인정이자조정명세서

1. 가지급금 입력

○가지급금.가수금 선택: 1.가지급금 ∨　　　　　　　　회계데이타불러오기

	직책	성명		적요	년월일		차변	대변	잔액	일수	적수
1	대표이사	이한강	1	1.전기이월	1	1	15,000,000		15,000,000	72	1,080,000,000
2			2	2.대여	3	14	10,000,000		25,000,000	190	4,750,000,000
			3	3.회수	9	20		7,000,000	18,000,000	46	828,000,000
			4	2.대여	11	5	5,000,000		23,000,000	57	1,311,000,000

2. 차입금 입력

① 모두은행

		적요	연월일	차변	대변	이자대상금액	이자율 %	이자
1	☐	1.전기이월	20X1 1 1		30,000,000	30,000,000	3.50000	1,050,000
2	☐							

② 우리저축은행

		적요	연월일		차변	대변	이자대상금액	이자율 %	이자
1	☐	2.차입	20X1 11	1		27,000,000	27,000,000	4.50000	1,215,000
2	☐								

3. 인정이자계산(을)

	대여기간		연월일	적요	5.차변	6.대변	7.잔액(5-6)	일수	가지급금적수(7X8)	10.가수금적수	11.차감적수	이자율(%)	인정이자(11X
	발생연월일	회수일											
1	1 1	차기 이월	1	1 1.전기이월	15,000,000		15,000,000	262	3,930,000,000		3,930,000,000	3.50000	376,849
2	1 1	차기 이월	9	20 3.회수		7,000,000	8,000,000	103	824,000,000		824,000,000	3.50000	79,013
3	3 14	차기 이월	3	14 2.대여	10,000,000		10,000,000	293	2,930,000,000		2,930,000,000	3.50000	280,958
4	11 5	차기 이월	11	5 2.대여	5,000,000		5,000,000	57	285,000,000		285,000,000	3.97368	31,027
	합 계				30,000,000	7,000,000	23,000,000		7,969,000,000		7,969,000,000		767,847

4. 인정이자조정(갑)

▷ 2.가중평균차입이자율에 따른 가지급금 등의 인정이자 조정 (연일수 : 365일)								
1.성명	2.가지급금적수	가수금적	4.차감적수(2-3)	5.인정이자	6.회사계상액	시가인정범위		9.조정액(=7) 7>=3억,8>=5%
						7.차액(5-6)	8.비율(%)	
1 이한강	7,969,000,000		7,969,000,000	767,847		767,847	100.00000	767,847

5. 세무조정

〈익금산입〉 가지급금인정이자 767,847원(상여)

[3] 업무용승용차관련비용명세서(렌트)

1. 업무사용비율=업무용사용거리(6,000km)÷총주행거리(6,000km)=100%

2. 업무미사용금액의 손금불산입

① 업무용승용차관련비용=렌트료(2,000,000원-부가세포함)×12개월+유류비(3,600,000)

　　　　　=27,600,000원

② 업무용승용차관련비용×(1-업무사용비율) = 27,600,000×(1-100%) **= 0(세무조정 없음)**

3. 업무사용감가상각비 상당액 중 800만원 초과분 손금불산입

① 감가상각비 상당액 = 24,000,000(렌트료)×70%(감가상각비 상당 비율)×100%(업무사용 비율)

　　　　　=16,800,000원

② 8백만원(연) 초과분 **손금불산입　8,800,000원(기타사외유출)**

(1) 업무용승용차 등록(코드:1, 차량번호 22조8518, 차종: 승용차)

```
┌──────────────────────────────────────────────────────────┐
│ ➡  차량 상세 등록 내용                                    │
├──────────────────────────────────────────────────────────┤
│  1.고정자산계정과목      0208  💬 차량운반구              │
│  2.고정자산코드/명       [    ] 💬                        │
│  3.취득일자              20X0-02-12 💬                     │
│  4.경비구분              6.800번대/판관비                  │
│  5.사용자 부서           [          ] 💬                   │
│  6.사용자 직책           대표이사                          │
│  7.사용자 성명           이한강 💬                         │
│  8.임차여부                    렌트                        │
│  9.임차기간              20X0-02-12 💬 ~ 20X2-02-11 💬     │
│ 10.보험가입여부            가입                            │
│ 11.보험기간              ____-__-__ 💬 ~ ____-__-__ 💬    │
│                         ____-__-__ 💬 ~ ____-__-__ 💬    │
│ 12.운행기록부사용여부    여    전기이월누적거리 18,500 ㎞ │
│ 13.출퇴근사용여부        여    출퇴근거리       5,000 ㎞  │
└──────────────────────────────────────────────────────────┘
```

(2) 업무용승용차 관리비용명세서(렌트)

1 업무용 사용 비율 및 업무용 승용차 관련 비용 명세 (운행기록부: 적용) 임차기간: 2021-01-01 ~ 2022-12-31 ☐ 부동산임대업등 법령39조③항

(5) 총주행 거리(km)	(6) 업무용 사용 거리(km)	(7) 업무 사용비율	(8) 취득가액	(9) 보유또는 임차월수	(10)업무용 승용차 관련 비용							
					(11) 감가상각비	(12) 임차료 (감가상각비포함)	(13) 감가상 각비상당액	(14) 유류비	(15) 보험료	(16) 수선비	(17) 자동차세	(18) 기타	(19) 합계
6,000	6,000	100		12		24,000,000	16,800,000	3,600,000					27,600,000
	합 계					24,000,000	16,800,000	3,600,000					27,600,000

2 업무용 승용차 관련 비용 손금불산입 계산

(22) 업무 사용 금액			(23) 업무외 사용 금액				(30) 감가상각비 (상당액) 한도초과금액	(31) 손금불산입 합계 ((29)+(30))	(32) 손금산입 합계 ((19)-(31))
(24) 감가상각비 (상당액)[((11)또는 (13))X(7)]	(25) 관련 비용 [((19)-(11)또는 (19)-(13))X(7)]	(26) 합계 ((24)+(25))	(27) 감가상각비 (상당액)X((11)-(24) 또는(13)-(24))	(28) 관련 비용 [((19)-(11)또는 (19)-(13))-(25)]	(29) 합계 ((27)+(28))				
16,800,000	10,800,000	27,600,000					8,800,000	8,800,000	18,800,000
16,800,000	10,800,000	27,600,000					8,800,000	8,800,000	18,800,000

3 감가상각비(상당액) 한도초과금액 이월 명세

(37) 전기이월액	(38) 당기 감가상각비(상당액) 한도초과금액	(39) 감가상각비(상당액) 한도초과금액 누계	(40) 손금추인(산입)액	(41) 차기이월액((39)-(40))
	8,800,000	8,800,000		8,800,000
	8,800,000	8,800,000		8,800,000

(3) 세무조정

〈손금불산입〉 업무용승용차 감가상각비 800만원 초과분 8,800,000원 (기타사외유출)

[4] 소득금액조정합계표

〈손금불산입〉 세금과공과(대표이사 개인차량 취득세) 2,135,000 (상여)

〈손금불산입〉 보험료 2,900,000 (유보발생)

〈익금불산입〉 이자수익 864,000 (기타)

〈익금산입〉 전기 재고자산평가증(제품) 2,700,000 (유보감소)

☞ 전기 자본금과적립금명세서 중 재고자산 평가증(제품) : 2,700,000원으로 하여 주어졌으나, +유보로 오인하게 만들었는데 (-)로 표시되어 있어야 한다.
즉 전기에 〈손금산입〉 재고자산평가증(제품) 2,700,000원(유보발생)은 자본금과 적립금조정명세서(을) 기초 잔액에 -2,700,000원으로 표시되어야 한다.

〈손금산입〉 전기 선급비용 2,600,000 (유보감소)

〈손금불산입〉 감가상각비 29,250,000 (유보발생)

☞ 상각범위액=[800,000,000+30,000,000]×2.5%=20,750,000원
회사계상각비=(20,000,000+30,000,000)=50,000,000원
부인액=(50,000,000-20,750,000)=29,250,000원

[5] 세액공제명세서(3), 법인세과세표준및세액조정, 최저한세조정계산서

1.세액공제조정명세서(공제세액) → 2.세액조정계산서(산출세액) → 3.최저한세 → 4.세액공제조정명세서(이월세액) → 5.세액조정계산서(최종)

1. 세액공제조정명세서(3) 중 3. 당기공제 및 이월액계산(당기공제액 계산)

	(105)구분	(106)사업연도	요공제액		당기 공제대상세액				
			(107)당기분	(108)이월분	(109)당기분	(110)1차연도	(111)2차연도	(112)3차연도	(113)4차연도
1	고용을 증대시킨 기업	20X0		3,500,000		3,500,000			
		20X1	3,500,000		3,500,000				
		소계	3,500,000	3,500,000	3,500,000	3,500,000			
	연구·인력개발비세액	20X1	3,500,000		3,500,000				

☞ 고용을 증대시킨 기업에 대한 세액공제(조세특례제한법)
내국인이 해당과세연도의 상시 근로자의 수가 직전 과세연도의 상시근로자의 수보다 증가한 경우에는 해당 과세연도 와 해당과세연도의 종료일부터 1년(중소기업 및 중견기업은 2년)이 되는 날이 속하는 과세연도까지 세액공제

2. 법인세 과세표준 및 세액조정명세서(산출세액 계산)

① 각사업연도소득계산	101.결 산 서 상 당 기 순 손 익	01	312,500,000
	소득조정금액 102.익 금 산 입	02	27,850,000
	103.손 금 산 입	03	110,415,000
	104.차 가 감 소 득 금 액 (101+102-103)	04	229,935,000
	105.기 부 금 한 도 초 과 액	05	
	106.기부금 한도초과 이월액 손금산입	54	
	107.각사업연도소득금액(104+105-106)	06	229,935,000
② 과세표준계산	108.각 사 업 연 도 소 득 금 액(108=107)		229,935,000
	109.이 월 결 손 금	07	
	110.비 과 세 소 득	08	
	111.소 득 공 제	09	
	112.과 세 표 준 (108-109-110-111)	10	229,935,000
	159.선 박 표 준 이 익	55	
③ 산출	113.과 세 표 준 (113=112+159)	56	229,935,000
	114.세 율	11	20%
	115.산 출 세 액	12	25,987,000

3. 최저한세조정계산서

⇒ 중소기업특별세액 감면 : 5,197,400원, 고용증대세액공제:7,000,000원 입력

☞ **고용증대세액공제는 중소기업특별세액감면과 중복적용된다.**

①구분		코드	②감면후세액	③최저한세	④조정감	⑤조정후세액
(101) 결 산 서 상 당 기 순 이 익		01	312,500,000			
소득조정금액	(102)익 금 산 입	02	27,850,000			
	(103)손 금 산 입	03	110,415,000			
(104) 조 정 후 소 득 금 액 (101+102-103)		04	229,935,000	229,935,000		229,935,000
최저한세적용대상 특별비용	(105)준 비 금	05				
	(106)특별상각,특례상각	06				
(107) 특별비용손금산입전소득금액(104+105+106)		07	229,935,000	229,935,000		229,935,000
(108) 기 부 금 한 도 초 과 액		08				
(109) 기부금 한도초과 이월액 손 금 산 입		09				
(110) 각 사 업 년 도 소 득 금 액 (107+108-109)		10	229,935,000	229,935,000		229,935,000
(111) 이 월 결 손 금		11				
(112) 비 과 세 소 득		12				
(113) 최저한세적용대상 비 과 세 소 득		13				
(114) 최저한세적용대상 익금불산입·손금산입		14				
(115) 차가감 소 득 금 액(110-111-112+113+114)		15	229,935,000	229,935,000		229,935,000
(116) 소 득 공 제		16				
(117) 최저한세적용대상 소 득 공 제		17				
(118) 과 세 표 준 금 액(115-116+117)		18	229,935,000	229,935,000		229,935,000
(119) 선 박 표 준 이 익		24				
(120) 과 세 표 준 금 액(118+119)		25	229,935,000	229,935,000		229,935,000
(121) 세 율		19	20 %	7 %		20 %
(122) 산 출 세 액		20	25,987,000	16,095,450		25,987,000
(123) 감 면 세 액		21	5,197,400			5,197,400
(124) 세 액 공 제		22	7,000,000		2,305,850	4,694,150
(125) 차 감 세 액 (122-123-124)		23	13,789,600			16,095,450

⇒ 고용증대세액공제(최저한세 배제):2,305,850원

4. 세액공제조정명세서(3) 중 3. 당기공제 및 이월액계산(최저한세 적용에 따른 미공제액 입력)

	(105)구분	(106)사업연도	(116)최저한세적용에따른 미공제액	(117)기타사유로인한 미공제액	(118)공제세액(115-116-117)	(119)소멸	(120)이월액(107+108-118-119)
1	고용을 증대시킨 기업	20X0			3,500,000		
		20X1	2,305,850		1,194,150		2,305,850
		소계	2,305,850		4,694,150		2,305,850
	연구·인력개발비세액	20X1			3,500,000		

5. 법인세 과세표준 및 세액조정명세서(최종)

⇒ 최저한세적용대상: 중소기업특별세액감면(5,197,400)+고용증대세액공제(4,694,150)

①	101.결산서상 당기순손익	01	312,500,000		④	120.산 출 세 액 (120=119)		25,987,000
각사업연도소득계산	소득조정 102.익 금 산 입	02	27,850,000			121.최저한세 적용 대상 공제 감면 세액	17	9,891,550
	금액 103.손 금 산 입	03	110,415,000			122.차 감 세 액	18	16,095,450
	104.차 가 감 소득금액 (101+102-103)	04	229,935,000		납부할세액계산	123.최저한세 적용 제외 공제 감면 세액	19	3,500,000
	105.기 부 금 한 도 초 과 액	05				124.가 산 세 액	20	
	106.기부금 한도초과 이월액 손금산입	54				125.가 감 계(122-123+124)	21	12,595,450
	107.각사업연도소득금액(104+105-106)	06	229,935,000		기한내납부세액	126.중 간 예 납 세 액	22	
②	108.각 사업 연도 소득금액(108=107)		229,935,000			127.수 시 부 과 세 액	23	
과세표준계산	109.이 월 결 손 금	07				128.원 천 납 부 세 액	24	880,000
	110.비 과 세 소 득	08				129.간접 회사등 외국 납부세액	25	
	111.소 득 공 제	09				130.소 계(126+127+128+129)	26	880,000
	112.과 세 표 준 (108-109-110-111)	10	229,935,000			131.신 고 납 부 전 가 산 세 액	27	
	159.선 박 표 준 이 익	55				132.합 계 (130+131)	28	880,000
③	113.과 세 표 준 (113=112+159)	56	229,935,000			133.감 면 분 추 가 납 부 세 액	29	
산출세액계산	114.세 율	11	20%			134.차가감 납부할 세액(125-132+133)	30	11,715,450
	115.산 출 세 액	12	25,987,000		⑤토지등양도소득, ⑥미환류소득 법인세계산 (TAB로 이동)			
	116.지 점 유 보 소 득 (법 제96조)	13				151.차 가 감 납부할 세 액 계(134+150)	46	11,715,450
	117.세 율	14				152.사실과 다른 회계처리 경정세액공제	57	
	118.산 출 세 액	15			세액계	153.분 납 세 액 계 산 범 위 액 (151-124-133-145-152+131)	47	11,715,450
	119.합 계 (115+118)	16	25,987,000		분납할세액	154.현 금 납 부	48	1,715,450
						155.물 납	49	
						156. 계 (154+155)	50	1,715,450
					차감납부세액	157.현 금 납 부	51	10,000,000
						158.물 납	52	
						160. 계 (157+158) [160=(151-152-156)]	53	10,000,000

제88회 전산세무1급 답안 및 해설

이 론

1	2	3	4	5	6	7	8	9	10	11	12	13	14	15
③	③	②	②	③	②	①	④	①	④	①	②	④	④	④

01. 지분상품을 발행시 등록비 및 기타 규제관련수수료, 회계자문수수료 등 여러 가지 비용이 발생한다. 이러한 자본거래비용 중 자본거래에 직접 관련되어 발생한 추가비용을 주식발행초과금에서 차감하거나 주식할인발행차금에 가산한다. 다만 **중도에 포기한 자본거래 비용은 당기손익으로 인식한다.**

02. 전진법 적용시 그 **변경의 효과를 회계연도 개시일부터 적용**한다.

03. 차입원가의 회계처리방법은 모든 적격자산에 대하여 매기 계속하여 적용하고, 정당한 사유 없이 변경하지 않는다.

04. 배당금수익은 수익금액을 사전에 결정하기 어렵기 때문에 주주로서 배당을 받을 권리가 확정되는 시점에 인식한다.

05. 재고자산의 취득원가는 매입원가 또는 제조원가를 말하며, 취득에 직접적으로 관련되어고 정상적으로 발생하는 운임, 수입관세 등 기타원가를 포함한다.

06.

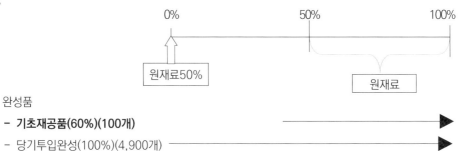

직접재료비 완성품 환산량=(100단위×50%)+(4,900단위×100%)+(100단위×50%)= 5,000단위

07.

재고자산(재공품+제품)

기초재고(원재료+재공품)		매출원가	100
당기총제조원가	*100*	기말재고(원재료+재공품)	
합 계		합 계	

기초재고(재공품+제품)과 기말재고(재공품+제품)이 동일할 경우 매출원가와 당기총제조원가는 동일하다.

08.

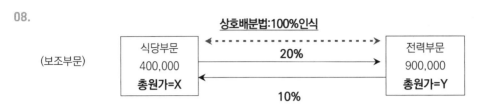

상호배분법:100%인식

식당부문 ←→ 전력부문

식당부문 400,000 총원가=X 20% → 전력부문 900,000 총원가=Y

10%

$$X = 400,000 + Y \times 10\%, \quad Y = 900,000 + X \times 20\%$$

$X = 400,000원 + 0.1 \times (900,000원 + 0.2X)$

$= 400,000원 + 90,000원 + 0.02X \quad \rightarrow \quad 0.98X = 490,000원$

따라서 X = 500,000원, Y = 1,000,000원

사용부문 제공부문		보조부문		제조부문	
		식당부문	전력부문	*절단부문*	조립부문
	배부전원가	400,000	900,000		
보조 부문 배부	식당부문(20% : 30% : 50%)	(500,000)	100,000	150,000	250,000
	전동력부문(10% : 60% : 30%)	100,000	(1,000,000)	600,000	300,000
보조부문 배부 원가		–	–	*750,000*	550,000

09. 개별원가계산은 여러 종류의 제품을 고객의 요구에 따라 소량으로 주문하는 기업의 원가계산에 적합하다.

10.

AQ	AP	SQ	SP
4,200시간	?	4,000시간	?
157,000원		?	

AQ × AP(Ⓐ)   AQ × SP(Ⓑ)   SQ × SP(Ⓒ)

4,200시간 × 39원/시간   4,000시간 × 39원/시간

157,000원   = 163,800원   = 156,000원

가격(임률)차이(Ⓐ - Ⓑ)

△6,800(유리)

능률차이(Ⓑ - Ⓒ)? +7,800(불리)

11. 내국법인이 직접 또는 간접적으로 업무와 관련이 있는 자와 업무를 원활하게 진행하기 위하여 지출한 금액이 접대비에 해당한다.

12. **일용근로자에 대한 공제액은 1일 15만원**으로 한다.

13. 부당행위계산부인은 법인의 행위 또는 소득금액의 계산이 특수관계인과의 거래로 인하여 그 법인의 소득에 대한 조세의 부담을 부당하게 감소시킨 것으로 인정되는 경우이면 충분하고 법인세법상 열거된 거래에 해당할 필요는 없다.

14. 신규사업자는 **주된 사업장의 사업자등록증을 받은 날로부터 20일 이내에 총괄납부신청이 가능**하다. 추가로 사업장을 개설하는 경우에는 **추가 사업장의 사업개시일부터 20일이내 신청서**를 제출하여야 한다.

〈신규사업자의 신청〉

총괄납부	사업자단위과세
주된 사업장의 사업자등록증을 발급받은 후 20일 이내 신청	최초 사업자 등록시 사업자단위과세사업자로 등록

15. **세액공제는 이월되나 세액감면은 이월되지 않는다.**

실 무

> **문제 1** 전표입력

[1] 일반전표입력 3월20일(합계잔액시산표 조회 감자차손 2,000,000원)

(차) 자본금	10,000,000	(대) 자기주식	5,000,000
		감자차손	2,000,000
		감자차익	3,000,000

문항	일자	유형	공급가액	부가세	거래처	전자세금
[2]	3/27	54.불공(6.)	15,000,000	1,500,000	㈜백두용역	여
분개유형		(차) 토 지		16,500,000	(대) 미지급금	16,500,000
혼합						

[3] 5월 18일 [일반전표입력]

(차) 퇴직급여충당부채	4,000,000	(대) 퇴직연금운용자산	3,000,000
퇴직급여(제)	500,000	보통예금	1,500,000

문항	일자	유형	공급가액	부가세	거래처	전자세금
[4]	6/26	57.카과	1,000,000	100,000	㈜노아	-
분개유형		(차) 복리후생비(제)	1,000,000	(대) 미지급금	1,100,000	
카드(혼합)		부가세대급금	100,000	(국민카드)		

문제 2 부가가치세

[1] 공제받지못할 매입세액명세서(4~6월)

1. 공제받지못할매입세액 (2점)

공제받지못할매입세액내역	공통매입세액안분계산내역	공통매입세액의정산내역	납부세액또는환급세액재계산		
매입세액 불공제 사유		세금계산서			
		매수	공급가액		매입세액
①필요적 기재사항 누락 등					
②사업과 직접 관련 없는 지출					
③비영업용 소형승용자동차 구입·유지 및 임차					
④접대비 및 이와 유사한 비용 관련					
⑤면세사업등 관련		3	5,000,000		500,000
⑥토지의 자본적 지출 관련					
⑦사업자등록 전 매입세액					
⑧금·구리 스크랩 거래계좌 미사용 관련 매입세액					

2. 공통매입세액의 정산내역(3점)

면세비율이 5%미만인 경우 공통매입세액은 전부 매입세액공제된다.

다만, **공통매입세액이 5백만원 이상인 경우는 안분**한다. 예정신고 시 면세비율은 5%미만이고, 공통매입세액이 5백만원 미만이기에 불공제매입세액은 없다.

확정신고 시 면세비율은 5%미만이지만, 공통매입세액이 5백만원 이상이므로 안분한다.

공제받지못할매입세액내역	공통매입세액안분계산내역	공통매입세액의정산내역	납부세액또는환급세액재계산					
산식	구분	(15)총공통매입세액	(16)면세 사업확정 비율			(17)불공제매입세액총액((15)×(16))	(18)기불공제매입세액	(19)가산또는공제되는매입세액((17)-(18))
			총공급가액	면세공급가액	면세비율			
1.당해과세기간의 공급가액기준		5,200,000	370,000,000.00	17,000,000.00	4.594594	238,918		238,918

[2] 수출실적명세서와 영세율매출명세서(10~12월)

1. 수출실적명세서

⇒ 비엘엠의 수출은 선적일자(11.14)보다 환가일(11.12)이 빠르므로 환가일 환율을 적용한다.

구분	건수	외화금액	원화금액	비고
⑨합계	2	175,000.00	200,400,000	
⑩수출재화[=⑨합계]	2	175,000.00	200,400,000	
⑪기타영세율적용				

	(13)수출신고번호	(14)선(기)적일자	(15)통화코드	(16)환율	금액		전표정보	
					(17)외화	(18)원화	거래처코드	거래처명
1	111-22-33-4444444-5	20X1-10-22	USD	1,080.0000	80,000.00	86,400,000	01200	엘케이
2	221-33-44-7777777-2	20X1-11-14	USD	1,200.0000	95,000.00	114,000,000	01300	비엘엠
3								

2. 영세율매출명세서

부가가치세법	조세특례제한법		
(7)구분	(8)조문	(9)내용	(10)금액(원)
		직접수출(대행수출 포함)	200,400,000
		중계무역·위탁판매·외국인도 또는 위탁가공무역 방식의 수출	
	제21조	내국신용장·구매확인서에 의하여 공급하는 재화	

결산

[1] [수동결산]

(차) 정기예금　　　　　100,000,000　　(대) 장기성예금　　　　　100,000,000

[2] [수동/자동결산]

(차) 감가상각비(제)　　　2,000,000　　(대) 감가상각누계액(기계)　2,000,000
　　국가보조금　　　　　1,600,000　　　　감가상각비(제)　　　1,600,000
또는 (차) 감가상각비(제)　　 400,000　　(대) 감가상각누계액(기계)　2,000,000
　　국가보조금　　　　　1,600,000

☞ 감가상각비=30,000,000원/5년 × 4/12 = 2,000,000원
제거되는 국고보조금=24,000,000원/5년 × 4/12 = 1,600,000원(또는 2,000,000×80%)

[3] [수동결산]

(차) 매도가능증권(178)　　 560,000　　(대) 매도가능증권평가손실　　 350,000
　　　　　　　　　　　　　　　　　　　매도가능증권평가이익　　 210,000

☞ 매도가능증권 증가액=70주×(53,000-45,000)=560,000원
제거되는 매도가능증권평가손실=70주×(50,000-45,000)=350,000원

[4] [수동/자동결산]

(차) 대손상각비(판)　　　1,896,000　　(대) 대손충당금(외상)　　　 684,000
　　　　　　　　　　　　　　　　　　　대손충당금(받을)　　　1.212,000

☞ 대손충당금 설정액 : 외상매출금 : 218,400,000 × 1% - 1,500,000원 = 　684,000원
　　　　　　　　　받을어음　: 184,200,000 × 1% - 　630,000원 = 1,212,000원

원천징수

[1] 급여자료입력 및 중도퇴사자 정산

(1) 1월 급여자료(귀속년월 1월, 지급년월일 1월 31일)

□	사번	사원명	감면율	급여항목	금액	공제항목	금액
□	201	주세영		기본급	3,000,000	국민연금	120,000
□				상여	500,000	건강보험	100,000
□				직책수당		장기요양보험	8,510
□				월차수당		고용보험	23,400
□				식대	200,000	소득세(100%)	154,440
□				자가운전보조금		지방소득세	15,440
□				야간근로수당		농특세	
□							
□				과　　　세	3,600,000		
□				비 과 세	100,000	공 제 총 액	421,790
	총인원(퇴사자)	1(0)		지 급 총 액	3,700,000	차 인 지 급 액	3,278,210

(2) 2월 급여자료입력(귀속년월 2월, 지급년월일 2월 28일)
　　① 사원등록 기본사항 16.퇴사년월일(2월 28일) 입력
　　② 급여자료입력 F7 중도퇴사자정산에서 급여반영 적용

□	사번	사원명	감면율	급여항목	금액	공제항목	금액
■	201	주세영(퇴사자)		기본급	3,000,000	국민연금	120,000
□				상여		건강보험	100,000
□				직책수당		장기요양보험	8,510
□				월차수당		고용보험	20,150
□				식대	200,000	소득세(100%)	
□				자가운전보조금		지방소득세	
□				야간근로수당		농특세	
□						중도정산소득세	-154,440
□						중도정산지방소득세	-15,440
□						중도정산농특세	

☞ 소득세 등은 자동 계산되어 집니다.

(3) 원천징수이행상황신고서(귀속기간 2월, 지급기간 2월, 1.정기신고)

원천징수명세및납부세액	원천징수이행상황신고서 부표	원천징수세액환급신청서	기납부세액명세서	전월미환급세액 조정명세서	차월이월환급세액 승계명세

		코드	소득지급		징수세액			당월조정 환급세액	납부세액	
			인원	총지급액	소득세 등	농어촌특별세	가산세		소득세 등	농어촌특별세
개인	근로소득	간이세액	A01		3,100,000						
		중도퇴사	A02	1	6,700,000	-154,440					
		일용근로	A03								
		연말정산	A04								
		(분납금액)	A05								
		(납부금액)	A06								
		가 감 계	A10	2	9,800,000	-154,440					
	퇴	연금계좌	A21								

---

[2] 배당소득의 경우 개인 김소영, 김여원은 원천징수대상이다.

주주		현금배당금	배당소득
김소영	60%	30,000,000	18,000,000
김여원	40%		12,000,000

1. 기타소득자 등록
　　① 101.김소영

　　② 102.김여원

2. 이자배당소득자료입력

① 101.김소영(지급일 4월 10일, 귀속년월 2월)

⇨ 구 분	입력내용		
1.소득자 구분/실명	111 내국인주민등록번호	실명 0.실명	
2.개인/법인구분	1.개인		
3.지급(영수)일자	년 04 월 10 일		
4.귀속년월	년 02 월		
5.은행 및 계좌번호	계좌번호	예금주	
6.금융상품명			
7.유가증권코드			
8.과세구분			
9.조세특례등			
10.세액감면 및 제한세율근거			
11.변동자료구분	0 처음제출되는 자료		

⇨ 지 급 및 계 산 내 역								
채권이자구분	이자지급대상기간	이자율	금액	세율(%)	세액	지방소득세	농특세	
	----˙--˙--˙----˙--˙--		18,000,000	14	2,520,000	252,000		

① 102.김여원(지급일 4월 10일, 귀속년월 2월)

⇨ 구 분	입력내용		
1.소득자 구분/실명	111 내국인주민등록번호	실명 0.실명	
2.개인/법인구분	1.개인		
3.지급(영수)일자	년 04 월 10 일		
4.귀속년월	년 02 월		
5.은행 및 계좌번호	계좌번호	예금주	
6.금융상품명			
7.유가증권코드			
8.과세구분			
9.조세특례등			
10.세액감면 및 제한세율근거			
11.변동자료구분	0 처음제출되는 자료		

⇨ 지 급 및 계 산 내 역								
채권이자구분	이자지급대상기간	이자율	금액	세율(%)	세액	지방소득세	농특세	
	----˙--˙--˙----˙--˙--		12,000,000	14	1,680,000	168,000		

3. 원천징수이행상황신고서(귀속기간 2월, 지급기간 4월, 1.정기신고)

원천징수명세및납부세액	원천징수이행상황신고서 부표	원천징수세액환급신청서	기납부세액명세서	전월미환급세액 조정명세서	차월이월환급세액 승계명세서

	코드	소득지급		징수세액			당월조정환급세액	납부세액	
		인원	총지급액	소득세 등	농어촌특별세	가산세		소득세 등	농어촌특별세
이 자 소 득	A50								
배 당 소 득	A60	2	30,000,000	4,200,000				4,200,000	

문제 5 세무조정

[1] 선급비용명세서

구분	거래내용	거래처	대상기간		지급액	선급 비용	회사 계상액	조정대상 금액
			시작일	종료일				
선급보험료	공장화재보험	DGC화재	20x1.02.01	20x2.01.31	2,400,000	203,835	200,000	3,835
선급보험료	본사자동차보험	ABC화재	20x1.08.01	20x2.07.31	2,100,000	1,219,726		1,219,726

〈손금불산입〉 대표자보험료대납분 　　　　4,000,000원 (상여)

〈손금불산입〉 공장화재보험 　　　　　　　3,835원 (유보발생)

〈손금불산입〉 본사자동차보험 　　　　　1,219,726원 (유보발생)

〈손금 　산입〉 전기분선급비용 　　　　　800,000원 (유보감소)

[2] 재고자산평가조정명세서

	계산근거	장부상 (개당)	세법상 (개당)	세무조정
제품 (10개)	정당한 평가방법 신고, 임의변경에 해당함. MAX[①선입선출법,②선입선출법]	2,000	1,800	〈손금산입〉 평가증 2,000 (△유보)
재공품	총평균법	1,500	1,500	
원재료 (15개)	차기부터 평가방법적용, 임의변경에 해당함. MAX[①선입선출법,②총평균법]	1,200	1,000	〈손금산입〉 평가증 3,000 (△유보)

① 재고자산평가방법 검토

4.자산별	2.신고일	3.신고방법	4.평가방법	5.적부	6.비고
제 품 및 상 품	20x1-09-10	02:선입선출법	04:총평균법	×	
반제품및재공품	2011-01-02	04:총평균법	04:총평균법	○	
원 재 료	2011-01-02	04:총평균법	03:후입선출법	×	
저 장 품					
유가증권(채권)					
유가증권(기타)					

② 평가조정계산

	7.과목		11.수량	회사계산(장부가)		조정계산금액				18.조정액
	코드	과목명		12. 단가	13. 금액	세법상신고방법		FIFO(무신고,임의변경시)		
						14.단가	15.금액	16.단가	17.금액	
1	0150	제품	10.0000	2,000.0000	20,000	1,800.0000	18,000	1,800.0000	18,000	-2,000
2	0153	원재료	15.0000	1,200.0000	18,000	1,000.0000	15,000	900.0000	13,500	-3,000
3	0169	재공품	20.0000	1,500.0000	30,000	1,500.0000	30,000			
4										
	계				68,000		63,000		31,500	-5,000

③ 세무조정

〈손금산입〉 재고자산평가증(제품 '가') 2,000원(유보발생)

〈손금산입〉 재고자산평가증(원재료 '다') 3,000원(유보발생)

[3] 감가상각조정

세무상취득가액(A)		세무상 기초감가상각누계액(B)	
=기말B/S상 취득가액	80,000,000	기초B/S상 감가상각누계액	40,000,000
+즉시상각의제액(당기)	10,000,000	(−) 전기상각부인누계액	
		(+) 의제상각누계액	3,800,000
90,000,000		43,800,000	
미상각잔액(C=A−B)=46,200,000			
상각범위액(D)	세무상미상각잔액(C) × 상각율(0.451)= 20,836,200		
회사계상상각비(E)	10,000,000원(상각비) + 10,000,000원(즉시상각의제) = 20,000,000		
시부인액(D−E)	**시인액 836,200(손入−강제상각)**		

① 고정자산등록(1.부품검수기, 취득년월일 2017-02-15, 정률법)

기본등록사항	추가등록사항	
1.기초가액		80,000,000
2.전기말상각누계액(−)		40,000,000
3.전기말장부가액		40,000,000
4.당기중 취득 및 당기증가(+)		
5.당기감소(일부양도 · 매각 · 폐기)(−)		
전기말상각누계액(당기감소분)(+)		
6.전기말자본적지출액누계(+)(정액법만)		
7.당기자본적지출액(즉시상각분)(+)		10,000,000
8.전기말부인누계액(+) (정률만 상각대상에 가산)		
9.전기말의제상각누계액(−)		3,800,000
10.상각대상금액		46,200,000
11.내용연수/상각률(월수)	5 0.451 (12) 년수별상각율	
12.상각범위액(한도액)(10X상각율)		20,836,200
13.회사계상액(12)−(7)	사용자수정	10,000,000
14.경비구분	1.500번대/제조	
15.당기말감가상각누계액		50,000,000
16.당기말장부가액		30,000,000

② 미상각자산감가상각조정명세서

입력내용			금액
업종코드/명			
합계표 자산구분	2. 기계장치		
(4)내용연수			5
상각 계산 의 기초 가액	재무상태표 자산가액	(5)기말현재액	80,000,000
		(6)감가상각누계액	50,000,000
		(7)미상각잔액(5)−(6)	30,000,000
	(8)회사계산감가상각비		10,000,000
	(9)자본적지출액		10,000,000
	(10)전기말의제상각누계액		3,800,000
	(11)전기말부인누계액		
	(12)가감계((7)+(8)+(9)−(10)+(11))		46,200,000
(13)일반상각률.특별상각률			0.451
상각범위 액계산	당기산출 상각액	(14)일반상각액	20,836,200
		(15)특별상각액	
		(16)계((14)+(15))	20,836,200
	취득가액	(17)전기말현재취득가액	80,000,000
		(18)당기회사계산증가액	
		(19)당기자본적지출액	10,000,000
		(20)계((17)+(18)+(19))	90,000,000
	(21) 잔존가액		4,500,000
	(22) 당기상각시인범위액		20,836,200
(23)회사계상상각액((8)+(9))			20,000,000
(24)차감액((23)−(22))			−836,200
(25)최저한세적용에따른특별상각부인액			

〈손금산입〉 감가상각비(기계장치) 836,200원 (유보,발생)

[4] 접대비 조정명세서

① 수입금액명세

구 분	① 일반수입금액	② 특수관계인간 거래금액	③ 합 계(①+②)
1 1. 수입금액명세			
금 액	2,900,000,000	500,000,000	3,400,000,000

② 접대비해당금액

	④ 계정과목		합계	접대비(제조)	접대비(판관)	광고선전비	복리후생비
2 2. 접대비 해당금액							
	⑤ 계정금액		56,250,000	24,400,000	17,250,000	6,600,000	8,000,000
	⑥ 접대비계상액 중 사적사용경비						
	⑦ 접대비해당금액(⑤-⑥)		56,250,000	24,400,000	17,250,000	6,600,000	8,000,000
⑧ 신용카드등 미사용금액	경조사비 중 기준금액 초과액	⑨ 신용카드 등 미사용금액					
		⑩ 총 초과금액					
	국외지역 지출액 (법인세법 시행령 제41조제2항제1호)	⑪ 신용카드 등 미사용금액					
		⑫ 총 지출액					
	농어민 지출액 (법인세법 시행령 제41조제2항제2호)	⑬ 송금명세서 미제출금액					
		⑭ 총 지출액					
	접대비 중 기준금액 초과액	⑮ 신용카드 등 미사용금액	5,000,000	3,000,000	2,000,000		
		(16) 총 초과금액	49,000,000	24,000,000	17,000,000		8,000,000
	(17) 신용카드 등 미사용 부인액		5,000,000	3,000,000	2,000,000		
	(18) 접대비 부인액(⑥+(17))		5,000,000	3,000,000	2,000,000		

③ 접대비 조정(갑)

→ 중소기업기본금액 36,000,000원, 수입금액기준(100억이하 0.3%, 100~500억 0.2%)

3 접대비 한도초과액 조정			
중소기업		☐ 정부출자법인 ☐ 부동산임대업등 ⑧한도액 50%적용	
	구분		금액
① 접대비 해당 금액			56,250,000
② 기준금액 초과 접대비 중 신용카드 등 미사용으로 인한 손금불산입액			5,000,000
③ 차감 접대비 해당금액(①-②)			51,250,000
일반 접대비 한도	④ 12,000,000 (중소기업 36,000,000) X 월수(12) / 12		36,000,000
	총수입금액 기준	100억원 이하의 금액 X 30/10,000	10,200,000
		100억원 초과 500억원 이하의 금액 X 20/10,000	
		500억원 초과 금액 X 3/10,000	
		⑤ 소계	10,200,000
	일반수입금액 기준	100억원 이하의 금액 X 30/10,000	8,700,000
		100억원 초과 500억원 이하의 금액 X 20/10,000	
		500억원 초과 금액 X 3/10,000	
		⑥ 소계	8,700,000
	⑦ 수입금액기준	(⑤-⑥) X 10/100	150,000
	⑧ 일반접대비 한도액 (④+⑧+⑦)		44,850,000
문화접대비 한도 (「조특법」 제136조제3항)	⑨ 문화접대비 지출액		
	⑩ 문화접대비 한도액(⑨와 (⑧ X 20/100) 중 작은 금액)		
⑪ 접대비 한도액 합계(⑧+⑩)			44,850,000
⑫ 한도초과액(③-⑪)			6,400,000
⑬ 손금산입한도 내 접대비 지출액(③과⑪ 중 작은 금액)			44,850,000

〈손금불산입〉 신용카드등미사용액 5,000,000원 (기타사외유출)

〈손금불산입〉 접대비한도초과   6,400,000원 (기타사외유출)

[5] 세액조정계산서 및 최저한세 조정명세서

> 1.세액조정계산서(산출세액) → 2.최저한세액) → 3.세액조정계산서(최종)

1. [법인세 과세표준 및 세액 조정 계산서] 산출세액 계산

① 각 사 업 연 도 소 득 계 산	101.결산서상 당기순손익	01		220,503,230
	소득조정 102.익금산입	02		13,450,200
	금 액 103.손금산입	03		
	104.차가감소득금액(101+102-103)	04		233,953,430
	105.기부금한도초과액	05		450,000
	106.기부금 한도초과 이월액 손금산입	54		
	107.각사업연도소득금액(104+105-106)	06		234,403,430
② 과 세 표 준 계 산	108.각 사업 연도 소득금액(108=107)			234,403,430
	109.이 월 결 손 금	07		15,000,000
	110.비 과 세 소 득	08		
	111.소 득 공 제	09		50,000,000
	112.과세표준 (108-109-110-111)	10		169,403,430
	159.선 박 표 준 이 익	55		
③ 산 출	113.과 세 표 준 (113=112+159)	56		169,403,430
	114.세 율	11		10%
	115.산 출 세 액	12		16,940,343

2. [최저한세 조정 계산서]

상단툴바 `F12 불러오기` 클릭한 후 최저한세 대상 소득공제(30,000,000원), 세액감면(5,000,000원)을 입력한다.

①구분		코드	②감면후세액	③최저한세	④조정감	⑤조정후세액
(101) 결산서상 당기순이익		01	220,503,230			
소득조정금액	(102)익 금 산 입	02	13,450,200			
	(103)손 금 산 입	03				
(104) 조정후 소득금액 (101+102-103)		04	233,953,430	233,953,430		233,953,430
최저한세적용대상 특별비용	(105)준 비 금	05			████████	
	(106)특별상각, 특례상각	06				
(107) 특별비용손금산입전소득금액(104+105+106)		07	233,953,430	233,953,430		233,953,430
(108) 기 부 금 한 도 초 과 액		08	450,000	450,000		450,000
(109) 기부금 한도초과 이월액 손금산입		09				
(110) 각 사업 년 도 소 득 금 액 (107+108-109)		10	234,403,430	234,403,430		234,403,430
(111) 이 월 결 손 금		11	15,000,000	15,000,000		15,000,000
(112) 비 과 세 소 득		12				
(113) 최저한세적용대상 비 과 세 소 득		13				
(114) 최저한세적용대상 익금불산입·손금산입		14				
(115) 차가감 소 득 금 액 (110-111-112+113+114)		15	219,403,430	219,403,430		219,403,430
(116) 소 득 공 제		16	50,000,000	50,000,000		50,000,000
(117) 최저한세적용대상 소 득 공 제		17		30,000,000		
(118) 과 세 표 준 금 액(115-116+117)		18	169,403,430	199,403,430		169,403,430
(119) 선 박 표 준 이 익		24				
(120) 과 세 표 준 금 액 (118+119)		25	169,403,430	199,403,430		169,403,430
(121) 세 율		19	10 %	7 %		10 %
(122) 산 출 세 액		20	16,940,343	13,958,240		16,940,343
(123) 감 면 세 액		21	5,000,000		2,017,897	2,982,103
(124) 세 액 공 제		22				
(125) 차 감 세 액 (122-123-124)		23	11,940,343			13,958,240

3. [법인세 과세표준 및 세액 조정 계산서]

- 최저한세 적용대상 공제감면세액을 2,982,103원(=5,000,000원 - 2,017,897원)을 입력

① 각사업연도소득계산	101.결산서상 당기순손익	01	220,503,230	④ 납부할세액계산	120.산 출 세 액(120=119)		16,940,343
	소득조정금액 102.익 금 산 입	02	13,450,200		121.최저한세 적용 대상 공제 감면 세액	17	2,982,103
	103.손 금 산 입	03			122.차 감 세 액	18	13,958,240
	104.차 가 감 소득금액 (101+102-103)	04	233,953,430		123.최저한세 적용 제외 공제 감면 세액	19	
	105.기 부 금 한 도 초 과 액	05	450,000		124.가 산 세 액	20	
	106.기부금 한도초과 이월액 손금산입	54			125.가 감 계(122-123+124)	21	13,958,240
	107.각사업연도소득금액(104+105-106)	06	234,403,430		기한내납부세액 126.중 간 예 납 세 액	22	5,000,000
② 과세표준계산	108.각 사업 연도 소득금액(108=107)		234,403,430		127.수 시 부 과 세 액	23	
	109.이 월 결 손 금	07	15,000,000		128.원 천 납 부 세 액	24	250,000
	110.비 과 세 소 득	08			129.간접 회사등 외국 납부세액	25	
	111.소 득 공 제	09	50,000,000		130.소 계(126+127+128+129)	26	5,250,000
	112.과 세 표 준 (108-109-110-111)	10	169,403,430		131.신 고 납부전 가 산 세 액	27	
	159.선 박 표 준 이 익	55			132.합 계 (130+131)	28	5,250,000
③ 산출세액계산	113.과 세 표 준 (113=112+159)	56	169,403,430		133.감 면 분 추 가 납 부 세 액	29	
	114.세 율	11	10%		134.차가감 납부할 세액(125-132+133)	30	8,708,240
	115.산 출 세 액	12	16,940,343	⑤토지등양도소득, ⑥미환류소득 법인세계산 (TAB로 이동)			
	116.지 점 유 보 소 득 (법 제96조)	13			151.차 가 감 납부할 세 액 계(134+150)	46	8,708,240
	117.세 율	14		⑦ 세액계	152.사실과 다른 회계처리 경정세액공제	57	
	118.산 출 세 액	15			153.분 납 세 액 계 산 범 위 액 (151-124-133-145-152+131)	47	8,708,240
	119.합 계 (115+118)	16	16,940,343	분납할세액	154.현 금 납 부	48	
					155.물 납	49	
					156. 계 (154+155)	50	
				차감납부세액	157.현 금 납 부	51	8,708,240
					158.물 납	52	
					160. 계 (157+158) [160=(151-152-156)]	53	8,708,240

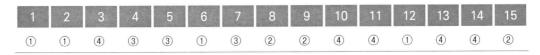

제87회 전산세무1급 답안 및 해설

이 론

1	2	3	4	5	6	7	8	9	10	11	12	13	14	15
①	①	④	③	③	①	③	②	②	④	④	①	④	④	②

01. ① 재고자산의 취득원가에는 취득에 직접적으로 관련되어 있으며, 정상적으로 발생되는 기타원가를 포함한다.

② 추가 생산단계에 투입하기 전에 보관이 필요한 경우 외의 보관비용은 비용으로 인식한다.

③ 재고자산을 현재의 장소에 현재의 상태로 이르게 하는 데 기여하지 않은 관리간접원가는 비용으로 인식한다.

④ 판매원가는 비용으로 인식한다.

02. ① 확정기여제도를 설정한 경우에는 당해 회계기간에 대하여 기업이 납부하여야 할 부담금(기여금)을 퇴직급여(비용)로 인식하고, 퇴직연금운용자산, 퇴직급여충당부채 및 퇴직연금미지급금은 인식하지 아니한다. 확정급여제도일 경우 퇴직연금운용자산으로 인식한다.

03. **현금흐름이 변경된 경우 순장부금액이나 금융부채 상각후원가**를 조정한다.

04. 건물구입 후 철거시 관련비용은 토지의 취득원가로 인식한다.

- 토지의 취득원가 : 건물구입비(700,000,000)+철거비용(20,000,000)+정지비용(8,000,000)
  - 철거비용(5,000,000) = 723,000,000원
- 건물의 취득원가 : 0원

05. 건설공사는 진행기준에 따라 수익을 인식한다.

	전전기	전기	당기
누적공사원가(A)	45,000,000	135,000,000	183,000,000
총예정(추정)원가(B)	185,000,000	180,000,000	183,000,000
누적진행율(A/B)	24.324%	75%	100%
총공사대금	200,000,000	200,000,000	200,000,000
누적공사수익		**150,000,000**	**200,000,000**
당기공사수익	당기 공사수익=(200,000,000-150,000,000)= 50,000,000		

06. 예정배부율 : 예산(600,000)/예산조업도(3,000시간) = 200원/시간당

실제발생 제조간접비(=예정배부액) : 640,000원

실제직접노무시간(실제조업도) : 예정배부액(640,000) /예정배부율(200) = 3,200시간

07 정상개별원가계산의 경우에도 직접재료원가와 직접노무원가는 예상발생액이 아닌 실제발생액을 적용한다.

08 정상공손은 제조공정이 효율적으로 운영되더라도 발생하는 공손으로 정상품을 생산하기 위하여 불가피하게 발생된다.

09 종합원가계산

〈1단계〉물량흐름파악(평균법)			〈2단계〉완성품환산량 계산	
재공품			재료비	가공비
	완성품	320(100%)	320	320
	기말재공품	80(80%)	80	64
	계	400	400	384
〈3단계〉원가요약(기초재공품원가+당기투입원가)			36,000+100,000	66,480+210,000
			400	384
〈4단계〉완성품환산량당단위원가			@340	@720

〈5단계〉완성품원가와 기말재공품원가계산

- 기말재공품원가 = 80개 × @340원 +64개 × @720원 = *73,280원*

10 제조원가명세서는 원재료와 재공품의 T계정을 합친 것이다.

② 당기총제조원가=직·재(65,000,000)+직·노(9,000,000)+제·간(13,000,000)=87,000,000원

원재료				⇒	재공품			
(① 기초)	4,000,000	직접재료비	65,000,000		(③기초)	2,000,000	④당기제품제조원가	78,000,000
매입	68,000,000	기말	7,000,000		②당기총제조원가	87,000,000	기말	11,000,000
계	72,000,000	계	72,000,000		계	89,000,000	계	89,000,000

11 **법인의 본점이 수도권에 있는 경우는 모든 사업장이 수도권에 있는 것으로 보고 감면율**을 적용한다.

12 **연금소득 중 사적연금액 1,200만원 이하인 경우 분리과세를 선택**할 수 있기 때문에 무조건 분리과세 대상 소득에 해당하지 않는다.

13 결산을 확정할 때 이미 경과한 기간에 대응하는 이자 및 할인액을 해당 사업연도의 손비로 계상한 경우에는 그 계상한 사업연도의 손금으로 한다.→이자비용일 경우 발생주의를 수용한다.

14 용역제공에 대해서 선불로 받는 경우 용역기간동안 안분하여 예정신고기간 또는 과세기간의 종료일을 공급시기로 한다.

15 **주택입주지체상금일 경우 100분의 80에 상당하는 금액을 필요경비**로 본다.

실 무

문제 1 전표입력

[1] 3월 15일 [일반전표입력]

(차) 이월이익잉여금	130,000,000원	(대) 미지급배당금	100,000,000원
		미교부주식배당금	20,000,000원
		이익준비금	10,000,000원

[2] 4월 3일 [일반전표입력]

(차) 복리후생비(제)	1,000,000원	(대) 미지급금(비씨카드)	1,000,000원

[3] 7월 12일 [매입매출전표입력]

일자	유형	공급가액	부가세	거래처	전자세금
7/12	14.건별	15,000,000	1,500,000	㈜백두	–
분개유형	(차) 판매촉진비(판)	11,500,000	(대) 부가세예수금		1,500,000
혼합			제품(8.타계정대체)		10,000,000

[4] 8월 4일 일반전표입력

(차) 사채	10,000,000원	(대) 보통예금	9,200,000 원
사채상환손실	100,000원	사채할인발행차금	900,000 원

☞ 제거되는 사채할인발행차금=1,800,000×50%→시산표(8/4) 사채할인발행차금 조회
상환손익=상환가액(9,200,000)-장부가액(20,000,000-1,800,000)×50%=100,000원(손실)

문제 2 부가가치세

[1] 수정신고서(4~6월, 1차)

1. 매입매출전표 입력

일자	유형	공급가액	부가세	거래처	전자세금
5/03	11.과세	32,000,000	3,200,000	㈜화인상사	여
5/10	11.과세	20,000,000	2,000,000	금아유통	부
6/21	14.건별	17,000,000	1,700.000	㈜아이테크	–

2. 수정신고서(4~6월)

구분				정기신고금액				수정신고금액		
				금액	세율	세액		금액	세율	세액
과세표준및매출세액	과세	세금계산서발급분	1	100,000,000	10/100	10,000,000	1	152,000,000	10/100	15,200,000
		매입자발행세금계산서	2		10/100		2		10/100	
		신용카드·현금영수증발행분	3		10/100		3		10/100	
		기타(정규영수증외매출분)	4				4	17,000,000		1,700,000
	영세	세금계산서발급분	5		0/100		5		0/100	
		기타	6		0/100		6		0/100	
	예정신고누락분		7				7			
	대손세액가감		8				8			
	합계		9	100,000,000	㉮	10,000,000	9	169,000,000	㉮	16,900,000
매입세액	세금계산서수취분	일반매입	10	50,000,000		5,000,000	10	50,000,000		5,000,000
		수출기업수입분납부유예	10				10			
		고정자산매입	11				11			
	예정신고누락분		12				12			
	매입자발행세금계산서		13				13			
	그 밖의 공제매입세액		14				14			
	합계(10)-(10-1)+(11)+(12)+(13)+(14)		15	50,000,000		5,000,000	15	50,000,000		5,000,000
	공제받지못할매입세액		16				16			
	차감계 (15-16)		17	50,000,000	㉯	5,000,000	17	50,000,000	㉯	5,000,000
납부(환급)세액(매출세액㉮-매입세액㉯)					㉰	5,000,000			㉰	11,900,000

3. 가산세

〈매출매입신고누락분〉

구 분			공급가액	세액
매출	과세	세 금(전자)	32,000,000+20,000,000(종이)	5,200,000
		기 타	17,000,000(미발급)	1,700,000
	영세	세 금(전자)		
		기 타		
매입	세금계산서 등			
미달신고(납부)←신고·납부지연 가산세				6,900,000

1. 전자세금계산서 미발급(2%)	17,000,000원 × 2% = 340,000원
	20,000,000원 × 1% (종이세금계산서 발급)= 200,000원
2. 신고불성실	6,900,000원 × 10% × 25%(감면) = 172,500원
	* 3개월이내 수정신고시 75% 감면
3. 납부지연	6,900,000원 ×38일 ×2.2(개정세법 22)/10,000 =57,684원
	* 일수 : 7월 26일 ~ 9월 01일
계	770,184원

☞ 종이세금계산서 발급시 가산세는 미발급등에 적어야 합니다. 답안에서 미발급으로 가산세를 계산하고 신고서에 지연발급란에 입력하는 것은 잘못된 것입니다.

[2] 의제매입세액공제신고서(10~12월)

〈제시된 답안〉

1. 매입매출전표입력

① 제시된 답안(의제류 매입으로 입력)

	전체입력	전자입력	11.매출과세	17.매출카과	13.매출면세	51.매입과세	57.매입카과	53.매입면세	가산세	의제류매입	종이세금

20x1 년 10 ▼ 월 20 [···] 일 [변경] 현금잔액: 286,282,242 대차차액:

□ 일	번호	유형	품목	수량	단가	공급가액	의제구분및매입액	세율	공제세액	코드	급처	사업/주민번호	전자	분개
□ 20	50004	카면	과일	7,000		70,500,000	1 70,500,000	4 /104	2,711,538	01024	우리고	615-15-32822		카드

	전체입력	전자입력	11.매출과세	17.매출카과	13.매출면세	51.매입과세	57.매입카과	53.매입면세	가산세	의제류매입	종이세금

20x1 년 11 ▼ 월 10 일 [변경] 현금잔액: 315,689,252 대차차액:

□ 일	번호	유형	품목	수량	단가	공급가액	의제구분및매입액	세율	공제세액	코드	급처	사업/주민번호	전자	분개
□ 10	50004	면건	과일	150	10,000	1,500,000	1 1,500,000	4 /104	57,692	01061	김만복	730826-1000717		현금

2. 의제매입세액공제신고서(10~12월)

① 대상입력

관리용	신고용				※농.어민으로부터의 매입분에 대한 자료 입력시 주민등록번호, 품명, 수량은 필수입력 사항입니다.			
구	분	매 입 처 수	건 수	매 입 가 액		공 제 율		의 제 매 입 세 액
합	계	2	2	72,000,000		4/104		2,769,230
사업자로부터의 매입분	계산서							
	신용카드	1	1	70,500,000		4/104		2,711,538
농 · 어민 등으로부터의 매입분		1	1	1,500,000		4/104		57,692

	농 · 어민 등으로부터의 매입분에 대한 명세					
	면세농산물 등을 공급한 농·어민등		건 수	품 명	수 량	매입가액
	성명	주 민 등 록 번호				
1	김만복	730826-1000717	1	과일	150	1,500,000

② 한도계산(제조업 면세농산물등 탭 : 1역년으로 계산)

면세농산물등	제조업 면세농산물등							

가. 1역년 과세표준 및 제2기 과세기간 공제 가능한 금액등 [불러오기]

과세표준			대상액 한도계산		1역년 매입액			공제대상금액
합계	제1기	제2기	한도율	A.한도액	B.합계	제1기	제2기	[MIN (A,B)]
220,000,000	100,000,000	120,000,000	40/100	88,000,000	113,600,000	41,600,000	72,000,000	88,000,000

나. 과세기간 공제할 세액

공제대상세액			이미 공제받은 금액					공제(납부)할 세액
공제율	C.공제대상금액	D.총 합계	제1기	제2기				(C-D)
				합계	예정신고분	월별조기분		
4/104	3,384,615	1,600,000	1,600,000					1,784,615

3. 한도초과분 - 12월 31일 [일반전표 입력]

(차) 원재료   984,615원   (대) 부가세대급금   984,615원

☞ 한도초과액 = 2,769,230원 - 1,784,615원 =984,615원

〈일반적인 풀이〉인용

1. 매입매출전표입력

	거래유형	품명	수량	공급가액	부가세	거래처	전자세금
10/20	58. 카면	과일	7,000	70,500,000		우리과일	–
	분개유형	(차) 원재료(6.)	70,500,000원		(대)	외상매입금	70,500,000원
	4.카드					(비씨카드)	

	거래유형	품명	수량	단가	공급가액	부가세	거래처	전자세금
11/10	60. 면건	과일	150	10,000	1,500,000		김만복	–
	분개유형	(차) 원재료(6.)	1,500,000원			(대)	현금	1,500,000원
	1.현금							

2. 의제매입세액공제신고서(10~12월) 공제율 4/104로 수정→제시된 답안처럼 수정

3. 의제매입세액 입력 - 12월 31일 [일반전표 입력]

　　(차) 부가세대급금　　　　1,784,615원　　　　(대) 원재료(8.타계정)　　　　1,784,615원

〈의제매입세액 1역년 단위로 계산〉

① 1역년동안 계속 제조업 영위 & ② 제1기 과세기간에 공급받은 면세농산물등의 가액의 비중이 75%이 상 또는 25% 미만의 조건을 충족해야 한다.

이 문제에서 1기 과세기간의 면세원재료 매입은 36.6%로 1역년 단위로 계산할 수 없다.

	제1기 과세기간	제2기 과세기간	계
면세 원재료 매입	41,600,000원(36.6%)	72,000,000원	113,600,000원

따라서 [면세농산물등] 탭에서 다음과 같이 입력해야 한다.

면세농산물등		제조업 면세농산물등					

가. 과세기간 과세표준 및 공제가능한 금액등　　　　　　　　　　　　　　　　　　　불러오기

과세표준			대상액 한도계산		B. 당기매입액	공제대상금액 [MIN (A,B)]
합계	예정분	확정분	한도율	A.한도액		
120,000,000		120,000,000	40/100	48,000,000	72,000,000	48,000,000

나. 과세기간 공제할 세액

공제대상세액		이미 공제받은 금액			공제(납부)할세액 (C-D)
공제율	C.공제대상금액	D.합계	예정신고분	월별조기분	
4/104	1,846,153				1,846,153

이 문제는 잘못된 답안을 유도하고 있다.

문제 3　결산

[1] [수동결산]

　　(차) 단기매매증권평가손실　　　60,000원　　　(대) 단기매매증권　　　　　　　60,000원

　　☞ 평가손익=(9,000원-10,000원)×60주 =△ 60,000원(평가손실)

[2] [수동결산]

(차) 무형자산손상차손	20,000,000원	(대) 특허권		20,000,000원

☞ 특허권 잔액([합계잔액시산표]메뉴 12월 31일 조회) 30,000,000원 - 10,000,000원 = 20,000,000원

[3] [수동/자동결산]

(차) 퇴직급여(판)	23,000,000원	(대) 퇴직급여충당부채	33,000,000원
퇴직급여(제)	10,000,000원		

[4] [수동결산]

(차) 가수금	1,000원	(대)가지급금	200,000원
여비교통비(판)	199,000원		

문제 4 원천징수

[1] 연말정산

1. 부양가족명세(이미란)

관계	요 건		기본공제	추가(자녀)	판 단
	연령	소득			
본인	–	–	○		세법상 연령=연말정산연도–출생연도
배우자	–	○	○		총급여액 5백만원이하자
부(74)	○	○	○	경로	
모(72)	○	○	○	경로,장애(1)	
자1(8)	○	×	부		기타소득금액=8,000,000×40%=3,200,000원
자2(3)	○	○	○		

2. 소득명세 : 인정상여 3,000,000원 입력

13-1.급여(급여자료입력)	60,000,000	60,000,000
13-2.비과세한도초과액		
13-3.과세대상추가(인정상여추가)	3,000,000	3,000,000
14.상여	5,000,000	5,000,000
15.인정상여		
15-1.주식매수선택권행사이익		
15-2.우리사주조합 인출금		
15-3.임원퇴직소득금액한도초과액		
15-4.직무발명보상금		
16.계	68,000,000	68,000,000

13-3.과세대상 추가(인정상여 추가분)	
과세대상추가분	
인정상여추가분	3,000,000
합 계	3,000,000
확인(Tab) 취소(Esc)	

3. 연말정산입력

항 목	요건		내역 및 대상여부	입력
	연령	소득		
보 험 료	○ (×)	○	•본인 생명보험료 •장녀 상해보험료	○(일반 1,000,000) ○(일반 140,000)

항 목	요건		내역 및 대상여부	입력
	연령	소득		
의 료 비	×	×	•본인 맹장수술비 •부친 보청기 구입비 •장남 진료비 •배우자 성형수술비(미용목적은 제외)	○(본인 1,500,000) ○(65세 3,000,000) ○(일반 900,000) ×
교 육 비	×	○	•부친 노인대학(직계존속은 제외) •배우자 대학교 교육비	× (대학 4,000,000)
기부금	×	○	•본인 종친회 기부금(비지정) •배우자 종교단체	× ○(종교 1,800,000)

[특별세액공제]		
1. 보장성 보험료	① 일반	1,140,000(한도 1,000,000)
2. 의료비	① 특정(본인, 장애인, 65세이상, 중증) ② 일반	4,500,000 900,000
3. 교육비	① 대학	4,000,000
4. 기부금	① 지정기부금(종교단체)	1,200,000

[2] 사업소득

　1. 사업소득자 입력

　① 101.권노아

　② 102.윤지현

　2. 사업소득자료 입력

　① 101. 권노아

귀속년월		지급(영수)			지급액	세율(%)	소득세	지방소득세	학자금상환	차인지급액
년	월	년	월	일						
20x1	04	20x1	04	22	12,000,000	3	360,000	36,000		11,604,000

　② 102.윤지현

귀속년월		지급(영수)			지급액	세율(%)	소득세	지방소득세	학자금상환	차인지급액
년	월	년	월	일						
20x1	04	20x1	04	22	7,000,000	3	210,000	21,000		6,769,000

문제 5 세무조정

[1] 감가상각비 조정

세무상취득가액(A)		세무상 기초감가상각누계액(B)	
=기말B/S상 취득가액 +즉시상각의제액(당기)	142,000,000	기초B/S상 감가상각누계액 (−) 전기상각부인누계액	50,000,000 (1,968,500)
142,000,000		48,031,500	
미상각잔액(C=A−B)=93,968,500			
상각범위액(D)	세무상미상각잔액(C) × 상각율(0.451)= 42,379,793		
회사계상상각비(E)	50,000,000원(상각비)		
시부인액(D−E)	**부인액 7,620,207(손불, 유보)**		

1. 고정자산등록(1.기계장치,2018-04-25)

기본등록사항　추가등록사항		
1.기초가액		142,000,000
2.전기말상각누계액(−)		50,000,000
3.전기말장부가액		92,000,000
4.당기중 취득 및 당기증가(+)		
5.당기감소(일부양도 · 매각 · 폐기)(−)		
전기말상각누계액(당기감소분)(+)		
6.전기말자본적지출액누계(+)(정액법만)		
7.당기자본적지출액(즉시상각분)(+)		
8.전기말부인누계액(+)(정률만 상각대상에 가산)		1,968,500
9.전기말의제상각누계액(−)		
10.상각대상금액		93,968,500
11.내용연수/상각률(월수)	5 　0.451 (12	
12.상각범위액(한도액)(10X상각율)		42,379,793
13.회사계상액(12)-(7)		50,000,000
14.경비구분		1.500번대/제조
15.당기말감가상각누계액		100,000,000
16.당기말장부가액		42,000,000
17.당기의제상각비		
18.전체양도일자		--.--.--
19.전체폐기일자		--.--.--
20.업종	13	제조업

2. 미상각분감가상각조정명세서

입력내용			금액
업종코드/명			
합계표 자산구분		2. 기계장치	
(4)내용연수			5
상각 계산 의 기초 가액	재무상태표 자산가액	(5)기말현재액	142,000,000
		(6)감가상각누계액	100,000,000
		(7)미상각잔액(5)-(6)	42,000,000
	(8)회사계산감가상각비		50,000,000
	(9)자본적지출액		
	(10)전기말의제상각누계액		
	(11)전기말부인누계액		1,968,500
	(12)가감계((7)+(8)+(9)-(10)+(11))		93,968,500
(13)일반상각률.특별상각률			0.451
상각범위 액계산	당기산출 상각액	(14)일반상각액	42,379,793
		(15)특별상각액	
		(16)계((14)+(15))	42,379,793
	취득가액	(17)전기말현재취득가액	142,000,000
		(18)당기회사계산증가액	
		(19)당기자본적지출액	
		(20)계((17)+(18)+(19))	142,000,000
	(21) 잔존가액		7,100,000
	(22) 당기상각시인범위액		42,379,793
(23)회사계상상각액((8)+(9))			50,000,000
(24)차감액 ((23)-(22))			7,620,207
(25)최저한세적용에따른특별상각부인액			
조정액	(26) 상각부인액 ((24)+(25))		7,620,207
	(27) 기왕부인액중당기손금추인액		
당기말	(28) 당기말부인누계액 ((11)+(26)-(27)|)		9,588,707
	(29) 당기의제상각액 ㅣ△(24)ㅣ-ㅣ(27)ㅣ		

3. 감가상각비조정명세서합계표

1.자산구분		코드	2.합계액	유형자산			6.무형자산
				3.건축물	4.기계장치	5.기타자산	
재무 상태표 상가액	101.기말현재액	01	142,000,000		142,000,000		
	102.감가상각누계액	02	100,000,000		100,000,000		
	103.미상각잔액	03	42,000,000		42,000,000		
104.상각범위액		04	42,379,793		42,379,793		
105.회사손금계상액		05	50,000,000		50,000,000		
조정 금액	106.상각부인액 (105-104)	06	7,620,207		7,620,207		
	107.시인부족액 (104-105)	07					

4. 조정등록

〈손금불산입〉 감가상각비 상각부인액 7,620,207원(유보)

[2] 세금과공과금명세서

〈손금불산입〉 토지 취득세 4,500,000원 (유보발생)

〈손금불산입〉 법인세분 지방소득세 890,000원 (기타사외유출)

〈손금불산입〉 마케팅부서 승용차 속도위반 과태료 60,000원 (기타사외유출)

[3] 외화자산등평가차손익조정명세서

계정과목	발생일 기준 환율	장부상 평가 환율	외화금액 ($)	장부상 평가손익 (A)	세무상 평가환율	세무상 평가손익 (B)	차이 (B-A)
장기차입금	8/¥	8/¥	¥20,000,000	0	10/¥	-40,000,000	-40,000,000
단기차입금	9/¥	9/¥	¥30,000,000	0	10/¥	-30,000,000	-30,000,000
외화보통예금	1,000/$	1,000/$	$600,000	0	1,200/$	120,000,000	120,000,000
회계상 손익금계상액				0	세무상손익금	50,000,000	50,000,000

1. 외화자산,부채의평가(을지)

외화자산,부채의평가(을지)	통화선도,스왑,환변동보험의평가(을지)	환율조정차,대등(갑지)

	②외화종류(자산)	③외화금액	④장부가액 ⑤적용환율	④장부가액 ⑥원화금액	⑦평가금액 ⑧적용환율	⑦평가금액 ⑨원화금액	⑩평가손익 자 산(⑨-⑤)
1	USD	600,000.00	1,000.0000	600,000,000	1,200.0000	720,000,000	120,000,000
2							

	②외화종류(부채)	③외화금액	④장부가액 ⑤적용환율	④장부가액 ⑥원화금액	⑦평가금액 ⑧적용환율	⑦평가금액 ⑨원화금액	⑩평가손익 부 채(⑥-⑨)
1	JPY	20,000,000.00	8.0000	160,000,000	10.0000	200,000,000	-40,000,000
2	JPY	30,000,000.00	9.0000	270,000,000	10.0000	300,000,000	-30,000,000
3							

2. 외화자산,부채의평가(갑지)

①구분		②당기손익금 해당액	③회사손익금 계상액	조정 ④차익조정(③-②)	조정 ⑤차손조정(②-③)	⑥손익조정금액 (②-③)
가.화폐성 외화자산.부채 평가손익		50,000,000				50,000,000
나.통화선도,통화스왑,환변동보험 평가손익						
다.환율조정 계정손익	차익					
	차손					
계		50,000,000				50,000,000

3. 세무조정

〈손금산입〉 장기차입금 40,000,000원(유보발생)

〈손금산입〉 단기차입금 30,000,000원(유보발생)

〈익금산입〉 보통예금 120,000,000원(유보발생)

[4] 기부금조정

1. 기부금명세서

구분			4.월일		5.적요	기부처		8.금액	비고
1.유형	2.코드	3.과목				6.법인명등	7.사업자(주민)번호등		
II24조제2항제1호	10	기부금	5	1	이재민구호금품			8,000,000	
II24조제3항제1호	40	기부금	6	15	불우이웃돕기성금			15,000,000	
II24조제2항제1호	10	기부금	9	21	사립대학교 장학금			5,000,000	
9.소계		가. [법인세법] 제24조제2항제1호의 기부금					코드 10	13,000,000	
		나. [법인세법] 제24조제3항제1호의 기부금					코드 40	15,000,000	
		다. [조세특례제한법] 제88조의4제13항의 우리사주조합 기부금					코드 42		
		라. 그 밖의 기부금					코드 50		
		계						28,000,000	

☞ 사회복지법인에 기부한 것(고유목적사업비)은 10%한도(지정)기부금에 해당합니다.

2. 기부금한도계산전 세무조정

〈손금불산입〉 어음기부금　　　　　　　　2,000,000원 (유보,발생)

3. 소득금액확정

- 가산조정 : 10,000,000+2,000,000=12,000,000원

- 차감조정 : 12,000,000원

2.소득금액확정				새로 불러오기　수정 해제
1.결산서상 당기순이익	2.익금산입	3.손금산입	4.기부금합계	5.소득금액계(1+2-3+4)
200,000,000	12,000,000	12,000,000	28,000,000	228,000,000

4. 기부금 조정

① 기부금이월액 명세

사업연도	기부금 종류	23.한도초과 손금불산입액	24.기공제액	25.공제가능 잔액(23-24)	26.해당연도 손금추인액	27.차기이월액 (25-26)
합계	「법인세법」 제24조제2항제1호에 따른 기부금					
	「법인세법」 제24조제3항제1호에 따른 기부금	1,000,000		1,000,000		1,000,000
2018	「법인세법」 제24조제3항제1호에 따른	1,000,000		1,000,000		1,000,000

☞ 2013년 이후 기부금에 대해서 10년간 이월공제되고 그 이전은 5년이다.

② 50%한도(법정)기부금 한도 계산

2012,2018년도 이월결손금(25,000,000원)을 입력한다.

1 1.「법인세법」 제24조제2항제1호에 따른 기부금 손금산입액 한도액 계산			
1.소득금액 계	228,000,000	5.이월잔액 중 손금산입액 MIN[4,23]	
2.법인세법 제13조제1항제1호에 따른 이월 결손금 합계액(기준소득금액의 60% 한5	25,000,000	6.해당연도지출액 손금산입액 MIN[(④-⑤)>0, ③]	13,000,000
3.「법인세법」 제24조제2항제1호에 따른 기부금 해당 금액	13,000,000	7.한도초과액 [(3-6)>0]	
4.한도액 {[(1-2)> 0]X50%}	101,500,000	8.소득금액 차감잔액 [(①-②-⑤-⑥)>0]	190,000,000

③ 10%한도(지정)기부금 한도

ⓐ 이월된 기부금(2018년 분 1,000,000)→ ⓑ 당해지출기부금(15,000,000)순으로 공제

3	3. 「법인세법」 제24조제3항제1호에 따른 기부금 손금산입 한도액 계산			
13. 「법인세법」 제24조제3항제1호에 따른 기부금 해당금액		15,000,000	16. 해당연도지출액 손금산입액 MIN[(14-15)>0, 13]	15,000,000
14. 한도액 ((8-11)x10%, 20%)		19,000,000	17. 한도초과액 [(13-16)>0]	
15. 이월잔액 중 손금산입액 MIN(14, 23)		1,000,000		
4	4.기부금 한도초과액 총액			
18. 기부금 합계액 (3+9+13)		19. 손금산입 합계 (6+11+16)		20. 한도초과액 합계 (18-19)=(7+12+17)
	28,000,000		28,000,000	

④ 기부금이월액 명세 및 해당사업연도 기부금 지출액 명세

26.해당연도 손금추인액에 1,000,000원을 입력한다.

[5] 세액공제조정명세서(고용증대 세액공제)

1. 세액공제(1) 탭

① 고용을 증대시킨 기업에 대한 세액공제(F4-계산내역)

㉠ 청년 등 근로자 증가 수 : 2.5명,   ㉡ 청년외 근로자 증가 수 : 4명

고용을 증대시킨 기업에 대한 세액공제

1차년도 세액공제액 계산

법인 구분	구분		직전 과세연도 대비 상시근로자 증가인원	1인당 공제금액	세액공제액
중소기업	수도권 내	청년 등	2.5	1천1백만원	27,500,000
		청년 등 외	4	7백만원	28,000,000
	수도권 밖	청년 등		1천2백만원	
		청년 등 외		7백7십만원	
	계		6.5		55,500,000
중견 기업	청년 등			8백만원	
	청년 등 외			4백5십만원	
	계				
일반 기업	청년 등			4백만원	
	청년 등 외				
	계				

← 사업장 : 인천광역시

1차년도 세액공제액	55,500,000
2차년도 세액공제액	
3차년도 세액공제액	
합 계	55,500,000

② 공제대상세액

고용율 증대시킨 기업에 대한 세액공제	직전연도 대비 상시근로자 증가수 X 3백만원(1천1백만원, 4백만, 1천2백만)	F4-계산내역	55,500,000

2. 당기공제 및 이월액 계산

| 1.세액공제(1) | 2.세액공제(2) | 3.당기공제 및 이월액계산 |

(105)구분	(106) 사업연도	요공제액		당기공제대상세액							16)최저한세적용에따른 미공제액	117)기타사유로인한 미공제	(118)공제세액 (115-116-117)
		(107)당기분	(108)이월분	(109)당기분	110)1차연도	111)2차연도	112)3차연도	(113)4차연도	114)5차연도	(115)계			
고용율 증대시킨 기업	20x1	55,500,000		55,500,000						55,500,000			55,500,000

3. 세액공제신청서 : F12(불러오기)를 클릭하여 앞에서 저장한 세액공제조정명세서를 불러온다.

(131)고용을 증대시킨 기업에 대한 세액공제	영 제26조의7제10항	18F		55,500,000	55,500,000
(132)고용유지중소기업에 대한 세액공제	영 제27조의3제3항	18K			

☞ 확정답안에서 제시되어 있지 않으나, 문제에서 세액공제신청서를 작성하라고 제시했으므로 작성해야 한다.

제85회 전산세무 1급 답안 및 해설

█ 이 론

1	2	3	4	5	6	7	8	9	10	11	12	13	14	15
③	④	②	②	①	①	③	①	②	④	②	④	③	①	④

01. **보고기간종료일로부터 1년 내에 만기가 도래**하거나 또는 매도 등에 의하여 처분할 것이 확실한 **매도가능증권은 유동자산으로 분류**한다.

02. 화폐성항목의 결제시점에 발생하는 외환차손익 또는 화폐성항목의 환산에 사용한 환율이 회계기간 중 최초로 인식한 시점이나 전기의 재무제표 환산시점의 환율과 다르기 때문에 발생하는 외화환산손익은 그 외환차이가 발생하는 회계기간의 손익으로 인식한다. 단, 외화표시 매도가능채무증권의 경우 동 금액을 기타포괄손익에 인식한다

03. ① (미래)차감할 일시적차이(이연법인세 자산)는 미래기간의 과세소득을 감소시킨다. 그러나 차감할 일시적차이를 활용할 수 있을 만큼 미래기간의 과세소득이 충분할 경우에만 차감할 일시적차이의 법인세효과는 실현될 수 있다. 따라서 **차감할 일시적차이가 활용될 수 있는 가능성이 매우 높은 경우에만** 이연법인세자산을 인식하여야 한다.

② (미래)가산할 일시적차이(이연법인세 부채)란 자산·부채가 회수·상환되는 미래기간의 과세소득을 *증가시키는 효과를 가지는* 일시적차이를 말한다.

③ 모든 (미래)가산할 일시적차이에 대하여 **실현가능성을 판단하지 않고 이연법인세부채를 인식**하여야 한다.

④ 이연법인세자산과 부채는 보고기간말 현재까지 확정된 세율에 기초하여 당해 자산이 회수되거나 부채가 상환될 기간에 **적용될 것으로 예상되는 세율을 적용하여 측정**하여야 한다.

04. 재고자산평가손실의 환입은 매출원가에서 차감한다.

05. 무상으로 증여받은 자기주식의 취득원가는 없는 것으로 한다.

	주식수	취득단가	취득가액	누적장부가액	주당 취득가액
2월	100주	6,000원	600,000원	600,000원	
3월	200주	7,000원	1,400,000원	2,000,000원	2,000,000/400주=5,000원
4월	100주	무상	–	2,000,000원	

처분손익=처분가액-장부가액=200주×(5,100-5,000)= 20,000원(자기주식처분익)

06.

제품	순실현가능가치		배부액
A	200단위 × 3,000원 - 90,000원=	510,000원(85%)	255,000원
B	50단위 × 2,000원 - 40,000원=	60,000원(10%)	30,000원
C	100단위 × 1,000원 - 70,000원=	30,000원(5%)	15,000원
합계		600,000원(100%)	300,000원

단위당 제조원가=(추가가공원가+결합원가배분)/생산량=(70,000+15,000)/100단위=850원

∴ 매출총이익=(1,000원-850원)×70단위 = 10,500원

07. 당기제품제조원가란 당기에 완성된 제품의 제조원가를 의미하며, 기초재공품원가에서 당기총제조원가를 더한 후 기말재공품원가를 차감하여 계산한다.

08. 조업도가 증가하면 총원가의 고정비는 일정하고 단위원가의 고정비는 감소한다. 조업도가 감소하면 총원가의 고정비는 일정하고 단위원가의 고정비는 증가한다.

09. AQ=1,000시간 AP=@330원, SQ=10시간×120개=1,200시간   SP=@300원

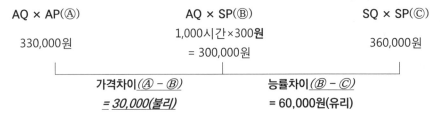

10. 단계배부법(일반관리부터 먼저 배분한다.)

- 자가소비용역은 별도로 고려할 필요가 없다.

제공부문	사용부문	서비스(보조)부문		제조부문	
		일반관리	배송	절삭	연마
	배부전원가	60,000	80,000	70,000	85,000
보조 부문 배부	일반관리(20명 : 30명 : 50명)	(60,000)	12,000	18,000	30,000
	배송(0 : 200평 : 300평)	–	(92,000)	**36,800**	**55,200**
	보조부문 배부 원가	–	–	*124,800*	170,200

11. 총수입금액=매출액+기계장치의 양도가액+수령한 판매장려금+관세환급금

공장건물의 양도는 양도소득이고 이자수익은 이자소득에 해당한다.

12. **보험업법이나 기타 법률의 규정에 의한 고정자산의 평가차익은 익금 항목에 해당**된다.

13. 발명진흥법상 지급받는 직무발명보상금으로서 **5백만원을 초과하는 보상금은 근로소득으로 과세**되고 5백만원 이하의 금액에 대해서만 비과세 대상이 된다.

14. ② **임원의 퇴직금**은 정관의 위임규정에 따라 주주총회나 사원총회 결정에 의하여 지급된 금액도 손금으로 인정되지만 **이사회 결의에 따라 지급된 금액은 지급규정이 없는 것**으로 본다.

③ 임원의 퇴직금에 대한 지급규정이 없는 경우에는 법인세법상 한도액을 기준으로 손금불산입여부를 결정한다.

④ 임원의 상여금에 대한 지급규정이 없는 경우에는 전액 손금불산입한다.

15. 계약상 또는 법률상의 모든 원인에 따라 재화를 인도하거나 양도하는 것은 부가가치세법상 과세거래이다.

실 무

문제 1 전표입력

[1] 매입매출전표

일자	유형	공급가액	부가세	거래처	분개
2/17	14.건별	2,000,000	200,000	㈜스마트산업	없음

일반전표(2/17)

(차) 판매장려금   1,200,000원   (대) 제품(8.타계정대체)   1,000,000원
                                                  부가세예수금   200,000원

[2] 일반전표입력 2월 26일

(차) 이월이익잉여금   47,500,000원   (대) 미지급배당금   30,000,000원
     연구인력개발준비금(364)   500,000원   미교부주식배당금   15,000,000원
                                                    이익준비금   3,000,000원

☞ 연구인력개발준비금(299)은 부채계정에 해당한다. 따라서 자본계정인 364를 선택해야 한다.

[3] 매입매출전표

일자	유형	공급가액	부가세	거래처	전자세금
4/20	11.과세	20,000,000	2,000,000	㈜백두	여

분개유형	(차)	미수금	22,000,000	(대)	기계장치	30,000,000
혼합		국고보조금(기계차감)	6,000,000		부가세예수금	2,000,000
		감가상각누계액(기계)	5,000,000		유형자산처분이익	1,000,000

☞ 처분손익=처분가액(20,000,000)-장부가액(30,000,000-5,000,000-6,000,000)=+1,000,000(처분이익)

[4] 일반전표입력 5월 26일

(차) 대손상각비(판)   6,600,000원   (대) 외상매출금(㈜대만)   7,260,000원
     부가세예수금   660,000원

문제 2 부가가치세

[1] 수출실적명세서(1~3월)

구분	건수	외화금액	원화금액	비고
⑨합계	2	45,100,000.00	143,000,000	
⑩수출재화[=⑫합계]	2	45,100,000.00	143,000,000	
⑪기타영세율적용				

	(13)수출신고번호	(14)선(기)적일자	(15)통화코드	(16)환율	금액 (17)외화	금액 (18)원화	전표정보 거래처코드	전표정보 거래처명
1	41757-17-050611x	20x1-01-20	USD	980.0000	100,000.00	98,000,000		
2	95214-27-050612x	20x1-01-20	KRW	1.0000	45,000,000.00	45,000,000		
3								

☞ 결제금액의 통화(KRW)로 적어야 하고, 원화일 경우 구태어 외화금액과 환율을 입력할 필요는 없습니다.
    거래처를 입력하지 않은 것을 정답으로 제시하고 입력해도 정답으로 인용하였으나, 추후 시험에서는 거래처를 입력하십시오.

[2] 부가가치세신고서(10~12월)

1. 과세표준 및 매출세액

구분				정기신고금액		
				금액	세율	세액
과세표준및매출세액	과세	세금계산서발급분	1	200,000,000	10/100	20,000,000
		매입자발행세금계산서	2		10/100	
		신용카드·현금영수증발행분	3	120,000,000	10/100	12,000,000
		기타(정규영수증외매출분)	4			
	영세	세금계산서발급분	5		0/100	
		기타	6	30,000,000	0/100	
	예정신고누락분		7	33,200,000		320,000
	대손세액가감		8			
	합계		9	383,200,000	㉙	32,320,000

2. 예정신고 누락분(매출)

7.매출(예정신고누락분)						
예정누락분	과세	세금계산서	32		10/100	
		기타	33	3,200,000	10/100	320,000
	영세	세금계산서	34		0/100	
		기타	35	30,000,000	0/100	
	합계		36	33,200,000		320,000

3. 매입세액 및 공제받지 못할매입세액

- 건물구입비용(구입과 동시에 철거함)은 토지 취득 비용으로 매입세액불공제 대상임.

매입세액	세금계산서수취분	일반매입	10	100,000,000		10,000,000
		수출기업수입분납부유예	10			
		고정자산매입	11	300,000,000		30,000,000
	예정신고누락분		12	5,000,000		500,000
	매입자발행세금계산서		13			
	그 밖의 공제매입세액		14			
	합계(10)-(10-1)+(11)+(12)+(13)+(14)		15	405,000,000		40,500,000
	공제받지못할매입세액		16	300,000,000		30,000,000
	차감계 (15-16)		17	105,000,000	㉘	10,500,000
납부(환급)세액(매출세액㉙-매입세액㉘)					㉓	21,820,000

☞ 확정답안

문제 2번의 2번(기각)

· 공장건물 구입시 세금계산서를 발급받았으나 해당 건물을 구입(고정자산매입)과 동시에 철거한 경우 토지의 취득비용으로 보아 매입세액 불공제 대상에 해당하므로, **세금계산서 수취분 고정자산매입으로 우선 분류하고, 토지의 취득비용으로 공제받지 못할 매입세액으로 처리하는 것이 맞습니다.** (부가 46015-827(1994.04.23.). 서면2팀-1149, 2006.06.19.)

즉 건물구입시 토지철거비용과 구입비용은 토지의 취득비용으로 보아야 한다는 내용의 서면답변입니다. 다 알고 있는 당연한 내용입니다. 그러나 신고서상에 고정자산매입으로 기재하라는 내용이 아닙니다. **아래의 서면질의 답변에 대해서 어떻게 저런 답을 유추하는지 이해가 안됩니다.**

아마 수험생들의 이의사항을 정확히 모르고 답변을 한 것 같습니다.

〈서면2팀-1149, 2006.06.19.〉

질의회신 ✕

<table>
<tr><td></td><td>오류오타신고</td><td>저장</td><td>인쇄</td><td>닫기</td></tr>
</table>

법인, 서면인터넷방문상담2팀-1149 , 2006.06.19

관련주제어 ▶ 부당행위계산의 부인　▶ 즉시상각의 의제

【제목】

토지에 대한 자본적 지출 해당여부

【요지】

법인이 토지만을 사용할 목적으로 건축물을 철거하는 경우 철거 건축물의 취득가액과 철거비용의 합계
액에서 철거건물의 부산물판매액을 차감한 잔액은 당해 토지에 대한 자본적 지출로 하는 것임

【회신】

귀 질의의 경우 법인이 토지만을 사용할 목적으로 건축물을 철거하는 경우 철거되는 건축물의 취득가액
과 철거비용의 합계액에서 철거건물의 부산물판매수익을 차감한 잔액은 당해 토지에 대한 자본적 지출
로 하는 것이며, 내국법인의 행위 또는 소득금액의 계산이 특수 관계에 있는 자와의 거래로 인하여 그 법
인의 소득에 대한 조세의 부담을 부당히 감소시킨 것으로 인정되는 경우에는 「법인세법」 제52조에 의
한 부당행위계산의 부인규정이 적용되는 것입니다.

〈전산세무2급 68회〉

답안에서 제시한 토지관련매입분을 고정자산매입분에 입력한 것은 잘못된 답안을 제시한 것입니다.
확정답안에서 "일반매입분에 포함하여 입력한 답안도 정답으로 인정합니다.(현행 수험용전산프로그램 고
려)"라고 하여 인용처리했으나, 인용한 답안이 정확한 답안입니다.

〈전산세무2급 57회〉

기출문제에서 토지의 자본적 지출에 대해서 고정자산매입분에 기재하도록 제시되어 있고, 일부 인용으로
"토지의 자본적 지출액은 고정자산매입에 기재되어야 하지만, 프로그램 구조상 신고서의 세금계산서
수취분 일반매입에 기재됩니다. 따라서 일반매입에 500,000,000원, 고정자산매입에 0원이 기재된
것도 정답으로 인정합니다.(인용)"으로 되어 있는데, 이것은 잘못된 해석입니다. 인용된 답안이 정답이고
제시된 정답은 잘못된 것입니다.

〈필자 주-전산세무2급 중〉

KcLep이나 Smart-A에 토지의 자본적 지출에 대해서 매입매출전표(불공)에 입력하여 보시면 토지(감가상각자산이 아님)는 당연히 일반매입분에 반영됩니다.

필자가 직접 국세청 홈택스에 입력해 보았습니다.

1. 세금계산서 발급분 입력(공급가액 10,000,000원 세액 1,000,000원)

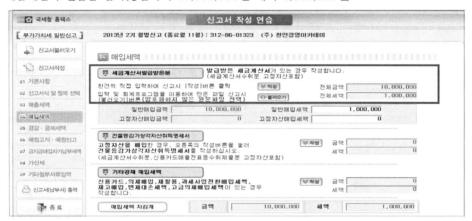

2. 건물 등 감가상각자산 취득명세서(공급가액 3,000,000원 세액 300,000원)

- 감가상각자산 취득내역감가상각자산종류로 구분되어 있습니다. 토지의 자본적 지출액을 입력할 화면이 없고, 서식 이름에서 보듯이 감가상각자산을 입력합니다.

도움말을 클릭하면 감가상각자산을 입력하라고 명백하게 나옵니다.

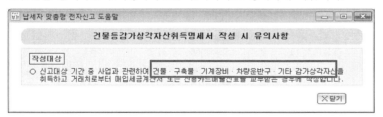

감가상각자산을 입력하면 일반매입금액이 7,000,000원, 고정자산매입금액이 3,000,000원으로 변합니다.

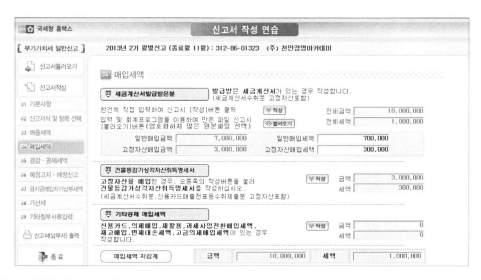

[최종 부가가치세 신고서]

				공급가액		세액
매	세금 계산서 수취분	일 반 매 입	(10)	7,000,000		700,000
		고정자산매입	(11)	3,000,000		300,000
입	예 정 신 고 누 락 분		(12)	0		0
	매입자발행세금계산서		(13)	0		0
세	기 타 공 제 매 입 세 액		(14)	0		0
	합계((10)+(11)+(12)+(13)+(14))		(15)	10,000,000		1,000,000
액	공 제 받 지 못 할 매 입 세 액		(16)	0		0
	차 감 계 ((15)-(16))		(17)	10,000,000	㉯	1,000,000

<u>전산세무 2급 시험에서는 일반매입분을 입력해도 정답으로 처리하고 전산세무 1급 시험에서는 기각처리하고 이렇게 일관적이지 않은 답안을 제시하는 것이 스스로 전산세무 시험의 공신력을 떨어뜨리는 것입니다.</u>

4. 예정신고 누락분(매입)

12.매입(예정신고누락분)					
예	세금계산서	37	4,000,000		400,000
	그 밖의 공제매입세액	38	1,000,000		100,000
	합계	39	5,000,000		500,000
정	신용카드매출	일반매입	1,000,000		100,000

5. 가산세계산

〈매출매입신고누락분〉

구 분			공급가액	세액
매출	과세	세 금(전자)		
		기 타	3,200,000(미발급)	320,000
	영세	세 금(전자)		
		기 타	30,000,000	
매입	세금계산서 등		5,000,000	500,000
미달신고(납부)←신고·납부지연 가산세				△180,000

☞ 사업자단위과세사업자 또는 총괄납부사업자가 아니므로 판매목적 타사업장 반출시 세금계산서를 발급하여야 하고, 미발급시 미발급 가산세를 부과한다.

1. 전자세금계산서 미발급(2%)	3,200,000원 × 2% = 64,000원
2. 영세율과세표준신고 불성실	30,000,000원 × 0.5% × 25%(감면) = 37,500원 * 3개월이내 수정신고시 75% 감면
계	101,500원

문제 3 · 결산

[1] [수동결산]

(차) 선급비용	600,000	(대) 보험료(판)	600,000

[2] [수동결산]

(차) 매도가능증권평가이익	1,000,000	(대) 매도가능증권(투자자산)	1,500,000
매도가능증권평가손실	500,000		

☞ 전기평가 : (차) 매도가능증권   1,000,000   (대) 매도가능증권평가이익   1,000,000

[3] [수동결산]

(차) 미수수익	13,800,000	(대) 이자수익	13,800,000

☞ 회사계상액 13,800,000원을 반영해야 한다.

[4] [수동/자동결산]

(차) 법인세등	8,077,116	(대) 선납세금	1,500,000
		미지급세금	6,577,116

결산자료입력 메뉴에 선납세금(1,500,000원), 추가계상액(6,577,116원)입력

※ 자동결산항목을 모두 입력하고 상단의 전표추가한다.

문제 4 · 원천징수

[1] 사원등록(200.이천지)

1. 기본사항

⇒「10.생산직여부」에 「여」, 「야간근로비과세」에 「여」, 「전년도총급여」란에 23,000,000원 입력

기본사항	부양가족명세	추가사항

1.입사년월일	20x1 년 3 월 1 일
2.내/외국인	1 내국인
3.외국인국적	KR 대한민국 체류자격
4.주민구분	1 주민등록번호 주민등록번호 920512-1548710
5.거주구분	1 거주자 6.거주지국코드 KR 대한민국
7.국외근로제공	0 부 8.단일세율적용 0 부 9.외국법인 파견근로자 0 부
10.생산직등여부	1 여 연장근로비과세 1 여 전년도총급여 23,000,000

2. 부양가족명세

관계	요 건		기본 공제	추가 (자녀)	판 단
	연령	소득			
본인(30)	–	–	○		
배우자	–	○	○		
자(4)	○	○	○		

3. 추가사항

9. 회계처리(급여) 0504 ▭ 임금   (상여금) 0505 ▭ 상여금

10. 학자금상환공제여부 0 부   원천공제통지액

11. 중소기업취업감면여부 1 여   나이(만)   27 세

　감면기간 20x1-03-01 ~ 20x6-03-31 감면율 4 90 % 감면입력 1 급여입력

12. 소득세 적용률 2 80%

감면기간	대상자가 청년(15세이상 34세이하)일 경우 5년 이외는 3년을 입력한다.
감면율	청년의 경우 90%, 이외는 70%를 선택한다.
감면기간 종료일	시작일로부터 5년이 속하는 달의 말일

[2] 급여자료(103. 김지원, 귀속연월 9월, 지급년월일 9월 30일)

1. 비과세 : 자가운전보조금 (200,000원/월) – 자가운전보조금은 20만원까지 비과세.

　과세 : 식대(100,000원/월) – 별도의 식사를 제공받으므로 식대는 모두 과세.

　　　　기본으로 등록된 식대는 사용여부란에 '부'로 설정 후 추가로 과세구분란에 '1.과세', 수당명 '식대'를 추가 등록한다.

　비과세 : 과세구분란에 '2.비과세' 수당명란에 '육아수당'을 추가 등록한다.

2. 비과세 금액 300,000원(자가운전보조금 : 200,000 육아수당 : 100,000)을 확인한다.

급여항목	금액	공제항목	금액
기본급	2,600,000	국민연금	150,000
직책수당	200,000	건강보험	90,000
자가운전보조금	200,000	장기요양보험	7,650
식대	100,000	고용보험	19,500
육아수당	200,000	소득세(100%)	32,490
		지방소득세	3,240
		농특세	

[3] 이자소득 및 원천징수이행상황신고서

1. 기타소득자등록: 100.김동성, 소득구분 122 비영업대금의이익

등록사항	
1. 거 주 구 분	1 거 주
2. 소 득 구 분	122 □ 비영업대금의 이익(소법§16①11) 연 말 정 산 적 용
3. 내 국 인 여 부	1 내국인 (거주지국코드 □ 등록번호)
4. 생 년 월 일	년 월 일
5. 주 민 등 록 번 호	720322-1052111
6. 소득자구분/실명	111 □ 내국인주민등록번호 실명 0.실 명
7. 개인 / 법인구분	1 개 인 필요경비율 %

2. 이자배당소득자료 입력(지급년월일 5월 10일, 귀속년월 4월)

구 분	입 력 내 용
1. 소득자 구분/실명	111 내국인주민등록번호 실명 0.실명
2. 개인/법인구분	1.개인
3. 지급(영수)일자	20x1 년 05 월 10 일
4. 귀속년월	20x1 년 04 월

채권이자 구분	이자지급대상기간	이자율	금액	세율 (%)	세액	지방소득세	농특세
	----~--~----~--~--		1,000,000	25	250,000	25,000	

☞ 이자율란에 5%를 기재해야 정확한 답안입니다.

3. 원천징수이행상황신고서(귀속기간 4월, *지급기간 5월*, 1.정기신고)

원천징수명세및납부세액	원천징수이행상황신고서 부표	원천징수세액환급신청서	기납부세액명세서	전월미환급세액 조정명세서	차월이월환급세액 승계명세서

		코드	소득지급		징수세액			당월조정 환급세액	납부세액	
			인원	총지급액	소득세 등	농어촌특별세	가산세		소득세 등	농어촌특별세
	가 감 계	A40								
이 자 소 득		A50	1	1,000,000	250,000				250,000	

문제 5 세무조정

[1] 수입금액 및 조정후수입금액명세서

1. 수입금액조정명세서

1. 수입금액 조정계산						
계정과목		③결산서상 수입금액	조 정		⑥조정후 수입금액 (③+④-⑤)	비 고
①항 목	②계정과목		④가 산	⑤차 감		
1 매 출	제품매출	1,387,000,000			1,387,000,000	
2 매 출	상품매출	830,000,000			830,000,000	
3 영업외수익	잡이익	3,000,000			3,000,000	

2. 조정후수입금액명세서

① 업종별수입금액명세

①업 태	②종 목	순번	③기준(단순) 경비율번호	수 입 금 액			
				수입금액계정조회 ④계(⑤+⑥+⑦)	내 수 판 매		⑦수 출 (영세율대상)
					⑤국내생산품	⑥수입상품	
제조	전자응용공작기계	01	292203	1,390,000,000	1,263,000,000		127,000,000
도매	컴퓨터및주변장치	02	515050	830,000,000	830,000,000		

② 과세표준과 수입금액차액검토

업종별 수입금액 명세서	과세표준과 수입금액 차액검토

2. 2.부가가치세 과세표준과 수입금액 차액 검토   부가가치세 신고 내역보기

(1) 부가가치세 과세표준과 수입금액 차액

③과세(일반)	③과세(영세율)	⑩면세수입금액	⑪합계(③+③+⑩)	⑫조정후수입금액	⑬차액(⑪-⑫)
2,153,000,000	127,000,000		2,280,000,000	2,220,000,000	60,000,000

(2) 수입금액과의 차액내역(부가세과표에 포함되어 있으면 +금액, 포함되지 않았으면 -금액 처리)

⑭구 분	코드	(16)금 액	비 고	⑭구 분	코드	(16)금 액	비 고
자가공급(면세전용등)	21			거래(공급)시기이차감액	30		
사업상증여(접대제공)	22	10,000,000		주세 · 개별소비세	31		
개인적공급(개인적사용)	23			매출누락	32		
간주임대료	24				33		
자산 고정자산매각액	25	50,000,000			34		
매각 그밖의자산매각액(부산물)	26				35		
폐업시 잔존재고재화	27				36		
작업진행률 차이	28				37		
거래(공급)시기차이가산	29			(17)차 액 계	50	60,000,000	
				(13)차액과(17)차액계의차이금액			

[2] 감가상각비 조정

1. 감가상각 한도계산

① 건물(정액법)

세무상취득가액(A)		상각범위액(B)	
=기말B/S상 취득가액 +즉시상각의제액(전기) +즉시상각의제액(당기)	615,000,000	상각율	20,910,000
615,000,000		0.034	
회사계상상각비(C)	40,000,000= 10,000,000(잉여금) + 30,000,000(상각비) ☞ 회사계상상각비=당기말감가상각누계액(50,000,000)-전기말감가상각누계액(10,000,000) =40,000,000원.		
시부인액(B-C)	부인액 19,090,000		

② 기계장치(정률법)

세무상취득가액(A)		세무상 기초감가상각누계액(B)	
=기말B/S상 취득가액 +즉시상각의제액(당기)	30,000,000	기초B/S상 감가상각누계액 (-) 전기상각부인누계액	0 0
30,000,000		0	
미상각잔액(C=A-B)=30,000,000			
상각범위액(D)	세무상미상각잔액(C) × 상각율(0.632) × 6개월/12개월= 9,480,000		
회사계상상각비(E)	10,000,000원(상각비)		
시부인액(D-E)	부인액 520,000		

2. 고정자산등록

101. 본사사옥(2018.01.01.)

기본등록사항 | 추가등록사항

항목	금액
1.기초가액 / 성실 기초가액	600,000,000
2.전기말상각누계액(-) / 성실 전기말상각누계액	10,000,000
3.전기말장부가액 / 성실 전기말장부가액	590,000,000
4.당기중 취득 및 당기증가(+)	15,000,000
5.당기감소(일부양도·매각·폐기)(-)	
전기말상각누계액(당기감소분)	
6.전기말자본적지출액누계(+)(정액법만)	
7.당기자본적지출액(즉시상각분)(+)	
8.전기말부인누계액(+)(정률만 상각대상에 가산)	
9.전기말의제상각누계액(-)	
10.상각대상금액	615,000,000
11.내용연수/상각률(월수)	30 💬 0.034 (12)
성실경과내용연수/차감연수(성실상각률)	/ ( )
12.상각범위액(한도액)(10X상각율)	20,910,000
13.회사계상액(12)-(7)	40,000,000
14.경비구분	6.800번대/판관비
15.당기말감가상각누계액	50,000,000
16.당기말장부가액	565,000,000
17.당기의제상각비	
18.전체양도일자	----.--.--
19.전체폐기일자	----.--.--
20.업종	💬

102.밀링(20x1.07.01)

기본등록사항 | 추가등록사항

항목	금액
1.기초가액 / 성실 기초가액	
2.전기말상각누계액(-) / 성실 전기말상각누계액	
3.전기말장부가액 / 성실 전기말장부가액	
4.당기중 취득 및 당기증가(+)	30,000,000
5.당기감소(일부양도·매각·폐기)(-)	
전기말상각누계액(당기감소분)	
6.전기말자본적지출액누계(+)(정액법만)	
7.당기자본적지출액(즉시상각분)(+)	
8.전기말부인누계액(+)(정률만 상각대상에 가산)	
9.전기말의제상각누계액(-)	
10.상각대상금액	30,000,000
11.내용연수/상각률(월수)	3 💬 0.632 (6)
성실경과내용연수/차감연수(성실상각률)	/ ( )
12.상각범위액(한도액)(10X상각율)	9,480,000
13.회사계상액(12)-(7)	10,000,000
14.경비구분	1.500번대/제조
15.당기말감가상각누계액	10,000,000
16.당기말장부가액	20,000,000
17.당기의제상각비	
18.전체양도일자	----.--.--
19.전체폐기일자	----.--.--
20.업종	💬

3. 미상각자산감가상각조정명세서

101. 본사사옥(2018.01.01.)

입력내용			금액
업종코드/명			
합계표 자산구분		1. 건축물	
(4)내용연수(기준.신고)			30
상각계산의기초가액	재무상태표 자산가액	(5)기말현재액	615,000,000
		(6)감가상각누계액	50,000,000
		(7)미상각잔액(5)-(6)	565,000,000
	회사계산 상각비	(8)전기말누계	10,000,000
		(9)당기상각비	40,000,000
		(10)당기말누계(8)+(9)	50,000,000
	자본적지출액	(11)전기말누계	
		(12)당기지출액	
		(13)합계(11)+(12)	
(14)취득가액((7)+(10)+(13))			615,000,000
(15)일반상각률.특별상각률			0.034
상각범위액계산	당기산출 상각액	(16)일반상각액	20,910,000
		(17)특별상각액	
		(18)계((16)+(17))	20,910,000
(19) 당기상각시인범위액			20,910,000
(20)회사계상상각액((9)+(12))			40,000,000
(21)차감액((20)-(19))			19,090,000
조정액	최저한세적용에따른특별상각부인액		
	(23) 상각부인액((21)+(22))		19,090,000
	(24) 기왕부인액중당기손금추인액		
부인액누계	(25) 전기말부인누계		
	(26) 당기말부인누계액 (25)+(23)-|24|		19,090,000
당기말	(27) 당기의제상각액 |△(21)|-|(24)|		

102.밀링(20x1.07.01)

입력내용			금액
업종코드/명			
합계표 자산구분		2. 기계장치	
(4)내용연수			3
상각계산의기초가액	재무상태표 자산가액	(5)기말현재액	30,000,000
		(6)감가상각누계액	10,000,000
		(7)미상각잔액(5)-(6)	20,000,000
	(8)회사계산감가상각비		10,000,000
	(9)자본적지출액		
	(10)전기말의제상각누계액		
	(11)전기말부인누계액		
	(12)가감계((7)+(8)+(9)-(10)+(11))		30,000,000
(13)일반상각률.특별상각률			0.632
상각범위액계산	당기산출 상각액	(14)일반상각액	9,480,000
		(15)특별상각액	
		(16)계((14)+(15))	9,480,000
	취득가액	(17)전기말현재취득가액	
		(18)당기회사계산증가액	30,000,000
		(19)당기자본적지출액	
		(20)계((17)+(18)+(19))	30,000,000
	(21) 잔존가액		1,500,000
	(22) 당기상각시인범위액		9,480,000
(23)회사계상상각액((8)+(9))			10,000,000
(24)차감액 ((23)-(22))			520,000
(25)최저한세적용에따른특별상각부인액			
조정액	(26) 상각부인액 ((24)+(25))		520,000
	(27) 기왕부인액중당기손금추인액		
당기말	(28) 당기말부인누계액 ((11)+(26)-|(27)|)		520,000
의제상각액	(29) 당기의제상각액 |△(24)|-|(27)|		
	(30) 의제상각누계액 ((10)+(29))		

4. 조정등록

손금산입	전기오류수정손실	10,000,000원	기타
손금불산입	감가상각비(건물)	19,090,000원	유보발생
손금불산입	감가상각비(기계장치)	520,000원	유보발생

[3] 세금과공과명세서

1. 세금과공과금

	코 드	계정과목	월	일	거래내용	코 드	지급처	금 액	손금불산입표시
☐	0817	세금과공과금	2	10	산재보험료			2,500,000	
☐	0817	세금과공과금	2	10	국민연금회사부담분			2,000,000	
☐	0817	세금과공과금	4	25	부가가치세 신고불성실 가산세			300,000	손금불산입
☐	0817	세금과공과금	4	30	환경개선부담금			30,000	
☐	0817	세금과공과금	4	30	대표이사 주택 종합부동산세			3,000,000	손금불산입
☐	0817	세금과공과금	6	25	토지에 대한 개발부담금			1,000,000	손금불산입
☐	0817	세금과공과금	8	1	주차위반과태료			500,000	손금불산입
☐	0817	세금과공과금	9	15	건강보험료 연체금			50,000	손금불산입
☐	0817	세금과공과금	10	31	대주주주식양도분에대한증권거래세			100,000	손금불산입
☐	0817	세금과공과금	12	15	적십자회비			100,000	

2. 조정등록

손금불산입	부가가치세 신고불성실가산세	300,000원	기타사외유출
손금불산입	대표이사 주택종합부동산세	3,000,000원	상여
손금불산입	개발부담금(토지)	1,000,000원	유보발생
손금불산입	주차위반과태료	500,000원	기타사외유출
손금불산입	**건강보험료 연체금**	**50,000원**	**기타사외유출**
손금불산입	증권거래세(대주주)	100,000원	배당

☞ **건강보험료의 연체금→손금불산입 사항임**

문제에서는 건강보험료의 연체료라 하여 손금사항이라 제시했는데, 기본통칙 변경으로 손금불산입해야 한다. 국민건강보험법상 연체료라는 표현은 없고 대신 연체금이라는 표현을 쓰고 있다.

〈국민건강보험법〉

『제80조(연체금) ① 공단은 보험료등의 납부의무자가 납부기한까지 보험료등을 내지 아니하면 그 납부기한이 지난 날부터 매 1일이 경과할 때마다 다음 각 호에 해당하는 연체금을 징수한다.』

또한 이러한 연체금은 법인세법상 기본통칙에서 손금불산입사항으로 규정하고 있다.

☐ 21-0…3 【 벌과금 등의 처리 】

다음 각호의 1에 해당하는 경우에는 이를 각 사업연도 소득금액 계산상 손금에 산입하지 아니한다.

1. 법인의 임원 또는 사용인이 관세법을 위반하고 지급한 벌과금

2. 업무와 관련하여 발생한 교통사고 벌과금

3. 산업재해보상보험법 제70조의 규정에 의하여 징수하는 산업재해보상보험료의 가산금 (1997.04.01 개정)

4. 금융기관의 최저예금지급준비금 부족에 대하여 한국은행법 제60조의 규정에 의하여 금융기관이 한국은행에 납부하는 과태금 <개정 2001.11.01>

5. 「국민건강보험법」 제80조에 따라 징수하는 연체금 <개정 2008.07.25, 2019.12.23.>

6. 외국의 법률에 의하여 국외에서 납부한 벌 <신설 2001.11.01>

---

[4] 기부금조정명세서

1. 기부금명세서

구분		3.과목	4.월일	5.적요	기부처		8.금액	비고
1.유형	2.코드				6.법인명등	7.사업자(주민)번호등		
제24조제2항제1호	10	기부금	5 10	이재민구호성금	경기도청	124-83-00269	15,000,000	
제24조제3항제1호	40	기부금	7 30	사회복지시설	사랑의열매	124-82-09394	30,000,000	
기타	50	기부금	11 30	대표이사고향마을발전기금	고향마을발전사업		5,000,000	

☞ **당초 시험에서는 7월 30일 불우이웃돕기 성금을 지정기부금으로 문제에서 주었으나, 2018.03.31. 이후 불우이웃돕 기성금은 비지정기부금으로 변경되었음. 따라서 비지정기부금으로 입력한 경우도 정답으로 인용하였음.**

2. 한도계산전 조정등록

손금불산입	비지정기부금	5,000,000원	상여

3. 소득금액확정

세무조정사항 중 익금산입=125,000,000원+5,000,000원=130,000,000원

세무조정사항 중 손금산입=55,000,000원

2.소득금액확정			새로 불러오기	수정 해제
1.결산서상 당기순이익	2.익금산입	3.손금산입	4.기부금합계	5.소득금액계(1+2-3+4)
250,000,000	130,000,000	55,000,000	45,000,000	370,000,000

4. 기부금 한도계산

① 기부금이월액 명세

5 5.기부금 이월액 명세						
사업연도	기부금 종류	23.한도초과 손금불산입액	24.기공제액	25.공제가능 잔액(23-24)	26.해당연도 손금추인액	27.차기이월액 (25-26)
합계	「법인세법」 제24조제2항제1호에 따른 기부금					
	「법인세법」 제24조제3항제1호에 따른 기부금	10,000,000		10,000,000		10,000,000
2021	「법인세법」 제24조제3항제1호에 따른	10,000,000		10,000,000		10,000,000

② 50%한도(법정)기부금 한도 계산

1 1.「법인세법」 제24조제2항제1호에 따른 기부금 손금산입액 한도액 계산			
1.소득금액 계	370,000,000	5.이월잔액 중 손금산입액 MIN[4,23]	
2.법인세법 제13조제1항제1호에 따른 이월 결손금 합계액(기준소득금액의 60% 한5		6.해당연도지출액 손금산입액 MIN[(④-⑤)>0, ③]	15,000,000
3.「법인세법」 제24조제2항제1호에 따른 기부금 해당 금액	15,000,000	7.한도초과액 [(3-6)>0]	
4.한도액 {[(1-2)〉 0]X50%}	185,000,000	8.소득금액 차감잔액 [(①-②-⑤-⑥)>0]	355,000,000

③ 10%한도(지정)기부금 한도

⇒ 이월된 기부금(2021년 분 10,000,000)→ ⓑ 당해지출기부금(30,000,000)으로 공제

3 3.「법인세법」 제24조제3항제1호에 따른 기부금 손금산입 한도액 계산			
13. 「법인세법」 제24조제3항제1호에 따른 기부금 해당금액	30,000,000	16.해당연도지출액 손금산입액 MIN[(14-15)>0, 13]	25,500,000
14. 한도액 ((8-11)x10%, 20%)	35,500,000	17. 한도초과액 [(13-16)>0]	4,500,000
15. 이월잔액 중 손금산입액 MIN(14, 23)	10,000,000		
4 4.기부금 한도초과액 총액			
18. 기부금 합계액 (3+9+13)	19. 손금산입 합계 (6+11+16)		20. 한도초과액 합계 (18-19)=(7+12+17)
45,000,000	40,500,000		4,500,000

④ 기부금이월액 명세 작성 : 손금추인액에 10,000,000원을 입력한다.

5. 5.기부금 이월액 명세						
사업연도	기부금 종류	23.한도초과 손금불산입액	24.기공제액	25.공제가능 잔액(23-24)	26.해당연도 손금추인액	27.차기이월액 (25-26)
합계	「법인세법」제24조제2항제1호에 따른 기부금					
	「법인세법」제24조제3항제1호에 따른 기부금	10,000,000		10,000,000	10,000,000	
2021	「법인세법」제24조제3항제1호에 따른	10,000,000		10,000,000	10,000,000	

⑤ 해당 사업연도 기부금 지출액 명세(자동계산)

　- 차기 이월액에 4,500,000원(10년간 이월공제)이 자동 반영된다.

6. 6. 해당 사업연도 기부금 지출액 명세				
사업연도	기부금 종류	26.지출액 합계금액	27.해당 사업연도 손금산입액	28.차기 이월액(26-27)
합계	「법인세법」제24조제2항제1호에 따른 기부금	15,000,000	15,000,000	
	「법인세법」제24조제3항제1호에 따른 기부금	30,000,000	25,500,000	4,500,000

[5] 가산세액계산서 및 법인세과세표준 및 세액조정계산서

1. 가산세액 계산서

- 일용근로지급명세서 미제출(기한 4/30)=80,000,000×0.25%=100,000원
- 지출증명 미수취=20,000,000×2%=400,000원

구분	계산기준	기준금액	가산세율	코드	가산세액
지출증명서류	미(허위)수취금액	20,000,000	2/100	8	400,000
미(누락)제출	미(누락)제출금액	80,000,000	5/1,000	9	200,000
불분명	불분명금액	1/100	10		

2. 법인세과세표준 및 세액조정계산서

- 가산조정=900,000원+7,000,000원+3,000,000원+1,500,000원+10,000,000원(법인세비용)

　　= 22,400,000원

- 차감조정= 700,000원 + 5,000,000원 + 6,000,000원 = 11,700,000원

① 각사업연도소득계산	101.결산서상 당기순손익	01	140,000,000		④ 납부할세액계산	120.산 출 세 액 (120=119)		14,470,000
	소득조정금액 102.익금산입	02	22,400,000			121.최저한세 적용대상 공제 감면 세액	17	1,000,000
	103.손금산입	03	11,700,000			122.차 감 세 액	18	13,470,000
	104.차 가 감 소득금액(101+102-103)	04	150,700,000			123.최저한세 적용제외 공제 감면 세액	19	4,000,000
	105.기 부 금 한 도 초 과 액	05				124.가 산 세 액	20	500,000
	106.기부금한도초과 이월액 손금산입	54				125.가 감 계(122-123+124)	21	10,070,000
	107.각사업연도소득금액(104+105-106)	06	150,700,000		기한내납부세액	126.중 간 예 납 세 액	22	5,000,000
② 과세표준계산	108.각 사업 연도 소득금액(108=107)		150,700,000			127.수 시 부 과 세 액	23	
	109.이 월 결 손 금	07	6,000,000			128.원 천 납 부 세 액	24	70,000
	110.비 과 세 소 득	08				129.간접 회사등 외국 납부세액	25	
	111.소 득 공 제	09				130.소 계(126+127+128+129)	26	5,070,000
	112.과 세 표 준 (108-109-110-111)	10	144,700,000			131.신 고 납 부 전 가 산 세 액	27	
	159.선 박 표 준 이 익	55				132.합 계(130+131)	28	5,070,000
③ 산출세액계산	113.과 세 표 준 (113=112+159)	56	144,700,000			133.감 면 분 추 가 납 부 세 액	29	
	114.세 율	11	10%			134.차가감 납부할 세 액(125-132+133)	30	5,000,000
	115.산 출 세 액	12	14,470,000		⑤토지등양도소득, ⑥미환류소득 법인세계산 (TAB로 이동)			
	116.지 점 유 보 소 득 (법 제96조)	13				151.차 가 감 납부할 세 액 계(134+150)	46	5,000,000
	117.세 율	14			⑦ 세액계	152.사실과 다른 회계처리 경정세액공제	57	
	118.산 출 세 액	15				153.분 납 세 액 계 산 범 위 액 (151-124-133-145-152+131)	47	4,400,000
	119.합 계(115+118)	16	14,470,000		분납할세액	154.현 금 납 부	48	
						155.물 납	49	
						156. 계 (154+155)	50	
					차감납부세액	157.현 금 납 부	51	5,000,000
						158.물 납	52	
						160. 계 (157+158) [160=(151-152-156)]	53	5,000,000

제83회 전산세무 1급 답안 및 해설

이 론

1	2	3	4	5	6	7	8	9	10	11	12	13	14	15
③	①	④	④	①	④	②	①	③	①	①	②	④	②	③

01. 출자전환이란 채무자가 채무를 변제하기 위하여 채권자에 지분증권을 발행하는 경우를 말하는데, 출자전환을 합의하였으나, 출자전환이 즉시 이행되지 않는 경우 채무자는 채무를 **출자전환채무(자본조정)**의 과목으로 대체하고, 출자전환시 자본과 채무조정이익으로 인식한다.

02. 사채의 발행가액(20x1.1.)= 1,000,000원×0.7513 + 80,000원×2.4868 = 950,244원

20x1년 말 사채할인발행차금 상각액

= 950,244원×10%(유효이자율) - 80,000원(표시이자) = 15,024원

03.

<table>
<tr><td colspan="4" align="center">대손충당금</td></tr>
<tr><td>대손</td><td align="right">50,000</td><td>기초</td><td align="right">30,000</td></tr>
<tr><td></td><td></td><td>회수</td><td align="right">5,000</td></tr>
<tr><td>기말</td><td align="right">27,000</td><td>대손상각비</td><td align="right">42,000</td></tr>
<tr><td>계</td><td align="right">77,000</td><td>계</td><td align="right">77,000</td></tr>
</table>

04. 거래의 성과를 신뢰성 있게 추정하는 것을 어렵게 만들었던 **불확실성이 해소된 경우에는 진행기준에 따라 수익을 인식**한다.

05. **유형자산의 처분에 따른 현금흐름은 투자활동현금흐름**이다.

06.

〈1단계〉 물량흐름파악			〈2단계〉 완성품환산량 계산	
평균법			재료비	가공비
	완성품	1,500(100%)	1,500	1,500
	기말재공품	500(40%)	500	200
	계	2,000	2,000	1,700
〈3단계〉원가요약(기초재공품원가+당기투입원가)			100,000+300,000	40,000+130,000
			2,000	1,700
〈4단계〉 완성품환산량당단위원가			*@200*	*@100*

07. 당기제품제조원가 = 기초재공품재고액 + 당기총제조원가 - 기말재공품재고액

08. 가공원가=직접노무원가+제조간접원가=직접재료원가×200%

　　당기총제조원가=직접재료원가+직접노무원가+제조간접원가

　　당기총제조원가(1,875,000)=직접재료원가+가공원가=직접재료원가+직접재료원가×200%

　　∴ ***직접재료원가=625,000원***

　　가공원가=직접재료원가(625,000)×2=1,250,000원

　　가공원가(1,250,000)=직접노무원가+제조간접원가=직접노무원가+직접노무원가×150%

　　∴ ***직접노무원가=500,000원***,

09. 활동기준원가계산은 활동분석을 실시하고 다양한 활동중심점별로 활동원가를 측정하는데 시간과 비용이 많이 소요되는 한계점이 있다.

　　☞ 활동원가계산은 전산세무1급 출제범위에 포함되지 않는 부분이다.

이론	원가회계(10%)	1. 원가의 개념	원가의 개념
		2. 원가의 분류	개별원가계산, 종합원가계산, 표준원가계 산
		3. 원가의 배분	제조간접비의 배분방법
		4. 개별원가계산	개별 원가계산의 절차와 방법, 작업폐물 과 공손품의 회계처리
		5. 종합원가계산	종합원가계산의 절차, 완성품환산량, 재공품의 평가방법, 종합원가계산의 종류 (단일종합원가계산, 공정별종합원가계산, 조별종합원가계산, 등급별종합원가계산, 연산품원가계산)
		6. 표준원가계산	표준원가의 의의, 차이분석

10. 단계배부법-전력부문부터 먼저 배부

제공부문	사용부문	보조부문		제조부문	
		전력부	급수부	어른폰	어른패드
배부전원가		200,000	100,000	300,000	400,000
보조부문 배부	전력부(20% : 50% : 30%)	(200,000)	40,000	100,000	60,000
	급수부(0 : 10% : 40%)	-	(140,000)	__28,000__	**112,000**
보조부문 배부 원가		-	-	428,000	*572,000*

11. **50%한도(법정)기부금 한도초과액은 법인세과세표준 및 세액조정계산서에 직접 반영되는 항목이다.**

12. **직원에서 임원으로 취임시 현실적인 퇴직으로 본다.**

13. 부동산임대업을 하는 법인의 경우 세법상 규제조항이나, ⑩의 건물에 대한 감가상각범위액은 일반법인과 동일하게 적용된다.

14. 가. 각 구성원의 다른 개별사업장 또는 다른 공동사업장과는 별개로 본다.

　　다. 공동사업장에서 발생한 결손금은 공동사업장 단위로 이월되거나 이월결손금 공제 후 소득금액을 배분하는 것이 아니라 각 공동사업자별로 분배되어 공동사업자 각각의 다른 소득금액과 통산한다.

라. **공동사업장을 1거주자로 보아 장부기장의무 및 장부비치의무를 적용**하고, 만일 구성원이 동일한
   공동사업장이 2이상인 경우에는 직전연도의 수입금액을 합산하여 기장의무를 판단한다.

   ☞ 구성원이 동일한 공동사업장이 2 이상인 경우에는 공동사업장 전체의 직전연도 수입금액의 합계액을 기준으로
      일정규모 미만 사업자 여부를 판단한다.(국세청 질의회신 내용)

15. **지연전송가산세는 공급가액의 0.3%**이다.

실 무

문제 1 **전표입력**

[1] 매입매출전표

일자	유형	공급가액	부가세	거래처	전자세금
2월 22일	57. 카과	2,273	227	(주)문자나라	-
분개유형	(차) 통신비/수수료비용(판)	2,273		(대) 미지급금(국민카드)	2,500
혼합(카드)	부가세대급금	227			

[2] (차) 자기주식   800,000원   (대) 보통예금   800,000원
     자본금   500,000원   자기주식   800,000원
     감자차익   100,000원
     감자차손   200,000원

☞ 자기주식계정을 제거하여 순액으로 분개한 것도 정답으로 제시했으나, 자기주식에 대해서 순액으로 분개하면 자본변
   동표에 나타나지 않으므로 총액으로 분개해야 된다.

[3] (차) 미지급배당금   200,000,000원   (대) 보통예금   169,200,000원
                                                예수금   30,800,000원

[4] 6/30 합계잔액시산표 퇴직급여충당부채 잔액(9,000,000) 확인
     (차) 퇴직급여충당부채   9,000,000원   (대) 퇴직연금운용자산   12,000,000원
         퇴직급여(판)   6,000,000원   보통예금   3,000,000원

문제 2 부가가치세

[1] 부가가치세 수정신고서(4~6월)

① 매입매출전표 입력

일자	유형	공급가액	부가세	거래처	전자세금	분개
6월 27일	16. 수출(1)	3,300,000	0	라로체	–	없음
5월 3일	14. 건별	12,000,000	1,200,000	㈜대상라이프	–	없음
6월 30일	51.과세	2,000,000	200,000	미림빌딩	부	없음

② 수정신고서(4~6월, 신고차수 : 1)

	구분		정기신고금액 금액	세율	세액		수정신고금액 금액	세율	세액
과세표준및매출세액	과세	세금계산서발급분 ①	879,300,000	10/100	87,930,000	①	879,300,000	10/100	87,930,000
		매입자발행세금계산서 ②		10/100		②		10/100	
		신용카드·현금영수증발행분 ③				③		10/100	
		기타(정규영수증외매출분) ④		10/100		④	12,000,000		1,200,000
	영세	세금계산서발급분 ⑤		0/100		⑤		0/100	
		기타 ⑥		0/100		⑥	3,300,000	0/100	
	예정신고누락분 ⑦					⑦			
	대손세액가감 ⑧					⑧			
	합계 ⑨		879,300,000	㉮	87,930,000	⑨	894,600,000	㉮	89,130,000
매입세액	세금계산서수취분	일반매입 ⑩	532,900,000		53,290,000	⑩	534,900,000		53,490,000
		수출기업수입분납부유예 ⑩				⑩			
		고정자산매입 ⑪				⑪			
	예정신고누락분 ⑫					⑫			
	매입자발행세금계산서 ⑬					⑬			
	그 밖의 공제매입세액 ⑭		15,000,000		1,500,000	⑭	15,000,000		1,500,000
	합계(⑩)-(⑩-1)+(⑪)+(⑫)+(⑬)+(⑭) ⑮		547,900,000		54,790,000	⑮	549,900,000		54,990,000
	공제받지못할매입세액 ⑯					⑯			
	차감계 (⑮-⑯) ⑰		547,900,000	㉯	54,790,000	⑰	549,900,000	㉯	54,990,000
납부(환급)세액(매출세액㉮-매입세액㉯)				㉰	33,140,000			㉰	34,140,000

③ 가산세

〈매출매입신고누락분〉

구 분			공급가액	세액
매출	과세	세 금(전자)		
		기 타	12,000,000(미발급)	1,200,000
	영세	세 금(전자)		
		기 타	3,300,000	
매입	세금계산서 등		2,000,000	200,000
미달신고(납부)←신고·납부지연 가산세				1,000,000

1. 전자세금계산서 미발급(2%)	**12,000,000원** × 2% =240,000원
2. 영세율과세표준신고 불성실	**3,300,000원** × 0.5% ×10%(감면) = 1,650원 * 1개월이내 수정신고시 90% 감면
3. 신고불성실	**1,000,000원** × 10% × 10%(감면) = 10,000원 * 1개월이내 수정신고시 90% 감면
4. 납부지연	**1,000,000원** × 20일 × 2.2(개정세법 22)/10,000 = 4,400원 * 일수 : 7월 26일 ~ 8월 14일
계	256,050원

[2] 내국신용장·구매확인서전자발급명세서와 영세율매출명세서

1. 내국신용장·구매확인서전자발급명세서(7~9월)

2. 내국신용장·구매확인서에 의한 공급실적 합계

구분	건수	금액(원)	비고
(9)합계(10+11)	1	287,500,000	
(10)내국신용장			
(11)구매확인서	1	287,500,000	

[참고] 내국신용장 또는 구매확인서에 의한 영세율 첨부서류 방법 변경(영 제64조 제3항 제1의3호)
▶ 전자무역기반시설을 통하여 개설되거나 발급된 경우 내국신용장·구매확인서 전자발급명세서를
제출하고 이 외의 경우 내국신용장 사본을 제출함
=> 2011.7.1 이후 최초로 개설되거나 발급되는 내국신용장 또는 구매확인서부터 적용

3. 내국신용장·구매확인서에 의한 공급실적 명세서

(12)번호	(13)구분	(14)서류번호	(15)발급일	거래처정보 거래처명	거래처정보 (16)공급받는자의 사업자등록번호	(17)금액	전표일자	(18)비고
1	구매확인서	PKT201900712222	20x1-08-08	(주)하루만	130-81-50417	287,500,000		

2. 영세율매출명세서(7~9월)

부가가치세법	조세특례제한법		
(7)구분	(8)조문	(9)내용	(10)금액(원)
	제21조	직접수출(대행수출 포함)	
		중계무역·위탁판매·외국인도 또는 위탁가공무역 방식의 수출	
		내국신용장·구매확인서에 의하여 공급하는 재화	287,500,000
		한국국제협력단 및 한국국제보건의료재단에 공급하는 해외반출용 재화	

3. 부가가치세신고서(7~9월)

	구분		정기신고금액 금액	정기신고금액 세율	정기신고금액 세액
과세표준및매출세액	과세	세금계산서발급분 ①		10/100	
		매입자발행세금계산서 ②		10/100	
		신용카드·현금영수증발행분 ③		10/100	
		기타(정규영수증외매출분) ④			
	영세	세금계산서발급분 ⑤	287,500,000	0/100	
		기타 ⑥		0/100	
	예정신고누락분 ⑦				
	대손세액가감 ⑧				
	합계 ⑨		287,500,000	㉮	

문제 3 결산

[1] [수동결산]

| (차) 장기차입금(백두은행) | 100,000,000원 | (대) 유동성장기부채(백두은행) | 100,000,000원 |

[2] [수동결산]

(차) 부가세예수금	10,000,000원	(대) 원재료(타계정대체)	384,615원
		부가세대급금	7,500,000원
		미지급세금	2,115,385원

☞ 의제매입세액에 대해서 별도 회계처리해야 한다. 아래와 같이 회계처리해도 된다.

(차) 부가세대급금	384,615원	(대) 원재료(타계정대체)	384,615원
부가세예수금	10,000,000원	부가세대급금	7,884,615원
		미지급세금	2,115,385원

[3] [수동결산]

    (차) 임차료(판 또는 제)   22,500,000원   (대) 선급금(새롬창고)   22,500,000원

    ☞ 20x1년 임차료 = 60,000,000원 × 9/24 = 22,500,000원

      3/01 회사의 회계처리 확인

      (차) 선급금   60,000,000   (대) 보통예금   66,000,000

         부가세대급금   6,000,000

[4] [자동결산]

    제품매출원가 (9)당기완성품제조원가 : 기말제품재고액 55,000,000원

    상품매출원가 : 상품평가손실 5,000,000원,   기말상품재고액 25,000,000원

    기말 원재료 : 40,000,000원,   기말 재공품 : 30,000,000원

    ☞ 상품매출원가의 평가손실은 12월 31일 일반전표입력에 수동입력 가능함

    (차) 재고자산평가손실   5,000,000원   (대) 재고자산평가충당금(상품)   5,000,000원

    ※ 자동결산항목을 모두 입력하고 상단의 전표추가한다.

문제 4   원천징수

[1] 사원등록, 급여자료 입력

1. 사원등록(500.윤서이)

    ① 기본사항

    ② 부양가족명세(장애인 1)

연말관계	성명	내/외국인	주민(외국인)번호	나이	기본공제	부녀자	한부모	경로우대	장애인	자녀	출산입양	위탁관계
0	윤서이	내	1	730401-1012345	49	본인				1			

    ③ 추가사항(중소기업취업감면여부를 반영).

11.중소기업취업감면여부	1	여	나이(만)	49 세

. 감면기간	2021-12-01	~	2024-12-31	감면율	3	70	%	감면입력	1	급여입력

12.소득세 적용률	1	100%

2. 공제등록(식대, 자가운전보조금,야간근로수당,연구보조비-비과세)

	코드	과세구분	수당명	근로소득유형			월정액	사용여부
				유형	코드	한도		
4	1004	과세	월차수당	급여			정기	여
5	1005	비과세	식대	식대	P01	(월)100,000	정기	여
6	1006	비과세	자가운전보조금	자가운전보조금	H03	(월)200,000	부정기	여
7	1007	비과세	야간근로수당	야간근로수당	O01	(년)2,400,000	부정기	여
8	2001	비과세	[기업연구소]연구보조	[기업연구소]연구보	H10	(월)200,000	부정기	여

☞ 식대는 월정액급여에 포함되고, 실비변상적인 급여(자가운전보조금, 연구보조비)와 연장근로수당은 월정액에 포함되지 않으므로 부정기로 입력해야 한다.

3. 급여자료입력(귀속년월 3월, 지급년월일 4월 10일)

급여항목	금액	공제항목	금액
기본급	2,500,000	국민연금	119,250
상여		건강보험	85,590
직책수당		장기요양보험	7,280
월차수당		고용보험	17,220
식대	150,000	소득세(100%)	16,340
자가운전보조금	300,000	지방소득세	1,630
야간근로수당		농특세	
연구보조비	200,000		

☞ 비과세금액 500,000(식대 100,000+자가운전보조금 200,000+연구보조비 200,000)

[2] 연말정산추가자료입력(김성실)

1. 부양가족명세→부양가족소득공제탭

관계	요 건		기본공제	추가(자녀)	판 단
	연령	소득			
본인(세대주)	–	–	○		
부(90)	○	○	○	경로,장애(3)	
배우자	–	×	부		총급여액 5백만원 초과자
자녀(10)	○	○	○	자녀	

2. 연말정산 추가자료

항 목	요건		내역 및 대상여부	입력
	연령	소득		
보 험 료	○ (×)	○	•배우자 손해보험료(소득요건 미충족)	×
			•자녀 손해보험료	○(일반 700,000)
의 료 비	×	×	•본인 의료비(안경은 500,000한도)	○(본인 4,800,000)
			•배우자 의료비	○(일반 3,000,000)
			•부친 의료비	○(장애 4,000,000)
			•자녀 의료비	○(일반 1,000,000)
교 육 비	×	○	•본인 대학원 등록금(본인만 대상)	○(본인 4,000,000)
			•자녀 교육비(체험학습비 30만원한도, 교복 구입비는 중고등학생만 인정)	○(초등 1,700,000)

[특별세액공제]		
1. 보장성 보험료	① 일반	700,000
2. 의료비	① 특정(본인,장애인,65세이상,중증)	8,800,000
	② 일반	4,000,000
3. 교육비	① 본 인	4,000,000
	② 초중고	1,700,000

문제 5 세무조정

[1] 가지급금 등 인정이자 조정명세서

1. 가지급금, 가수금입력

① 회계데이타 불러오기

	직책	성명	계정과목	적요번호 지급 회수		데이타불러오기
1	대표이사	백두산	0114 단기대여금	1	4	1.불러오기

② 가지급금(대표이사, 백두산)→직접입력해도 무방

	적요	년월일		차변	대변	잔액	일수	적수
1	2.대여	2	5	100,000,000		100,000,000	85	8,500,000,000
2	2.대여	5	1	100,000,000		200,000,000	245	49,000,000,000

2. 차입금입력

① 목성은행(이자율 3.5%)

	거래처명		□	적요	연월일	차변	대변	이자대상금액	이자율 %	이자
1	목성은행		1	□ 2.차입	20x1 3 1		200,000,000	200,000,000	3.50000	7,000,000
2	수성은행		2	□						

② 수성은행(이자율 4.5%)

	거래처명		□	적요	연월일	차변	대변	이자대상금액	이자율 %	이자
1	목성은행		1	□ 1.전기이월	20x1 1 1		500,000,000	500,000,000	4.50000	22,500,000
2	수성은행		2	□						

3. 인정이자조정(을) 대표이사 백두산

	대여기간		연월일	적요	5.차변	6.대변	7.잔액(5-6)	일수	가지급금적수(7X8)	10.가수금적수	11.차감적수	이자율(%	인정이자(11X
	발생연월일	회수일											
1	2 5	차기 이월	2 5	2.대여	100,000,000		100,000,000	330	33,000,000,000		33,000,000,000	4.50000	4,068,493
2	5 1	차기 이월	5 1	2.대여	100,000,000		100,000,000	245	24,500,000,000		24,500,000,000	4.21428	2,828,763

4. 인정이자조정(갑)

⇒ 2.가중평균차입이자율에 따른 가지급금 등의 인정이자 조정 (연일수 : 365일)

1.성명	2.가지급금적수	3.가수금적수	4.차감적수(2-3)	5.인정이자	6.회사계상액	시가인정범위		9.조정액(=7) 7>=3억,8>=5%
						7.차액(5-6)	8.비율(%)	
백두산	57,500,000,000		57,500,000,000	6,897,256		6,897,256	100.00000	6,897,256

☞ 이자수익을 계상했으나, 익금불산입했으므로 회사계상액에는 "0"가 되어야 한다.

5. 조정등록

익금불산입	미수수익	3,000,000원	유보발생
익금산입	가지급금 인정이자	6,897,256원	상여

[2] 대손충당금 및 대손금조정명세서

1. 대손금 검토

㈜장단의 받을어음은 부도일로부터 6개월 이상 지나지 않았으므로 대손이 부인된다.

손금불산입	대손금부인액	25,000,000원	유보발생

2. 대손충당금 및 대손금조정명세서

① 대손금조정

	22.일자	23.계정과목	24.채권내역	25.대손사유	26.금액	대손충당금상계액			당기손금계상액		
						27.계	28.시인액	29.부인액	30.계	31.시인액	32.부인액
1	01.10	외상매출금	1.매출채권	법원면책	22,000,000	22,000,000	22,000,000				
2	04.08	장기대여금	3.기타채권	3.사망,실종	15,000,000	15,000,000	15,000,000				
3	10.04	받을어음	1.매출채권	5.부도(6개월	25,000,000	25,000,000		25,000,000			
		계			62,000,000	62,000,000	37,000,000	25,000,000			

② 채권잔액

	16.계정과목	17.채권잔액의 장부가액	18.기말현재대손금부인누계		19.합계 (17+18)	20.충당금설정제외채권 (할인,배서,특수채권)	21.채권 잔액 (19-20)
			전기	당기			
1	외상매출금	927,373,000			927,373,000		927,373,000
2	받을어음	172,000,000		25,000,000	197,000,000		197,000,000
3							
	계	1,099,373,000		25,000,000	1,124,373,000		1,124,373,000

③ 대손충당금조정

3 1.대손충당금조정							
손금산입액조정	1.채권잔액 (21의금액)	2.설정률(%) ●기본율 ○실적율 ○적립기준		3.한도액 (1×2)	회사계상액		7.한도초과액 (6-3)
					4.당기계상액	5.보충액	6.계
	1,124,373,000	I		11,243,730	25,328,000	10,000,000	35,328,000	24,084,270
익금산입액조정	8.장부상 충당금기초잔액	9.기중 충당금환입액	10.충당금부인 누계액	11.당기대손금 상계액(27의금액	12.충당금보충액 (충당금장부잔액)	13.환입할금액 (8-9-10-11-12)	14.회사환입액 (회사기말환입)	15.과소환입·과다 환입(△)(13-14)
	72,000,000		13,250,000	62,000,000	10,000,000	-13,250,000		-13,250,000

3. 조정등록

손금산입	전기 대손충당금 한도초과분	13,250,000원	유보감소
손금불산입	대손충당금한도초과	24,084,270원	유보발생

[3] 접대비조정명세서

1. 수입금액명세

1. 수입금액명세			
구　　　분	① 일반수입금액	② 특수관계인간 거래금액	③ 합　　계(①+②)
금　　　액	2,020,000,000	200,000,000	2,220,000,000

2. 접대비해당금액

2. 접대비 해당금액		합계	접대비(제조)	접대비(판관)
④ 계정과목				
⑤ 계정금액		55,500,000	34,000,000	21,500,000
⑥ 접대비계상액 중 사적사용경비		3,000,000		3,000,000
⑦ 접대비해당금액(⑤-⑥)		52,500,000	34,000,000	18,500,000
⑧ 신용카드 등 미사용금액	경조사비 중 기준금액 초과액	⑨신용카드 등 미사용금액	500,000		500,000
		⑩총 초과금액	500,000		500,000
	국외지역 지출액 (법인세법 시행령 제41조제2항제1호)	⑪신용카드 등 미사용금액			
		⑫총 지출액			
	농어민 지출액 (법인세법 시행령 제41조제2항제2호)	⑬송금명세서 미제출금액			
		⑭총 지출액			
	접대비 중 기준금액 초과액	⑮신용카드 등 미사용금액	5,000,000	4,000,000	1,000,000
		(16)총 초과금액	55,000,000	34,000,000	21,000,000
(17) 신용카드 등 미사용 부인액		5,500,000	4,000,000	1,500,000
(18) 접대비 부인액(⑥+(17))		8,500,000	4,000,000	4,500,000

☞ **(16)번 총초과금액을 18,000,000원(개인적 용도 1건, 3,000,000원 차감)으로 입력한 답안도 정답으로 인용했으나, 위의 제시답안은 잘못된 답안이고, 인용된 답안이 정확한 답안이다.**

3. 접대비 조정(갑)

→ 중소기업기본금액 36,000,000원, 수입금액기준(100억이하 0.3%, 100~500억 0.2%)

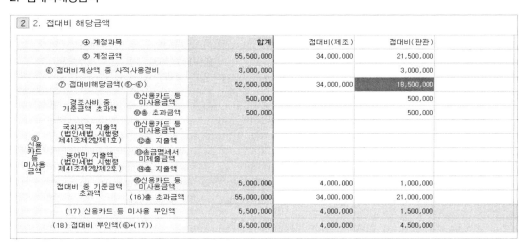

1.접대비 입력 (을)	2.접대비 조정 (갑)		
3 접대비 한도초과액 조정			
중소기업			☐ 정부출자법인
			☐ 부동산임대업등 ⑧한도액 50%적용
구분			금액
① 접대비 해당 금액			52,500,000
② 기준금액 초과 접대비 중 신용카드 등 미사용으로 인한 손금불산입액			5,500,000
③ 차감 접대비 해당금액(①-②)			47,000,000
일반 접대비 한도	④ 12,000,000 (중소기업 36,000,000) X 월수(12) / 12		36,000,000
	총수입금액 기준	100억 이하의 금액 X 30/10,000	6,660,000
		100억원 초과 500억 이하의 금액 X 20/10,000	
		500억원 초과 금액 X 3/10,000	
		⑤ 소계	6,660,000
	일반수입금액 기준	100억 이하의 금액 X 30/10,000	6,060,000
		100억원 초과 500억 이하의 금액 X 20/10,000	
		500억원 초과 금액 X 3/10,000	
		⑥ 소계	6,060,000
	⑦ 수입금액기준	(⑤-⑥) X 10/100	60,000
	⑧ 일반접대비 한도액 (④+⑥+⑦)		42,120,000
문화접대비 한도 (「조특법」 제136조제3항)	⑨ 문화접대비 지출액		
	⑩ 문화접대비 한도액(⑨와 (⑧ X 20/100) 중 작은 금액)		
⑪ 접대비 한도액 합계(⑧+⑩)			42,120,000
⑫ 한도초과액 (③-⑪)			4,880,000
⑬ 손금산입한도 내 접대비 지출액(③과⑪ 중 작은 금액)			42,120,000

4. 조정등록

손금불산입	대표이사개인용도	3,000,000원	상여
손금불산입	신용카드등미사용 접대비	5,500,000원	기타사외유출
손금불산입	접대비한도초과 접대비	4,880,000원	기타사외유출

[4] 소득금액조정합계표

손금불산입	법인세등	13,500,000원	기타사외유출
손금불산입	임원퇴직금한도초과액	5,000,000원	상여

☞ 임원퇴직금은 규정없이 지급하는 경우에 법인세법상 한도액은 손금으로 인정한다.

손금산입	감가상각비 과소계상액	2,000,000원	유보발생

☞ 업무용승용차의 감가상각비는 내용년수 5년, 정액법으로 한다.(신고조정사항)

손금불산입	지급임차료	7,000,000원	상여

☞ 업무무관비용으로서 대표자의 귀속이므로 상여로 소득처분한다.

[5] 자본금과 적립금조정명세서

1. 자본금과적립금조정명세서(을)

①과목 또는 사항	②기초잔액	당 기 중 증 감		⑤기말잔액 (=②-③+④)	비 고
		③감 소	④증 가		
대손충당금한도초과	5,000,000	5,000,000	3,000,000	3,000,000	
선급비용	10,000,000	10,000,000			
재고자산평가감	5,000,000	5,000,000			
감가상각비한도초과			10,000,000	10,000,000	

2. 자본금과적립금조정명세서(갑)

	①과목 또는 사항	코드	②기초잔액	당 기 중 증 감		⑤기 말 잔 액 (=②-③+④)	비 고
				③감 소	④증 가		
자본금및	1.자 본 금	01	300,000,000			300,000,000	
잉여금의	2.자 본 잉 여 금	02	2,520,000			2,520,000	
계산	3.자 본 조 정	15					
	4.기타포괄손익누계액	18	-1,000,000		-500,000	-1,500,000	
	5.이 익 잉 여 금	14	300,017,008		81,499,235	381,516,243	
	12.기타	17					
	6.계	20	601,537,008		80,999,235	682,536,243	
7.자본금과 적립금명세서(을)계		21	20,000,000	20,000,000	13,000,000	13,000,000	
손익미계상 법인세 등	8.법 인 세	22					
	9.지 방 소 득 세	23					
	10. 계 (8+9)	30					
11.차 가 감 계 (6+7-10)		31	621,537,008	20,000,000	93,999,235	695,536,243	

〈재무상태표 조회 후 입력〉

관리용	제출용	표준용		
과 목		당기 금액		전기 금액
자본				
Ⅰ.자본금		300,000,000		300,000,000
자본금		300,000,000		300,000,000
Ⅱ.자본잉여금		2,520,000		2,520,000
주식발행초과금		2,520,000		2,520,000
Ⅲ.자본조정				
Ⅳ.기타포괄손익누계액		△1,500,000		△1,000,000
매도가능증권평가손		△1,500,000		△1,000,000
Ⅴ.이익잉여금		381,516,243		300,017,008
미처분이익잉여금		381,516,243		300,017,008

제82회 전산세무 1급 답안 및 해설

이 론

1	2	3	4	5	6	7	8	9	10	11	12	13	14	15
④	④	④	②	④	④	③	①	①	③	①	④	②	②	③

01. ① 회계추정의 변경에 해당한다.　　② 회계추정의 변경에 대한 설명이다.
　　③ 회계정책의 변경에 해당한다.

02. 할인발행하거나 할증발행 및 주식배당은 모두 자본금이 증가한다. 그러나 **주식을 병합하는 것은 주식수만 감소할 뿐 자본금은 변동이 없다.**

03. 재고자산의 시가가 취득원가보다 하락한 경우에는 **저가법을 사용하여 재고자산의 장부금액을** 결정한다. **손상을 입은 경우 재고자산 시가가 원가 이하로 하락할 수 있다.**

04. 차량 취득원가 = 50,000,000원+1,750,000원=51,750,000원(스노우타이어교체비용은 즉시비용)
　　감가상각비 = 51,750,000원/5년×3개월/12월=2,587,500원(내용연수 5년, 정액법으로 감가상각)

06. 제조간접원가 = 직접노무원가 × 150% = 500,000원 × 150% = 750,000원
　　가공원가 = 직접노무원가 + 제조간접원가 = 500,000원 + 750,000원 = 1,250,000원
　　가공원가 = 직접재료원가 × 200% = 1,250,000원
　　직접재료원가 = 1,250,000원 ÷ 2 = 625,000원
　　당기총제조원가 = 직접재료원가 + 직접노무원가 + 제조간접원가
　　　　　　　　 = 625,000원 + 500,000원 + 750,000원 = 1,875,000원

07. 조업도가 변동하는 경우 단위당 고정원가는 반비례 증감한다.

08. **기초 재공품 재고액이 없는 경우에는 평균법과 선입선출법에 의한 제품제조원가는 같다.** 또한 **기초재공품 재고액이 없으므로 기말재공품의 완성품환산량이나 기말재공품가액은 모두 동일하다. 아래는 참고적으로 보시고 시험에서 이렇게 푸시면 안됩니다.**

〈1단계〉 물량흐름파악(평균법)			〈2단계〉 완성품환산량 계산	
평균법			재료비	가공비
	완성품	7,000(100%)	7,000	7,000
	기말재공품	3,000(50%)	3,000	1,500
	계	10,000	10,000	8,500

　　　〈3단계〉 원가요약 (당기투입원가)　　　　　500,000　　　　　X
　　　　　　　　　　　　　　　　　　　　　　　10,000개　　　　 8,500개
　　　〈4단계〉 완성품환산량당단위원가　　　　= @50　　　　　= @Y
　　　〈5단계〉 완성품(제품) 원가 = 7,000개 × @50원 + 7,000개 × @Y원 = 1,050,000원
　Y(가공비 단위당 원가)=100원　　　　∴ X(당기투입가공비)=8,500개×Y(100)=850,000원

315

09. 예정배부율 = 2,000,000원 / 1,000,000시간 = 2원/시간

제조간접비

② 실제발생액 (3,070,000)	① 예정배부액 (1,500,000시간×2원) =3,000,000)
	과소배부 (70,000)

10. 표준원가와 실제원가의 차이를 효과적으로 통제할 수 있다.

11. 기본적으로 생계를 같이해야 한다.

	연령요건	소득요건
보험료세액공제	○	○
의료비세액공제	×	×
교육비세액공제	×	○
기부금세액공제	×	○

12. **이익처분에 의한 성과배분상여금 손금산입규정은 삭제되어 손금불산입**한다.

13. 6,000,000(거래처매출) + 5,000,000(오픈마켓매출) + 10,200,000(직수출) =21,200,000원

※ 지급지연으로 인한 연체이자는 과세표준에서 제외되고 공급시기 도래 전에 원화로 환가한 경우에는 환가한 금액이 과세표준임

14. 사무실에서 사용할 컴퓨터 구입, 직원들 사기진작을 위한 회식비, 직원명의 신용카드로 구입한 사무용품비만 가능하다.

15. 건강증진을 위한 의약품 구입비는 의료비세액공제대상이 아니다.

▮▮▮ 실 무

문제 1 전표입력

[1] 매입매출전표입력

일자	유형	공급가액	부가세	거래처	전자세금
1/5	16.수출(1)	180,000,000	–	ABC.co	부
분개유형	(차) 보통예금	120,000,000원	(대) 제품매출		180,000,000원
혼합	외상매출금	60,000,000원			

☞ 보통예금 대신 제예금으로 회계처리한 것도 정답으로 인용

[2] 일반전표입력(6월 5일)

(차) 보통예금	950,000원	(대) 받을어음 (㈜백두)	1,000,000원
매출채권처분손실	50,000원		

[3] 일반전표입력(8월 10일)

(차) 차량운반구   5,500,000원   (대) 미지급금(한우리카드)   5,500,000원

☞ 답안 제시도 없이 매입매출전표입력도 정답으로 제시했으나, **카드 사용분(불공제)는 일반전표에 입력해야 한다.**

[4] 일반전표입력(9월 2일)

(차) 보통예금   100,000,000원   (대) 자본금   100,000,000원

    주식할인발행차금   1,440,000원   보통예금   1,440,000원

일자	유형	공급가액	부가세	거래처	전자세금
9/2	51.과세	400,000	40,000	정법무사사무소	여
분개유형	(차) 주식할인발행차금	400,000원		(대) 보통예금	440,000원
혼합	부가세대급금	40,000원			

☞ 매입매출전표에 일반전표의 회계처리를 하나로 입력해도 정답으로 인용

문제 2   부가가치세

[1] 대손세액공제신고서(10~12월)

대손확정일	대손금액	공제율	대손세액	거래처		대손사유
20x1-12-15	2,200,000	10/110	200,000	삼고초려	6	소멸시효완성
20x1-07-07	3,300,000	10/110	300,000	한국푸드	5	부도(6개월경과)
20x1-10-03	6,600,000	10/110	600,000	(주)민국산업	3	사망,실종
20x1-11-13	-1,100,000	10/110	-100,000	(주)우리두리	7	채권회수

☞ ㈜대한무역은 부도발생일로부터 6개월이 경과되지 않아 대손세액공제를 받을 수 없다.

[2] 공제받지못할매입세액명세서(10~12월)

1. 공제받지못할매입세액내역(2점)

    - 국민주택분양(면세)에 대한 매입세액은 공제되지 않으므로 공제받지 못할 매입세액 내역에 입력한다.(2기 확정신고분)

공제받지못할매입세액내역	공통매입세액안분계산내역	공통매입세액의정산내역	납부세액또는환급세액재계산
	세금계산서		
매입세액 불공제 사유	매수	공급가액	매입세액
①필요적 기재사항 누락 등			
②사업과 직접 관련 없는 지출			
③비영업용 소형승용자동차 구입·유지 및 임차			
④접대비 및 이와 유사한 비용 관련			
⑤면세사업등 관련	5	100,000,000	10,000,000
⑥토지의 자본적 지출 관련			
⑦사업자등록 전 매입세액			
⑧금·구리 스크랩 거래계좌 미사용 관련 매입세액			

2. 공통매입세액정산내역(3점)

공제받지못할매입세액내역	공통매입세액안분계산내역	공통매입세액의정산내역	납부세액또는환급세액재계산					
산식	구분	(15)총공통매입세액	(16)면세 사업확정 비율			(17)불공제매입세액총액((15)×(16))	(18)기불공제매입세액	(19)가산또는공제되는매입세액((17)-(18))
			총공급가액	면세공급가액	면세비율			
1.당해과세기간의 공급가액기준		11,000,000	1,300,000,000	800,000,000.00	61.538461	6,769,230	3,000,000	3,769,230

☞ 기불공제 매입세액(예정신고시 정산) 3,000,000원(5,000,000×300,000,000/500,000,000)을 입력한다.

문제 3 결산

[1] [수동결산]

(차) 보통예금	17,354,200원	(대) 단기차입금	17,354,200원
		(국민은행)	

[2] [수동결산]

(차) 이자비용	1,223,000원	(대) 보통예금	1,000,000원
		사채할인발행차금	223,000원

[3] [수동결산]

(차) 매도가능증권(투자)	300,000원	(대) 매도가능증권평가손실	250,000원
		매도가능증권평가이익	50,000원

〈50% 처분후 매도가능증권 내역〉

취득가액①+②	장부가액①	매도가능증권 평가손실②	기말공정가액
500,000	250,000	250,000	550,000

→ 매도가능증권평가손실을 제거후 평가이익 인식

[4] [자동결산]

기업회계기준에 의한 재고자산의 평가는 저가법을 적용하므로 제품의 시가가 장부상 단가보다 큰 경우 장부상 가액으로 평가한다.

재고자산감모손실 = (5,000개 - 4,800개)×10,000원 = 2,000,000원

재고자산감모손실은 전부 정상적인 것이므로 이는 매출원가에 반영한다.

따라서 결산자료입력에서 제품란에 48,000,000원(=4,800개×10,000원)을 입력하고, 상단의 전표를 추가하여 결산자료에 반영한다.

문제 4 원천징수

[1] 연말정산

1. 부양가족명세

관계	요 건		기본 공제	추가 (자녀)	판 단
	연령	소득			
본 인	–	–	○		
부(80)	○	○	○	경로,장애(1)	
모(77)	○	○	○	경로	
장모(65)	○	○	○		
배우자	–	×	부		양도소득금액 1백만원초과자
자1(11)	○	○	○	자녀	
자2(6)	○	○	○		

2. 연말정산입력

항 목	요건		내역 및 대상여부	입력
	연령	소득		
보 장 성 보 험 료	○ (×)	○	•본인 자동차보험료 •장남의 생명보험료	○(일반 500,000) ○(일반 700,000)
의 료 비	×	×	•부친의 인공관절 수술 •장남의 탈장 수술 •장모의 하안검*1 수술(미용목적이므로 제외) •배우자의 맹장수술	○(장애 3,000,000) ○(일반 200,000) × ○(일반 1,000,000)
교 육 비	×	○	•장남 초등학교 수업료 •장남 학원비는 제외 •장녀 보육료(어린이집을 이용하는 아동의 돌봄 비용)	○(초등 1,000,000) × ○(취학전 100,000)
기부금	×	○	•본인 지정기부금 •장남 국군장병 위문금품 •장녀 유니세프 기부	○(지정 1,000,000) ○(법정 300,000) ○(지정 100,000)

*1. 눈알을 덮는 두 개의 눈꺼풀 가운데 아래쪽의 처진 지방 일부를 제거하거나 재배치하여 주름을 제거하는 수술(미용목적의 수술)

[특별세액공제]

1. 보장성 보험료	① 일반	1,200,000
2. 의료비	① 특정(본인,장애인,65세이상,중증)	3,000,000
	② 일반	1,200,000
3. 교육비	① 취학전	100,000
	② 초중고	1,000,000
4. 기부금	① 법정기부금	300,000
	② 지정기부금(일반)	1,100,000

[2] 퇴직소득자료입력(백일홍)

1. 사원등록에서 퇴사년월일 : 20x1.05.31

2. 퇴직소득자료입력(지급년월 6월, 소득자구분:1.근로, 구분:2.중간, 영수일자(지급일): 06-05,
   퇴직사유:중간정산)

근 무 처 명	중 간 지 급 등		최 종		정 산
			(주)경주-로그인		
등록번호/퇴직사유	----__-_-----		109-81-73060	중간정산	
기 산 일/입 사 일	----/--/--	----/--/--	2012/05/20	2012/05/20	
퇴 사 일/지 급 일	----/--/--	----/--/--	20x1/05/31	20x1/06/05	
근 속 월 수			121		
제 외 월 수					
가 산 월 수					
과 세 퇴 직 급 여			50,000,000		50,000,000
비 과 세 퇴직급여					
소 득 세			1,460,000		
지 방 소 득 세			146,000		

☞ 소득세 등은 자동 계산되어 집니다.

문제 5 법인세무조정

[1] 조정후수입금액명세서

1. 수입금액조정명세서 입력

2. 업종별수입금액명세서

①업 태	②종 목	순번	③기준(단순)경비율번호	수 입 금 액			
				수입금액계정조회 ④계(⑤+⑥+⑦)	내 수 판 매		⑦수 출 (영세율대상)
					⑤국내생산품	⑥수입상품	
제조	전자응용공작기계	01	292203	2,590,000,000	2,590,000,000		
건설	건축공사	02	451104	2,050,000,000	2,050,000,000		

⇒ 건설 / 건축공사의 수입금액은 손익계산서상 공사수입금액 2,000,000,000원과 익금산입한 공사수입금 50,000,000원의 합계액을 입력한다.

3. 과세표준과 수입금액 차액 검토

2. 부가가치세 과세표준과 수입금액 차액 검토 [부가가치세 신고 내역보기]

(1) 부가가치세 과세표준과 수입금액 차액

⑧과세(일반)	⑨과세(영세율)	⑩면세수입금액	⑪합계(⑧+⑨+⑩)	⑫조정후수입금액	⑬차액(⑪-⑫)
4,150,000,000		500,000,000	4,650,000,000	4,640,000,000	10,000,000

(2) 수입금액과의 차액내역(부가세과표에 포함되어 있으면 +금액, 포함되지 않았으면 -금액 처리)

⑭구 분	코드	(16)금 액	비 고	⑭구 분	코드	(16)금 액	비 고
자가공급(면세전용등)	21			거래(공급)시기차이감액	30		
사업상증여(접대제공)	22			주세·개별소비세	31		
개인적공급(개인적사용)	23			매출누락	32		
간주임대료	24				33		
자산 고정자산매각액	25	50,000,000			34		
매각 그밖의자산매각액(부산물)	26				35		
폐업시 잔존재고재화	27				36		
작업진행률 차이	28	-50,000,000			37		
거래(공급)시기차이가산	29	10,000,000	선수금	(17)차 액 계	50	10,000,000	
				(13)차액과(17)차액계의차이금액			

〈수입금액과의 차액내역 작성〉

· 고정자산매각액: 50,000,000원

· 작업진행률차이: 부가세과표에 포함되지 않았으므로 -50,000,000원 입력

· 거래시기차이가산: 10,000,000원→선수금

[2] 감가상각

1. 연삭기(정률법)

세무상취득가액(A)		세무상 기초감가상각누계액(B)	
=기말B/S상 취득가액	25,000,000	기초B/S상 감가상각누계액	16,000,000
+즉시상각의제액(당기)	10,000,000	(-) 전기상각부인누계액	(3,000,000)
35,000,000		13,000,000	
미상각잔액(C=A-B)=22,000,000			
상각범위액(D)	세무상미상각잔액(C) × 상각율(0.451)= 9,922,000		
회사계상상각비(E)	9,000,000원(상각비) + 10,000,000원(수선비) = 19,000,000		
시부인액(D-E)	부인액 9,078,000		

2. 밀링머신(정률법)

세무상취득가액(A)		세무상 기초감가상각누계액(B)	
=기말B/S상 취득가액	40,000,000	기초B/S상 감가상각누계액	
+즉시상각의제액(당기)		(-) 전기상각부인누계액	
40,000,000		0	
미상각잔액(C=A-B)=40,000,000			
상각범위액(D)	(C) × 상각율(0.451) × 8개월/12개월= 12,026,666		
회사계상상각비(E)	13,000,000원(상각비)		
시부인액(D-E)	부인액 973,334		

3. 고정자산등록

101. 연삭기(2019.07.01.)		102.밀링머신(20x1.05.03)	
1.기초가액	25,000,000	1.기초가액 / 성실 기초가액	
2.전기말상각누계액(-)	16,000,000	2.전기말상각누계액(-) / 성실 전기말상각누계액	
3.전기말장부가액	9,000,000	3.전기말장부가액 / 성실 전기말장부가액	
4.당기중 취득 및 당기증가(+)		4.당기중 취득 및 당기증가(+)	40,000,000
5.당기감소(일부양도·매각·폐기)(-)		5.당기감소(일부양도·매각·폐기)(-)	
전기말상각누계액(당기감소분)(+)		전기말상각누계액(당기감소분)(+)	
6.전기말자본적지출액누계(+)(정액법만)		6.전기말자본적지출액누계(+)(정액법만)	
7.당기자본적지출액(즉시상각분)(+)	10,000,000	7.당기자본적지출액(즉시상각분)(+)	
8.전기말부인누계액(+)(정률만 상각대상에 가산)	3,000,000	8.전기말부인누계액(+)(정률만 상각대상에 가산)	
9.전기말의제상각누계액(-)		9.전기말의제상각누계액(-)	
10.상각대상금액	22,000,000	10.상각대상금액	40,000,000
11.내용연수/상각률(월수)	5 0.451 (12)	11.내용연수/상각률(월수)	5 0.451 (8)
		성실경과내용연수/차감연수(성실상각률)	/ ( )
12.상각범위액(한도액)(10X상각율)	9,922,000	12.상각범위액(한도액)(10X상각율)	12,026,666
13.회사계상액(12)-(7)	9,000,000	13.회사계상액(12)-(7)	13,000,000
14.경비구분	1.500번대/제조	14.경비구분	1.500번대/제조
15.당기말감가상각누계액	25,000,000	15.당기말감가상각누계액	13,000,000
16.당기말장부가액		16.당기말장부가액	27,000,000
17.당기의제상각비		17.당기의제상각비	
18.전체양도일자	----.--.--	18.전체양도일자	----.--.--
19.전체폐기일자	----.--.--	19.전체폐기일자	----.--.--
20.업종	13 제조업	20.업종	13 제조업
13.회사계상액 9,000,000 수정입력		13.회사계상액 13,000,000 수정입력	

☞ 회사는 감가상각방법을 신고하지 않았으므로 정률법을 선택한다.

4. 미상각자산감가상각조정명세서

101. 연삭기	

업종코드/명　13　제조업	
합계표 자산구분　　2. 기계장치	
(4)내용연수	5

상각 계산 의 기초 가액	재무상태표 자산가액	(5)기말현재액	25,000,000
		(6)감가상각누계액	25,000,000
		(7)미상각잔액(5)-(6)	
	(8)회사계산감가상각비		9,000,000
	(9)자본적지출액		10,000,000
	(10)전기말의제상각누계액		
	(11)전기말부인누계액		3,000,000
	(12)가감계((7)+(8)+(9)-(10)+(11))		22,000,000
(13)일반상각률.특별상각률			0.451

상각범위 액계산	당기산출 상각액	(14)일반상각액	9,922,000
		(15)특별상각액	
		(16)계((14)+(15))	9,922,000
	취득가액	(17)전기말현재취득가액	25,000,000
		(18)당기회사계산증가액	
		(19)당기자본적지출액	10,000,000
		(20)계((17)+(18)+(19))	35,000,000
	(21) 잔존가액		1,750,000
	(22) 당기상각시인범위액		9,922,000
(23)회사계상상각액((8)+(9))			19,000,000
(24)차감액 ((23)-(22))			9,078,000
(25)최저한세적용에따른특별상각부인액			
조정액	(26) 상각부인액 ((24)+(25))		9,078,000
	(27) 기왕부인액중당기손금추인액		
(28) 당기말부인누계액 ((11)+(26)-|(27)|)			12,078,000
당기말	(29) 당기의제상각액 |·△(24)|-|(27)|		

102.밀링머신	

	입력내용	금액
업종코드/명		
합계표 자산구분　　2. 기계장치		
(4)내용연수		5

상각 계산 의 기초 가액	재무상태표 자산가액	(5)기말현재액	40,000,000
		(6)감가상각누계액	13,000,000
		(7)미상각잔액(5)-(6)	27,000,000
	(8)회사계산감가상각비		13,000,000
	(9)자본적지출액		
	(10)전기말의제상각누계액		
	(11)전기말부인누계액		
	(12)가감계((7)+(8)+(9)-(10)+(11))		40,000,000
(13)일반상각률.특별상각률			0.451

상각범위 액계산	당기산출 상각액	(14)일반상각액	12,026,666
		(15)특별상각액	
		(16)계((14)+(15))	12,026,666
	취득가액	(17)전기말현재취득가액	40,000,000
		(18)당기회사계산증가액	
		(19)당기자본적지출액	
		(20)계((17)+(18)+(19))	40,000,000
	(21) 잔존가액		2,000,000
	(22) 당기상각시인범위액		12,026,666
(23)회사계상상각액((8)+(9))			13,000,000
(24)차감액 ((23)-(22))			973,334
(25)최저한세적용에따른특별상각부인액			
조정액	(26) 상각부인액 ((24)+(25))		973,334
	(27) 기왕부인액중당기손금추인액		

5. 조정등록

〈손금불산입〉 기계장치 감가상각비한도초과액　9,078,000원　(유보발생)

〈손금불산입〉 기계장치 감가상각비한도초과액　　973,334원　(유보발생)

[3]　세금과공과금명세서

[손금불산입] 공장용지 취득세　　10,000,000원 (유보발생)

[손금불산입] 법인세분 지방소득세　　5,300,000원 (기타사외유출)

[손금불산입] 증자관련비용　　800,000원 (기타)

[손금불산입] 주차위반과태료　　130,000원 (기타사외유출)

[손금불산입] 건강보험료 가산금　　300,000원 (기타사외유출)

[4] 퇴직연금부담금조정명세서

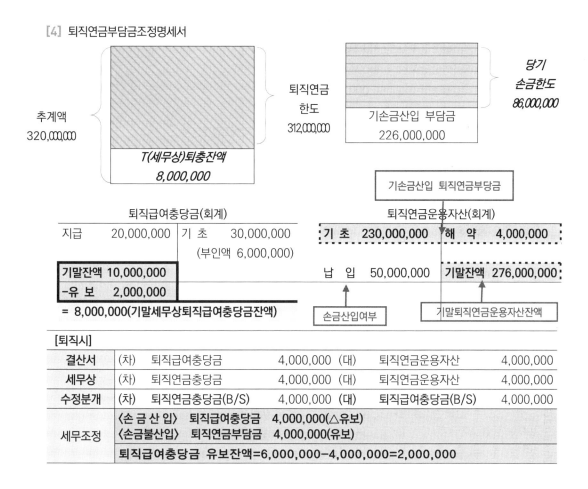

1. 기말퇴직연금 예치금 등의 계산

	2.이미 손금산입한 부담금 등의 계산		
나. 기말 퇴직연금 예치금 등의 계산			
19.기초 퇴직연금예치금 등	20.기중 퇴직연금예치금 등 수령 및 해약액	21. 당기 퇴직연금예치금 등의 납입액	22.퇴직연금예치금 등 계 (19 - 20 + 21)
230,000,000	4,000,000	50,000,000	276,000,000

2. 퇴직연금등의 부담금 조정

2 가. 손금산입대상 부담금 등 계산					
13.퇴직연금예치금 등 계 (22)	14.기초퇴직연금충당금등 및 전기말 신고조정에 의한 손금산입액	15.퇴직연금충당금등 손금부인 누계액	16.기중퇴직연금등 수령 및 해약액	17.이미 손금산입한 부담금 등 (14 - 15 - 16)	18.손금산입대상 부담금 등 (13 - 17)
276,000,000	230,000,000		4,000,000	226,000,000	50,000,000

1.퇴직연금 등의 부담금 조정					
1.퇴직급여추계액	당기말 현재 퇴직급여충당금				6.퇴직부담금 등 손금산입 누적한도액 (① - ⑤)
	2.장부상 기말잔액	3.확정기여형퇴직연금자의 설정전 기계상된 퇴직급여충당금	4.당기말 부인 누계액	5.차감액 (② - ③ - ④)	
320,000,000	10,000,000			8,000,000	312,000,000
7.이미 손금산입한 부담금 등 (17)	8.손금산입액 한도액 (⑥ - ⑦)	9.손금산입 대상 부담금 등 (18)	10.손금산입범위액 (⑧과 ⑨중 적은 금액)	11.회사 손금 계상액	12.조정금액 (⑩ - ⑪)
226,000,000	86,000,000	50,000,000	50,000,000		50,000,000

3. 조정등록

　　[익금산입] 퇴직연금운용자산　　4,000,000원(유보감소)

　　[손금산입] 퇴직급여충당부채　　4,000,000원(유보감소)

　　[손금산입] 퇴직연금충당부채　50,000,000원(유보발생)

[5] 세액공제조정명세서, 최저한세조정계산서, 법인세과세표준 및 세액조정계산서

1. 세액공제조정명세서(3) 중 3. 당기공제 대상 및 이월액계산중 당기공제대상세액 입력

　　① 중소기업투자세액공제→최저한세 적용대상

(105)구분	(106) 사업연도	요공제액		당기공제대상세액			
		(107)당기분	(108)이월분	(109)당기분	(110)1차연도	(111)2차연도	(112)3차연도
중소기업투자세액공제	20x0		5,000,000		5,000,000		

　　　중소기업투자세액공제 : 요공제액(이월분), 당기공제대상세액 1차연도 5,000,000입력

　　② 연구인력개발비세액공제→최저한세 적용제외

(105)구분	(106) 사업연도	요공제액		당기공제대상세액			
		(107)당기분	(108)이월분	(109)당기분	(110)1차연도	(111)2차연도	(112)3차연도
연구·인력개발비세액	20x1	2,000,000		2,000,000			

2. 법인세과세표준 및 세액조정계산서(산출세액 산출)

① 각사업연도소득계산	101.결 산 서 상 당 기 순 손 익	01		203,500,000
	소 득 조 정 금 액　102.익 금 산 입	02		27,850,000
	103.손 금 산 입	03		10,415,000
	104.차 가 감 소득금액 (101+102-103)	04		220,935,000
	105.기 부 금 한 도 초 과 액	05		
	106.기부금 한도초과 이월액 손금산입	54		
	107.각사업연도소득금액(104+105-106)	06		220,935,000
② 과세표준계산	108.각 사 업 연 도 소득금액(108=107)			220,935,000
	109.이 월 결 손 금	07		
	110.비 과 세 소 득	08		
	111.소 득 공 제	09		
	112.과 세 표 준 (108-109-110-111)	10		220,935,000
	159.선 박 표 준 이 익	55		
③ 산출	113.과 세 표 준 (113=112+159)	56		220,935,000
	114.세 율	11		20%
	115.산 출 세 액	12		24,187,000

3. 최저한세 조정계산서

①구분	코드	②감면후세액	③최저한세	④조정감	⑤조정후세액
(101) 결 산 서 상 당 기 순 이 익	01	203,500,000			
소득조정금액 (102)익 금 산 입	02	27,850,000			
(103)손 금 산 입	03	10,415,000			
(104) 조 정 후 소 득 금 액 (101+102-103)	04	220,935,000	220,935,000		220,935,000
최저한세적용대상 (105)준 비 금	05				
특 별 비 용 (106)특별상각, 특례상각	06				
(107) 특별비용손금산입전소득금액(104+105+106)	07	220,935,000	220,935,000		220,935,000
(108) 기 부 금 한 도 초 과 액	08				
(109) 기부금 한도초과 이월액 손 금 산 입	09				
(110) 각 사 업 년 도 소 득 금 액 (107+108-109)	10	220,935,000	220,935,000		220,935,000
(111) 이 월 결 손 금	11				
(112) 비 과 세 소 득	12				
(113) 최저한세적용대상 비 과 세 소 득	13				
(114) 최저한세적용대상 익 금 불 산 입	14				
(115) 차가감 소 득 금 액 (110-111-112+113+114)	15	220,935,000	220,935,000		220,935,000
(116) 소 득 공 제	16				
(117) 최저한세적용대상 소 득 공 제	17				
(118) 과 세 표 준 금 액 (115-116+117)	18	220,935,000	220,935,000		220,935,000
(119) 선 박 표 준 이 익	24				
(120) 과 세 표 준 금 액 (118+119)	25	220,935,000	220,935,000		220,935,000
(121) 세 율	19	20 %	7 %		20 %
(122) 산 출 세 액	20	24,187,000	15,465,450		24,187,000
(123) 감 면 세 액	21	3,940,000			3,940,000
(124) 세 액 공 제	22	5,000,000		218,450	4,781,550
(125) 차 감 세 액 (122-123-124)	23	15,247,000			15,465,450

중소기업특별세액감면(3,940,000원), 전년도 중소기업투자세액공제(5,000,000원)

☞ 동일한 과세기간에 세액감면(중소기업특별세액 감면)과 조특법상 세액공제(투자세액공제)는 중복적용이 불가하다. 다만 중소기업 투자세액공제가 전년도로 부터 이월되었으므로 당기에 중복공제가 가능하다.
또한 세액감면은 이월공제가 안되므로 세액공제에서 최저한세 배제금액으로 하여 이월한다.

4. 세액공제조정명세서(3) 중 3. 당기공제 및 이월액계산(중소기업투자세액공제)

– 최저한세 미공제액 218,450원 입력

(116)최저한세적용에따른 미공제액	(117)기타사유로인한 미공제액	(118)공제세액 (115-116-117)	(119)소멸	(120)이월액 (107+108-118-119)
218,450		4,781,550		218,450

5. 법인세 과세표준 및 세액조정명세서

①각사업연도소득계산	코드		②과세표준계산 등	코드	
101.결 산 서 상 당 기 순 이 익	01	203,500,000	120.산 출 세 액 (120=119)		24,187,000
소득조정 금액 102.익 금 산 입	02	27,850,000	121.최저한세 적용 대상 공제 감면 세액	17	8,721,550
103.손 금 산 입	03	10,415,000	122.차 감 세 액	18	15,465,450
104.차 가 감 소득금액 (101+102-103)	04	220,935,000	123.최저한세 적용 제외 공제 감면 세액	19	2,000,000
105.기 부 금 한 도 초 과 액	05		124.가 산 세 액	20	
106.기부금 한도초과 이월액 손금산입	54		125.가 감 계 (122-123+124)	21	13,465,450
107.각사업연도소득금액(104+105-106)	06	220,935,000	기납부세액 126.중 간 예 납 세 액	22	
108.각 사 업 연 도 소득금액(108=107)		220,935,000	127.수 시 부 과 세 액	23	
109.이 월 결 손 금	07		128.원 천 납 부 세 액	24	880,000
110.비 과 세 소 득	08		129.간접 회사등 외국 납부세액	25	
111.소 득 공 제	09		130.소 계 (126+127+128+129)	26	880,000
112.과 세 표 준 (108-109-110-111)	10	220,935,000	131.신 고 납 부 전 가 산 세 액	27	
159.선 박 표 준 이 익	55		132.합 계 (130+131)	28	880,000
113.과 세 표 준 (113=112+159)	56	220,935,000	133.감 면 분 추 가 납 부 세 액	29	
114.세 율	11	20%	134.차가감 납부할 세액 (125-132-133)	30	12,585,450
115.산 출 세 액	12	24,187,000	⑤토지등양도소득, ⑥미환류소득 법인세계산 (TAB로 이동)		
116.지 점 유 보 소 득 (법 제96조)	13		151.차 가 감 납부할 세 액 (134+150)	46	12,585,450
117.세 율	14		152.사실과 다른 회계처리 경정세액공제	57	
118.산 출 세 액	15		153.분 납 세 액 계 산 범 위 액 (151-124-133-145-152+131)	47	12,585,450
119.합 계 (115+118)	16	24,187,000	분납할 세액 154.현 금 납 부	48	2,585,450
			155.물 납	49	
			156. 계 (154+155)	50	2,585,450
			차감 납부세액 157.현 금 납 부	51	10,000,000
			158.물 납	52	
			160. 계 (157+158) [160=(151-152-156)]	53	10,000,000

☞ 최저한세 적용대상공제 감면세액:
전년도 이월중소기업투자세액공제(5,000,000-218,450)+중소기업특별세액감면(3,940,000)=8,721,550원
최저한세 적용제외공제 감면세액: 중소기업의 연구인력개발비 세액공제(2,000,000)

저자약력

- **김영철 세무사**
  - 고려대학교 공과대학 산업공학과
  - 한국방송통신대학 경영대학원 회계세무전공
  - (전)POSCO 광양제철소 생산관리부
  - (전)삼성 SDI 천안(사) 경리/관리과장
  - (전)강원랜드 회계팀장
  - (전)코스닥상장법인CFO(ERP.ISO추진팀장)
  - (전)농업진흥청/농어촌공사/소상공인지원센타 세법·회계강사
  - (현)두목넷 전산회계/전산세무/세무회계 강사

로그인 전산세무1급 에센스 기출문제집

2 판 발 행 : 2022년 7월 28일

저 자 : 김 영 철

발 행 인 : 허 병 관

발 행 처 : 도서출판 어울림

주 소 : 서울시 영등포구 양산로 57-5(이노플렉스), 1301호

전 화 : 02-2232-8607, 8602

팩 스 : 02-2232-8608

등 록 : 제2-4071호

Homepage : http://www.aubook.co.kr

저자와의
협의하에
인지생략

ISBN 978-89-6239-860-1 13320

정 가 : 17,000원